ディドロ(グルーズ画)

ダランベール

マドモワゼル・ド・レスピナス

ディドロ著作集第1巻

哲学 I

監修

小場瀬卓三
平岡昇

法政大学出版局

凡例

一、『 』は書名、《 》は定期刊行物を示す。原文ではいずれもイタリック体である。

二、引用は「 」で示してあるが、原文がラテン語の場合は片かなを用いた。

三、簡単な訳注は本文中に〔 〕をつけて入れたが、やや長いものは番号をふって巻末にまとめた。著者の原注は＊で示し、各節の終りに入れた。

四、翻訳の底本として用いたテキストは解説に示してある。

五、漢字、かな遣い等については監修者がある程度統一したが、各訳者のスタイルの尊重ということもあって、厳格には統一してないし、見落しの不統一もあるかと思う。

六、固有名詞は片かな書きとし、人名の場合は『岩波西洋人名辞典』『新潮世界文学辞典』等を参考にしたが、必ずしも厳密にそれらに従ったわけではない。

地名や人名は一応原地主義によったが、わが国での慣用も考慮した。（たとえばエスパーニャはスペインとイギリス読みになっている。）

目次

哲学断想 （一七四六年）

コノ魚ハミンナガ食ベルモノデハナイ

ナンビトカ、コレヲ読マン

ペルシウス『諷刺詩』一

私は神について書く。私が期待するのはごく少数の読者であるし、私が願うのもただなにがしかの賛同にすぎない。これらの断想が誰にも好まれないとしたら、それはよくないものでしかありえまい。しかし、みんなの気に入るようならば、私はこれを唾棄すべきものと考える。

1

情念のことを、人はやたらと悪く言う。人間の苦しみをみんな情念のせいにして、情念が人間のあらゆる喜びの源でもあることを忘れている。それは人間を構成する一要素であって、それについてはほめすぎもけなしすぎも許されない。しかし、私が不愉快なのは、人がいつでも悪い面からしか情念を見ないことである。理性の対抗者のことを少しでもよく言うと、理性への侮辱になると思っているらしい。けれども、魂を偉大な事柄にまで高められるのは、情念、それも偉大な情念しかない。これなしには、人の生きかたにしろ作品にしろ、崇高なものはなくなってしまう。芸術は子ども時代に逆もどりし、徳性はこせついたものになってしまうのだ。

2

情念が控え目だと、人間も平凡になる。祖国の存亡がかかっているときに、敵の来攻を手をこまぬいて待つだけだとしたら、私はありきたりの市民にすぎない。友の危難を見ながら、わが身の危険をおもんぱかるとしたら、私の友情はことなかれ的なものにすぎない。自分の命のほうが愛する女《ひと》より大事だとしたら、私はありふれた恋する男にすぎないのである。

3

情念が力をそがれると、非凡な人も退化してしまう。束縛されると、自然の偉大さもエネルギーもなくなってしまう。あの木を見たまえ。木かげが涼しくひろびろとして、冬がきて葉が落ちるまでそれを楽しむことができるのも、枝が豊かにしげっていればこそなのだ。つまらぬことにこだわって、気持が老いこんでしまうと、詩でも絵でも音楽でも、すぐれたものは作れなくなる。

4

すると、強烈な情念を持つことは仕合わせなのか、と人は言うだろう。さよう、すべての情念が調和しあってさえいれば、疑いもなくそれは仕合わせなことなのだ。情念相互の間に正しい調和を確立したまえ。混乱を恐れるな。希望が恐怖と、名誉心が生命への愛と、快楽への傾斜が健康への関心とそれぞれ釣合っていれば、放蕩者も命知らずも卑怯者もいなくなるだろう。

5

情念を滅ぼそうと思うのは気違いざたである。信心家は狂人のように自分を苦しめて、なにもほしがらず、なにも愛さず、なにも感じまいとする。まことにうるわしい試みである！　だが、それが成功したら、信心家は文字どおり怪物になりおわるだろう。

6

同じことでも、ある人がすれば尊敬し、別の人がすれば軽蔑する、というようなことがあるだろうか。もちろんありはしない。自分の気まぐれとは無関係な真実が判断の規準になるべきだから、私も、甲の場合に徳行としてほめそやしたことを乙の場合にとがめだてしたりはしないだろう。自然と宗教が万人に無差別に命じているはずの立派な行為が、一部の人にしか実行できないなどと私は考えるか。ますますもって否である。こういう排他的な特権が彼らにだけ与えられるいわれはないからだ。パコミウス[1]が人間と縁を切って、孤独の内にとじこもったのがよいことだとしたら、私でもそのまねをして悪いはずはない。そのまねをすれば、私もパコミウスに劣らず有徳になれるはずである。ほかの多くの人たちが同じ権利をもてない理由がどこにあるのか、私にはわからない。けれども、ある地方全体が社会生活の危険におびえて森の中にちらばり、その住民たちが聖者になるために野獣のような生活をし、あらゆる社会感情の廃墟の上にたくさんの柱が立てられて、柱頭苦行者[2]の新たな群が宗教ゆえに自然の感情を捨てさり、真のキリスト者となるために人間であることをやめて石像のまねをしだすとしたら、これはさぞかし見ものであろう。

7

なんという声、なんという叫び、なんという嘆声であろう！　嘆き悲しむこれらの死体を、だれがあの地下牢にとじこめたのか。この気の毒な人びとは、どういう罪を犯したのか。ある者は小石で胸を打ちたたき、ある者は鉄の鉤で自分の体を引き裂いている。みんな目に後悔と苦悩と死の色をたたえている。だれが彼らをこんな責苦にかけるのか。彼らがそむいた神である……。では、その神とはなにか。慈愛に満ちた神である……。慈愛に満ちた神が、涙の中に湯あみして喜ぶというのか。恐怖は神の仁慈を傷つけることにならないのか。暴君の怒りをしずめようとする罪人でも、これ以上のことをするだろうか。

8

神を恐れるのではない、神をこわがっている――そう言ったほうがいいような人がいる。

9

人びとが描いてみせる最高存在の肖像、その怒りっぽい性格、その復讐の苛酷さ、それが滅びるにまかせる者と救いの手をさしのべてやる者の割合を数で示したいろいろな比較――そういうものを見せつけられると、いかに心正しい人でも、そんな神なら存在しないでほしいと思いたくもなろう。来世にはこわいものなどないとわかっていれば、この世でも安心していられるのに。神は存在しないと考えて恐怖におののいた人間は古来皆無である。こわいのは、神が存在すると考えること、しかもそれが世に言うような神であるということなのだ。

10

神というのは、あんまり優《やさ》しいものと考えすぎてもいけないし、意地の悪いものと考えすぎてもいけない。義とは、過度な寛大さと残酷さの中間である。終りのある刑罰が、罰がないことと罰が永劫に続くことの中間であるように。

11

迷信の陰惨な考えかたが、一般に受容されるわりには遵守されないものだということは、私も承知している。また、信心家のなかには、自分をそんなにひどく憎まなくても立派に神を愛せるし、絶望したような顔をしなくても宗教的でありうると考えている人がいることもわかっている。そういう人の信心はほがらかで、その知恵はまことに人間的である。しかし、同じ祭壇にぬかづく人の間で、こういう見解の相違がどうして生じるのか。敬神の念も、あのいまわしい気質の法則に従っているのか。残念ながらそうとしか思えない。同じ一人の信心家をとっても、気質の影響はあまりにも顕著に見られるからだ。時々の気分に応じて、同じ人でも復讐の神を見たり、慈愛の神を見たりする。地獄を見たり、あけはなたれた天国を見たりする。恐怖におののいたり、燃えるような愛を感じたりする。熱が下りすぎたり上りすぎたりするのと違いはないのだ。

12

そうだ、私は主張する。迷信は無神論より神を傷つけるものなのだ。プルタルコスも言っている。「プルタルコスは不正で、怒りっぽくて、無節操で、やきもちやきで、執念深くて、鼻もちならないやつだと思われるくらいなら、いっそプルタルコスという人間はこの世にいなかったと思われたほうがましである」と。

13

無神論者に太刀うちできるのは理神論者だけである。迷信家にはそれだけの力はない。迷信家の神は頭ででっちあげたものにすぎない。問題そのものがむずかしいだけでなく、迷信家はその誤った観念から生じるあらゆる困難にさらされている。ヴァニーニ[3]のような人間には、世界中のニコル[4]輩、パスカル輩よりも、C〔カドワース〕[5]やS〔シャフツベリー〕[6]のような人の方がはるかに厄介だろう。

14

パスカルは曲ったことのきらいな人だったが、気が小さくて軽信家だった。典雅な作家で深遠な思想家だったから、もしも摂理が、自分たちの憎悪のためにこの人の才能を犠牲に供するような連中に彼をゆだねなかったなら、かならずや世の光ともなったであろう。当時の神学者の喧嘩さわぎは、当人たちに片をつけさしておけばよかったのに。天から受けた才知を全面的に活用しながら、遠慮なく、神を傷つけることを恐れずに、真理の探求にうちこめばよかったのに。そしてなによりも、自分の弟子になる価値さえないような連中を先生になどしなければよかったのに！　才人ラモット[7]がラ・フォンテーヌについて言った言葉は、そのままパスカルにもあてはまるだろう。「彼は、アルノー[8]やド・サシ[9]やニコルが自分より上だと思いこむほど馬鹿であった」と。

15

「いいかい、神なんてありゃしないんだぜ。天地創造なんて妄想なんだぜ。世界が永遠だって、精神が永遠である以上に不都合じゃないんだ。この宇宙が運動から生まれたことや、この宇宙を維持する力が運動に十分あることがわからないからといって、それよりもっとわからないもの〔神〕をあると想定して、それでこの困難を除こうとするのは滑稽じゃないか。物質界に見られるいろんな不思議が、なんらかの知的存在があることを示しているんなら、精神界を支配している無秩序は、摂理なんてものをまったく否定しているわけじゃないか。いいかい、みんな神が作ったものなら、みんな可能なかぎり最善であるはずだろう。もしも可能なかぎり最善でなかったら、神は無能か悪意があるか、どっちかになるからね。とすると、僕が神の存在についてこれ以上知らないのも、最善てことになるわけだよ。だったら、君のいう光明〔啓示〕なんていらないじゃないか。悪はみんな善の源で、ブリタニクス[10]みたいないちばん立派な皇子が非業の最期をとげたのも、ネロみたいないちばんの悪者が君臨したのも、やっぱりいいことだった、なんて誰も論証したやつはいないけど、かりにこいつが論証されたって、じゃあ、こういう手段を使わずに目的を達することは不可能だったと証明する手はあるのかい。美徳の輝きを増すために悪徳を許容するなんて、ほんのこれっぱかしの利益とひきかえに、すごく現実的な不都合をしょいこむようなもんじゃないか。」さあ、と無神論者は言う、これが僕の反駁だ、君はなんて答えるね。「君は悪党さ。神を恐れる必要がなかったら、神の存在を否定したりしないはずだよ。」こんな言いかたは演説屋どもにまかしておこう。それは真実に反する場合があるし、下品だし、愛徳にも欠けている。神を信じないのは間違いだからといって、信じない人を侮辱していいものか。証拠がないときにかぎって、人は悪口雑言を吐くものである。二人が論争している場合、怒りだすのはかならず間違っているほうだ。これは百対一で賭けをしてもいい。メニッポス[11]はユピテル〔ジュピター〕に言った。「おまえさんは返事をするかわりに雷をつかんでる。だから、おまえさんが間違ってるのさ。」

16

ある日、ある人に、ほんとうの無神論者なんているものですか、ときいたところ、その人はこう答えた。ほんとうのキリスト教徒なんていると思うかね、と。

17

形而上学の馬鹿話を全部集めても、一個の対人立証にも及ばない。相手を納得させるには、ときとして、肉体的または精神的な感覚を呼びさましてやるだけでよい。自分の存在を否定するのは間違いだということを、懐疑論者《ピロニアン》には棒を使って証明してやった[12]。ピストルを片手に持ったカルトゥシュ[13]なら、ホッブズにこんな説教もできたろう。「財布が惜しいか。命が惜しいか。ここにいるのは俺たちだけだぜ。それに、俺の方が強いときてらあ。俺たちの間にゃあ、公正なんてありっこねえさ。」

18

無神論が大打撃を受けたのは形而上学者のおかげではない。マールブランシュ[14]やデカルトの高遠な思索も、唯物論を動揺させることにかけてはマルピーギ[15]の観察ひとつに及ばなかった。この危険な仮説が今日ゆらいでいるとしたら、その名誉は実験物理学に帰せられる。最高度に知的な存在〔神〕があるという満足すべき証拠は、ほかならぬニュートンやミュッセンブルーク[16]やハルトゥスケル[17]やニーウェンタイト[18]の著作の内に見つかったのだ。こういう偉人たちの研究のおかげで、世界は神ではなくなった[19]。それは車や綱や滑車やばねや重りを持つ機械になった。

19

存在論の巧緻な議論も、せいぜい懐疑論者を生んだにすぎない。ほんとうの理神論者は、自然の認識によってはじめて生まれた。胚種の発見だけでも、無神論が持ちだすもっとも強力な反対論のひとつを雲散霧消させてしまった[20]。物質にとって運動が本質的なものであれ偶有的なものであれ、とにかく私は今や確信している[21]。運動によって生じるものは、せいぜい〔胚種の〕開展までなのだ。腐敗だけからは絶対に有機体は生まれないことを、[23]あらゆる観察が一致して証明している[22]。もっともいやしい虫のメカニズムでも、人間のメカニズムに劣らず驚嘆すべきものだということを、私は認めることができるし、そこからして、粒子の体内運動で虫が作れるものならば(24)、人間がそれで作られたというのも本当らしい、と推論されてもいたしかたないと思う。加熱した肉の塊からたくさんの虫が出てくるように、いずれ地中から、でき上った人間が出てくるのが見られるかもしれない、などと二百年前にどこかの無神論者が言ったとしたら、形而上学者がそれになんと答えたか、知りたいものである。

20

ある無神論者(25)を相手に、私はスコラ流の巧緻な議論をこころみてみたが、なんの効果もなかった。逆に彼は、そういう理屈が無力であることから、かなり強力な反対論を引きだしてくるしまつだった。「どうでもいいような真理をずいぶんたくさん論証してくれたね、と彼は言うのだった。その証明は文句なしだ。でも、神の存在とか、道徳的な善悪の実在性とか、霊魂の不滅とかいうことは、あいかわらず問題として残るな。なんだって、君！　そういう問題について教えてもらうことは、三角形の三つの角の和が二直角だってことを知るよりも重要じゃないっていうのかい。」たくみな演説家よろしく、こういった辛辣な感想を彼は滔滔とのべたてたが、そこで私は戦闘を再開して、次のような質問を呈した。緒戦の成功に酔った男には、突拍子もない質問と思われたろうが……。君は考える存在かね、と私はきいたのである……。「そいつを疑えるかな」、と彼は満足げな顔で答えた……。「疑えるとも。考えてるっていう証拠はどこにあるんだい……。声や動作かね……。でも哲学者は、思考力がないってされてる動物にもそういうものを認めてるぜ。デカルトが蟻に与えてないものを、君に与える理由がどこにあるんだい。たしかに、外にあらわれる君の行為には、うっかりするとだまされるよ。君はたしかに考えてるって断言したくもなるよ。でも、この判断には理性が待ったをかけるのさ。理性はこう言うんだ。〈外的な行為と思考のあいだには、本質的な関係はないぞ。お前の論敵が、あいつの時計と同様に思考していないことだってありうるんだぞ。しゃべることを教わった動物を、なんでもかでも、考える存在とみなす必要があるのか。人間がみんな、お前が知らないうちに芸をおぼえたオウムじゃないって、だれが教えてくれたんだ〉ってね」……「そんな比較は、せいぜい気がきいたっていう程度のもんさ」、と彼は言いかえした。「考えてるって判断する根拠は、動作や声じゃないよ。観念のつながりや、命題と命題の首尾一貫性や、推論と推論の結びつきだよ。もしなんにでも答えられるオウムがいたら、僕は躊躇なく、これは考える存在だって断言するね……。でも、こんな問題と神の存在とどういう関係があるんだい。どんなに頭がいい人間でもたぶん自動人形にすぎないってことを君が論証してくれたって、それで僕が自然の中に知性のしるしを認める気になるっていうのかい」……「まあ、まかしておきたまえ」、と私はつづけた。「でも、ほかの人間に思考力がないと思うのは馬鹿げてるっていうことは認めるね。」「もちろんさ。でも、それがどうしたい」……「こういうことさ。もしも宇宙に、いや宇宙じゃない、一匹の蝶の翅に、ほかの人間が思考力をそなえてるっていう証拠より千倍もはっきりした形で知性のしるしが見られるとしたら、神の存在を否定するのは、ほかの人間が考えてることを否定するより、千倍も馬鹿げたことになるわけだろう。ところで、事実はそうなのさ。君の知識と良心に訴えるけどね、君は今まで、どんな人間でもいいが、その人の推理や行為や行動の内に、一匹の虫のメカニズムにある以上の知性や秩序や明敏さや首尾一貫性を一度だって見たことがあるかね。大ニュートンの著作に思考力が刻印されてるのとおんなじように、ダニの目の中にだって神の手がはっきり刻印されているじゃないか。(26)世界の型どりのほうが世界の説明よりも知性の証拠として弱いなんて、そんな馬鹿なことがあるもんか！……それじゃあ滅茶苦茶だよ！」……「でも」、と彼は言いかえした、「他人に思考力を認めるのは、僕自身思考してればこそだろう」……「なるほどね、そういう自惚れは僕にはないな。でも、まあいいさ。そのかわり、僕の証拠のほうが君の証拠より強いんだから。哲学者の思考力が著作で証明されるよりももっとはっきりした形で、第一存在〔神〕の知性が自然の中のその作物で証明されているじゃないか。いいかい、君、僕が言うのはたかが蝶の翅とかダニの目とかにすぎないんだよ。全宇宙の重みで君を押しつぶすことだってできたんだぜ。」私のたいへんな思い違いでなかったら、この証明は、学校で今まで教わった最良の証明にも匹敵する。私が神の存在を認める根拠は、以上のような推論や、また同様に単純な他のいくつかの推論であって、無味乾燥な形而上学的観念の組み合わせではない。ああした観念の手にかかると、かくれた真理が明らかになるというより、むしろ、ほんとも嘘に見えてくるものだ。

21

ある有名教授[27]のノートをあけてみたら、こんなことが書いてあった。「無神論者よ、運動が物質にとって本質的なものだということは認めてやろう。だからどうなのだ……。原子を運まかせにぶちまければ、それで世界ができるというのか。それならいっそ、ホメロスの『イーリアス』もヴォルテールの『アンリアード』も活字を運まかせにぶちまけてできたものだと言ったらどうだ。」私だったら、無神論者を相手にこういう理屈をこねるのはさしひかえるだろう。こんな比較をしようものなら、敵の思うつぼであるから。彼はこう言うだろう。蓋然性の解析法則〔確率計算〕によると、どんなことが起っても驚くにはあたらんのだよ。それがもともと可能なことで、起りにくさが骰子《さい》をふる度数で相殺されていればね。十万の骰子でオール六に賭けても、一定の回数だけふれれば、勝ち目はこっちにあるんだよ。有限量の活字を使って『イーリアス』を偶然に作ってみろと言われた場合、活字の量がどんなに多くても、それだけの回数ぶちまけられたらこっちのほうに勝ち目が出てくる、そういう有限の数があるんだぜ。ぶちまける回数が無限でもいいってことなら、こっちの勝ち目もまさに無限さ。物質が無限の昔から存在していて、運動が物質にとって本質的なものだってことは、君も認めてくれるわけだね――と彼はつづけて言うだろう――じゃあお返しに、僕のほうでも君の言うとおり、世界が無際限で、原子の数は無限大で、君を驚かすこの秩序に反するものはどこにもないって想定しよう。ところが、両方がそれを認めあうと、そこからはこういうことしか出てこないぜ。つまり、宇宙を偶然生みだす可能性はきわめて少ないが、骰子をふる回数は無限だっていうこと、言いかえりゃ、起りにくさは骰子をふる回の多さで相殺されてあまりあるってことさ。だから、なにが道理に反するっていって、物質は無限の昔から運動している以上、たぶん無限の量の可能な組み合わせの中にはすばらしい配列も無限にたくさんあったはずなのに、物質が次々にとった無限に多くの配列の中にそういうすばらしい配列がひとつもなかったなんて考えるほど道理に反することはないじゃないか。だから、驚くんなら、宇宙が現実に生まれたことより、むしろ渾沌《カオス》が続いたっていう仮説のほうに驚くべきだね。

22

私は無神論者を三つの組に分ける。そのある者は、神は存在しないとはっきり言い、またそのとおりに考えている。これは本当の無神論者である。かなり多くの者は、自分の考えが定まらず、銭《ぜに》の裏表でどっちかにきめようと言われたら、そうしかねないような連中である。これは懐疑的な無神論者だ。また、それよりもはるかに多くの者は、神が存在しなければいいと思っているだけなのに、そう確信しているような顔つきや生活ぶりをしている。これは空いばりの無神論者だ。空いばりの連中を私は憎む。彼らはいつわっているからである。本当の無神論者を私はあわれむ。彼らにはどんな慰めもききそうにないからである。そして、懐疑家のためには神に祈る。彼らには知識が欠けているからである。

23

理神論者は神の存在、霊魂の不滅、等々を肯定する。懐疑論者はこれらの点について賛否を決しかねている。無神論者はそれを否定する。つまり懐疑論者は、有徳である理由が無神論者よりひとつ多いが、理神論者にくらべればその理由もいささか薄弱ということになる。立法者を恐れる気持や、気質からくる好きこのみや、現世でも美徳は利益になると知っていること——そういう点を度外視すれば、無神論者は廉直である理由がなくなるし、懐疑論者が廉直であるのも、もしかするとというあやふやな判断に立脚したものになってしまう。

24

懐疑論はだれにでも向くものではない。それは、私心を捨ててものごとを深く検討することを前提としている。信じる理由を知らないから疑うのは、無知な人間にすぎない。本当の懐疑論者は、理由をひとつずつ数えあげ、それらを吟味した上で疑うのである。しかし、推論の良し悪しを吟味するのはなまやさしいことではない。われわれの内のだれが、その価値を正確に知っていよう。ひとつの真理について証拠が百出された場合、その百のひとつひとつに必ず支持者がいるはずである。各人は、皆それぞれの望遠鏡を持っている。君の目には見えないような反論が私の目には巨大にうつったり、私には文句のつけようのない理由が君には薄弱に見えたりする。内在的な価値についてさえ意見が分れるのだから、相対的な軽重について意見が一致するはずはない。心証をいくつ集めたら形而上学的な結論ひとつに匹敵するのか、教えてもらいたいものである。狂っているのは私の眼鏡か君の眼鏡か。理由を吟味するのはこんなにむずかしいことなのに、また、賛否の理由をそれぞれもたない問題はないし、この両方の理由はたいていの場合互角なのに、われわれはどうしてこう決着を急ぐのか。どうしてこう断定的なもの言いをするのか。独断的な思い上りがいやなものだということは、毎度経験ずみのはずではないか。『随想録』の著者も言っている。(28)「わしは、真実らしい事柄も、不可侵のものとして言い立てられると、いやになってしまう。わしは、われらの提言の大胆さを緩和する〈おそらく〉、〈いわば〉、〈たまたま〉、〈の由〉、〈と思う〉、というような語を好む。実際、もし児童を教育せねばならなかったら、わしは彼らに、こういう答えかたを、断定的ならぬ、尋ねるような答えかたを口癖にさせたであろう。〈さあどういう意味でしょう〉、〈わかりません〉、〈おそらくこうではありますまいか〉、〈これで正しいでしょうか〉と。彼らが六十歳になってもなお書生の風を失わぬように、十五歳で博士の風を示すようなことがないように、願うからである」と。

25

神とはなにか。これは子どもにする質問だが、(29)哲学者でもなかなか答えられない。

子どもがいくつになったら字や歌やダンスやラテン語や幾何を教えるべきかは、だれでもみんなこころえている。ところが、宗教問題となるととたんに子どもの能力を考えなくなる。人の言うことがわかるようになると、さっそく子ども相手に〈神とはなにか〉とやりだす。妖精や幽霊や化け物があるということと、神があるということとを、子どもは同じ時に同じ口から教わる。なによりも大事な真理のひとつを、のちに理性の法廷で信用をおとしかねないようなやりかたで教えこまれるわけである。じっさい、二十歳《はたち》になって、神の存在が頭の中でたくさんの滑稽な偏見とごちゃまぜになっている場合、子どもが神の存在を認めなくなり、よた者の群の中にたまたままぎれこんでいた善人を裁判官が扱うようにこの問題を扱ったとしても、それは驚くにあたらないのだ。

26

神の話をわれわれはあんまり早くから聞かされすぎる。もうひとつまずいのは、神が現前するということがあまり強調されないことである。人びとは自分たちの間から神を追放して、聖堂の中へ追いやってしまった。神の目は寺院の壁の向うにはとどかない。壁の外には神は存在しないのである。ばかな話だ。思想をせばめるこういう囲いをぶちこわしたまえ。神を解放してやりたまえ。神がいる所ならどこにでも神を見るか、そうでなかったら、神などないと言いたまえ。子どもの教育をする場合、私だったら、神を子どもの現実的な伴侶にして、神を忘れるよりは無神論者になるほうが楽なようにしてやろう。場合によるとあれは自分より悪いやつだと子どもが知っているような、そういう他人の例をあげるのではなしに、私はだしぬけにこう言ってやろう。神様が聞いていらっしゃるよ、おまえは嘘をついているね、と。若い者は感覚によって影響されがちだから、私は子どものまわりに、神がそこにいるというしるしをたくさん置いてやろう。たとえば、私の家で集まりがあったら、そこに神の席をひとつとっておき、生徒にはこう言う癖をつけさせよう。「僕らは四人でした、神様とお友だちと先生と僕と。」

27

無知と無頓着はじつに快い二つの枕である。しかし、この枕を快いと思うためには、モンテーニュ(30)のような出来のよい頭を持っていなければならない。

28

気性のはげしい、想像力の旺盛な人は、懐疑論者のようにのんびりかまえてはいられない。こういう人は、ぜんぜん選択せずにいるよりは、むしろ一か八かでどちらかにきめようとする。あやふやなままでいるよりも、むしろ間違ったほうがいいと思う。泳ぎに自信がないのか、水が深くてこわいのか、とにかく彼らは、弱いとわかっている木の枝にいつまでもぶらさがり、急流にとびこむよりは、それにしがみついていたほうがいいと思っている。なにひとつ念入りに検討したこともないのに、なんでもかんでも断言する。彼らがなにも疑わないのは、疑うだけの忍耐力も勇気もないからである。なにかが頭にひらめくと、それだけでこうだあだときめてしまうから、たまたま真理にぶつかっても、それは手さぐりで探しあてたのではなく、いきなり、まるで天啓のように、真理に出っくわしたのである。定言論者[31]の中で彼らが占める位置は、信心家中でいわゆる〈見神者〉が占める位置に相当する。こういう落着きのない人種に私も何人か会ったことがあるが、みんな、黒か白かをきめないでどうして平静な気持でいられるのかわからないらしかった。「自分はだれなのか、どこから来たのか、どこへ行くのか、なぜ来たのか――そういうこともわからずに、どうして幸福な生活ができるんだ」と言っていた。すると、懐疑論者は冷然と答えるのだった。僕はそんなことを知らんのを誇りにしてるけど、かといって特に不幸なわけでもないぜ。俺はなにかなんて理性にきいて、理性が答えてくれなくっても、そいつは僕のせいじゃないな。知れないものは一生知らずじまいだろうが、くよくよすることはないよ。得られなかった知識を惜しがる必要はないよ。たぶん、そんなにいり用なもんでもないんだろう。現に、僕だって持っちゃいないんだからね、と。当代最高のある人物[32]は、「私はいっそ、四つの目と四本の足と二枚の羽がないことを心から悲しみたい」と言っている。

29

私に要求すべきことは、真理を探求することであって、真理を発見することではない。たしかな証拠より一個の詭弁のほうが私の心を強く動かすおそれもあるではないか。虚偽を真実と認めた場合、私はその虚偽に同意しなければならないのだし、真実を虚偽と認めた場合には、その真実を否定しなければならない。しかし、良かれと思ってしたことであれば、たとえ間違っても、なにも恐れることはない。現世で頭がよかったからといって、来世で褒美をもらえはしないのだから、頭が悪かったからといって、来世で罰せられるだろうか。推理のしかたが悪かったという理由で人一人地獄におとすのは、その人間が愚か者であるのを忘れて悪者なみに扱うことだ。

30

懐疑論者とはなにか。それは、自分が信じるすべてのものをかつて疑ったことがあり、理性と感覚の正当な使用によって真実であると証明されたものならば、それを信じる哲学者である。ピロニアン(33)をまじめにすれば懐疑論者になる。

31

問題にされたことのないものは、けっして証明されてはいないのである。予断抜きの検討をされなかったものは、いまだかつて十分に検討されたことはないのである。だから、懐疑論は真理への第一歩なのだ。懐疑は真理の試金石だから、全面的なものでなければならない。神の存在ですら、哲学者はそれを確証するためにまず疑ってみる(34)のであるから、この試練を免れうる命題はどこにあろう。

32

物を信じないのは時として愚かな者の悪徳であるが、信じやすいのは頭がいい者の欠点である。頭がいい者は数かぎりない可能な事態を見とおしているが、愚かな者はまず現にあるものしか可能であると考えない。一方が臆病になり、一方が向う見ずになるのは、たぶんそのせいであろう。

33

信じすぎるのも信じなさすぎるのも、ともに危険である。多神論者であることも無神論者であることも、危険は同じい。ところで懐疑論者だけは、いついかなる場所でも、この両方の行きすぎをひとしく免れうるのである。

34

半懐疑論(35)は惰弱な精神のあらわれである。それは論者が、出てくる結果に恐れをなす臆病な推論家であり、自分の理性に足枷をはめて、それで神を敬ったつもりになっている迷信家であり、自分の目に自分の正体がばれるのを恐れる一種の不信者であることを示している。なぜなら、半懐疑論者も確信するとおり、検討しても真理はなにも損するわけではないのなら、特定の観念だけを特別扱いして、それについては探りを入れるのを恐れ、あえて近寄ろうとしない聖堂の中に安置するように、それを頭の片隅にしまいこんでおいたりするのは、こうした観念について内心なにを考えているか怪しい証拠ではないか。

35

背神を叫ぶ声がいたるところに聞える。アジアではキリスト教徒が、ヨーロッパでは回教徒[37]が、ロンドンでは法王教徒《パピスト》[36]が、パリではカルヴィニストが、サン＝ジャック街の上手《かみて》[38]ではジャンセニストが、フォーブール・サン＝メダールの奥[39]ではモリニスト[40]が、それぞれ背神の徒とされる。では、背神の徒とはなにか。みんながみんなそうなのか。それとも、だれもそうではないのか。

36

信心家が懐疑論をやっつけるのは、なにが自分の得になるかわかっていないのか、自己撞着をきたしているのか、どちらかだと思う。真の宗教を信じるにも、間違った宗教を捨てるにも、それぞれそれをよく知るだけでよい――ということがもしもたしかであるのなら、普遍的な懐疑が世界中に広まって、すべての民族が自分の宗教の真実性を問題にしだすのは、むしろ望ましいことであろう。そうなれば、われらの宣教師たちの仕事も半分以上かたづいたようなものだから。

37

教育によって受けいれた宗教を自己の選択によってもちつづけるのでなければ、キリスト教徒であることも回教徒であることも自慢にはならない。めくらやびっこに生まれなかったことが自慢にならないのと同じである。それは幸福であって功績ではないのだ。

38

間違いだと知っている宗教のために死ぬ者は気違いである。

間違いだが、自分では真実と思う宗教や、真実だが、自分ではその証拠をもたない宗教のために死ぬ者は狂信者である。

本当の殉教者とは、真実で、しかもその真実性が自分に証明されている宗教のために死ぬ者をいう。

39

本当の殉教者は死を待つが、狂信者は死の方へかけてゆく。

40

メッカにいる者〔キリスト教徒〕がマホメットの聖灰を侮辱したり、その祭壇をひっくりかえしたり、回教寺院《モスク》全体に混乱をまきおこしたりするならば、そいつはかならず串刺しの刑に処せられ、たぶん〔キリスト教徒の間で〕聖者の列にも加えてはもらえまい。こういう信仰熱心はもうはやらないのだ。ポリュエウクトス(41)も今日では、ただの気違いということになろう。

41

啓示や奇蹟や異常な宣教の時代はすぎた。キリスト教にはもうこんな足場はいらない。われわれの間でだれかがヨナ(42)を気どって、「あと三日でパリは滅びる。パリ人《びと》よ、悔いあらためよ。粗布《あらぬの》をまとい、灰をかぶれ。さもなくば、汝らも三日後には滅びるであろう」などと叫びながら町々をかけまわったりしたら、そいつはたちまちつかまって、裁判官の前へしょっぴかれ、間違いなく気違い病院へ送られるだろう。「民よ、神は汝らをニネベ人《びと》よりも愛さないであろうか。汝らはニネベ人よりも罪が軽いのであろうか」などとそいつが言ってみても無駄である。返事をするような物好きはいるまいし、この男を妄想家扱いするために、だれも予言の期限が切れるのを待っていたりはしないだろう。

エリヤ(43)は好きな時にあの世からもどってくるがいい。しかし、人間どもはこの有様だから、彼がこの世で受けいれられたらそれこそたいへんな奇蹟であろう。

42

支配的な宗教に反するドグマや公共の安寧を乱すような事柄をだれかが民衆に説く場合には、たとえその人間が奇蹟によって自分の宣教を正当化しても、政府には弾圧をする権利があるし、民衆には「はりつけにしろ」と叫ぶ権利がある。ペテン師の甘言や妄想家の世迷いごとに人心を任せておいたら、危くてしかたがない。イエス・キリストの血がユダヤ人に復讐を叫んだのは、この血を流すことによってユダヤ人が、イエス・キリストを救世主《メシア》とするモーゼや予言者たちの声に耳をかさなかったからである。もしも天使が天《あま》くだって、自分の理屈を証明するために奇蹟をおこなっても、その説くことがイエス・キリストの掟に反していたら、この天使を破門しろ、とパウロは言っている。だから、人の宣教の良し悪しを奇蹟によって判断してはならない。判断の規準は、その教えが、宣教の相手である当の民衆が信じるものと一致するかどうかということである。とくに、その民衆の信じるものが真実であると証明されている場合には。

43

政治では、古いものを変えるのはつねに危険なことである。宗教の中でももっとも神聖でおだやかなキリスト教ですら、多少の混乱を起さずにはその地歩を固められなかった。教会の最初の子らは一度ならず穏和と忍耐という掟を破った。ここに、ユリアヌス(44)帝の勅令(45)の抜粋を二、三かかげさせてもらいたい。それは、この哲人皇帝の人柄と、当時の熱狂的な信者の気質とを、じつにみごとに示している。

「私は考えた」、とユリアヌスは言う。「ガリラヤ人《びと》〔キリスト教徒〕の指導者たちは、私のやりかたが先帝(46)のやりかたといかに違うかを知って、いささかでも私に感謝するはずである、と。先帝の代《よ》には、彼らは追放や投獄のうきめにあい、彼らの間で異端者で呼ばれる人びとは数多く殺害された……。私の代《よ》には、追放された者は呼びもどされ、投獄された者は釈放され、公権を剝奪された者はその財産を返還された。しかし、彼らのいらだちと狂躁ぶりはすさまじく、たがいに喰いあいを演じたり、その教義を信じる者〔キリスト教徒〕や国法で許された宗教を奉じる者〔異教徒〕を虐待したりすることが特権として許されなくなると、彼らはいかなる手段をもいとわず、いかなる機会をものがさずに、反抗を指嗾するようになった。真の敬神を重んじる気持も、国の制度にたいする尊敬の念も、まったく欠いた輩である……。だが私には、自分の祭壇の下へ彼らを引きずってきたり、彼らに暴行を加えたりするつもりはない……。細民らは指導者連に反抗をそそのかされているのである。そして指導者は、私に権力を制限されたのを怒っているのだ。私が裁判所から彼らを追放したので、彼らにはもう、遺言書を勝手に処分したり、正当な相続人に取ってかわったり、相続財産を横どりしたりする便宜がなくなってしまったからである……。それゆえ私は、これらの民が反抗的な僧侶の家で不穏な集会を開いたり、陰謀をたくらんだりすることを禁じている……。この勅令で行政官の身の安全が保証されるとよいのだが。彼らは反徒に再三侮辱されており、石で打ち殺されるおそれすらある……。ガリラヤ人《びと》は指導者の家へしずかに行き、そこで祈り、そこで学び、指導者たちから教わった宗教のつとめをそこで果たすがよい。私はそれを許可する。しかし、反逆的なたくらみは一切放棄せねばならない……。この集まりが彼らにとって反抗の機会となるならば、そこからなにが生じようとも責任は彼らにある。このことを私は警告しておきたい……。不信の徒よ、平和に暮らせ……。そして、国の宗教と父祖の神々にいまだ忠実な人びとは、隣人を、同胞を迫害するな。彼らは、その兇悪さを非難するより、その無知をむしろあわれむべきなのだ……。人を真理へつれもどすのは道理によるべきであって、暴力によるべきではない。私は忠良な全臣民に命じる。ガリラヤ人《びと》をそっとしておけ、と。」

これが、この皇帝の意見であった。この人に対しては、異教徒だったことを非難できても、背教者という非難は当らない。子どものころ、彼はいろいろな先生につき、いろいろな学校で勉強をした。それから長じて、不運な選択をしてしまったのだ。不幸にも、父祖の宗教と自国の神々を選んでしまったのである。

44

驚くのは、この学識ゆたかな皇帝の著作が今でも残っていることである。それには、キリスト教の真実性をそこなうわけではないが当時の一部のキリスト教徒にはかなり具合の悪い箇所がいくつもあった。敵の著作を湮滅しようとした教父たちの異常な執念がこの連中に乗り移ったとしても、それは当然だったろう。聖グレゴリウス大法王(47)も、明らかにこの先輩たち〔教父たち〕から、文芸に対する野蛮で狂熱的な憎しみを受けついでいた。万事がこの法王次第ということだったら、われわれは今ごろ、コーランしか読めない回教徒たちと同じような目にあっているだろう。なぜなら、宗教の筋をとおすためにあえて文法上の誤りを犯し、文法の規則を守るのはイエス・キリストをドナトゥス(48)に従わせることだと思いこみ、古代の廃墟を埋め去ることが本当に自分の義務だと考えていた、そういう人間の手にかかったら、古代の作家の運命はどういうことになっていたろうか。

45

それにしても、聖書の神性というものは聖書自身の内にそれほどはっきり刻印された性格ではないから、聖書記者の権威も世俗の著作家の証言にぜんぜん依存しないというわけではない。われわれが持っている聖書の外形の内に神の手を認めなければならないとしたら、どういうことになるだろう。ラテン語訳はなんとみすぼらしいものではないか。原語自体も傑作といえるようなできではない。予言者も使徒も福音記者も、自分たちが理解したとおりに書いたのである。ヘブライ民族の歴史書〔旧約聖書〕をたんなる人知の所産と見ることが許されるのだったら、モーゼもその後継ぎたちも、神感によって書いたとはだれも思うはずのないティトゥス・リヴィウス(49)やサルスティウス(50)やカエサル(51)やヨセフス(52)よりも上だということにはならないだろう。それどころか、イエズス会のベリュイエ(53)のほうがモーゼよりましだということになるまいか。わが国の教会には、天使や神みずからが描いたといわれる絵がいくつも保存されている。もしもそうした絵がル・シュウール(54)やルブラン(55)の手になるものであれば、私としてもこういう古来の伝承に異を立てることができようか。たぶんできまい。しかし、天から贈られたこれらの作品をよくよく観察して、構想の面でも製作の面でも絵画の規則がやたらとふみにじられ、芸術の真実性がどこでもかしこでもないがしろにされているのを目にしたら、作者が無知だったと想定することはできない以上、私はどうしても、この伝承を作りごととして非難せざるをえなくなる。聖書の内容が上手に語られているか下手《へた》に語られているかなどどうでもいいということをもし知らなかったら、私はこの絵の話をさっそく聖書にもあてはめるところである。だが、予言者たちが誇りにしたのは真実を語ることであって、うまく語ることではなかったのだ。使徒たちが死んだのも、自分が言ったり書いたりしたことの真実性を守る以外に目的があっただろうか。さて、本題へもどるが、少なくともイエス・キリストの実在と奇蹟、ポンテオ・ピラト(56)のひととなりや性格、初代キリスト教徒の行動や殉教については聖書記者と言を同じくしたに相違ない世俗の著作家の作品が残されていたら、その結果ははかりしれないものがあっただろうに。

46

君は言うだろう。「民族全体がこのことの証人なのだ。君はそれでも否定するのか」と。さよう、私はそれでも否定する。そのことが、君の派の人ではない誰かの権威によって裏づけられないかぎりは。またその誰かが、狂信にかられたり買収されたりできない人だと知らないかぎりは。いや、それだけではない。町の真中に大穴があいて、そのことで神々にお伺いを立てたら、一番貴重な物をそこへ投げこめば穴はふさがるという返事だった、そして、ある勇敢な騎士が穴の中へとびこんだところ神託は成就された――こんな話を公平と認められた著作家がしても、大きな穴があいて、それを埋めるのにたいへんな時間と労力がいった、と簡単に言われた場合にくらべて、信用度はずっと落ちるだろう。事に真実味が乏しいほど、歴史の証言には重みがなくなる。まじめな人が、一人でもいい、「連合軍に対して、陛下は完全な勝利を収められた(57)」と告げたなら、私は難なく信じるだろうが、パッシー(58)で死人が生き返ったなどとパリ中の人が断言しても、私は信用しないだろう。歴史家が人をあざむいたり、民族全体が思い違いをしたりするのは、不思議でもなんでもないのである。

47

タルクイニウス(59)は、ロムルス(60)が作った騎兵隊を新たにふやす計画を立てた。ところが、ある鳥占師が言うには、神の許しがないかぎり、この軍隊で昔のしきたりを改めるのは、ことのいかんをとわらず冒瀆である、と。無礼な坊主だと腹を立てたタルクイニウスは、こいつを困らしてやれ、ついでに、自分の権威の邪魔になる鳥占術の信用を落してやれ、と考えた。そこで、くだんの男を人の集まる場所へ呼びだして、こう言った。「占師よ、わしが考えていることは可能なことかな。お前の学識が自慢どおりのものならば、返答できるはずだが。」鳥占師は少しもあわてず、鳥を調べてこう答えた。「はい、王様。王様が考えておられることは可能なことでございます。」そこでタルクイニウスは、衣の下から剃刀をとりだし、手に小石を持って占師に言った。「近う寄れ。この小石をその剃刀で切ってみよ。これは可能なことだとわしは考えたのだぞ。」ナヴィウス――というのが鳥占師の名前だったが――は群衆の方へ向きなおり、自信満々たる調子で言った。「小石に剃刀をあてて、すぐ割れなかったら、死刑にしてもいいですよ。」そして意外も意外、小石の固さは剃刀の切れ味に実際及ばなかったのだ。あんまり早く小石が二つに割れたので、剃刀がタルクイニウスの手に当って、血が出たほどだった。群衆はびっくりして、ワッとはやしたてた。タルクイニウスは計画をあきらめ、鳥占師たちの保護者になると宣言した。剃刀と石の破片は祭壇の下に納められ、立像がこの占師のために立てられた。その像はアウグストゥス[61]の時代にもまだ残っていたし、ラクタンティウス[62]やディオニュシオス・ハリカルナッセウス[63]や聖アウグスティヌスの著作の中で、古代の聖俗両界の人びとがこのことの真実性を証明している。

以上が歴史の言うことである。迷信の言うことを次に聞きたまえ。「これになんて答えますか」、と迷信家のクイントゥス[64]は兄のキケロに向って言っている。「とてつもない懐疑論《ピロニスム》におちこんで、民衆や歴史家を馬鹿扱いして、年代記なんて焼きすてちゃうか、それともこのことを認めるか、どちらかですね。人間界の出来事に神々がかかりあうのを認めるくらいなら、あらゆるものを否定したほうがいいっていうわけですか。」

〔キケロは言う〕「私ノ考エデハ、モシカスルト真実カモシレナイガ、同時ニ、悪意ノアル人間ガゴマカシタリデッチ上ゲタリシタモノデアルカモシレナイ、ソウイウ証言ニ依拠スルノハ、哲学者ニフサワシイコトデハナイ。自分ノ主張ハ理性的ナ論拠ニヨッテ証明スベキデアッテ、事実ニヨッテ証明スベキデハナイ。コトニ、ソノ事実ヲ信ジナイコトガ許サレテイル場合ニハ[65]……。[66]ダカラ、火事デモ燃エナカッタトオマエガ言ウロムルスノ占イ杖ノ話ハヤメニシロ。アッティウス・ナヴィウスノ小石モ捨テテシマエ。哲学ニハ、ソウイウ与太話ヲ容レル余地ハナイ。ムシロ哲学者ノ役目ハ、マズ鳥占学ノ本性ト、次ニハソノ形成ノシカタヲシラベ、最後ニ、ソレガドレホドシッカリシタモノデアルカヲタメシテミルコトニアルノダ……。モットモ、エトルリア人ハソレラ[67]ノ発明者ヲアゲテハイル。農夫ノ鋤デ地中カラ掘リダサレタ例ノ子ドモデアル。デハ、ワレワレノ場合ハ？　アッティウス・ナヴィウスカ[68]……。トスルト、人間ノ人間タルユエン〔理性的認識〕モ知ラナイ無知ナ住民タチガ神事ニ通ジテイルトイウコトニナル。」〔原文ラテン語〕しかし、どの国王もどの民衆もどの国民も、みんなこれを信じているではないか。「ダガ、愚昧ナ無知ホド世ニ広マッテイルモノガアロウカ。オマエデモ、大衆ノ判断ニイチイチ従ウカ[69]。」〔原文ラテン語〕これが哲人の返事である。この言葉が当てはまらないような奇蹟《プロディージュ》がひとつでもあったら、あげてもらいたいものだ！　教父たちもたぶん、〔異教の誤りを主張するために〕キケロの原理を援用するのは非常に具合が悪いと思ったのであろう、かわりにタルクイニウスの話を認めて、ただナヴィウスの術は悪魔のしわざということにしてしまった。悪魔とは便利なしかけではある。

48

こうした事績はどんな民族にもある。みな驚嘆すべきものと言いたいが、惜しむらくは真実でない。それはあらゆるものの証明に使われるけれども、それ自体はいっこうに証明されていない。それをあえて否定すれば敬虔の念を欠くことになるが、それを信じることは馬鹿にならなければできないのである。

49

雷に打たれたのか、元老たちに殺されたのか、とにかくロムルスはローマ人の間から姿を消した。民衆も兵士もぶつぶつ言いだし、国内の各階級はたがいに喧嘩をおっぱじめた。誕生まもないローマは、内には分裂し、外には敵に囲まれて、断崖の瀬戸際に立たされた。そのとき、プロクレイウスという男が厳粛なおももちで進みいで、こう言ったのである。「ローマ人よ、諸君が悼んでいる王様は、なくなられたのではない。天へ昇って、ユピテル〔ジュピター〕の右に坐っておられるのだ。王様は私にこう言われたぞ。〈行って、同胞を安心させるがよい。ロムルスが神々の間にいることを告げるがよい。私が護っているから心配ないと言ってやれ。敵がどれほど強くてもローマ人にはかなわないし、ローマ人はいずれ世界の主《あるじ》となるように定められている、ということを知らせてやれ。ただ、この予言を子子孫々にいたるまで代々語りつぐように〉と。」ペテンにかけるには好都合な状況だった。当時のローマの事情を調べてみれば、このプロクレイウスというのが切れ者で、タイミングもよかったことを、だれでも認めるにちがいない。この男は、人びとの心の中に、祖国の未来の栄光にとって無駄ではなかったひとつの偏見を注入したのである。……「コノ人物トソレノ話ガイカニ信頼ノ念ヲ呼ビオコシタカ、ロムルスガ不死ダト信ジタトタンニ、彼ヲ惜シム気持ガ民衆ノ心ノ内デイカニ和ラゲラレタカ、ソレハ信ジラレナイホドデアル。コノ話ハ、ソノ主人公ノ威信ト目前の危機ニ助ケラレテ、民衆ノ間ニ広マッタ。ヤガテ、一部ノ者ニツラレテ、スベテノ人ガ、神デアリ神ノ子デアルロムルス[70]ノタメニ異口同音ニ万才ヲトナエタ。」[71]〔原文ラテン語〕つまり、民衆はこの幻を信じ、元老たちはそれを信じるふりをし、ロムルスは多くの祭壇にまつられたのである。しかし、それだけではすまなかった。やがてロムルスは、一個人ではなく、一日に千人以上の人の前に姿を現わしたということになった。雷に打たれたのでも、嵐にまぎれて元老たちが片づけたのでもなく、全国民が見ている前で、稲妻と雷鳴の中を天空へ昇ったということになった。この話は時とともに、すきまにたくさんの槇皮《まいはだ》をつめて補強されたので、後の世の不信者どもは大いに手を焼いたものである。

50

五十の事実よりたったひとつの論証の方が私を動かす。自分の理性にきわめて大きな信頼を寄せているおかげで、私の信仰はそこらの香具師の意のままにはならない。マホメットの大祭司よ、びっこをなおし、唖をしゃべらせ、めくらを見えるようにし、中風患者をいやし、死人を生きかえらせ、さらには、不具者に欠けた手足をとりもどさせるというような前代未聞の奇蹟を行なうがよい。私の信仰が微動だにしないのを見て、おまえはびっくりするだろう。私を改宗させようと思ったら、こんな奇蹟《プロディージュ》はよして、いっしょに議論しようではないか。私は自分の目よりも自分の判断力を信用している。

お前の説く宗教が真実なら、その真実性を明らかにし、強力無比な論拠によってそれを証明できるはずだ。そういう論拠を見つけるがよい。三段論法ひとつで私を叩き伏せられるのに、奇蹟などで私を疲れさす必要があるか。なんだと、お前には、私の蒙をひらくより、びっこをなおすほうが楽だというのか。

51

一人の男が地面に横たわっている。気を失って、声もなく、ぬくもりもなく、じっと動かずに。ころがしても、ひっくりかえしても、ゆすっても、火であぶっても、ウンともスンとも言わない。灼熱した鉄を当てても、ピクリともしない。みんな死んだのだと思う。はたしてそうか。いや、そうではない。これはカラマ[72]の僧侶の兄弟分なのだ。「コノ僧ハ、人ガアル種ノウメキ声ヲマネルト、好キナ時ニ意識ヲ失イ、死ンダヨウニ地面ニコロガッタママ、ツネラレテモ針デ刺サレテモナンニモ感ジナカッタ。トキニハ、体ヲ焼カレテモ苦痛ヲ感ジナイホドダッタ。傷ハアトデ痛ンダケレドモ。」（聖アウグスティヌス『神の国』、第十四巻、第二十四章）〔原文ラテン語〕今日、もしもある種の人びとがこういう人物にぶつかっていたら、彼らはそれをふんだんに利用しただろう。救霊予定者の灰の上で死体がよみがえるのが見られたろう。[73] ジャンセニストの法官の集録書[74]は死者の復活を得意がり、教書派[75]はきっと当惑しただろう。

52

ポール＝ロワイヤルの論理学者[76]は言う。聖アウグスティヌスがプラトンと同じく、真理の判断と弁別の規準は感覚ではなく精神に属する、「真理ノ判断ハ感覚ニハナイ」〔原文ラテン語〕と主張しているのは正しいこと、のみならず、感覚から引き出せる確実性はそれほど遠くまで及ぶものではなく、感覚を通じて知ったつもりのものでも、十分な確信をもてないものがいくらもあることを、認めざるをえない、と。したがって、感覚の証言が理性の権威と矛盾していたり、それに匹敵するだけの力がなかったりする場合には、もともと選択などする必要はない。迷わずに理性の言うことに従うのが正しい論理なのである。

53

ある城外地[77]に喝采が鳴りひびく。救霊予定者の灰がたった一日で、イエス・キリストが一生涯にしたよりももっと多くの奇蹟をなしとげたのだ。みんなそこへ走ってゆく。運ばれてゆく。私もあとにくっついてゆく。着くが早いか、たちまち「奇蹟だ、奇蹟だ！」という叫び声[78]がきこえる。私は近よって目をこらす。小柄なびっこの男が、三、四人の情深い人たちに支えられながら歩いているのが見える。群衆は目をみはって、「奇蹟だ、奇蹟だ！」とくりかえしている。ばかな連中だ。いったいどこが奇蹟なのか。このペテン師がただ松葉杖をとりかえたにすぎないことがわからないのか。今度の奇蹟さわぎは、昔からある幽霊さわぎとおんなじなのだ。幽霊を見た人は、みんな見る前から幽霊をこわがっていたのだし、ここで奇蹟を見た人も、みんなはじめから奇蹟を見るつもりで来ていたのである。このことは誓ってもいい。

54

それにしても、これらの自称奇蹟については、筋金入りの不信者でもタジタジとなりかねない厖大な集録書[79]が著わされている。著者は元老院の一員で、謹厳な人物である。たしかに、この人は昔かなりいいかげんな唯物主義を奉じていたが、しかし、回心した[80]のはけっして欲得ずくではない。語っている事柄を自分でも目撃しており、予断や損得勘定を抜きにして判断をくだせたはずである。それに、証言はこれ以外にも無数にある。みんな、自分はこの目で見た、自分の供述ほどたしかなものはない、と言っており、その供述書の原本もちゃんと公の古文書室に保管されている。これに対して、いったいどう答えるべきか。どうと言って、こう答えればいいのである。自分の気持があらかじめきまっていないかぎり、こういう奇蹟はなにも証明してくれないのだ、と。

55

敵にとっても味方にとっても自説の証明になるような理屈は、実はどちらにとっても証明力がない。狂信も真の宗教と同じくそれなりの殉教者を出していたり、真の宗教に殉じた人の中にも狂信者がいたりしたならば、死んだ人の数を勘定して——そういうことができるとしたら——それをもとに信じるか、あるいは信じる理由をほかに探すか、どちらかにすべきである。

56

いいかげんな理由で回心を迫るほど無信仰の立場を強めるものはない。不信者に人はいつでもこんなことを言う[81]。君はいったい[82]なにものだ、パウロやテルトゥリアヌスやアタナシウスや、クリュソストモス[83]、アウグスティヌス、キプリアヌス[84]その他多くの高名な人びとがあれほど勇敢に擁護した宗教を攻撃するとは。君はきっと、あのすぐれた天才たちも見落したなにかの難点を見つけたのだろう。では、君のほうがあの人たちよりよく知っているということを示してくれ。あの人たちのほうが君よりよく知っていたことを認めるなら、疑念を捨てて、あの人たちがきめたことに従いたまえ、と。くだらない理屈である。牧師に知識があるということは、宗教が真実であることの証明にはならない。エジプト人の宗教ほどばかげたものはないけれども、またその祭司ほど知識のある連中もいなかった……。〈僕にはどうしても、あんな玉ねぎはおがめない。玉ねぎとほかの野菜とどこが違うのか。こともあろうに食べものをあがめるとは気違いざただ！　こちらが水をかけてやり、野菜畑で成長しては枯れてゆく植物が神様だとは笑わせる！〉〔と言うと、エジプトの祭司は答えるだろう〕「だまれ、下《げ》司《す》め。貴様の暴言を聞くと身ぶるいがする。貴様が理屈をこねるのか！　こういうことを貴様のほうが祭司会《サクレ・コレージュ》より知っているのか。貴様はいったいなにものだ、神々を攻撃し、祭司たちに知恵の教えを垂れるとは。世界中からききにくるあの神託より、貴様のほうが知識があるのか。どう答えようと、貴様の自惚れはたいしたもんだ。自惚れでなければ向うみずだが。」……キリスト教徒は自分の強さがわからないのか。こういうくだらない詭弁は、それを使うしか手のないような連中に任せておけないのか。「ドチラノ側モ使ウコトハデキルガ、ソレヲ使ッテモ両方トモ正シイコトニハナラナイ、ソウイウ論拠ハ捨テテシマオウ。(85)」〔聖アウグスティヌス〕〔原文ラテン語〕実例や奇蹟や権威でも、人をだませるし、偽善的な人間は作れる。しかし、信仰者を作れるのは理性のみである。

57

宗教を擁護するのにしっかりした論拠しか用いないことが最高に重要であるという点は、だれでもが認める。しかし、まずい論拠をけなす人はとかく迫害されるだろう。なんたることだ！　キリスト教徒であるだけで十分ではないのか。それ以上に、まずい論拠によってキリスト教徒であることが必要なのか。信心家諸君、私は君らに告げよう。私がキリスト教徒なのは聖アウグスティヌスがキリスト教徒だったからではない。私がキリスト教徒なのは、キリスト教徒であることが道理にかなっているからだ。

58

私は信心家というものを知っている。あの連中はなにかというとすぐ顔色をかえる。自分の考えに反することがこの本になにか書かれているとひとたび判断するならば、彼らはあらんかぎりの中傷を私に浴びせることだろう。それは覚悟している。私より偉いたくさんの人についても、連中は根も葉もない悪口をいいふらしてきたのだから。理神論者、悪党、それだけですんだらまだ軽いほうだろう。連中は昔、デカルトやモンテーニュやロックやベール[86]を地獄へおとした。これからもたくさんの人を地獄へおとすだろう。しかし、ことわっておくが、私はこういう哲学者の多くより自分のほうが立派な人間であるとか、立派なキリスト教徒であるとか誇れるような男ではない。私はローマ聖公教会の一員として生まれた。この教会の決定には力の及ぶかぎり服従している。父祖の宗教の信者として死にたいと思うし、また、神と直接のまじわりをもったことも、奇蹟の目撃者であったこともない人間として可能なかぎり、この宗教をよいものと思っている。以上が私の信仰告白である。彼らがこれを不満に思うことはほぼたしかだが、しかし、これより立派な信仰告白ができる者は、彼らの内にもおそらく一人としていないだろう。

59

アバディ[87]、ユエ[88]その他のものを私は何度も読んだことがある。自分の宗教の証拠を私は十分知っているし、それらが立派なものであることも認める。しかし、それらが百倍立派であっても、キリスト教はやはり私に証明されたことにはなるまい。三角形の三つの角の和が二直角にひとしいことを信じるほど強く、神に三つの個格《ペルソナ》があると信じることを、どうして私に求めるのか。あらゆる証拠は私の内に、それぞれの強さに応じた確信を生みだすべきであろう。幾何学的な証明と心証的な証明と物理的な証明では、私の精神に及ぼす作用も当然異なっていなければならない。そうでなかったら、こういう区別は無意味になってしまう。

60

諸君は不信者に一巻に編んだ文書〔聖書〕を見せ、それの神性を証明しようとする。しかし、諸君がもちだす証拠をいちいち検討する前に、不信者はかならず、それの編集のしかたについて質問するだろう。こんなふうにきくはずである。それは昔も今も同じなんですか。今の集録内容は、数世紀前にくらべるとどうして減っているんですか。どういう権利があって、ほかの宗派がたっとんでいるあれこれの著作を除いたり、ほかの宗派がしりぞけた別な著作を入れておいたりしたんですか。この写本をとくに採用したのは、どういう根拠があったんですか。違った写しがあんなにたくさんある中で、なにを規準に選んだんですか。違った写しがたくさんあるのは、こういう神聖な著作家のものも純粋にもとのままでは伝わっていないことを明らかに証明しているわけでしょう。でも、写字生の無知や異端者の悪意でそれが改竄されたんなら、――それはあなたも認めざるをえないでしょうね――あなたもその神性を証明する前に、あらかじめそれをもとの姿にもどさなくてはなりませんよ。というのは、あなただって、削除された文書を集めたような本について〔その神性の〕証拠をもちだすわけにはいかないでしょうし、私だって、そんなものの上に自分の信仰を打ち立てるわけにはいきませんからね。ところで、この改訂をあなたに依頼するのはだれですか。教会ですね。しかし、聖書の神性が証明されないかぎり、私には教会の無謬性なんて認めることはできないんですよ。というわけで、私はどうしても懐疑論になっちゃうんですね。

この反論に答えるには、信仰のいちばん底の土台石は純人間的なもので、写本の選択も章句の復原も、さらには編集も、批評〔本文批評〕の規則に従っておこなわれたことを認めてしまうほかはない。そうした規則の確実性に応じた度合で聖書の神性を信じることは、私としても拒むものではない。

61

証拠を探しながら、私はかえって難点を見つけた。信仰の理由が盛られている本〔聖書〕が、同時に無信仰の理由を提供してくれた。これは共有の武器庫である。そこで私は見た。理神論者が無神論者に対して武装するのを。理神論者と無神論者がユダヤ教徒とたたかうのを。無神論者と理神論者とユダヤ教徒が同盟を結んで、キリスト教徒に当るのを。キリスト教徒とユダヤ教徒と理神論者と無神論者が回教徒とつかみあいをするのを。無神論者と理神論者とユダヤ教徒と回教徒と、それにキリスト教の多くの宗派が、キリスト教徒におそいかかるのを。そして、懐疑論者のみが全部を敵にまわしているのを。私はこの試合の審判官だった。秤を持って、両方の選手の間に立っていた。秤の腕は、かかった重みに応じて上ったり下ったりした。ながいこと揺れていたあげく、秤は結局キリスト教徒の方へ傾いた。しかしそれは、キリスト教徒の重みが相手方の抗力をしのいでいる分だけである。私が公平だったことは自分自身がよく知っている。この重みの差がさほど大きく見えなかったからといって、それは私のせいではない。私の誠意は天も照覧あれ、である。

62

こんなに意見がまちまちなので、理神論者はひとつの理屈を思いついた。堅固というより、むしろ奇矯な理屈であろうが。キケロは、ローマ人が地上でいちばん好戦的な民族であることを証明するため、競争相手の口からたくみに次のような告白を引きだしている。〔問〕ガリア人よ、勇敢さにおいて君らがだれかに劣るとしたら、それはだれだ。〔答〕ローマ人。〔問〕パルティア人よ、君らの次にもっとも勇敢な人間はだれだ。〔答〕ローマ人。〔問〕アフリカ人よ、だれかを恐れるとしたら、君らはだれを恐れるか。〔答〕ローマ人。そこでキケロにならって、ほかの宗教の連中にたずねてみよう、と理神論者は言う。〔問〕シナ人よ、君らの宗教が最高でないとしたら、どの宗教が最高か。〔答〕自然宗教。〔問〕回教徒よ、マホメットの教えを捨てるとしたら、君らはどの宗教を選ぶか。〔答〕自然宗教。〔問〕キリスト教徒よ、キリスト教が真の宗教でないとしたら、なにが真の宗教か。〔答〕ユダヤ人の宗教。〔問〕しかし、ユダヤ教徒よ、ユダヤ教がいつわりだとしたら、なにが真の宗教か。〔答〕自然宗教。ところで、とキケロは続ける、みんなが一致して二位に推し、しかも自分で一位をだれにもゆずらぬ者は、文句なしに一位とされる資格がある、と。[89]

哲学断想　追補（一七六二年）

または
各種の神学者の著作に対する
さまざまな反論

1

宗教についての疑いは、その人が自分の無知を謙虚に認めている場合、またその疑いが理性の濫用によって神の不興を買うことを恐れる気持から来ている場合、背神行為どころか、むしろ善業とみなすべきである。

2

人間の理性と永遠の理性——つまり神——の間になんらかの一致を認めながら、しかも、神は人間の理性を犠牲にすることを求めていると称するのは、神はひとつのことを欲すると同時に欲していないと主張するにひとしい。

3

理性を授けてくれた神が理性を犠牲にすることを要求するとしたら、これは自分が与えたものをだましとる手品師にひとしい。

4

理性を放棄したら、私には道案内がいなくなってしまう。第二義的な原理[90]を盲目的に採用して、問題になっている当のことを前提とせざるをえなくなってしまう。

5

理性が天の贈物で、また信仰についても同じことが言えるとしたら、天は相互に相容れない矛盾した二つの贈物をしたことになる。

6

この難点をのぞくには、信仰は自然の内には存在しない架空の原理だと言うほかはない。

7

パスカル、ニコルその他は言った。「罪を犯した父親の過ちを罰するために、神は罪のないすべての子どもを永劫の刑罰に処する――これは理性を超える命題であって、理性に反する命題ではない」と。しかし、明らかに冒瀆であるような命題が理性に反するものでないのなら、理性に反する命題とはいったいどんなものをいうのか。

8

大森林の中で、私は夜、道に迷った。たよりになるのは手に持った小さなあかりだけだった。そこへ突然見知らぬ男が現われて、言うには、「君、蠟燭を消したまえ。そうすれば、道はちゃんとみつかるよ。」この見知らぬ男は神学者だった。

9

私の理性が天から来たものであるならば、つまり、天の声が理性を通じて語っているのである。それに耳を傾けなければならない。

10

善行とか悪行とかいうのは、理性の使用には当てはまらない。なぜなら、どれだけ善意があっても、めくらが色を見分けるのには役立たないのだから。明証性があるところには、私はいやおうなしに明証性を見るのだし、明証性がないところには、いやおうなしに明証性の欠如を見るのである。そうでなければ、私は馬鹿ということになる。ところが、馬鹿であるのは不幸であって悪徳ではないのだ。

11

自然の作り主は、頭がいいからといってそれに報いてはくれないのだから、馬鹿だったからといって私を地獄におとしはすまい。

12

また、悪人だったからといって君を地獄へおとすことすらあるまい。なんだ！　悪人なるがゆえに、君はもう十分不幸だったではないか。

13

有徳な行ないは必ず心の満足をともなうし、罪のある行ないは必ず後悔をともなう。ところが、あれこれの命題は受けいれがたいと言ったところで、心は恥ずかしさもやましさも感じない。だから、その命題を信じようとしりぞけようと、それは徳でも罪でもないのだ。

14

善行をするにはさらに恩寵が必要ならば、イエス・キリストが死んだ甲斐はどこにあるか。

15

救われた者一人に対して地獄へおとされた者が十万人もいるとしたら、悪魔のほうが依然として優勢なわけである。しかも悪魔は、自分の子を死なせたりしなかったのだ。

16

キリスト教徒の神は、自分のリンゴばかり大事にして、子どものことはまるでかまわない父親のようなものである。

17

キリスト教徒から地獄への恐怖をとりのぞいたら、信仰もとりのぞかれてしまうだろう。

18

真の宗教はあらゆる時代、あらゆる場所で、すべての人間にかかわりをもつものであるから、永遠で普遍的で明証的であるべきだった。しかし、どの宗教もこういう三つの性格をもっていない。つまりすべての宗教が、いつわりであることを三重に証明されているわけである。

19

一部の人間しか証人になれないようなことは、宗教の証明として不十分である。宗教は万人がひとしく信ずべきものであるから。

20

宗教の根拠とされるのは昔々の奇想天外な事柄である。つまり、もっとも信じがたいものを証明する事柄としては、およそ考えられるかぎりもっとも怪しげなしろものなのだ。

21

福音を奇蹟によって証明するのは、不合理なものを自然に反するものによって証明することである。

22

それにしても神は、その子〔キリスト〕について聞いたことのない連中をどうするつもりなのか。耳が聞こえなかったからといって、神はつんぼを罰するだろうか。

23

神は、その宗教について聞いていながら、それを信奉できなかった連中をどうするつもりなのか。巨人のように大股で歩けなかったからといって、神は小人《こびと》を罰するだろうか。

24

イエス・キリストの奇蹟が本物で、アスクレピオス[91]やテイアナのアポロニオス[92]やマホメットの奇蹟がインチキだというのはなぜか。

25

でも、エルサレムにいたユダヤ人は、みなイエス・キリストの奇蹟を見て、きっと改宗したのだろう？　いや、どういたしまして。キリストを信じるどころか、彼らはキリストをはりつけにしたのだ。このユダヤ人というのがまことに珍らしい人種であることは認めざるをえない。どこでもかしこでも、いろんな民族がたったひとつのインチキな奇蹟にだまされていたのに、イエス・キリストはほんものの奇蹟を数限りなくやってのけながら、ユダヤ民族をどうすることもできなかったのだ。

26

賞讃せねばならないのは、ユダヤ人が信じなかったというこの奇蹟であって、イエス・キリストが復活したという奇蹟ではない。

27

二たす二が四であるのは、カエサルが実在したのと同様に確実である。イエス・キリストが実在したのは、カエサルが実在したのと同様に確実である。ゆえに、イエス・キリストが復活したのは、彼ないしカエサルが実在したのと同様に確実である。いや、とんでもない！　イエス・キリストやカエサルが実在したのは奇蹟ではないのだ。

28

『テュレンヌ氏の生涯』という本[93]には、ある家に火がついたが、聖体があったおかげで火事はすぐ消えた、と書いてある。なるほど。しかし、歴史を読むと、ある修道僧[94]が聖別された聖体のパンに毒を入れたので、ドイツの某皇帝は呑みこむやいなや頓死した、ともある。

29

そこには、パンとぶどう酒という外見以外のなにか別なものがあったのである。でなければ、イエス・キリストの体と血に毒がまざったと言わざるをえない。[95]

30

その体にはかびがはえ、その血はすっぱくなる。その神は祭壇の上でダニに食われる。盲目の民よ、馬鹿なエジプト人[96]よ、目をひらけ！

31

無知な人びとが説いたイエス・キリストの教えは、初代のキリスト教徒を生みだした。同じ教えは今日、学者や博士によって説かれているが、生みだすのは不信者だけである。

32

決定権をもったある権威に従っていれば理屈をこねる必要はない、という反論もある。しかし、地球上に、こういう権威をもたない宗教がどこにあるか。

33

回教徒が洗礼を受けないのは子どもの頃の教育のせいである。キリスト教徒が割礼を受けないのも子どもの頃の教育のせいである。洗礼も割礼もひとしく軽蔑するのは大人《おとな》の理性だ。

34

聖ルカ[97]〔による福音書〕には、父なる神は子なる神より偉大である、「父、我ニマサレリ」と書いてある。それなのに、これほどはっきりした文句を無視して、教会は、親《おや》父《じ》の遺言書の言葉を一字一句忠実に守ろうとする良心的な信者[98]を破門している。

35

聖書全体をとってもこれほどはっきりした文句はないのだから、それの意味を権威によって好きなようにきめることができた以上、自分は正しく解していると自負できる文句は聖書の中にないわけである。教会が将来好き勝手にできないような文句はひとつもないということになる。

36

「汝ハペテロナリ。我コノ磐《ペトラ》ノ上ニワガ教会ヲ建テン(99)。」これは神様の言葉だろうか。それとも、デザコール殿(100)に似合いの地口だろうか。

37

「汝ハ苦シミテ子ヲ産マン」(創世記)と神は義務を怠った女(101)に言った。では、雌の動物は神になにをしたというのだ。これも苦しんで子を産むではないか。

38

「父、我ニマサレリ」を字義どおりに解すれば、イエス・キリストは神ではない。「コレワガ体ナリ(102)」を字義どおりに解すれば、イエス・キリストは自分の手で使徒たちにわが身を与えたことになる。このばかばかしさは、聖ドニ(103)は首をはねられてから自分の首に接吻した、と言うのと甲乙ない。

39

彼〔キリスト〕は橄欖山へ引きこもって祈ったと言われる。だれに祈ったのか。自分自身にだ。

40

神の怒りをしずめるために神を死なせるあの神、というのはラオンタン(104)の警抜な言葉である。キリスト教の弁護ないしは反駁のために書かれた二つ折本をたとえ百巻集めても、そこから生まれる明証は、この二行からくるおかしさに及ばない。

41

人間は強さと弱さの、光と盲目の、卑小さと偉大さの複合物であると言うの(105)は、人間をやっつけることではなくて定義することである。

42

人間は神か自然が作ったままのものである。そして、神も自然もけっして悪いものは作らないのだ。

43

われわれが原　罪《ペシエ・オリジネル》と呼ぶものを、ニノン・ド・ランクロ(106)は風変りな罪《ペシエ・オリジナル》と呼んでいた。

44

福音記者の一致を引きあいに出すのはおよそ軽率なことである。ある福音書にはあって、ほかの福音書にはないようなことがあるのに。

45

プラトンは神を善、知、力という三つの相のもとに考えた。目をふさぐのでなければ、ここにはキリスト教徒の言う三位一体が見られよう。今から三千年近く前に、このアテナイの哲人は、われわれが〈言葉《ヴェルブ》〉と呼ぶものをすでにロゴスと呼んでいたのだ。

46

神の個格《ペルソナ》は三つの偶有性か三つの実体かどちらかである。中間はない。もしも三つの偶有性なら、われわれは無神論者か理神論者である。もしも三つの実体なら、われわれは異教徒〔多神教徒〕だ。

47

父なる神は人間を永遠の劫罰にふさわしいものと考える。子なる神は人間を無限の憐れみに価するものと考える。聖霊は中立を守る。カトリック教徒のこの駄弁と神意の単一性の間に、どうやって折り合いをつけるのか。

48

永遠の劫罰という教義と神の限りない憐れみとをなんと

か両立させてほしい、と昔からみんな神学者にたのんでいるが、いまだに埒があかない。

49

罰したところで、もうなんの足しにもならないのに、なぜ罪人を罰するのか。

50

自分ひとりのために罰するのだとしたら、そいつはよほど残酷で、よほどたちの悪いやつだ。

51

良い父親なら、天にましますわれらの父に似たいと思う者はいない。

52

加害者と被害者の間にも、罪と罰の間にも、あまりに開きがありすぎる。愚劣と残虐のかたまりだ！

53

で、その神はなにをそんなに怒っているのか。まるで、神の栄光や安らぎや幸福を私がどうこうできると言わんばかりに。

54

人びとは神に、自分に一指もさせない悪人を永劫に続く火の中で焼かせようとする。なのに、父親が自分の生命、名誉、財産を危うくした息子をほんのいっとき殺す[107]ことも、人びとは容易に許そうとしない。

55

キリスト教徒よ！　君らはつまり、善良と邪悪、真実と嘘について、違った二様の観念をもっているのだ。だから君らは、とびきり非常識な定言論者か、とびきり極端な懐疑論者《ピロニアン》か、どちらかということになる。

56

可能なすべての悪を犯しうる者だけが、永劫の刑罰にも価しうるのである。神を無限に復讐的なものとするために、君らは虫けらのような人間を無限の能力の持ち主にしてしまう。人のなしうるすべての悪が可能な悪のすべてではない。

57

神の手で好色に作られた男が、神の手で愛嬌のある美人に作られた隣の妻君といっしょに寝た――たったそれだけのことを、神学者は大げさにワアワア言う。聞いていると、まるで宇宙の四隅に火がついたとでも言わんばかりだ。では、君、マルクス＝アウレリウス[108]にきいてみたまえ。君が二つの臓器の不正で肉感的な接触によって、君の神様を怒らせていることがおわかりだろう。

58

残虐なキリスト教徒は、ヘブライ語ではただ持続的という意味の言葉を永劫と訳した。刑罰が永劫につづくという教義は、ヘブライ語の語法についての無知と、翻訳者の残忍な気質から生まれたのである。

59

パスカルは言った。「諸君の宗教が間違っている場合、それを正しいと信じたところでなにも危険はない。諸君の宗教が正しい場合、それを間違いと信じたらなにもかも危うくなる[109]」と。回教の導師《イマン》でも、パスカルと同じことが言えるだろう。

60

神であるイエス・キリストが悪魔に誘惑されたというのは、『千一夜物語』にふさわしい作り話である。

61

受肉が誰の役に立ったか《クイ・ボノ》、キリスト教徒、特にジャンセニストに教えてもらいたいものだ。それにしても、この教義からなにか利益を引きだそうと思うなら、地獄に落ちる者の数をそう無限にふやしてはなるまい。

62

若い娘が引きこもって暮していた。ある日、彼女は鳥を持った一人の青年の訪問を受けた。そして彼女はみごもった。だれが孕ませたかという質問が出る。愚問も愚問、鳥にきまっているではないか。

63

しかし、レダ[110]の白鳥やカストルとポルックス[111]の小さな焔は笑うのに、福音書に出てくる鳩や火の舌[112]を笑わないのはなぜだ。

64

はじめの数世紀には福音書が六〇篇もあって、それがほとんど同程度に信じられていた。そのうち五六篇は、あんまり子どもだましでばかばかしいために棄てられてしまった。しかし、残された福音書の中にも、そういうものが全然跡をとどめていないだろうか。

65

神は最初、人間にひとつの法を〔モーゼの律法〕与えたが、あとでその法を廃止してしまった。このやりかたは、はじめ思い違いをし、時とともにその間違いに気づく立法者のやりかたに似てはいまいか。思いなおすというのは完全な者がやることだろうか。

66

信仰の種類は世界中の宗教と同じ数だけある。

67

世界中のあらゆる宗派は、みな理神論者中の異端派の集まりにすぎない。

68

罪人に生まれたわけでもないのに人間が不幸であるとするならば、それは、永遠の幸福を享受すべきものでありながら、自己の本性によってそれに価するようになれないからではあるまいか。

69

キリスト教の教義について私が考えていることは以上のとおりである。その道徳については一言するだけにとどめよう。なぜなら、一家の父であるカトリック教徒が、福音書に盛られた格率を文字どおり実行しなければ、いわゆる〈地獄〉に落されると信じている場合、人間の弱さからして、これほど完全な域に達することはきわめて困難である以上、その父親には、子どもを片足でぶらさげて地面にたたきつけるか、生まれたとたんに窒息死させるか、道はそれしかないと思われるからだ。そうすれば父親は、子どもを地獄落ちの危険から守り、永遠の至福を保証してやれるのだ。私は主張したい。この行為は罪であるどころか、無限に賞讃すべきものとせねばならない。なぜなら、それは父性愛から出たものだし、父性愛は、すべての良き父親が可能なすべての恩恵を子どもに与えることを要求するから。

70

宗教の教えも社会の法も、罪のない者を殺してはならないと言っている。しかし、殺せば相手に無限の幸福が保証され、生かしておけばほぼ間違いなく相手が永遠の不幸におちいる場合、こういう掟は実際、きわめて不合理かつ残酷なものではないか。

71

なんですって、ラ・コンダミーヌさん[113]！　天然痘から守るため息子に種痘をすることは許されているのに、地獄から守るために息子を殺すことは許されないんですか。ご冗談でしょう。

72

少数デモ善良ナ人ノ間デ受ケイレラレレバ、真理ハ十分ニ勝利ヲエテイルノダ。多クノ人ノオ気ニ召サナクトモ。

〔原文ラテン語〕

(次に、アセザ＝トゥルヌー版にしたがって、エルミタージュ博物館にあるディドロの原稿から取った二つの断想をかかげる。これは明らかに前掲のものと関連しており、その二番目には、冒頭に『哲学断想』という見出しがついている。——編者)

＊

昔、テルナテ島(114)では、宗教を語ることはだれにも許されていなかった。僧侶でさえも例外ではなかった。寺院はひとつしかなく、二つ作ることは法律ではっきり禁止されていた。寺院には祭壇も彫像も画像もなかった。かなりの収入をえている百人ほどの僧侶がこの寺院を管理していた。僧侶たちは歌もうたわず、ものも言わず、水を打ったような静けさの中で、ひとつのピラミッドを指さしていた。そのピラミッドの上にはこう書いてあった。「人ヨ、神ヲアガメ、兄弟ヲ愛シ、祖国ニ役立ツ者トナレ」と。

＊

子どもにも女房にも友だちにも裏切られた男がいた。不実な仲間のために財産も蕩尽して、彼は一文なしになってしまった。人類に対する憎しみと深い軽蔑を胸に抱いて、男は世を捨て、ただひとり、とある洞穴に引きこもった。そこで、拳を目にあて、この恨みをはらす復讐の手段を考えながら、彼はこんなことを言っていた。「あの悪党ども！　やつらを罰するにはどうしたらいいんだろう。やつらをみんな、悪人にふさわしい不幸な目にあわせてやるにはどうしたらいいんだろう。ああ、なにか考えだせたらなあ……。みんな命より大切に思いながら、それでいて絶対におたがいの意見が合わない、そういうとてつもない妄想でやつらをのぼせあがらせてやれたらなあ！……」と見るや、男は大声で叫びながら洞穴からとびだしていった。「神だ！　神だ！……」無数のこだまがまわりじゅうで同じ言葉をくりかえした。「神だ！　神だ！」このおそるべき名前は世界の端から端へ伝えられ、どこでも人は驚異の念をもってこの言葉に聞きいった。まず人びとは平伏した。それから立ち上って、たがいに問いただし、議論をし、しだいに激して、相互に破門しあい、憎みあい、殺しあった。こうして、あの人間嫌いの不吉な願いは成就されたのである。なぜなら、いつの世でも同じく重要で同じく不可解な〔神という〕存在の歴史は、今までのところこうであったし、これからもまた同様であろうから。

(野沢　協訳)

盲人に関する手紙　（一七四八年）

眼のみえる人びとのために

かれらはできる。
しかし、できるようにはみえない。†

Possunt, *nec* posse videntur

† ウェルギリウス『アエネイス』第五、二三一行より、一語を変えて引用。「できる」の主語を目明きにとれば、目明きに対する皮肉、逆に盲人にとれば、盲人への讃辞にとれる。（訳者）

奥様、(1)私は、レオミュール氏(2)に、さきごろ、白内障を取り除いてもらった生まれながらの盲の女(3)から、あなたがかねがね知りたいと思っておられたことについてあなたが教えられるようなことはあるまいと、思っていました。だといって、それは彼女のせいでもあなたのせいでもないと察する気持もまったくありませんでした。私は、彼女の恩人には、私自身でも、彼の親友たちを介しても、また彼に讃辞を呈上したりして、大いに懇願したのですが、どうしても聞きいれてもらえず、最初の包帯取りは、あなたのお立ちあいを待たずに行なわれることになりました。もっとも高貴な人びとも、哲学者たちとともに、彼の拒絶をうけました。つまり、彼は、いく人かのとるにたりない連中の前でしか面布《ヴェール》を落したくなかったのです。あなたのお考えでは、知識、経験のゆたかな人びとをいくらたくさん証人にしても足りないような実験を、なぜあの練達のアカデミー会員が、それほどこっそりとやるのか、もしあなたがお知りになりたければ、私はこう答えましょう。つまり、あれほど有名な人物の観察になると、それが行なわれるときの観客よりも、行なわれたあとの聴衆のほうが必要なのです。そこで、奥様、私は、私のふりだしの計画にまい戻ったわけです。私のためにもあなたのためにも教えられるところのほとんどなさそうな、ただし、レオミュール氏ならば、きっともっとうまく利用しそうな、ある実験を行なわないですまさなくてはならなくなりましたので、私は、この実験が目的とする重要な事柄について、私の友人たちといろいろ議論をはじめたのでした。もしそうした私たちの交わした議論の一つをお話して、それが、あなたにとって、私があまり軽々しくお見せすることをお約束した見せものの埋めあわせになれましたら、私としてこれほど幸いなことはありますまい。

例のプロシャ人(4)が、シモノー(5)の娘に、白内障の手術をした当日、私たちはピュイゾーの生まれつきの盲人に質問しに行きました。この人は、良識にも欠けていず、多くの人にも知られ、いくらか化学の知識もあり、王室植物園での植物学の講義をきいて多少の成績をあげた人物です。またその父にあたる人は、パリ大学で哲学を講じて好評を博したものでした。彼は相当な財産にめぐまれ、残りの感覚をその財産でたやすく満足させることもできたことでしょう。ところが、快楽の味が、青年時代に彼を誘惑したのです。それに彼の性癖を悪用するものもでてきたので、家政も乱れてしまいました。そこで、地方のある小さな町に引っ籠って、そこから毎年パリへ旅行に出かけるのです。自分の手で蒸溜した酒類をパリに持ってきてくれますが、その酒には私たちはしごく満足なのです。これが、奥様、あまり哲学的な事情ではありませんが、それだからこそ、私のこれから申し上げる話の人物が、けっして架空のものでないことを判断していただくのにいっそう好都合な事情なのでございます。

私たちは、夕方の五時頃、この盲人の家に着きました。みると、彼は息子に点字で読み方を教えるのに一所懸命でした。彼は起きてから一時間以上にはなっていませんでした。というのは、おわかりでしょうが、彼にとって、昼間が始まるときは、私たちにとって昼間が終るときなのですから。彼の習慣では、ほかの人間が休む間に、自分の家の仕事に従事したり、働いたりするのです。夜中だと、なんにもじゃまされるものがないし、だれにも迷惑をかけませんから。彼が第一に心がけることは、昼の間の位置からずらされたものをすべてもとの位置に戻すことなのです。だから、彼の妻が目をさましたときには、いつも家中がきちんと整っています。盲人はなくなったものをさがしだすのに苦労するので、整頓ということが好きになるものです。それで、盲人たちになれ親しんでいた人びとが、盲人たちからよいお手本を見せられたためか、彼らへの同情の気持からか、この長所を同じようにもっていることに、私は気づきました。もし周囲の人びとのささやかな心づくしがなかったとしたら、盲人たちはどんなに不幸でしょう！ また、私たちにしても、そんな心づくしがなかったら、どんなにあわれな状態になっていることでしょう！ 大きな奉仕は、めったに使う機会のない大型の金貨か銀貨のようなものです。ところが、ささやかな心づくしは、いつも手に持って歩く普通のお金《かね》のようなものです。

私たちの盲人は、さまざまな(左右)均斉についてきわめてたくみに判断します。均斉というものは、おそらく私たちの間だけのまったくの約束ごとでしょうが、多くの点で盲人と目の見える人びとの間でも、たしかにそうしたものにちがいありません。一つの全体を構成する各部分を、その全体を美と呼ぶにはどのように配置しなければならないかを、触覚でもって研究したあげく、世の盲人は、この用語を正しく適用できるまでになります。しかし、彼が、「それは美しい」というとき、彼は判断しているのでなく、ただ、目の見える人びとの判断を引用しているにすぎません。それにまた、ある芝居の脚本について、その朗読を聞いてから判断を下したり、ある書物を読んでからそれについて評価を下したりする人びとの大部分までが、これと似たようなことをしているのではないでしょうか。盲人にとって、美とは、効用からきり離されている場合は、ただの言葉にすぎません。それに、感覚器官が一つ少ないために、彼に効用が見失われているものが、どんなに多いことでしょう！盲人たちは、有用なものしか美しいと評価しないとは、いかにも気の毒ではありませんか。彼らには、どんなに多くのすばらしいものがむだになっていることでしょう！　彼らにとってこの損失のつぐないになるただ一つの善いことといえば、美をこと細かに論じた慧眼な哲学者たちよりも、たしかに知識は浅いけれども、いっそう明確な美の観念をもっていることなのです。

私たちの盲人はたえず鏡のことを話します。あなたはさだめし、彼には鏡ということばの意味なんかわからないとお考えでしょう。ところが、彼は光を背にして姿見を置いたりはけっしてしないのです。彼は自分に欠けている感覚器官の長所や欠点について、私たちと同じように分別正しい口のきき方をします。つまり、自分の用いる言葉にどんな観念をも結びつけはしませんけれども、彼は少なくとも、それらの言葉のところを得ない使い方はけっしてしないという点で、他の大部分の人たちよりもまさっているのです。彼は自分にまったく未知のたくさんの事柄を、たいへん上手に、たいへん正しく論じますので、彼と交わっていると、私たちがみな、理由もわからずにやっている、あの自分のうちに起る事柄から他人の心の中に起ることを帰納するやり方は、大いにその力を失うことになるかもしれません。

私は、彼が鏡というものでどういうものを考えているか、尋ねてみました。すると、彼の答はこうでした。「まあ、一つの機械です。物がこの機械に対して適当な位置におかれていれば、その物から遠く離れていても、この機械はその物を浮彫りにして見せます。いってみれば、わたしの手のようなものですが、ある物を感ずるためには、それをその物のそばに置いてはいけないのです。」デカルトが、生まれながらの盲人だったら、こんな定義を得意がったにちがいないと思われます。実際、こういう定義に達するためには、どんなに巧妙にある種の観念を結合しなければならなかったか、どうぞ考えてみてください。この盲人は触覚を介してでなければ、物体の知識をもつことはありません。彼は、他の人びとの証言にもとづいて、ちょうど彼の場合、触覚を介して物体が認識されるように、視覚を介して他の人びとが物体を認識することを知っています。少なくともそれが、彼が自分でつくりあげられるただ一つの概念です。

そのうえ、彼は、ひとが、自分の顔に触れることはできても、それを見ることはできないことを知っています。だから、視覚とは、私たちの顔とは別の、私たちから離れた物体の上にしかはたらかない一種の触覚だというふうに、彼は結論するほかはないのです。もっとも、触覚は浮彫りの観念しか与えません。だから、彼は、鏡は私たち自身から外に私たちを浮き上らせる機械だと、つけ加えるわけです。どんなに多くの有名な哲学者が、これと同じようにあやまった概念に達するために、この盲人よりも劣った理屈をこねくったことでしょう。それにしても、鏡というものは、私たちの盲人にとってはどんなにか驚くべきものに映ずるにちがいありません。また、物体を大きく見せるこれに類する機械があることを彼に教えたとき、当然のことながらどんなに彼の驚きがつのったことでしょう。また、物体を二重にしないで、その位置を変えたり、その物体を近づけたり、遠ざけたり、博物学者たちの眼にどんな微細な部分からもヴェールをとりのぞいてその物体をはっきりと認めさせたりする他の種の機械もあり、物体を何千倍にもふやす機械もあり、物体をすっかりゆがめて見せる機械もあることを教えたとき、彼の驚きはどんなだったでしょう。盲人はこうした現象について無数の奇妙な質問をしたのです。たとえば、彼は顕微鏡で見る人は、博物学者と呼ばれる人びとしかいないのか、また、望遠鏡で見るのは天文学者だけなのか、物体を大きく見せる機械は、物体を小さく見せる機械より大きいのか、物体を近づける機械は、物体を遠ざける機械より短いのか、などと尋ねました。そして、彼の考えるところでは、鏡が浮彫りにして再現するあの別の私たち自身が、どうして触角にとらえられないか、いっこうにわからないので、こういうのでした。「それでは小さな機械のおかげで、二つの感覚が矛盾におちいったわけですね。もっと完全な機械があったら、おそらくその二つの感覚は一致するかも知れませんが、だからといって、物体の現実性が増すこともないでしょう。さらにいっそう完全で、もっと信用のおける第三の機械があったら、おそらく、その物体を消滅させ、私たちにあやまりを悟らせてくれるでしょう。」

そのとき、あなたの考えでは、眼とはどういうものですか、と……氏が彼に聞きました。「それは私の杖が私の手に及ぼすような効き目を空気から受ける器官ですね」というのが彼の答えでした。この答えは私たちをはっと驚かせました。私たちが感嘆してたがいに顔を見合わせていた間に、彼は言葉をつづけました。「その点疑いようがないのでして、私があなたの眼と一つの物体の間に私の手をおくとしますと、私の手はあなたにとって現存しているのですが、その物体はあなたからみて、存在しなくなります。私が杖であるものをさぐって、なにか別のものに行きあたるときが、まさにそうなのです。」

奥様、デカルトの『屈折光学』を開いてごらんなさい。その中に、視覚現象が触覚現象と比較されており、杖をつかってものを見ようと懸命になっている人間の肖像をたくさん載せた光学の図版(6)をごらんになれます。デカルトと、それ以後に現われたすべての人たちも、視覚についてこれ以上明確な観念をわたしたちに与えることができなかったのです。しかも、この偉大な哲学者も、この点では、眼の見える有象無象とおなじように、この盲人よりもまさってはいなかったのです。

私たちのうち誰一人として、絵画と文字について、彼に質問することを思いついたものはありませんでした。しかし、どんな質問も彼の比喩で満足な答えが得られないようなものはないことは明らかです。それに、眼を持たずに読んだり見たり試みることは、太い杖で小さなピンをさがすようなものだと、私たちにむかってきっと答えたことだろうことは、信じて疑いません。私たちはただ、物体を浮き上らせ、鏡とたいそう多くの類似点とともに相違点をもそなえているような透視画法のことを話して聞かせただけでした。すると、その透視画法の話は、姿見について彼がつくりあげた観念をささえるのとおなじくらいに損なう面もあること、また、姿見が物体を描きだすのだから、画家は、物体を再現するにはおそらく姿見を描くだろうと彼が思いこみかねないことに、私たちは気づきました。

私たちは、彼がひじょうに細い針に糸を通すのを見ました。奥様、ここで読むのをやめていただき、あなたがこの盲人の身になり変ったらどんなふうにおやりになるかを研究していただけないでしょうか。あなたがなんの工夫も思いつかれないようでしたら、この盲人の工夫を申しあげましょう。彼は針の孔をななめになるように唇にくわえて、口とおなじ方向になるようにします。それから舌と吸引力の助けをかりて、彼は糸が針の口にとってあまり大きすぎないかぎり、その呼吸につれて糸を引きよせます。が、大きすぎた場合でも、眼の見える人が困る程度は、視力のない人とほとんど変らないのです。

彼は、驚くほど、音の記憶力をもっています。そして、彼がいろいろな音声を聞き分ける多様性は、私たちがいろいろな顔を見分ける多様性に劣ることはありません。い

(6)

ろいろな音声は、彼には、無限の微妙なニュアンスをそなえているのですが、そのニュアンスは、わたしたちがそれを観察することに、盲人とおなじ興味をもたないものですから、私たちには聞き分けられないのです。私たちにとっては、このニュアンスについて、私たち自身の顔と同じようなことが言えます。私たちが見たことのあるすべての顔のなかで、私たちが一番思い浮かべることの少ない顔があるとしたら、それは私たち自身の顔です。私たちが人の顔を研究するのは、人を見覚えるためにすぎないのですが、私たちが自分の顔を覚えていないのは、自分を他人とまちがえたり、他人を自分とまちがえたりするおそれがけっしてないからです。そのうえ、私たちの感覚は、たがいに助け合うものなので、そのために各々の感覚が完全になりにくいのです。このことをとり立てていうのは、今度だけにはかぎらないつもりです。

　この盲人は、この点について、もし彼が私たちがどんなに他の点で彼に劣っているかをいくたびとなく経験しなかったとしたら私たちとおなじ強味をさずかっていないことを非常に嘆かわしく思ったことでしょうし、また、私たちを一段とすぐれた知能の持ち主と見なしたい気持になったかもしれないでしょう。この反省は私たちにもう一つの反省をうながしました。私たちは次のように考えました。この盲人は、眼の見えるわれわれと同等に、あるいはおそらくそれ以上に自分を評価している。では、もし動物が、これはだれにもほとんど疑えないことだが、推理能力をもっているとすれば、自分に対する人間の有利な点以上に、自分によくわかっている動物の側の人間に対する有利な点を見くらべて、これとおなじような判断を下すのではなかろうか。あいつ〔人間〕は腕をもっている、だが、私には翼がある、と蠅はいうだろうし、あいつに武器があっても、おれたちに爪があるではないかと、獅子はいうはずだ。象は、われわれを虫けらみたいに見なすだろう。そして、すべての動物は、私たちが理性をもっていることは、たやすく認めるけれども、私たちとしてはその理性のほかに彼らの本能をもつことが大いに必要だとするばかりでなく、自分たちは、私たちの理性なんかなくったってけっして不自由しない本能をさずかっているのだと言いはることだろう。私たちは自分の長所を買いかぶり、欠点を割引する傾向がはなはだしいので、人間こそ〔動物的な〕力を論ずるにふさわしく、動物こそ理性を論ずるにふさわしいように思われそうである、と。

私たちの誰かが、わが盲人に向って、もし眼が見えたらたいへん満足に思うかどうかを尋ねてみることを思いつきました。彼の答えはこうでした。「もし好奇心に私が支配されなかったら、長い腕を持つこともおなじくらい望ましいですね。つまり、その長い手があれば、あなた方の眼や望遠鏡よりもよく、月世界で起ることを教えてくれそうに思えるのです。それにまた、眼の感覚は、手の触覚ほど長く後に残りません。だから、私にそなわっている器官を完全なものにしてもらうことは、私にない器官をさずけられるのに劣らずありがたいことですよ。」

わが盲人が、物音や声に非常に的確に反応するのをみると、こうした訓練が盲人たちを、たいへん巧妙で、たいへん危険な人間にしたことは疑いのないところです。彼の特徴を表わす事件を一つお話してみましょう。それによって、あなたも、あの男が少しでも武器として用いるのに習熟していれば、彼が石つぶてを投げるのを待ちかまえたり、彼の手がピストルを発射するのをむなしく見送ったりしようものならとんでもないことになることが、あなたに納得できるでしょう。彼は青年時代に、彼にひどく反感をもった兄弟と口論しました。不愉快なことばを浴びせかけられて腹を立て、彼は手当り次第にものをつかみ、それをその兄弟に投げつけ、それが額の真中に命中して、相手を地面にうち倒してしまったのでした。

この事件と、他のいくつかの事件とのために、彼は警察に召喚されました。私たちの気分に強く影響する権力の外面的な標識にも、盲人たちは少しも威圧を感じません。わが盲人はまるでなかまの前にでも現われるように、警察長官の前に出頭しました。おどかしにも彼は少しもおびえません。「私をどうなさるおつもりです」と彼はエノー氏(7)に言いました。「地下牢にぶちこんでやるつもりだ」と長官は答えました。すると、盲人はこう答えたのです。「ところが、閣下、わたしはもう二十五年もそこにいるんですよ。」奥様、なんという返答でしょう！　私のように道徳論の好きな人間にとっては、すばらしい引用句になるじゃありませんか。私たちは魅惑的な劇場からしぶしぶ出て行くようにして、この人生から去ってゆきます。盲人は牢獄からのがれ出るようにして、人生から去って行きます。ですから、私たちが生きることに盲人よりも多くの喜びを味わうにしても、盲人のほうは死ぬことに私たちよりもずっと未練を感じないことは、お認めになれるでしょう。

ル・ピュイゾーの盲人は、熱の度合によって、火の近さを測定し、容器の満ち加減を、その容器にうつし変えている液体の落ちる音で推しはかり、物体が近くにあることを、自分の顔にあたる空気の動きで知ります。彼は大気の中に起るかすかな変動にもきわめて敏感なので、これは袋小路の通りだな、と区別がつくほどです。また、物体の重さや容器の容量を見事に言いあてますし、両腕でもって非常に正確な天秤の役をつとめたり、指でひじょうに熟練したコンパスの役をつとめたりしますので、この種の静力学の計算が行なわれる場合には、眼の見える人が何人いても私たちの盲人が正しいと私はいつも言いきるつもりです。物体の光沢も、彼にとって、声の音色にほとんど劣らないほどのニュアンスをそなえているのです。だから、自分の妻を他の女ととりちがえるおそれは、とりかえるほうが得にならないかぎり、ありえないことでしょう。けれども、盲人ばかりの民族があったとしたら、そこでは女は共有となるか、さもなければ、姦通を取締る法律がたいへん厳格なものになるか、どうみてもそのどちらかになりそうです。女たちは、自分の恋人と合図でも打ち合わせておけば、夫をだますことはなんでもないでしょうから。

彼は、また触覚でもって、美醜を判断しますが、それはよくわかります。ところが、少し納得しにくいのは、彼がその判断に発音と声の音色をふくめていることです。口と口蓋の各部分と、顔の外形との間に、なにか関係あるものかどうか、これは解剖学者に教えてもらわなくてはなりません。彼はちょっとした旋盤の仕事や針仕事ができますし、直角定規で水準を測ったり、ふつうの機械なら組み立てたり分解したりします。また、音符と音長を言ってもらえば、その曲を演奏できるだけの音楽の心得があります。彼は行為と思想がどんなふうに継続するかを見きわめて、時間の長さを、私たちよりもはるかに精密に測定します。肌の美しさ、肥満ぶり、肉の締りぐあい、からだつきの長所、息づかいの甘さ、声の魅力、発音の魅力などが、彼が他人のうちで大いに重要視する特性なのです。

彼は、自分の所有物になる眼をもちたいために結婚しました。以前には、彼は、だれか聾者と親しくなって、その男から眼を借りることにし、そのかわりに、彼のほうが耳を貸してやろうともくろんだことがありました。彼が非常に多くの事柄に不思議な能力を示したのには、私もひどく驚きました。それで、私たちの驚きを彼に知らせてやりますと、「あなたが盲人でないことは、私によくわかっています。あなた方は私のすることでびっくりしておられます。では、なぜ私のしゃべることにもびっくりなさらないのです?」と彼は言いました。おそらく、この返答のなかには、彼が自分でふくめようと思った以上の哲学があります。このやすやすとものを言うことを覚えるやり方も、かなり驚くべきことです。私たちが、感覚的な対象で表象できないような、いわば実体をもたないような、多くの名辞に、一つの観念を結びつけることができないようになるのは、そうした非感覚的な対象と、それによって呼び起される観念との間に、私たちが類似性を認めて、それらの類似性をひとつらなりに微妙に、深く結び合わせるからにほかならないのです。したがって、生まれつきの盲人は、ほかの人よりも、ものを言うことを覚えるのは、当然に、いっそうむずかしいことを認めなくてはなりません。と申しますのは、非感覚的な対象の数は、彼にとってそうでないものより、ずっと多いのですから、比較したり結合したりする領域が、私たちの場合よりずっと狭くなるからです。たとえば、人相という言葉は、どういうふうにして彼の記憶のなかに定着したらよいというのでしょうか。人相とは、盲人にとっては、ほとんど感覚できない対象に存在している一種の魅力なのであって、眼の見える私たち自身にとっても十分に感覚できないのですから、人相をもつとは、いったいどんな意味かを正確に言おうとしたら、私たちはひどく当惑してしまうでしょう。もし人相が宿っているのが主に眼のなかだとしたら、触覚はどうすることもできません。それにまた、盲人にとって、死んだ眼だとか、生き生きした眼だとか、利巧そうな眼だなどということが、なんの意味がありましょう。

以上のことから、私たちは次のように結論いたします。私たちが、感覚と器官との協力のおかげで、大きな利益を受けていることは疑いない、と。しかし、もし私たちが感覚と器官とを別々に使用したり、そのうちの一つだけの助けで十分な場合には、その二つをけっして用いないとしたら、話はまったく別なことになりましょう。眼だけで十分な場合に、視覚に触覚を加えるならば、馬が二頭だけでも元気潑剌としているところに、その鼻先にもう一頭つなぐことになり、これが一方に進めば、他の二頭は別の方向に進むというわけです。

私たちの器官と感覚との状態が、私たちの形而上学と道徳のうえに多くの影響を及ぼすものであること、また、——こんな言い方が許されるなら——私たちのもっとも純粋に知的な思想が私たちの肉体の構造に密接につながるものであることを、私たちはいちども疑ったことがありませんので、私は、私たちの盲人に悪徳と美徳というものについて質問を始めました。すると、まず、彼が盗みに対してはなはだしい嫌悪をいだいていることに気づきました。その嫌悪は、彼の心のなかでは次の二つの原因から生まれていました。つまり、彼が気づかないで、他人が彼のものをやすやすと盗むことができること、おそらくなおそれ以上に、彼が盗みをはたらくとなると、他人がおなじくやすやすとそれを見つけることができることでした。そうはいっても、自分にはなくて私たちのほうにそなわっていると知っている感覚に対して、彼が上手に警戒するすべを知らないとか、盗みをうまく隠す方法を知らないというわけではありません。彼は羞恥心をそう重く見ていません。衣服が保護してくれることになっている外気から蒙る損傷というものがなければ、衣服をなぜ使用しなければならぬか、ほとんど理解に苦しむことでしょう。現に、彼が率直に告白しているところでは、なぜ身体のある部分を他の部分をさしおいてとくに包むのか、彼にはわからないのです。まして、いったいどんな奇妙な考えからそれらの身体の部分のなかである部分をとくに選んで衣服で包むのか、なおさら彼にはわからないのです。しかも、そのある部分とは、それを用いるためにも、また、ともすればそれが不健康に陥りやすいことからも、自由にしておかなくてはならないようなものです。私たちは、哲学的精神のおかげで多くの偏見を取り除かれた時代に生きていますけれども、この盲人ほど完全に羞恥心の特権を無視するまでになっているとは思えません。ディオゲネスでも、彼から見れば哲学者ではなかったかもしれません。

私たちに憐みの心や苦痛の観念を呼びさますあらゆる外部的な感情表示のなかで、盲人を感動させるのはただ嘆声しかないのですから、私は盲人たちは一般に非人情なものではないかと思うのです。盲人にとって、小便をする人間となんの不平もいわずに自分の血を流す人間との間に、いったいどんな違いがあるのでしょう。私たちにしても、対象が遠く離れているか、あるいは小さいために受ける効果が、視覚のないために盲人が受けるのと同じである場合には、私たちも同情をもたなくなるのではないでしょうか。

それほど私たちの美徳は、私たちの感じ方なり、外的な事物が私たちの心を動かす度合なりに依存しているのです！　だから、罰を恐れる気持がなければ、燕ほどの大きさにしか見えないような遠距離でなら、一人の人間を殺すことも、自分の手で一匹の牡牛を締め殺すことよりもはるかに気楽にやれる人間がたくさんいることを、私は確信します。私たちが一方では喘ぎ苦しんでいる馬に憐れみを感じながら、他方ではなんの懸念もなく一匹の蟻を踏みつぶすというのは、おなじ原理が私たちをそう決心させるからではないでしょうか。ああ、奥様、盲人たちの道徳は、なんと私たちの道徳と違っていることでしょう！　また、聾者の道徳も、盲人のものとは、なおさら違っていましょう。もし私たち人間よりも感覚を一つよけいにもった生きものがいたとすれば、遠慮のない言い方ですが、私たちの道徳を不完全だと思うことでしょう！

私たちの形而上学も、彼らのものと同じように一致しません。彼らにとって原理となるものが、私たちからみて愚劣きわまるものにすぎないことが、そしてその逆のことが、なんと多いことでしょう！　この点について、きっとあなたをお喜ばせしそうな事実をとりあげてお話できるかもしれませんが、なにごとにつけても罪を認めるような人びとが、不信心だといって責めたてるに違いありません。まるで、盲人たちに、彼らが認めているのとは違ったふうに、事物を認めさせるのが私の役目でもあるように非難するのです。私は誰でも同意するに違いないと思われる一つの事柄を注意するだけにとどめましょう。それは、自然の驚異から引き出されるあの偉大な推理が、盲人たちにはきわめて薄弱なものに映ることなのです。私たちが小さな鏡を用いて、やすやすと新しい物体を、いわば創造することは、彼らが永久に見ることのできないように運命づけられた天体以上に、彼らにはわけのわからないことなのです。東から西へと進んでゆくあの光りかがやく球体も、彼らが自由自在に増減させることのできる小さな焚き火ほどにも、彼らを驚かすことはありません。また、彼らは物質というものを、私たちよりずっと抽象的に見ているのですから、物質が思考能力をもっていると信ずるには、私たちほど遠くはないわけです。

一日か二日の間しか眼が見えなかったある男が、盲人の国にまぎれこんだとしたら、沈黙を守る決心をするか、または気狂いと見なされる決心をしなければならないでしょう。この男はその盲人たちに、毎日、なにか新しい神秘を知らせるでしょうが、それは盲人たちにとってこそ神秘ではあっても、無信仰者たちならむしろ信じないことを得意にするようなものでしょう。宗教の擁護者たちは、かくも頑固で、ある点ではかくも正当でさえあるものの、かくも根拠の浅い不信仰を大いに利用することができるのではないでしょうか。あなたがしばらくこの仮定を受け入れてくださいますなら、それによって、あなたは、仮定的な表現ではありますが、不幸にも暗黒時代に真実をさぐりあて、軽率にもその真実を同時代の盲人たちにもらした人びとの物語や迫害を想像させられることでしょう。しかも、そうした人びとにとって、彼ら盲人たちのなかでもっとも残酷な敵に回ったものは、その身分からいっても、その教養からいっても、その人びとと感情的にもっとも近いとしか思えなかった連中だったのです。

そこで、私は盲人たちの道徳と形而上学はさておいて、さほど重要ではありませんが、例のプロシャ人の到着以来、ここでも方々で行なわれている観察の目的にもっと密接な関係のある事柄に移ります。第一の問題は、どうして生まれながらの盲人が、図形の観念をつくりあげるかということです。私の考えでは、彼の身体の運動や、彼の手がつぎつぎに数ヵ所におかれることや、自分の指のあいだを通る物体の絶えまない感触などで、彼は方向の概念を身につけます。ぴんと張った糸にそって指をすべらすと、直線の観念をつかみ、ゆるんだ糸の曲線をたどれば、曲線の観念をつかみます。もっと一般的に言いますと、彼は触覚の経験をたび重ねることで、それぞれ違った個所で経験した感覚の記憶をもつようになります。つまり、彼は自由にそうした感覚ないし個所を結び合わせ、それで図形をつくりあげるのです。幾何学者でない盲人にとっては、一直線とは、一本のぴんと張った糸の方向にならんだ一つらなりの触覚の記憶にほかなりません。そして、曲線とは、へこんでいるか出っぱっているなんらかの固体の表面をなでた一つらなりの触覚の記憶にほかなりません。幾何学者の場合には、研究の結果、これらの線にその特性を発見して、その概念に訂正を加えます。しかし、幾何学者であろうと、なかろうと、生まれながらの盲人は、なんでもかんでも自分の指先に関係づけます。私たちは色彩のある点を結び合わせます。彼、盲人は触知できる点しか、あるいはもっと正確に言いますと、自分の記憶に残る触覚しか結び合わせません。彼の頭のなかでは、私たちの頭のなかに起るものに類似のものは、なに一つ起りません。つまり、彼は想像ということをしないのです。なぜなら、想像を働かすには、地《じ》に色をつけ、その地《じ》の色とは違った色がいくつかの点にあるものと想像して、それらの点をその地《じ》から浮き上らせなくてはならないからです。それらの点に、地《じ》とおなじ色をとり戻させてごらんなさい。たちまち、それらの点は、地《じ》と混《ま》ざって、図形は消えうせてしまいます。少なくとも、私の想像のはたらきはこんなふうに行なわれるのです。それに、ほかの人たちにしても、私と違ったふうに想像をはたらかせはしないと、私は見なしているのです。だから、もし私が一本の直線を、その特性を介さないで、頭のなかに知覚してみようとくわだてますならば、まず最初に、頭のなかに一枚の白いカンヴァスを張りめぐらし、次に同じ方向にならべた一つらなりの黒い点をそれから浮かび上らせます。地《じ》とそれらの点との色がきわだっていればいるほど、私はそれらの点を明瞭に知覚します。そして、地《じ》の色にひじょうに近い色をした図形は、想像のなかで眺めるときも、実際に私の外部に、また、一枚のカンヴァスの上に眺めるときに劣らず、私の眼を疲れさせずにはいません。

　そこで奥様、色とりどりのいくつかの物体を同時にやすやすと想像するための法則を示すこともできないことはないでしょうが、そうした法則は、きっと生まれながらの盲人には向かないだろうということは、おわかりでしょう。生まれながらの盲人は、色を着けることはできませんし、したがって、私たちの解するような意味で図形を描くこともできないのですから、触覚で得た感覚の記憶しかなくて、その感覚をさまざまな点、場所または距離にあてはめ、それで図形を構成するのです。私たちが想像のなかでは色を着けずに図形を描くことがないということは、一定不変のことなので、私たちにその材質も色合いも知れないごく小さい玉を闇のなかでさわらせられても、私たちはすぐにそれらの玉に白とか黒とかまたはなにか他の色を想像するでしょう。あるいは、私たちがそれらの玉になんの色も結びつけないとすれば、生まれながらの盲人のように、私たちは指先で刺激される小さな感覚、たとえば丸い小さな物体によって惹き起されるような感覚の記憶しかないことになりましょう。もしこの記憶が私たちの心のなかで非常に消えやすいとすれば、また、もし生まれながらの盲人が触覚を記憶にとどめ、思い出し、結び合わせるあのやり方が私たちにとってほとんど想像もつかないことだとすれば、それは想像のなかではすべてを色を使ってやりとげるという、私たちが眼を介して身につけた習慣の結果なのです。もっとも、私たち自身にも起ったことなのですが、はげしい熱情に動かされているときに、一方の手いっぱいに戦慄を感じたり、ずっと前に自分が触れたことのある物体の印象が、まるでいまなおその物体が手先に触れているかのように、生き生きとよみがえってくるのを感じたり、その感覚を覚える限界が、現在そこにない物体の大きさの範囲とぴったり符合することに明白に気づいたりしたことがありました。感覚というものは、それ自体では分割できないけれども、もしこんなことばを使ってよいものなら、一つのひろがりのある空間を占めていて、生まれながらの盲人は、感覚の作用を受ける部分を増したり減らしたりして、頭のなかでその空間につけ加えたり切り取ったりする機能を持っているのです。盲人はこんなふうにして、点や平面や立方体を組み立てます。彼が自分の指先が地球ほどに大きく、長さ、幅、奥行の感覚でいっぱいになっていると想像する場合には、地球ほどに大きい立方体さえつくりだせましょう。

私は、物体がその場に存在しなくて、もうはたらきかけてこないのに、その物体の感覚を感じたり思い出したりする、私たちでは弱くても、生まれながらの盲人では強いあの機能ほど、内部感覚の実在をよく証明するものをほかに知りません。私たちは、どうして想像力が現に存在していない物体を、まるで現に存在しているかのように描き出してみせるかを、生まれながらの盲人に理解させることはできません。しかし、生まれながらの盲人のなかにある機能とそっくりおなじような、もうそこに存在しない物体を指先に感じる機能を、十分に自分のなかに認めることができます。そのためには、人差し指を拇指におしつけ、眼を閉じ、それから指を離してごらんなさい。離したらすぐに、どんな気持がするかしらべてごらんなさい。いかがですか、指の圧迫がやんでからもしばらく感覚が続きはしないでしょうか。また、圧迫が続いているあいだ、あなたの心は指先よりは頭のなかにあるような気がするのではないでしょうか。それに、その圧迫は感覚の占めている空間のために、あなたに平面の概念を与えるのではないでしょうか。私たちが、自分の外なる物体が現実に存在する場合と、それらのものが想像のなかに表象されている場合とを識別するのは、ただ印象が強いか弱いかだけによるのですが、おなじように、生まれながらの盲人が、指先にある物体が現に在ることと、その物体の感覚をもっていることとを鑑別するのも、もっぱらその感覚そのものの強弱だけによるわけです。

もし生まれながら盲人で聾者の哲学者がデカルトの人間像をまねて人間を作るとすれば、奥様、誓って申しますが、彼は指の尖端に魂をおくことでしょう。と申しますのは、彼の主だった感覚とすべての知識はその尖端から生まれるからです。それに、彼の頭が彼の思想の本拠であることを、だれが彼に教えてくれるでしょう。想像力の仕事のために私たちの頭が疲れはてるのは、想像をはたらかすための努力が、ごくま近かにあるものとかごく微小なものとかを認めるための努力とかなり似かよっているからなのです。しかし、生まれながらの盲聾者にとっては、事情はこれと同じではないでしょう。この人間が触覚を介して得た感覚は、いわば、彼のすべての観念の鋳型となりましょう。ですから、深い思索を行なったあとでは、私たちの頭が疲れるのと同じように、彼の指が疲れても、私はべつにふしぎには思わないでしょう。ここで、だれか哲学者がいて、(8)神経が私たちの感覚の原因であること、および神経はすべて脳髄から発するものであること、この二つを彼に抗議したとしても、一向かまいません。この二つの命題は、とくに第一の命題がそうですが、ほとんど確証されていませんが、たとえそれらが確証されたとしても、彼にとっては、自説を固執するには、物理学者たちがこの点について夢想したことをすべて説明してもらうだけで十分でしょう。

しかし、盲人の想像力が、触知できる点の感覚を思い出し、それを結び合わす機能にほかならないとしたら、また、眼の見える人の想像力が、眼に見える点か、または色彩のある点を思いだし、結び合わせる機能にほかならないとしたら、その結果は、生まれながらの盲人は、私たちよりはるかに抽象的な仕方でものごとを認めるわけですし、また、純粋に思弁的な問題では、彼は私たちよりも、おそらく誤りを犯すことが少ないわけでしょう。と申しますのは、抽象とは思惟によって、物体の感覚的特質をそれ自体のあいだで区別するか、でなければその基礎となる物体そのものから区別することにほかならないからです。そして、誤りは、この区別がまちがっているか、不適当であるときに生まれるものです。まちがうのは、形而上学上の問題の場合であり、不適当になるのは、物理・数学上の問題の場合です。形而上学でほとんど確実に誤りをおかす方法は、自分の取り扱っている対象を十分に簡単化しないことであり、物理・数学で不完全な結果にまちがいなく達する秘訣は、その対象を実際よりも簡単な構成をもっていると想定するところにあります。

抽象のなかにも、ほとんどの人にはできなくて、純粋な知性の人だけが行ない得るものとされているようなものがあります。それはすべてが数の単位に還元されてしまうような抽象です。こうした幾何学の結果がきわめて正確で、その公式がきわめて普遍的なものであることは認めないわけにはゆきません。なぜなら、自然界のなかであれ、可能の世界のなかであれ、点、線、平面、立体、思想、観念、感覚など、こうした簡単な単位で表現できないようなものはないからです。……そして、もしやこれがピュタゴラスの学説の基礎をなすものだとすれば、彼がその計画に失敗したのは、彼のこうした哲学の仕方があまりにも私たちの力にあまるものであり、イギリスの幾何学者[9]の警抜な表現を借りますなら、宇宙のなかで永劫に幾何学化する最高存在の仕方にあまりに似すぎているからだ、と言ってもよろしいでしょう。

純粋で単純な単位とは、私たちにとってはあまり漠然としすぎた、またあまり普遍的すぎる象徴です。私たちの感覚は、私たちの精神のひろがりと私たちの器官の構造にいっそう類似した記号に、私たちを連れ戻します。その上に、私たちは、それらの記号が私たちの間で共通のものになるようにしましたし、また、それらが、いわば、私たちの思想相互の商取引のための倉庫の役をつとめるようにしました。私たちはそうした記号を眼のために設けましたが、それが文字であり、耳のために設けたのが、分節音声なので

す。しかし、触覚のための記号は、なにもそなえておりません。もっともこの感覚に話しかけ、その返答を得る固有の方法があるにはありますけれども。そういう言語がないものですから、私たちと生まれながらの聾で盲啞の人びととの間の意志伝達の道がまったく断たれているわけなのです。彼らは成長しますが、いつまでも低能な状態にとどまります。私たちが彼らに子どものときから、変らない、一定した、絶えまない、一様な仕方でこちらの意志を理解させていたら、つまり、私たちが紙の上に書くのと同じ文字を、彼らの手のひらに書いてやり、おなじ意味が彼らの頭のなかでいつまでも結び合わされているようにしたら、たぶん、彼らにしても思想を身につけるようになるかもしれません。

奥様、このような言語は、ふつうの言語とおなじように便利なものとはお思いになりませんか。これはまったくのつくりごとなのではないでしょうか。あなたはいまだかつてこんな方法では、なに一つ聞かされたことがないと確言することがおできになれるでしょうか。したがって、ここで問題になるのは、普通の書体の文字による表現では、この感覚にとって遅すぎると思えるならば、この言語を定着し、その文法と字引を作りさえすればよいということにな

ります。

知識が私たちの精神のなかにはいるには、三つの扉があります。そして、その一つは、記号がないために閉ざされたままになっているのです。もし残りの二つをもかえりみなかったとすれば、私たちは動物の状態に陥ったことでしょう。そうなれば、私たちが触覚に私たちの意志を伝えるためには、手で握るよりほかにないのと同じように、耳に話しかけるには叫ぶよりほかはないでしょう。奥様、一つの感覚を失ってはじめて、残っている感覚のために定められている記号の長所がわかるものです。そして、不幸にも聾で盲目で唖に生まれついた人びととか、たまたまなにかの事故のために、この三つの感覚を失った人びとは、触覚のための明瞭で正確な言語があれば、さぞよろこぶことでしょう。

不意に迫られて無理にやらされるように、そうした記号を新たに創案するよりは、すっかり創られた記号を用いるほうが、はるかにてっとり早いものです。ソンダーソン(10)にしたところで、手で触れる算術を、二十五歳のときに自分で案出しなくてはならなかったのではなくて、五歳のときにすっかりでき上ったのを見出したとしたら、どんなに有利だったかしれません。奥様、このソンダーソンという人は、これまた盲人ですが、これからそのお話を申し上げても、不都合ではありますまい。この人については、いくつか奇跡的なことがらが噂されています。そして、どんな奇跡でも、彼の文学で示した進歩と数学で表わした技倆に比べれば驚くに足りないようにみえるほどです。

おなじ機械が、彼にとって、代数計算のためと直線図形を書くために役立っていました。あなたに理解のゆくことでありさえすれば、あなたにこうしたことの説明を申し上げてもお気に召さないこともありますまい。また、やがておわかりになりますが、その説明は、あなたのおもち合わせのない知識を予定したりはけっしてしませんし、またかりに手さぐりながら長い計算をやってみようという気持があなたに起りましたら、この説明はあなたにとってたいへん有益なものになるでしょう。

第1図と第2図(11)にごらんになるような正方形を想像してください。その正方形は各々の辺に垂直な線によって四等分されて、その結果、1、2、3、4、5、6、7、8、9の九つの点が示されます。そこで、この正方形が、いずれもおなじ長さ、おなじ太さですが一方のものは他方のより少し頭の大きい二種類の留針を刺すことのできる九つの穴をうがたれていると想像してください。

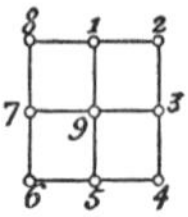

第1図

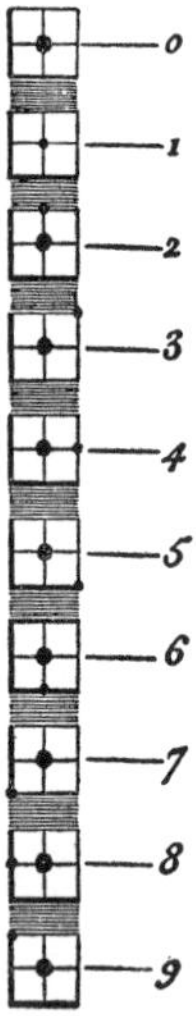

第2図

頭の大きな留針は、正方形の中心以外にはけっしておかれませんし、頭の小さな留針は、ただ一つの場合、つまり1〔原文では、ゼロ〕の場合を除いてはいつも辺の上にしかおかれません。ゼロを表わすには、頭の大きな留針を、小正方形の中心におくことにし、辺の上にはほかの留針を一つもおきません。数字1は、頭の小さな留針を正方形の中心において、辺の上には別の留針を一つもおかないで表わしました。数字は、2の場合、頭の大きな留針を正方形の中心に、小さな頭の留針は辺のうちの一つの上、点1の上におき、数字3の場合は、頭の大きな留針を正方形の中心に、小さな頭の留針を辺の一つ、点2の上におき、数字4の場合は頭の大きな留針を正方形の中心におき、小さな頭の留針を辺の一つ、点3の上におき、数字5の場合は、頭の大きな針を正方形の中心に、小さい頭の針を辺の一つ、点4の上におき、数字6は大きな頭の針を正方形の中心に、小さい頭の針を辺の一つ、点5の上におき、数字7の場合は、大きな頭の針を正方形の中心に、小さな頭の針を辺の一つ、点6の上におき、数字8の場合は、頭の大きな針を正方形の中心に、頭の小さな針を辺の一つ、点7の上におき、数字9は頭の大きな針を正方形の中心に、頭の小さな針を正方形の辺の一つ、点8の上において表わしました。

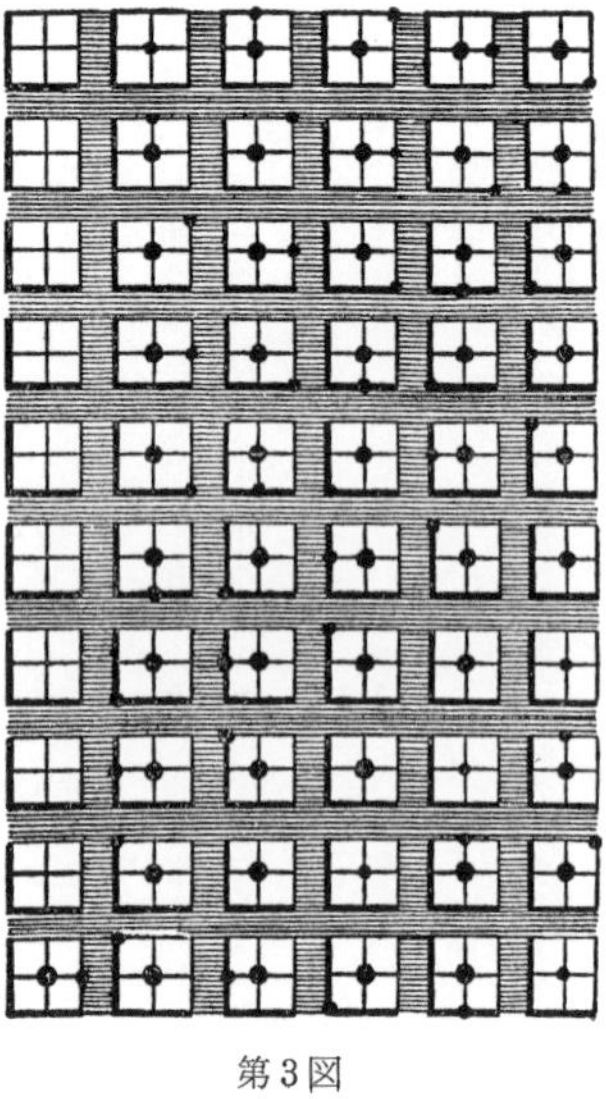

第3図

　これが、触覚のための十個のそれぞれ違った表現なのでありまして、その一つ一つが私たちの十個の算用数字の一つにあたるわけです。さて、こんどは、あなたのお好きなだけの広さの台を想像していただき、その台が第3図のように、水平にならんで、相互に等しい距離でへだたっている小さな正方形に分れているとします。それがソンダーソンの機械なのです。

この台の上に書き表わせないような数はなく、したがって、この台の上で行なえないような算術計算もないことは、たやすくおわかりになりましょう。

たとえば、次の九つの数の和を見出せ、つまり加え算をせよという問題を出されたとしましょう。

12345
23456
34567
45678
56789
67890
78901
89012
90123

私は以上の数字を読みあげられるにしたがって、台の上に書き記します。最初の数の左端から一番目の数字を、第一段の左から最初の正方形に、同じく最初の数の左から二番目の数字をおなじ段の左から二番目の正方形に書き記し、以下おなじようにします。

第二の数は、第二段目の正方形に記し、一位の数字は一位のところに、十位の数字は十位のところにというふうにします。

三番目の数は、第三段目の正方形に記し、第3図でごらんのように、以下同じようにします。それから、向って一番右〔原著では左〕の列から始めて、垂直の列を下から上の方へ指でたどっていって、そこに表わされた数の加算《たしざん》をします。そして、十位の数のあまりをこの縦列の下に書き入れます。次に、左の方に進んで、第二の縦列に移り、その列でも同じ計算をします。第二列から第三列へと順次に進んで行き、こうして私の加算を終ります。

これから、この同じ数字表が、ソンダーソンにとって直線図形の特性を証明するのにどのように役立ったかを申しあげましょう。彼が底辺と高さが等しい平行四辺形の面積は相等しいことを証明することになっていると仮定しましょう。彼は第4図のように留針を配置しました。各々の角の頂点に名前をつけ、指で証明をやりとげました。

もしソンダーソンが、彼の図形の輪郭を示すのに、頭の大きい留針しか用いなかったと仮定しますと、彼はそれらの図形のまわりに、かねておなじみの九つの違ったやり方で、頭の小さな留針を配置することもできたわけです。ですから、その証明にあたって、多数の角の頂点に名前をつけなくてはならないために、どうしてもアルファベットを使わなくてはならなくなった場合のほかは、彼はあまり当惑したことはありませんでした。どういうふうに彼がアルファベットを用いたかは、私たちには知られておりません。

私たちに知られていることは、ただ、彼が驚くほどすばしっこく指を台の上に走らせたこと、どんなに長い計算でも見事にやってのけたこと、その計算を中途でやめることも、どこで自分がまちがえたかを認めることもできたこと、また、やすやすと検算をしたこと、彼がその台を準備した手軽さによって、このような仕事にも、ひとが想像するほどの時間すらもかからなかったことなどです。

その台の準備というのは、頭の大きい留針をすべての正方形の中心に配置することでした。そうしておけば、あとは頭の小さい針で、それらの正方形の数値を決めればよかったのです。ただし、一位の数を書かなくてはならない場合は別でしたが。その場合は、正方形の中心に頭の小さい留針を、今までそこにあった頭の大きな留針の代りに置いたのでした。

第4図

時には、彼は留針線で一つの線全部をつくるかわりに、各々の角の頂点ないし線の交点に留針をおいて、その交点のまわりに絹糸を結びつけて、自分の表わそうとする図形の輪郭をつくりだすようにしたのです。第5図をごらんください。

第5図

彼はまた自分の幾何学の研究の助けになった別の機械をいくつか残しましたが、そうした機械をどんなふうに使ったかその本当の用い方はわかっておりません。その使い方を思いつくには、積分の問題を解く以上の明敏さをおそらく必要とするでしょう。だれか幾何学者に教えてもらいたいのは、四つの木片が彼のためにどんな役に立っていたかということです。その木片というのは、固くて、矩形平行六面体の形をしていて、各々、長さは十一インチ、幅は五インチ半、厚さは半インチを少し出る程度で、板の相対応する両面は、さきほど申しあげた計算器の正方形に似た小さな正方形に分割されていました。ただ違うところは、それらの正方形が、前者の場合に留針が頭のところまでおしこまれていたいくつかの個所をのぞいては深い穴をあけられていなかったことでした。各々の面は、それぞれ、十個の数を示す九個の小さな算術表を表わしており、それらの十個の数の一つ一つが、十個の数字からできていました。

第6図

第6図はこの小さな算術表の一つを表わしています。次にあるのは、それにふくまれている数です。

94084
24186
41792
54284
63968
71880
78568
84358
89464
94030

彼はこの種類に属するきわめて完璧な著作を著わしています。それは『代数学要綱[12]』でありまして、その中のある種の証明が、眼の見える人間にはおそらく経験したことのないような奇妙なものだということがなかったら、彼が盲人であることに人は気づかないほどです。正六面体を相等しい六個の角錐《ピラミッド》に分割し、それらの角錐の頂点をその正六面体の中心におき、各々の角錐がその正六面体の面の一つを底面とする方法は、彼の発見したところです。これを用いて、どんな角錐も、それと底面と高さが相等しい角壔《プリズム》の三分の一であることをしごく簡単に証明できます。

彼は自分の好みで数学の研究に入りましたが、財産があまりゆたかでないのと、友人たちのすすめもあって、数学の公開講義をすることに心を決めました。彼は自分を理解させる驚くべき能力をもっていましたので、彼が自分で期待する以上に成功するだろうとは、友人たちも信じていました。じっさい、ソンダーソンは、生徒たちに向って、まるで眼が見えない人に対するような話し方をしました。しかし、盲人相手に明快に自分の考えを表明できる盲人ならば、眼の見える人びとを相手にしたら大いに得をするはずです。彼らは望遠鏡を一つよけいにもっているからです。

彼の伝記[13]を書いた人びとは、彼が巧妙な表現[14]をふんだんに用いたことを伝えています。それはいかにもありそうなことです。しかし、いったい、その巧妙な表現というのは、どんな意味なのかと、おそらくあなたはお尋ねになりたいでしょうね。奥様、それにはこうお答えしたいのです。つまり、それは一つの感覚、たとえば触覚に固有な表現であり、同時に他の一つの感覚、たとえば視覚にとって比喩となる表現なのです。その結果、彼が話をする相手にとっては、二重の光明、つまり、表現のもつ直接の真実な光と、比喩のもつ反射光とが生まれるのです。この場合に、ソンダーソンが、いかに才知は富んでいたとはいえ、自分の意味するところを半ばしか解しなかったことは明らかです。というのは、彼に自分の用いることばに結びついた観念を半ばしか知らなかったのですから。しかし、誰だって時には、これと同じ羽目《はめ》におちいるものではないでしょうか。こういうことは、ときにはすばらしい洒落をとばす白痴とか、非常に才気に富んでいるのに、うっかりばかげたことばを吐く人びととかに、――しかもいずれも自分ではこのことに気がついていないのですが――共通に起るものなのです。

まだある国語を使いこなせない外国人にも、語彙の貧弱なために、これとおなじような結果が生まれることに私は気づいたものでした。彼らは、非常にわずかな数のことばで、万事を言い表わさなくてはなりません。そのために、せっぱつまって、いくつかのことばを巧妙に並べる結果になるのです。しかし、一般に言語というものは、強烈な想像力をもつ作家にとっては、適切なことばに乏しいので、彼らは才気に富んだ外国人と同じような羽目に陥るわけです。彼らの作り出す状況や、人物の性格のなかに彼らの認める微妙なニュアンスや、彼らの行なおうとする描写の素直さのために、彼らは、たえずありふれた表現の仕方をさけるようになり、たくみな言い回しを採用するようになります。そうした言い回しは、気取ったり、わかりにくかったりしないかぎりはいつも見事なものですが、それは短所でもあって、読者自身に才気があれば大目に見てもらうことがむずかしく、国語についての知識が少なければたやすく見のがしてもらえるのです。そういうわけでド・M氏[15]がすべてのフランス人の作家のなかで、一番英国人のお気に召す人であり、タキトゥスがすべてのラテン作家のなかで、思想家たちにもっとも高く評価される人なのです。語法の破格さなどは私たちからは見落されるものであり、ことばの真実味だけが私たちの心を打つものなのです。

ソンダーソンはケンブリッジ大学で数学の講義をして驚くべき成功をおさめました。また光学の講義もしましたし、光や色の性質についての講演もしましたし、視覚作用の理論を説明したり、レンズの作用や虹の現象やその他視覚と視覚器官に関するいくつかの項目を論じたりしました。

こうした事柄も、奥様、もしあなたが、物理学と幾何学が混合しているどの問題の中にも、説明すべき現象と幾何学者の仮定と仮定から生まれる計算という三つの事柄を区別しなくてはならないことにご注意くださるならば、大いにその驚異を減殺されることでありましょう。ところで、盲人の洞察力がいかにすぐれていようとも、光と色に関する現象は盲人には未知であることは明白です。彼は幾何学者の立てるもろもろの仮定が、すべて触知できる原因に関係しているために、それらを理解するでしょう。しかし、幾何学者がなぜそれらを他の仮定よりも好むかという理由は、少しも理解しないでしょう。なぜなら、彼はその仮定そのものを現象と比較できなければならないでしょうから。ですから、盲人は仮定を自分に与えられたままのものとして受取ります。たとえば、光線とは、弾力性のある微細な糸か、とてつもない速度でとんできて私たちの眼にぶつかる一連の微小な物体というふうに受取り、それなりに計算します。物理学から幾何学への通路はもう越えられて、問題は純粋に数学的なものとなるわけです。

しかし、その計算の結果を、私たちはどう考えたらよいのでしょうか。第一には、時には、それらの結果を得ることがこの上もなく困難であり、物理学者がいかに幸運にも自然にもっとも合致した仮説を思いついたとしても、幾何学によってその仮説を利用するすべを知らなければ、なんにもならないだろう、だから、第一級の物理学者のガリレオやデカルトやニュートンは同時に偉大な数学者だった、というわけです。第二に、こうした結果の確実さの程度は、その出発点となった仮説が複雑であるかどうかによってきまります。計算が単純な仮説にもとづいているときには、結論は幾何学的証明のような力を獲得します。仮定が多数ある場合には、各々の仮説の真実らしさは、仮説の数に比例して減少します。しかし、また一方では、それほど多くの誤った仮説がたがいに正確に訂正しあって、そこから生まれた結果を、現象によって確認されるというようなことはあまりあり得ないことなので、仮説の真実らしさが増すこともあります。その場合は、いわば、一つのたし算で、加えられた数の部分的な総和はすべてまちがって計算されていても、答が正確であるようなものでありましょう。そんな運算が時にはありうることを否定できないにしても、同時に、そうした運算はきわめて稀なはずであることもおわかりでしょう。加えるべき数が多ければ多いほど、一つ一つのたし算であやまったかもしれないという推定も増すわけです。しかし、もし運算の結果が正しければ、この推定もそれだけ減ることになります。ですから、仮説の結果として得られる確実性が可能なかぎり最小限となるような仮説の数があるわけです。かりにAプラスB、プラスCが五〇に等しいとしたら、私は五〇が実際に現象の量であることから、AとBとCの文字で表わされる仮定が真であるという結論を出すことができるでしょうか。とうていできません。なぜなら、これの文字の一つから差し引いてほかの二つに加え、結果はやはり五〇になるような方法が無限にあるからです。もっとも、三つの仮説を組み合わせた場合は、多分、もっとも不利な場合の一つかもしれません。

計算のもつ利点の一つとして、見落してならないのは、結果と現象とのあいだに矛盾が現われることによって、あやまった仮説を取除いてくれることです。もし一人の物理学者が大気を横切る光線の描く曲線をとらえようともくろんだとすれば、その物理学者は大気の層の密度と、屈折の法則と、光の微粒子の性質と形状とについて、はっきりした方針を定めてかからねばなりません。おそらくなお、そのほかに、同様にとりあげるべき肝要な要素があることでしょうが、それらは、故意に無視しているためか、彼にとって未知であるために、考慮に入れないのです。その次に、彼は光の曲線を決定します。その曲線が、彼の計算によって与えられるものとはちがったふうに自然のなかで現われるとしたら、彼の仮定は不完全であるか、まちがっていることになります。また、光が一定の曲線を描くとしたら、その場合には、それらの仮定が相互に訂正しあったか、それらの仮定がみな正しいものであるか、この二つのうちのいずれか一つに当るということになります。しかし、そのどちらであるか、彼にはわかりません。そうはいっても、これがせいぜい彼の達し得るかぎりの確実さなのです。

私はソンダーソンの『代数学要綱』を通読しましたが、それは、彼と親しく交わって、彼の生涯のいくつかの特異な点についてかつて私たちに教えてくれた人びとから、私が教えてもらいたいと望んでいた事柄に、その本のなかでめぐり会えることと思ったからでした。しかし、私の好奇心は裏切られました。〔というのは〕私は彼が自分の流儀で著わした『幾何学要綱』ならば、それ自体もっと風変りな、また、私たちにとってさらにはるかに有益な作品になっていたろうと、考えていたからです。その本のなかには、多分、点や線や平面や立体や角や線と平面との交点などの定義があるだろうと思っていました。もしそれがあれば、彼はさだめし、非常に抽象的で、観念論者たちのそれにきわめて類似した形而上学の原理を用いたに違いありません。観念論者と呼ばれる人びと(16)とは、自分たちの存在と、自分自身の内部に相次いで起る感覚しか意識しないで、ほかのものは認めないたぐいの哲学者のことです。これは、盲人が編み出したものとしか思えないような、とっぴな体系であり、人間精神と哲学にとっては恥ずかしいお話ですが、およそ体系という体系のなかで一番バカげたものなのに、一番闘いにくい相手なのです。クロインの大司教バークレー博士の三つの対話(17)のなかで、その体系は明快で、しかも率直に説明されています。この作品を検討するには、私たちの認識に関する『試論』の著者(18)をうながさなくてはなりますまい。彼ならば、この作品のなかに、有用で愉快で微妙な観察、つまり、彼の得意とする観察の材料を見出すことでしょう。観念論こそ、彼に向って宣言されるにふさわしいのです。この仮説は奇妙だからというよりもその原理を否定することが困難だという点で、彼を刺激するものがあります。なぜなら、これらの原理こそ、まさにバークレーの原理にほかならないのですから。両者いずれによっても、また、道理からみても、本質とか質料とか実体とか本性といった用語は、それ自体では、私たちの精神にほとんど光明をもたらしません。そのうえ、『人間の認識の起源に関する試論』の著者が、的確に指摘しているように、いかに私たちが天の高みまで昇ろうとも、また深い淵の底まで沈もうとも、けっして自分自身から外には出ることはできないのですし、私たちが認知するのは、私たち自身の思想にほかなりません。ところで、それがバークレーの第一対話の結果であり、彼の全体系の基礎をなすものです。戦う敵対者同士の武器がかくも似通っているのを見てもおもしろいとはお思いになりませんか。もし勝利がどちらかの手に帰するならば、それは武器の使い方のいっそう巧妙だったほうに違いありますまい。しかし、『人間の認識の起源に関する試論』の著者は、先頃、『体系論』のなかで、彼が武器の扱い方の器用である証拠を新たに見せ、体系を立てる人びとにとって、いかに恐るべき相手[19]であるかを示しました。

盲人のことからずいぶん話がそれてしまったものだ、とおっしゃりたいでしょうが、奥様、どうか、こうした脱線を大目にみていただきたいのです。私はあなたに話題をお約束いたしましたが、これくらい大目にみていただかなければ、お約束を果すわけにはまいりません。

私は、ソンダーソンが無限について語ったことを、及ぶかぎりの注意をこめて読みました。彼がこの問題について、きわめて妥当で明確な観念をもっていたこと、わが国の大部分の微積分論者は、彼からみれば盲人に見えたかもしれないことは、あなたに保証できます。それについては、あなたご自身で判断してくださるほかありません。もっとも、この問題はかなり難解なものであり、あなたの数学的知識を少し上回るひろがりをもってはいますけれども、用意を怠らなければ、この問題をあなたの理解のいくようにし、この微積分の論理をあなたに手ほどきすることができないとは思いません。

この傑出した盲人の例は、触覚が訓練によって磨きあげられると、視覚よりも鋭敏になりうるものだということを証明しております。というのは、たとえば、ひとつらなりの貨幣を手でつぎつぎになでただけで、彼は、非常に眼の利く、その道の鑑識家の眼をもあざむくほどにうまく偽造されたにせものでも、それと本ものとの区別がつきましたし[20]、数学の器具の正確さを、その部分に指さきをふれただけで判断したのですから。これこそ、たしかに、ある胸像がそれによって表わされた人物と似ているかどうかを、触覚で推定すること以上に、むずかしいことです。したがって、盲人国の人民にも彫刻家があってもよいことも、彼らが、りっぱな功績や自分たちに親しい人びとを永久に記念するという、私たちと同じ利益を、彫像からひき出せることもあきらかです。彼らが彫像をさわってみて感じる気持は、私たちが彫像を見て感じる気持よりかはるかに強いことさえ、疑えません。心をこめて愛したことのある恋人にとっては、それとわかるいくたの魅力を手でたどることは、どんなにたのしいことでしょう。まして眼の見える人びとよりか盲人の場合にいっそうつよく働くはずの幻想が、彼らの心を活気づけるとしたら！　しかし、おそらくまた、その恋人がこの思い出によろこびを感じることが多ければ多いほど、哀惜の情を感じることが、それだけ少なくなりましょう。

ソンダーソンが、ピュイゾーの盲人と共通していた点は、大気のなかに突発するごくわずかな変化の影響を受けたこと(21)と、とりわけ天気がおだやかなときに、数歩しか離れていないところにあるものの存在を認めたことでした。こんな話があるのですが、ある日のこと、彼がある庭園で行なわれていた天文観測に立会っていたとき、時折り、雲が現われて観測者の眼から太陽の円盤を隠すことがありましたが、そのために彼の顔面に及ぼす光線の作用にかなりはっきりした変化が起って、観測に都合のよい瞬間と反対の瞬間との区別が彼についたそうです。あなたはこの話から、彼の眼のなかに、なにか震動のようなものが起って、物体の存在ではないにしても、光の存在を彼に知らせることになるのだと、おそらくお考えになるでしょう。私にしたって、もしソンダーソンが視覚だけでなく視覚の器官をも失っていることが確実でなかったら、あなたとおなじように考えたかもしれません。

だから、ソンダーソンは、皮膚でものを見たのです。つまり、この被いは、彼の場合、非常に微妙な感受性をもっていましたので、少し慣れれば、彼は画家が彼の手のひらの上に似顔を描いただけで友だちのなかの誰の顔だかを言い当てるまでになれただろうし、鉛筆で連続的に刺激される感覚によって、それは誰それさんだと言い当てたことだろうと、確言できるほどです。だから盲人のためにも絵画があることになります。つまり、盲人の皮膚がカンヴァスの役をつとめる絵画というわけです。こうした考えはけっして根も葉もない妄想でないのでして、もし誰かがあなたの手のひらにMさんの小さな口を描いたとすれば、たちどころにあなたはそれがおわかりになるに違いありません。もっとも、そういったことは、あなたが普段からその口を見慣れて、かわいいといつも思っておいでになっても、あなたより生まれながらの盲人のほうがなおいっそうやりやすいことは認めていただかなくてはなりません。というのは、あなたの判断のなかに二、三の事柄がふくまれるからです。つまり、あなたの手のひらに描かれる絵とあなたの眼底にすでに描かれた絵とを比較すること、いま直接に感覚する物体からおのずとうける印象の仕方と、かつて眼に見、感嘆するだけにとどめた物体から受ける印象の仕方、この二つを思い起すこと、それから、ひとりの画家があなたの手の皮膚に鉛筆の尖で描きながら、私の描いている口は誰のですかと尋ねるその疑問に、以上の事実をあてはめること、この三つです。これに反して、盲人の手のひらに実際にひとつの口がひき起した場合の感覚の総和は、それを再現してみせる画家の鉛筆がよびさます連続的な感覚の総和と相等しいのです。

ル・ピュイゾーの盲人やソンダーソンの話には、なお、アレキサンドリアのディデュムスやアジアの人エウセビウスやニケーズ・オヴ・メクリンスやその他数人の人びとの話(22)をも加えることができましょう。これらの人たちは、感覚器官を一つ欠いているにもかかわらず、他の人びとよりもはるかにすぐれているようにみえたので、神々が人間どものなかに自分たちに匹敵するようなやからが現れてはと心配して、嫉妬にかられて彼らからあの感覚器官を奪ってしまったと、詩人たちが思いついたとしても、誇張ではないと思われるほどです。というのは、神々の秘密を読み解き、未来を予言する能力をもっていたあのティレジアス(23)にしても、寓話によってその思い出がわたしたちまで伝えられた盲人の哲学者にほかならないからではありませんか。それはとにかくとして、もうソンダーソンから離れないようにしましょう。そして、この異常な人物を墓場まで見とどけるとしましょう。

彼が臨終に近づいたとき、彼の枕もとに、ジャーヴェイズ・ホームズ(24)という非常に練達の牧師が呼びよせられました。二人は神の存在についてともに語りあいましたが、会談の断片がいくつか私たちの手に伝わっていますので、それらをできるだけうまく翻訳してさしあげましょう。と申しますのは、それだけの値打ちは十分あるのです。牧師は、まず、彼に向って、自然の驚異をとりあげて反対しました。するとして、盲目の哲学者は、牧師に次のように言うのでした。

「いや、その美しい光景とやらはごめんですよ、私にはなんの用にも立たなかったのですから。私は生涯を暗闇のなかですごさなくてはならなかったのです。だのに、あなたのひきあいにお出しになる奇跡は、私にはなんにもわかりませんし、あなたと、あなたのように眼の見える人々にとってしか証明にならないのです。もし私に神を信じさせたいとお思いでしたら、あなたは私に神にふれさせなくてはなりません。」

牧師はたくみにことばを返しました。

「では、両手をあなたのからだにあててごらんなさい。そしたら、あなたのからだの器官の見事な構造によって、神性のなんたるかに思い当られることでしょう。」

ソンダーソンは次のように答えました。

「ホームズさん、くりかえして申しますが、そうしたものはおしなべて、私にとってはあなたから見たほどには美しくはありません。しかし、動物の体組織があなたのおっしゃるほど完全なものとしましても、もっともあなたは私をだますようなことはとうていできない立派な方なのですから、そう信じたいのですが、それとこの上もなく叡知的な存在とどんな共通点があるというのでしょうか。その存在にあなたが驚かれるのは、おそらく、あなたが自分の力に及ばないようにみえるものはなんでも不可思議なものとしてお考えになる習慣がおありになるためでしょう。私はいままであなたがたにとってあまりたびたび感嘆の的になりましたので、あなたがたを驚かすことについては、あまりよく思ってはいないのです。私はイギリスの津々浦々からいろんな人をひき寄せることになりましたが、彼らは私が幾何学をどんなふうに取りあつかっているかがわからないのでした。この連中が、ものごとの可能性について正確な概念をもっていなかったことはあなたも認めていただかなくてはなりません。ある現象が、われわれから見て人力を越えるとすると、われわれはすぐに神業《かみわざ》といいます。われわれの虚栄心はなまなかなことでは満足しないからです。われわれの説明のなかから、もう少し自尊心をへらし、もう少し哲学をふやすわけにはいかないのでしょうか。もし自然が解きがたい難問を示すなら、それをそのままにしておこうじゃありませんか。べつにそれを解決するためにある存在の手を借りて、その存在があとになって最初の難問以上に解けない新しい難問とならないようにしましょう。インド人に向って、なぜ世界は空中にぶらさがっているかを尋ねてごらんなさい。彼は世界は象の背にのっていると答えるでしょう。では、象はなんの上に立っているのか、と問えば、亀の甲らの上にと答えるでしょう。では、その亀はなにが支えるのか。……そのインド人をあなたは哀れなやつだとお思いになるでしょう。ところが、彼に向って言えることをあなたにも言えるかもしれないのです。つまり、『ホームズさん、まず、ご自分の無知なことを白状なさい、そして、象と亀のことはごかんべんねがいたい』とね。」

　ソンダーソンはちょっと口をつぐみました。あきらかに牧師の答えを待っているようでした。それにしても、盲人を攻めるにはどこをめざしたらよいか。ホームズ氏は、ソンダーソンが自分の誠実さに対して好意をいだいている点と、ニュートン、ライプニッツ、クラーク(25)、その他数人の同時代人たちの知識とをうまく利用しました。これらの人びとは世界一流の天才たちですが、みな、自然の驚異に打たれ、その創造主として一個の叡知的な存在を認めたのでした。その点、言うまでもなく、牧師がソンダーソンに向って反駁できるもっとも力強い論拠でした。だから、善良な盲人も、ニュートンのような人物が、ないがしろにせずに認めた事柄を否認することは向う見ずのそしりをまぬがれないだろうということを否定しはしませんでした。それでも、ニュートンの示した証拠は、自然全体がニュートンにとって証拠になったほどには、彼にとって力づよいものではなく、ニュートンは神のことばにもとづいて信じていたのに反して、彼としては、ニュートンのことばにもとづいて信ずるほかはなかったことを、牧師に表明したのでした。なお、彼はつけ加えて言いました。

「ホームズさん、まあ、考えてもみてください。私はあなたのことばとニュートンのことばに、どんなに信頼していなければならないかを。私にはなにも見えないのですよ。けれども、すべてのものに、一つの見事な秩序を認めているのです。しかし、あなたはこれ以上要求なさることはないと思います。宇宙の現状についてはあなたの説にゆずるとします。そのかわりに、宇宙の太古の原始の状態については、私の好きなように考える自由を与えていただきたいものです。その点ではあなたも私に劣らず盲目なのですから。この点では、証人を立てて私に反対なさるわけにもいきませんし、あなたの眼も、なんの役にもたたないでしょう。だから、あなたの心を打つ秩序が前からずっと存在しつづけてきたと想像なさりたいなら、それでもけっこうなのです。しかし、私としては、そんなことは少しもないと信じさせていただきたいのです。つまり、もしわれわれが万物と時間との発端にさかのぼり、物質が運動をはじめ、混沌が次第に整いはじめるのを感じたとしたら、整然と組織された存在がわずかしかいないのにひきかえて、まだ形をなさない無数の存在(26)に出くわすものと思いたいのです。万物の現状についてあなたに反対すべき理由はなにもないにしても、少なくともその過去の状態についてはあなたに疑問を提出できるのです。たとえば、あなたやライプニッツやクラークやニュートンに、動物が造られた最初の頃に、あるものは頭がないとか、また、あるものは足がないとかいったことがなかったと、誰が教えたのかとは、お尋ねしてもよいわけです。その動物のなかのあるものには胃がなかったし、またあるものには腸がなかったことや、胃と口蓋と歯からみて永い存続を約束されたように思われたある種の動物が、心臓か肺臓の欠陥のために絶滅してしまったことや、奇怪な動物どもがつぎつぎに亡びさったことや、物質のあらゆる不完全な組み合せは消滅して、残ったものは、ただ、からだの構造に重大な矛盾を少しもふくまず、自力で生きながらえ、永続しうるものだけだったことなどは、私としてあなたに向って主張できるのです。

　こんなふうに仮定したら、もし最初の人間の喉頭が閉ざされていたり、適当な食物が手にはいらなかったり、生殖器官になにか欠陥があったり、配偶者にめぐり会えなかったり、または他の種のなかに子孫を残したりしたとしたら、ホームズさん、人類はいったいどうなっていたでしょう。宇宙全体の浄化〔淘汰〕作用のなかに呑みこまれてしまったことでしょう。そして、人間と呼ばれるこの高慢な存在は、物質の分子のなかに融けて散らばり、おそらく永久に可能な存在のなかに数えられるにすぎないでしょう。

　かりに形をなさない存在はいまだかつて現われたことがないとしたら、いまからもそんなものはけっして現われないし、おまえは根も葉もない仮説に陥っているのだと、あなたはきっと主張なさるでしょう。しかし、秩序とは、そんなに完全なものじゃありませんよ、いまでも時折は、怪物のようなものが現われることがあるくらいにはね」とソンダーソンはことばをつづけました。それから、ふりむいて牧師をまともに見ながらつけ加えました。「私をよくごらんください、ホームズさん、私には眼がありません。私たち、あなたと私とは、神に対してなにをしたというのでしょう、一方はこの器官をもち、他方は、それを取りあげられているというのには。」

　ソンダーソンは、このことばを発しながら、いかにも真情のあふれた、深く感動したようすをしていましたので、牧師もそこに居合わせた他の人びとも、彼の苦しみに打たれないではいられなくなり、彼のため悲痛な涙を流したのでした。盲人はそれに気づくと、牧師に言いました。「ホームズさん、あなたのご親切な心は私にはよくわかっていましたし、この最後の折にそのご親切のほどをお示しくださったことには、ほんとうに感謝しております。ですが、もし、私に親しみをおもちになりますなら、いまわのきわに、誰にも苦しい思いをさせたことがないという慰めを、私に惜しみなく与えていただきたいのです。」

　そう言うと、すこしいままでよりもきっぱりした口調になって、次のようにつけ加えました。

「ですから、私の推測しますところでは、醱酵状態の物質が宇宙を孵化させていた開びゃくのときには、私の仲間などごくありふれたものでした。ところで、私が動物について信じていることを、どうして世界について確言してはいけないのでしょうか。どんなに多くの片輪の、出来損いの世界が、はるかな遠い空間のなかで、消えてなくなったあとで、おそらく刻々に、また形づくられたり、消えてなくなったりしていることでしょう。そこは私の手にはさわれず、またあなたの眼にも見えない境ではありますが、おびただしい物質を供給する運動がたえず行なわれていて、それらの物質がどこまでも存続できるようななんらかの配合に達するまではその運動は続くことでしょう。おお、哲学者諸君、私の手に触れうる極点、諸君の眼に有機体が見える極限をこえて、この宇宙のはてに、私といっしょに想像の翼をのばしていただきたい。そして、このあらたな大洋の上をさまよい、諸君がいまその知恵を称えておられるあの英知的存在のいくつかの痕跡がもし見つけられるものなら、その不規則な波動のうちにさがしてごらんなさい！

しかし、諸君の領域から諸君をひっぱり出したとて、なんの役にも立ちますまい。ホームズさん、この世界とはなんでしょうか。さまざまな変動を受けやすい一つの複合体であり、その変動は一つ残らずたえず破壊にむかう傾向を示しています。それはつぎつぎに現われては、ひしめきあい、やがて消えてゆく多くの存在のめまぐるしい継続であり、束の間の均衡であり、一瞬の秩序であります。さきほど私は、あなたがご自分の力量によってものごとの完全さを評価なさることを咎めましたが、こんどはあなたがご自分の寿命を尺度にして、ものごとの継続時間をお測りになるのを非難してもよろしいでしょう。あなたが世界がどのくらい長く存在するかを判断なさるのは、カゲロウがあなたの寿命を判断するようなものだというわけです。世界があなたにとって永遠に続くようにみえるのは、ちょうどあなたが一瞬の命しかない存在にとっては、永遠に存在するようにみえるのとおなじなのです。しかも、虫のほうがあなたよりも道理にかなっているのです。あなたのいわゆる永遠というのは、カゲロウの世代がどんなに驚くべき長いあいだ継続するか、またどんなにはてしない伝統をもつかの証拠となるではありませんか。それにしても、われわれはみな移り行くことでしょう、自分の占めていた現実の空間をも、またわれわれの生きながらえた正確な時間をも決定できないままに。時間も物質も空間も、おそらく一点にすぎますまい。」

ソンダーソンは、この対談のあいだに、彼の病状では少し無理なくらい昂奮しました。そのため精神錯乱の発作が襲ってきて、その状態が数時間も続き、それから醒めたとたんに「おお、クラークとニュートンの神よ、私を憐れみたまえ」と叫ぶと、息絶えてしまいました。

これがソンダーソンの最期でした。奥様、ご覧のとおり、彼が以上に牧師に向ってつぎつぎにあげたてたすべての根拠によっても、ひとりの盲人を安堵させることさえできなかったのです、見える眼をもっていて、太陽が輝き出てから、かすかな星が地平に消えるまで、自然の驚くべき光景によって、その創造者の栄光と存在とを告げ知らされながら、ソンダーソンよりもすぐれた根拠をもたない人びとはなんと恥ずべきことでしょう。彼らは、ソンダーソンにはなかった眼をもっているのですが、ソンダーソンは、純潔な品行と、彼らに欠けていた率直な性格とをそなえていました。だから、彼ら眼あきはめくらとして生き、ソンダーソンはまるで眼が見えた人のような死に方をしました。自然の声は、まだ残されたほかの感官を通じて、十分に彼に伝わりますし、かたくなに耳や眼をふさいでいる連中に対して、彼の証言はそれだけいっそう力づよく働くことでしょう。はたして真の神の姿が、視覚を奪われ、自然の光景を見ることができなかったために、ソンダーソンに見えなかったほどには、ソクラテスは異教の暗黒のために眼をふさがれてはいなかったかどうか、はなはだ疑問だと思われます。

奥様、まことに残念ながら、あなたと私にとって満足のいくほどには、この卓越した盲人については、これ以外の興味ある特性は伝わっておりません。おそらく、いまくわだてられているすべての実験よりも、彼の返答のほうがより多くの知識を与えたかもしれません。彼といっしょに生活していた人びとは、およそ哲学者らしくなかったにちがいありません。もっとも、彼の弟子であるウィリアム・インクリフ氏(27)だけは例外です。このひとは、ソンダーソンに会ったのは、その死に近い頃だったのですが、ソンダーソンの最後のことばを集録してくれたのです。私としては、すこしでも英語を解するすべての人びとに、一七四七年にダブリンで印刷された、『ケンブリッジ大学ルカス〈記念〉数学講座教授故ニコラス・ソンダーソン博士の生涯と人物、その弟子にして友人なるウイリアム・インクリフ殿の著』(The Life and Character of Dr. Nicholas Saunderson late lucasian Professor of the Mathematicks in the University of Cambridge. By his Disciple and friend William Inchlif, Esq.)という表題の著作を原文によってお読みになることをおすすめしたいと思います。この本を読む人は、ほかのどんな書物にも見当らない魅力や力や真実味やたのしさがあることに気づくでしょうし、そうした点は、私の翻訳文のなかにも失うまいとしてあらゆる努力を払いましたけれども、私は十分に表わしえたなどとは自惚れておりません。

彼は一七一三年に、ケンブリッジ地方で、ボックスウォースの学長ディクソン氏の令嬢と結婚しました。この結婚で一男一女を得ましたが、その二人はいまも生存しておられます。彼が家族に告げた最後の別れのことばは、たいへん胸を打つものがあります。(28) 彼はこんなふうにいいました。

「私はわれわれがひとり残らず行くべきところに行くのだ。私が悲しくなるような嘆きはほどほどにしてもらいたい。お前たちが私にあらわに悲嘆のしるしをみせてくれると、私には眼に見えぬ悲嘆のしるしがいっそう胸にひびくのだ。私は、自分にとっては長いあいだ希望するばかりで、ついぞ満たされなかった一生なんか諦めるのはなんの造作もない。みなもいままで同様徳を守って、いっそう幸せに暮すがよい。そして、こんなふうにやすらかに死ねるようになるがよい。」

そういって、彼は妻の手をとって、一瞬それを自分の手の中に握りしめました。そして、妻を見ようとするかのように、顔を脇にふり向けました。それから、子どもたちの幸福を祈り、そのひとりひとりに口づけしてから、みなにたち去るようにたのみました。というのは、子どもたちの姿に、死が迫ってきたことよりも耐えがたい胸のうずきを覚えるからでした。

イギリスは哲学者と好事家と体系を追求する人びとの国です。それでも、インクリフ氏がいなければ、私たちはソンダーソンについては、ごくありふれた人びとに教えられそうなことしかわからなかったかもしれません。たとえば、彼が一度でも案内されたことのある場所なら、そこの壁や舗道が響きをたてると、その音だけでもうその場所とわかるとか、その他、ほとんどすべての盲人たちと変わりなかったこれと同じ性質の多くの事がらなどです。一体、イギリスではソンダーソンほどの有能な盲人がざらに見当るものでしょうか、また、眼でものを見たことがないのに、光学の講義のできる人間に、毎日ぶつかるものでしょうか。

いま、生まれながらの盲人に視力を回復させようとする試みがなされていますが、この問題をもっと注意して眺めてみますと、良識に富んだ盲人にいろいろ問いただしたら、哲学にとっても同様にためになるところが多いことがわかるだろうと思われます。そうすれば、盲人の場合、どんなふうにものごとが起るかがわかるでしょうし、それを私たちの場合におなじことの起る様子とくらべることができましょう。そして、おそらくその比較によって、なぜ視覚や一般感覚の理論がひどくこんぐらかったか、また、不確実なものになっているかという難問の解決が得られるでしょう。しかし、打ち明けて申せば、とるにたりない事故にも調子が狂いやすい、非常に微妙な器官なので、それが健全に働き、ずっと以前からその恩恵に浴している人びとをさえしばしば裏切ることがあるのですから、そんな器官に痛ましい手術を施されたばかりの人にどんな期待ができるか、私には見当もつきません。私としては、感覚の理論については、白内障の手術で視覚を回復させてもらった、教育も知識もない人間よりも、物理学の原理や数学の基礎や身体組織などに通じた形而上学者の言うことに、いっそう安心して耳を傾けると思います。初めてものを見るひとの返答よりも、暗闇のなかで自分の問題について十分考えぬいたような、または詩人たちのことばを借りていうなら、視覚作用がどのように行なわれるかを、もっと楽に知りたいと思って、眼をくりぬいてしまうような哲学者(29)の発見のほうに信頼を寄せたいと思います。

もし実験になんらかの確実性を与えようと望むならば、少なくとも、その被実験者を久しく前から準備しておき、教育をほどこし、またおそらく、哲学者に仕上げることが必要でしょう。しかし、哲学者をつくりあげることは、たとえ自分が哲学者であっても、一朝一夕の仕事ではありません。まして自分が哲学者でない場合は、いったいどうなるでしょう。ただ自分で哲学者を気取っているにすぎない場合には、事態はもっとひどいことになります。手術後ずいぶん時がたってからでなければ、観察を始めないというのが、妥当なやり方でしょう。そのためには、患者を暗闇のなかで治療し、その傷がなおっているか、また、その眼が健全になっているかを、よく確かめなくてはなりますまい。最初から患者を日光に晒すのはよくないと思います。強い光線の輝きは私たちでも眼がくらんで見えないものですから。患者の視覚器官は、その感覚をにぶらせるほどの印象をまだひとつも受けたことがないのですから、極度に鋭敏であるはずのその器官に、そのぎらぎらする光線のためにどんなことが起るか知れたものではありません！

しかも、それだけではすみません。こうして準備された被実験者を利用すること、ちょうど自分の心のなかに起ることだけをその被実験者にいわせるようにうまく質問を誘導することも、やはり非常に微妙な要点でしょう。この質問は、学会《アカデミー》の学者たちの真中で行なわれるべきものでしょう。というよりむしろ、なくもがなの観衆なんか寄せつけないために、その会合には、哲学や解剖学、その他の知識によってふさわしい人たちしか招待すべきではありますまい。どんなに有能な人でも、どんなにすぐれた人でも、そのために良すぎるということはありますまい。生まれながらの盲人を準備し、それに質問することは、ニュートン、デカルト、ロック、ライプニッツの才能を併せ用いても、なんら不足のない仕事であるといえましょう。

この手紙ももうずいぶん冗長になってしまいましたが、久しい昔から提出されている問題でもって、これを結ぶことにいたしましょう。ソンダーソンの特異な身の上について いくつか省察をめぐらしていくうちに、その問題が決して完全に解決されなかったことが、私にはわかったのです。ここに、成人になってしまったひとりの生まれつきの盲人がいるとして、その盲人に同一の金属でできた、ほぼ同じ大きさの立方体と球体の双方に触れた場合に、どちらが立方体であり、どちらが球体であるかを、手で触っただけで見分けることを教えたと仮定します。次に、その立方体と球体が一つのテーブルの上におかれているときに、その盲人がたまたま視覚を使えるようになったと仮定します。そこで、彼はそれらのものを手で触らずにただ見るだけで、両者を見分けて、どちらが立方体、どちらが球体であるかを言うことができるかどうか、と尋ねてみることにします。

最初に、この問題をもち出し、また、その解決を試みたのは、モリヌー氏(30)でした。彼は盲人は立方体と球体との見分けがつかないだろうと言いきりました。「そのわけは、——彼のいうところでは——盲人は球体と立方体が、どんなふうに自分の触覚に訴えてくるかを、経験で学んだといっても、自分の触覚にしかじかの仕方で訴えてくるものが、自分の眼にはしかじかの仕方で刺激を与えるはずであるとか、自分の手に凸凹の圧迫感を与える立方体のつき出た角が、その立方体において現われているとおりに自分の眼に映ずるはずであるとかは、まだわかってはいないのだから」というのです。

ロックは、この問題についで意見をきかれて、次のように言いました。「私はモリヌー氏とまったく同じ意見である。盲人にとっては、初めて眼が見えたときには、ただ眼でながめているだけにとどまっているかぎり、どちらが立方体であり、どちらが球体であるかを、多少の自信をもって断言することはできないだろう、と思う。それにひきかえて、彼が立方体や球体に手でさわってみれば、それらの形状の差異はわかるだろうから、そうやってその各々を名指したり、確実に区別することもできるだろう。」

コンディヤック師の『人間の認識の起源に関する試論』は、あなたがごらんになって、非常なたのしみと利益をお認めになったのですが、なお、この手紙とともに、同師の優れた『体系論』をお手もとにお送りいたしますが、同師はこの点について独自の見解(31)をもっています。彼が拠って立つ論拠をあなたにご説明するのは、無駄なことでしょう。もしそんなことをしたら、その論拠が非常に興味ぶかく、また哲学的に述べられているのに、それを私のほうでゆがめてしまうおそれが大いにありそうな作品を読み返す興味を、あなたから取り上げることになりましょう。だから、ただ、生まれながらの盲人は何にも見えないか、さもなければ球体と立方体がちがったものに見えること、また、この二つの物体がおなじ金属からできており、ほぼ同じ大きさであるという条件は、——これを問題の与件のなかにさし加えることは適当だと考えられたのですが——この場合よけいなものであり、その点異論の余地がないことなどを、それらの論拠がことごとく証明しそうであることをご注意申し上げるだけにとどめておきます。と申しますのは、コンディヤック師にしてみれば、こんなふうに言えたでしょうから。つまり、ロック、モリヌー両氏の主張するように、視覚と触覚とのあいだになんらの本質的関係もないとしても、手に触れると消えてなくなるような物体にも二フィートの直径を認めることだってありうることは、両氏も否定しないはずだというのです。しかし、コンディヤック氏はそれにつけ加えて、もし生まれながらの盲人がいくつかの物体を見て、それらの形状を識別し、それについてどんな判断を下すべきかに迷うならば、それはかなり精緻な形而上学的論拠による以外にはあり得ない、と言います。それはやがて後で申し上げるといたします。

さて、以上のとおり、二つの異なった見解が同一の問題について、しかも第一流の哲学者のあいだに存在することがわかりました。なにしろ、モリヌー、ロック、コンディヤック師といった人たちに論じられた後では、その問題にはもう何もいうべき余地が残っているはずはないと思われるかもしれませんが、同一のことがらでもいろいろな角度から考察することができるものですから、彼らがそうした角度をすべて取り上げ尽したのではないとしても、不思議ではないでしょう。

生まれながらの盲人でも、立方体と球体とを区別できるだろうと明言した人びとは、おそらく吟味する必要のある事実を、はじめから仮定してかかったわけです。つまり、白内障をとり除いてもらった生まれながらの盲人が、手術をうけた直後に、その眼を使うことができるかどうかということなのです。彼らはただこういっただけでした。「生まれながらの盲人は、かつて触覚によって得た球体と立方体との観念を、いま視覚によって捉える同じものの観念と比較して、それらが同じものであることがいやおうなしにわかるだろう。そして、もし彼が球体の観念を彼の視覚に与えるのは立方体であり、ほかならぬ球体から立方体の観念が彼のなかに生まれると言ったとしたら、まことに奇妙な事態になるだろう。つまり、彼は触覚で球体と立方体と呼んでいたものを、視覚で球体と立方体と呼ぶことになるわけだ。」

ところで、彼らの反対論者の答弁と推理はどうだったでしょうか。彼らもおなじように、生まれながらの盲人は、健全な器官をもつとすぐにものが見えるようになると仮定したものでした。彼らは、白内障をとり除かれた眼は、麻痺していた腕がなおった場合とおなじようなものだと想像しました。彼らのいうところでは、その腕は、ものを感じるためにはすこしも練習の必要がないし、したがって、その眼がものを見るためにも同様だということになります。彼らはなおつけ加えて、こう申しました。「生まれながらの盲人が、君たちが認めているよりはもう少し多くの哲学をもっているものと仮定してみよう。そうすれば、彼はその推理を君たちがとどめた地点までおし進めてから、さらに推理をつづけるだろう。しかし、私がこれらの物体に近づき、その上に私の手をあてたときになって、突然、それらの物体が私の期待を裏切り、立方体が逆に球体の感覚を、また球体が逆に立方体の感覚を私におしつけることにならないとは、だれが私に保証したであろうか。視覚と触覚との相互関係の一致があるかどうかは、私として経験によって知るほかはない。この二つの感覚は、両者の関係に矛盾があるかもしれないが、それについては私には何にもわからない。それどころか、現在私の視覚に映じているものが、かつて私が手に触れたとまさにおなじ物体であることを、もし私が知らされていなかったならば、その眼に映じているものは、まったくの見せかけにすぎないと、おそらく私は信じるだろう。こちらのものは、実際、私が立方体と呼んでいた物体にちがいないように思われ、そちらのものは、球体と呼んでいた物体にちがいないように思われる。しかし、私がひとから尋ねられるのは、それらが私にどんなふうに見えるかではなくて、どんなものかということだ。ところで、私はこの最後の質問に満足に答えることはとうていできないのだ。」

この理屈は、『人間の認識の起源に関する試論』の著者の言うところでは、生まれながらの盲人にとっては厄介きわまるものでありましょう。これに返答を与えうるのは、経験しかないと思います。どうみても、この場合、コンディヤック師が問題にしているのは、ただ生まれながらの盲人が第二回目の感触でもってみずからこれらの物体に対してくりかえそうとする経験だけのように思えます。なぜ私がこんなことを注意するかは、やがておわかりになりましょう。それにまた、実際に、先ほど指摘しましたように、生まれながらの盲人は、実際に、鏡が二つの感覚を矛盾させるものと想像するほどですから、二つの感覚が矛盾することがありうるという仮定をそれほどバカげているとも思わないはずだと、この有能な形而上学者ならばつけ加えてもよかったでしょう。

次にコンディヤック師は、モリヌー氏が、形而上学によって生まれつきの盲人にもち出されるかもしれない難題をあらかじめ防ぐことも取り去ることもできないような、多くの条件によって、この問題をこみいったものにしたことを指摘しています。この指摘は、生まれつきの盲人に形而上学があると仮定することが、見当はずれでないだけに一層当を得たものです。というのは、これらの哲学的な問題においては、実験はつねに哲学者を対象に、つまり、提起された問題において、推理力と自分の諸器官の条件が認めることを許す限りのものをとらえ得る人を対象にして行なわれると見なされねばならないからです。

以上が、奥様、この問題をめぐる賛否両論を簡単にまとめたものです。ではこれから、私の検討にもとづいて、生まれつきの盲人は図形を認め物体を判別するだろうと述べた人びとが、自分の正しいことにいかに気づかなかったか、また、それを否定した人びとが、自分は間違っていないと考える理由をどのくらいもっていたかをお目にかけましょう。

生まれつきの盲人の問題は、モリヌー氏が提出したよりもう少し一般的に取り上げるならば、他の二つの問題を含んでおります。今からそれを別々に考えていくことにいたしましょう。第一に、生まれつきの盲人は、白内障の手術が行なわれるとすぐに見ることができるかどうか問うことができます。第二に、見ることができる場合、図形を十分判別できるほど見えるかどうか、触っているときにつけていた名前を、見ることによって図形に確実に与え得るかどうか、またこの名前が図形にかなっているという論証を得られるかどうかを問うことができます。

生まれつきの盲人は、その器官が治った直後に見ることができるでしょうか。見ることができないと主張する人は、次のようにいいます。「生まれつきの盲人が自分の眼を使う能力を享受するやいなや、彼が見渡すすべての光景が眼底に写されることになる。この像は、非常に小さい空間の中に集められた無数の事物から成っているので、それぞれ見分けることができない多数の図形の混乱した堆積に過ぎない。誰でも同意することであろうが、事物の隔たりを判断することを彼に教えることができるものは、ただ経験しかない。事物が彼自身の部分を成しておらず、彼の存在と関係しないものであり、あるいは近接しあるいは離れたものであることを確かめるためには、事物に近づき、触れ、遠ざかり、再び近づき、もう一度触れてみることが必要である。まして事物を認知するためには、経験が一層必要でないわけがあるはずはない。もし経験がなかったならば、初めて事物を認めた人は、視力の及ばない所まで事物が彼から、あるいは彼が事物から遠ざかった場合、事物は存在するのをやめたのだ、と思いこむに違いなかろう。というのは、つねに存在している事物を以前に置き去った場所に再び見出すという経験だけが、離れてはいてもなお事物が存在し続けていることをわれわれに証明してくれるのだから。多分この理由から、子供たちは、取り上げられたおもちゃをあれほど早くあきらめてしまうのであろう。彼らがおもちゃをすぐに忘れ去ってしまうとはいえない。というのは、国語の語彙のかなりの部分を知っていて、それを記憶に留めるよりも発音するのに苦労している二歳半の子供たちがいることを考えると、幼児期とは記憶の時期であることが納得されるであろうが、その頃彼らが見えなくなったものは存在するのをやめたと思いこんでいる、と仮定することは、見失っていた事物が再び姿を現わしたような場合の彼らの歓喜が讃嘆を交えているように思えるだけに、一層自然なことではないだろうか。そこで乳母は、顔を隠してはすぐ出す遊戯を子供たちに練習させて、彼らが、見えなくなったものも存在し続けているという観念を獲得するのを助ける。彼らは、こんなふうに十五分間に百度も繰返すことによって、見えなくなったものが存在することをやめたのではないという経験を得るのである。以上のことから、われわれは事物の継続的存在という観念を経験に負うていること、事物の隔たりという観念を得るのは触覚からであること、舌が話すことを習得しなければならないように、おそらく眼も見ることを習得しなければならないこと、ある感覚の助けが他の感覚に必要であるとしても驚くべきことではないこと、さらに、事物がわれわれの眼前に現われているときに、われわれの外にそれが存在していることを保証してくれる触覚は、多分また、事物の外形や他の性状はいうに及ばず、その現存性までもわれわれに証明する役割を予定されている感覚であることが帰結される。」

この推論に、チーゼルデン(32)の有名な実験をつけ加えることができます。この有能な外科医が白内障を手術してやった青年は、長い間大きさも距離も位置も外形さえも判別しませんでした。眼の前に置かれ、家を隠してしまう一インチの事物が、彼には家と同じ大きさに思われました。彼はすべての事物を眼の上にもっており、それらは、触覚の対象が皮膚に押し当てられているように、この器官に押し当てられているように思えました。彼は、手の助けで丸いと判断していた物と、角形と判断していた物とを見分けることができませんでしたし、上に、あるいは下にあると感じていた物が、実際に上に、あるいは下にあるかどうかを眼で識別することもできませんでした。とうとう彼は、ただし大変な苦労の末にでしたが、彼の家が彼の部屋より大きいことを認めるようになりました。けれども、どんなふうに眼がこの観念を与えてくれるのかを理解するまでにはなりませんでした。絵が立体を表現していることを納得するためには、数多くの実験を繰返さなくてはなりませんでした。そして、絵をとくと見つめた結果、自分が見ているのは単に表面ではないということをよく納得した後に、絵に手をやってみて、一様な突出のない平面にしかぶつからないのに彼は大いに驚きました。そのとき彼は、触覚と視覚と一体どちらが欺いているのか、と訊ねました。さらに絵は、それを初めて見たときの野蛮人にも同様な結果を及ぼしました。彼らは絵姿を生きている人と思い、彼らに質問を発し、応答を得られないので大変にびっくりしました。この間違いは、確かに彼らにあっては、物を見る習慣が少ないことからきたのではありません。

けれども他の難点についてはどう答えるべきでしょうか。実際成人の経験を積んだ眼は、小児や、白内障手術を受けたばかりの生まれつきの盲人の、虚弱な初々《ういうい》しいその器官よりも、事物をよく見せてくれるのです。奥様、コンディヤック師がそれに関して書いているすべての証拠を調べてごらん下さい。『人間の認識の起源に関する試論』の終り(33)で、師は、チーゼルデンによって行なわれ、ヴォルテール氏によって報告された実験を、反論として挙げています。そこでは、初めて光を当てられた眼に及ぼす光の効果と、この器官内の液や角膜や水晶体等に必要な諸条件が、きわめてはっきりと力強く述べられていて、初めて眼を開いた幼児や、手術を受けたばかりの盲人の場合では、視覚作用が非常に不完全にしか行なわれないことが、ほとんど疑う余地がないほどです。

したがって次のことを認めなくてはなりますまい。即ち、私たちは対象の中に無数の事物を認めるに違いありませんが、幼児や生まれつきの盲人は、眼底には事物がひとしく写されているにもかかわらず、それらを認めることができないのです。また、事物が私たちを刺激する、というだけでは十分でなく、さらに私たちが事物の印象に注意を払わなければならないのです。だから、眼を初めて用いたときには、人は何物も見ることができません。視覚作用の最初の瞬間には、多数の混乱した感覚印象を受けるにすぎず、それはただ時間とともに、また、私たちのなかで起ること について反省を重ねるにつれて、次第に判断されるようになるのです。感覚印象を、それを惹き起したものと比較することをわれわれに教えてくれるのは、ただ経験だけであり、感覚印象は事物と本質的に類似しているようなものは何ももっていないので、純粋な約束事のように思われる感覚と事物の類比について教えてくれるのも経験です。一言でいえば、事物と事物から受ける像との一致について正確な知識を眼に与えるのに、触覚が大いに貢献していることを否定することはできません。そして自然の中では、すべてがこの上もなく一般的な法則によって行なわれているのでないとすれば、たとえば、ある種の固い肉体を刺すと痛いが、他の種の肉体なら快感を伴うというのであれば、私たちは、私たちの肉体と安楽に必要な経験の一億分の一もしないで、死んでしまうかもしれないと思います。

けれども私は、眼が自ら学ぶこと、あるいはこういう言い方が許されるならば、自分で経験を積んでゆくことができないとは、全然思わないのです。事物の存在と外形を触覚によって確かめるためには、見ることは必要ではありません。ではどうして、同じことを視覚によって確かめるのに、触覚が必要なのでしょうか。私は触覚のすべての長所を知っております。ソンダーソンやピュイゾーの盲人を問題にしたときにも、その長所を覆い隠しませんでした。けれども私は、触覚に、〔視覚にとって欠くことのできないというほどの〕長所があることを認めなかったのです。ある感覚の使い方が、他の感覚の観察によって完成させられ促進されることは見易い道理です。しかし、それらの感覚の機能の間に本質的な依存関係があるとは決して考えられません。確かに物体には、触覚によらなければ決して認められないような性質があります。眼には感じられないようなある種の変化の存在を知らせてくれるのは触覚です。眼の方は、触覚に注意されて、初めてそれを認めるのです。けれどもこの奉仕は相互的なものです。だから、触覚よりも鋭敏な視覚をもつ人びとの場合は、視覚の方が触覚に、事物の存在や、小さくて触覚には捕えられない変化の存在を教えるのです。もしあなたの親指と人差し指の間に、あなたに知られぬように、紙か、何か他のすべすべした薄いしなやかな物質を置いたならば、この二本の指がじかに接触していないことを告げてくれるものとしては、ただあなたの眼があるだけでしょう。ついでに、この点について物を見る習慣をもっている人よりも盲人を欺くほうがずっと難かしいということを指摘しておきましょう。

生命を与えられ生活し始めた眼は、外物が自分自身の一部分をなさず、あるいは近接し、あるいは離れていること、外物が形をもっていること、ある物は他のものより大きいこと、奥行をもっていること等々を確かめるのに、疑いもなく困難を覚えるに違いないでしょう。しかし私は、眼が結局は外物を認めること、少なくとも外物の大まかな輪郭を十分識別できるくらいよく認めることを少しも疑いません。これを否定することは、諸器官の定められた機能を忘れることになるでしょう。それは、視覚作用の主要な現象を忘れることになり、また、私たちの眼の底に描かれる細密画《ミニアチュール》の美と精密さに匹敵するほど巧みな画家はいないこと、眼の中の描写と描写された物との類似以上に正確なものは何もないこと、この絵のカンヴァスはそれほど小さくなく、映像の間には何らの混乱もないこと、それらの像はおよそ半インチ平方を占めていること、さらに、もしも触覚の助けなくては眼を用いることがおよそ不可能であるとしたら、触覚がどんなふうに働いて眼に見ることを教えるのかを説明することとくらい困難なものはないことなどを認めないことになってしまうでしょう。

しかしながら、単なる推測にとどめておかず、眼に色彩を識別することを教えるのが触覚であるかどうかを、問うてみることにしましょう。これほど法外な特権が触覚に与えられるとは、私は思いません。とするならば、視力をとり戻したばかりの盲人に、大きな白地の布の上に黒い立方体と赤い球体をのせて示すと、彼は手間どらずに、これらの図形の輪郭を見分けるでしょう。

いや彼は、ちょうど眼の中の液がほどよく準備されるに要する時間だけ、手間どる、と人は私に答えるかも知れません。さらに、角膜が視覚作用に必要な凸状を呈するのにかかる時間、瞳孔が固有な拡大あるいは縮小運動をするのに必要な時間、網膜が光の作用を強すぎも弱すぎもせず感じ得るようになる時間、水晶体にあるとされている前後運動に習熟する時間、また眼の筋肉がその機能をよく果すのに必要な時間、視神経が感覚印象を伝達するのに慣れる時間、全眼球が必要なすべての配置を整えてゆく時間、そして、眼は自分で経験を積んでゆくものだということを証明しようとするときにたいへん役に立つあの細密画の製作に、眼球を構成するすべての部分が協力するのに要する時間だけ手間どる、と。

生まれつきの盲人の眼にたった今示した絵がどんなに単純なものであっても、彼は、その器官が前述のすべての条件を満たしたときでなければ、絵の各部分を判別し得ないであろうということは認めます。けれどもそれは、おそらくただ一瞬の仕事でありましょう。ところで、私を反駁したばかりの推論をやや複雑な器械に、たとえば懐中時計に適用してみるならば、香箱や円錐歯車や歯車や滑り止め《バレッ》の爪《ト》や平衡輪などに起るすべての運動を一々詳述して、針が一秒の間隔を動くのに二週間かかることを証明するのはさして困難ではないでしょう。これらの運動は同時に起る、と人が答えるなら、私は即座に、眼が初めて開いたときその中で起る運動についても、その結果形作られる判断の大部分についても、多分同じことがいえると言い返すでしょう。視覚作用に適するために必要な眼の諸条件がたとえどんなものであっても、それを眼に与えるのは触覚ではなく、したがって眼は、他の感覚の助けを借りないで、眼に写された図形を識別するようになるものだということを認めなければなりますまい。

けれども人はもう一度、一体いつそうなるのか、と言うことでしょう。考えているよりも、多分ずっと早くです。奥様、私たちが一緒に王立植物園の陳列室を訪れた時の凹面鏡の実験で、お手に持たれた剣の先が鏡面へ向って進むのと同じ速さで、切先があなたの方へやってくるのをご覧になったときに感じられた恐怖を覚えていらっしゃるでしょうか。しかしながらその時あなたは、鏡に映っているすべての事物が鏡の背後に存在するもののように思い込まれがちでしたね。ですから、事物やその像をそれが実際にある場所に認めるためには、経験というものは、人が思うほど必要でもなければ、絶対に間違いないものでさえないのです。あなたの「おうむ」までがその証拠を提示してくれます。「おうむ」が初めて鏡を見た時、彼は嘴を鏡に近づけます。そして同類だと思った自分自身に突き当らないと、鏡を一廻りしてみるのです。私は「おうむ」の証拠に実際以上の効力を与えようとは思いませんが、とにかくこれは、先入観が介入し得ない動物実験なのです。

けれども生まれつきの盲人は二ヵ月の間何も見分けなかった、と断言されたとしても、私は少しも驚かないでしょう。そのことから、ただ視覚器官の経験の必要性を結論するだけであって、器官の訓練に触覚が必要であるということは全然導き出せないでしょう。またそのことから、観察に供しようと思う生まれつきの盲人をしばらくの間暗がりの中にとどめて、眼を自由に訓練するにまかせておくことが——というのは、外光の中よりも闇の中のほうが訓練に好都合でしょうから、——また実験に際し彼に一種の薄明しか与えないか、あるいは少なくとも実験の行なわれる部屋に自由に明るさを加減できる便宜を計ることがどれほど大切かを、私はいっそうよく理解するばかりでしょう。この種の実験はつねに非常に困難であり非常に不確実であること、だから、彼が経験した二つの状態を比較し、盲人の状態と目明きのそれとの違いを私たちに教えられるように、被験者に前もって哲学的知識を与えておくことが、もっとも遠廻りのように見えてその実もっとも近道であることを、私はますます認める気になるでしょう。もう一度言いますが、考えたり反省したりする習慣を全然もたない人、チーゼルデンの盲人のように、自分の恵まれない境遇にも無頓着で、視覚の喪失が快楽を大いに損ねているなどとは思いもしないくらいに、この感覚の利点を知らない人から、一体正確なことを何か期待できるでしょうか。哲学者の肩書を与えられるにふさわしいソンダーソンは、確かに同じような冷淡さはもっていませんでした。だが、彼が名著『体系論』の筆者と意見を同じくしていたかは、私には大変疑わしいのです。この二人の哲学者のうちの後者が、「人間の生涯が快感か、あるいは苦痛の絶えざる感覚印象に過ぎなかったものとすれば、一方は不幸の観念を全然もたないから幸福であり、他方は幸福の観念を全然もたないから不幸であり、彼は享楽するか、それとも苦悩するかであったろう。彼はあたかもそれが彼の本性ででもあるかのように、何かの存在が彼の生存を維持しようと注意しているか、それとも彼を傷つけようと努めているかを見極めるために周囲を見廻すようなことは、絶えてしなかったであろう。そして、この二つの状態の一方から他方への交互の移行が彼を反省させたのであった……(34)」と主張した時には、彼自身小さい体系にはまりこんだのではないかと思いたくもなります。

奥様、明白な知覚から明白な知覚へと辿ることによって——といいますのは、これがこの著者の哲学の方法であり、しかもよい方法であるからですが——著者がこの結論に到達し得たなどとお考えになるでしょうか。幸福と不幸については、闇と光の関係と同じように考えるわけにはいきません。一方は、他方の状態を単に全く取り除いた状態ではないからです。もしも私たちが、いささかも損なわれることなく幸福を享受したとするなら、私たちはおそらく、幸福が存在や思考に劣らず私たちに本質的なものであると断言することでしょう。けれども、不幸については同じようにいうことはできません。だれもがしているとおり、不幸を強いられた状態とみなし、自分には罪がないと感じながら、けれども罪があるとも思い、自然をとがめたり許したりするほうが、きわめて自然なことでしょう。

コンディヤック師は、幼児が苦しいときに不平をいうのは、ただ彼が生を享けて以来休みなく苦しんではこなかったからだ、と考えているのでしょうか。彼が私に、「絶えず苦しんできたものには、生存することと苦しむことは同一であろうし、彼は、自分の存在を破壊しないでは、この苦痛が中断され得るなどとは思わないであろう」と答えるなら、多分私は次のように言い返しましょう。たえまなく不幸な人間は、何をしたために私は苦しむのか、とはいわないかも知れませんが、何をしたために私は生存しているのか、と言ってはいけないでしょうか、と。もっとも、不幸な男が、「私は生存する」と「われ苦しむ」という二つの同義の動詞を、ちょうど「私は生きる」と「われ息吹く」という私たちの二つの表現のように、一方は散文のため、もう一方は詩のために用いないのだとしたら、私にはその理由がわかりません。それに奥様、あなたは、コンディヤック師のこの個所が完璧に書かれていることに、私よりもよくお気づきのことでしょう。そこで、私の批評と彼の考察とを比較されて、あなたがシャロン(35)の真理よりはモンテーニュの誤謬の方を好むといわれるのではないかと恐れている次第です。

またしても脱線！　といわれることでしょう。その通りです、奥様、これがこの論文の存在条件なのです。これからいよいよ前にあげた二つの問題についての私の見解を述べることにいたしましょう。生まれつきの盲人の眼が初めて光に開かれたときには、彼は全然なにも認めることができず、眼が経験を積むにはある時間が必要です、しかし眼は、触覚の助けをかりず、自分自身で経験を積み、ついには色彩を見分けるだけでなく、少なくとも事物の大まかな輪郭を識別するまでになると私は考えております。さてそれでは、盲人が非常な短時間のうちにこの能力を獲得したと仮定して、あるいは、手術後実験までのある期間、注意深くも暗闇の中に閉じこめられ、練習を勧められていた盲人が、眼を動かしてみることによって能力を獲得したと仮定して、よろしいですかね、彼が先に触れてみた物体を眼で認め得るかどうか、ふさわしい名前を物体に与えることができるかどうかを考えてみましょう。これが私の解決しなければならない最後の問題です。

あなたは学問的な方法というものを愛されているのですから、お気に召すように解決するために、私は実験が試みられる人びとを何種類かに分類してみましょう。教育もなく知識もなく、あらかじめ準備を受けなかった粗雑な人びとの場合には、白内障の手術が完全に器官の欠陥を除き、健康な眼となった暁には、事物はきわめて明瞭に眼に映されることでしょうが、どんな種類の推論にも慣れていず、感覚印象とは何であるか、観念とは何であるかも知らず、触覚によって受けた事物の像と、眼を通じて生じた像とを比較することもできない彼らは、自分の判断に信頼をおくこともなく、ここに円がある、ここに正方形がある、と言いきるか、あるいはまた、見えてきた事物のなかには、触れてみた物と類似しているようなものは何も見出せないことを率直に認めるだろうと思われます。

また他の人びとは、物体に認める外形と、手に圧力を及ぼした外形とを比べ、遠い所にある物体に頭の中で手を置いてみて、一方はこれは正方形であり、他方はこれは円である、と言うでしょうが、彼らはその理由をよくは知らないのです。触覚によって得た観念と、視覚を通じて受ける観念との比較が、彼らにあっては十分明瞭に行なわれていないからで、判断の正しさを自ら確信するには至らないのです。

奥様、寄り道をせずに、形而上学者を対象に実験を試みた場合に進みましょう。疑いもなく彼は、事物をはっきり認め始めた瞬間から、生涯ずっと見てきたかのように推論し、眼を通じて生じる観念と、触覚によって得た観念とを比較した後に、あなたや私と同じ確信ある調子で言うことでしょう。「私がいつも円と呼んでいたのがこの物体であり、いつも正方形と呼んでいたのがこちらの物体であると、信じられそうな気がする。しかしその通りに言いきることは差し控えよう。私が近づいても、私の手の下で物体が消えてしまわないということを、誰が私に教えてくれたろうか。私の視覚の対象が、同じく私の触覚の対象でもあるかのように定められているかどうか、私がどうして知っていよう？　見えるものが触れ得るものかどうか私は知らない。

しかし、この不確定な状態から抜け出したとしても、私の見ているものは本当に私の触ったものだ、という周囲の人びとの言葉を信じたとしても、それだけ解決へ前進したというわけのものでもない。これらの事物が私の手の中で形を変えることだって十分あり得るし、また、触れてみると、眼で感じた時と正反対の感覚印象を与える場合だって十分にあり得る。みなさん」と彼はつけ加えるでしょう。「この物は正方形に見え、こちらは円に見える。しかしこれらが触覚に対しても、視覚に対してと同じかも知れないということ以外は何の知識も私は持っていない。」

形而上学者の代りに幾何学者を、ロックの代りにソンダーソンを引っ張り出してくると、彼はロックと同じように、自分の眼を信じるならば、見えている二つの図形のうちそちらが正方形と呼んでいたもので、こちらが円と呼んでいたものである、と言うことでしょう。彼は、さらにつけ加えて言うでしょう。「なぜなら、正方形の頂点を示すことになっていた太い頭のピンを置き、そこに糸を渡すことができるのは前者だけであり、円の諸性質を示すために私に必要だった糸を内接あるいは外接させることができるのは、第二の図形だけであるから。したがってこれは円であり、したがってこれは正方形である！　けれども」と彼はロックとともに続けたでしょう。「私が手を当てると、これらの図形は互いに形を変えてしまうかもしれない。その結果私には同じ図形が、盲人には円の諸性質を、目明きには正方形の諸性質を証明するのに役立つことになるであろう。正方形を見ていながら、同時に手に円を感じていることになるであろう。いや」と彼は続けたでしょう。「私は思い違いをしている。私が円と正方形の諸性質を証明してみせた人びとは、私の図形板の上に手を載せず、図形を区切るように張っておいた糸に触れもしなかった。それなのに彼らは私の言うことを理解した。したがって私が円を感じていたとき、彼らは正方形を見てはいなかったのだ。そうでなければ、われわれは決して了解しあわなかったであろう。そうでなければ、私は一つの図形を書いて他の図形の性質を証明していたことになるし、円弧の代りに直線を、直線の代りに円弧を与えていたことになるであろう。ところが彼らはみな私を理解したのだから、したがってすべての人はだれでも同じように見るということになる、したがって私は、彼らが正方形と見ていたものを正方形と見、彼らが円形と見ていたものを円形と見るはずだ。かくて私がいつも正方形と呼んできたものがこれであり、私がいつも円と呼んできたものがこれなのだ。」

私は球を円に取り代え、立方体を正方形に取り代えておきました。なぜかと申しますと、私たちはただ経験によって初めて距離を識別するようになると思われますし、したがって、初めて眼を用いる人は表面しか見ず、凹凸とは何であるか知らないように思われるからであります。物体の凹凸とは、視覚からいえば、いくつかの点が他の点よりも私たちに近く見えるということにほかなりません。

しかし仮に生まれつきの盲人が、初めて眼の見えたときから物体の凹凸や体積を識別し、円を正方形から見分けるだけでなく、球を立方体から見分けることもできたとしても、私は、もっと複雑な他のすべての事物についても同様にうまくいくとは思いません。レオミュール氏の扱った生まれながらの盲女がさまざまの色を区別したというのは大いにありうることです。けれども彼女が球や立方体について当てずっぽうに考えを述べたことはほとんど確実ですし、教えてもらったのでなければ、彼女の手袋や部屋着や靴を認めることが不可能であったことは、間違いないことと思います。これらの事物はあまりに多くの変形をこうむっています。その全体の形と、それが装飾したり覆ったりするはずの身体の部分の形の間にはほとんど関係がないので、ソンダーソンが自分の角帽の用途を決定するとすれば、ダランベールやクレロー(36)がソンダーソンの図形台の用途を見出すより百倍も面倒な問題であるに違いないほどです。

ソンダーソンならきっと事物とその用途の間に幾何学的な関係が支配していると仮定したでありましょう。したがって彼は、二、三の類似から、彼の球帽が彼の頭のためにつくられたことに気がついたでしょう。球帽には、彼を迷わせがちな恣意的な形は一つもないからです。しかし彼の角帽の角と房については何と思ったでしょうか。この房はいったい何の役に立つのか、なぜ六つの角でなく四つの角があるのか、と彼は自問したことでしょう。そして私たちにとっては装飾の問題にすぎないこの二つの変形は、彼にとってはバカげた無数の推論の種になるか、あるいはむしろ、私たちのいわゆるよき趣味に対する絶妙な諷刺のきっかけとなったことでしょう。

事柄をとっくり検討してゆくと、つねに眼は見えていたがある物の用途を知らない人と、用途は知っているが眼のあいたことがない人の間の相違は、後者の優位に帰せられないことが認められるでしょう。けれども奥様、もしあなたが今日初めてリボンを見せられたとすると、あなたは、これが装飾品であり、しかも頭の装飾品であることを、うまく言い当てられるとお考えになるでしょうか。けれども、初めて目を開いた生まれつきの盲人には、物がより多くの形をもっていればいるほど、それを正しく識別することがむずかしいとすれば、彼が、前に置かれた肱掛け椅子に洋服を着込んでじっと動かずに坐っている観察者のことを、家具か機械ととりちがえ、また風に葉や枝を揺り動かされている木を、運動し生命を持ち考える存在ととりちがえるのは、むしろ当然のことかも知れません。奥様、私たちの感覚はいかに多くのことを私たちに示唆してくれることでしょう！　また、もし眼がなかったら、一塊の大理石が考えも感じもしないのだということを仮定するのに、私たちはどれほど骨を折ることでしょうか！

以上のことから、ソンダーソンは、先刻彼が円と正方形だけに下した判断が間違っていないと確信していたかどうか、および他の人びとの推論と経験が、触覚の物語ることについて視覚を啓発し、また眼にとってかくかくかくであるものは、触覚にとっても同じくかくかくであることを視覚に知らせることができるような場合があるかどうかが、これから証明されるべきことになります。

そうはいっても永遠の真理といわれるようなある命題を証明しようとする時には、感覚の証言を取り除いた上で、証明を吟味することがやはり肝要でありましょう。というのは、奥様もよくおわかりになりますように、もしだれかが、二本の小径は一点に合しているように見えるのだからといって、平行な二線の黒板への投影は、収斂する二線として表わされるべきことを証明しようとするなら、彼は、平行な二線は相交わらずというこの命題が、自分自身にとってと同様、盲人にとっても真実であることを忘れているといえるでしょう。

しかし、生まれつきの盲人についての前述の仮定は、他の二つの仮定を示唆してくれます。一つは、誕生以来眼は見えているが触覚をもたない人についての仮定であり、他は、視覚と触覚の両感覚が絶えずくいちがっている人についての仮定です。前の人の場合には、彼に欠けていた感覚を回復してやり、その代り目かくしで視覚を奪ってしまって、彼が物体を手で認知することができるかどうかが問題になるでしょう。幾何学が、彼がその知識をもっている場合には、二つの感覚の証言が矛盾するかどうかを確かめるための、誤ることのない手段を提供してくれることは明らかです。つまり彼は、手に立方体か球を取り、誰かにその性質を証明します。そしてもし人が彼の言うことを理解したなら、彼が立方体であると感じているものを人も立方体であると見ているのであり、したがって彼がもっているのは立方体であると述べさえすればよいのです。この学問を知らない人の場合には、彼が触覚で球と立方体を判別することは、モリヌー氏の盲人が視覚で識別するのに劣らずむずかしいことだと思います。

視覚と触覚から受ける印象がたえずくいちがっているような人については、私は、彼が形や秩序や対称や美や醜についてどう考えているかわかりません。一番ありそうなのは、これらのものにたいする彼の関係が、ちょうど諸存在の現実の持続と延長にたいする私たちの関係のようなものだろうということです。彼は、一般に一つの物体は一つの形をもつと断言するかもしれません。けれども彼は、それは彼が見る形でもなければ、彼が手で感じる形でもないと思いこむ性向をもっているに違いありません。このような人間は自分の感覚に不満足かもしれませんが、感覚の方は事物に満足でも不満足でもないでしょう。もし彼が両感覚のうちどちらか一つを偽証のかどでとがめる気を起したとしたら、彼が非難するのは多分触覚だろうと思います。多くの状況のなかで、事物の形が変るのは、彼の眼に対する事物の作用によるよりは、むしろ事物に対する彼の手の作用によるものと彼は考えがちでしょうから。けれどもこの偏見の結果として、彼が物体のなかに認める硬軟の差は、彼にとって非常に厄介な問題になるでしょう。

しかしながら、私たちの感覚が形についてはくいちがいを起さないことから、形は他のものよりよく知られるということが帰結されるでしょうか。私たちが偽証者のような感覚と関わりをもたないなどと誰がいえるでしょうか。それにもかかわらず私たちは判断を下すのです。何ということでしょう！　奥様、人間の知識をモンテーニュの秤にかけてみると、私たちは彼の金言[37]を採用しようという気になるのです。なぜなら、私たちは一体何を知っているでしょうか。物質とは何かを知っているでしょうか。全然知りません。精神とは、思考とは？　なおのこと知りません。運動とは、空間とは、時間とは？　少しも。幾何学的真理とは？　数学者たちに率直に尋ねてごらんなさい。すると彼らは、彼らの定理はすべて同一であり、たとえば円に関する万巻の書も、つまりは円とは中心より周辺に至るすべての直線の距離が相等しい図形であるということを、十万通りもの違った仕方で繰返しているにすぎないことを白状するでしょう。とすると、私たちはほとんど何も知らないのです。それなのに、いかに多くの書物が書かれ、どの著者も何かを知っていると称していることでしょう！　私は、世の中の人がよく飽きもせずに読み、しかも何も学ばないでいられるものと、その理由を探りあぐねております。二時間も前から、わたし自身は退屈もせず、そしてあなたには価値のある何事も言わずにあなたとお話する名誉をもったのが、それと同じ理由からでなければ幸いです。深い尊敬をもって、

奥様

あなたのいとつつましく、
いと従順なるしもべ……

盲人に関する手紙(38) 補遺

（一七八二年頃）

私は、以前には私に知られていなかったいくつかの現象を、順序もなく紙の上に書きつけてみることにしよう。それは私の『盲人に関する手紙』のある節への証拠、あるいは反証となるであろう。私が『手紙』を書いてから、もう三十三、四年になる。公平な気持で読み返してみて、私はそれほど不満足には思わなかった。『手紙』の第一部は第二部より興味深く思われ、また第一部はもう少し長く、第二部はずっと短くできると感じたけれども、私はどちらにも手を加えずそのままにしておこう。青年時代の文章が、老人の加筆によってよりよくならないことを恐れるからである。思想や表現の中で我慢できるものは、いまそれを求めようと努めても空しいであろうし、同じく非難すべきものも、もう直し得なくなっているのではないかと思われる。現代のある有名な画家(39)が、全盛期に制作した傑作をだめに

するため余生を用いている。彼が自分の絵に認めた欠点が実在するものかどうか私は知らない。だがそれを矯める才能は、もし彼が芸術の限界にまで自然の模倣を押し進めていたのだったら、もち得たはずがない。それとも、もっていたとしても、それを失ったに違いない。なぜなら、人間に具わったものは、すべて人間とともに衰えるからである。よき趣味の力が、いかにも正当と思われる助言を与えてくれるが、人間の方にはもはやこれに従う力がないような時がくるのだ。

　自分の作品の改善に役立つよりはそこなう方が多いような仕事を私にいとわしく思わせたのは、老いの衰えの意識から生ずる臆病な心と、衰弱と臆病の結果の一つである怠け心である。

分別もて、よき潮時に汝が老馬を
　車より解き放ち給へ、
そは彼、ついに躓き倒れ、喘ぎて、
　笑を招くことなからんためなり。

ホラティウス『書簡詩』第一巻の八、九行

もろもろの現象

一、自分の芸術の理論を十分に把握し、その実践において他の誰にも譲ることのない芸術家は私に、彼は視覚ではなく触覚によって松の種子の丸みを判断すると断言した。彼はそれを親指と人差指の間で静かに転がしてみる、すると連続する圧感覚によって、眼には見えないようなわずかな凹凸を識別する、というのである。

二、手触りで布地の色を判別する盲人のことを私は聞いた。

三、さらに私は、ジャン＝ジャック・ルソーが、まじめにだか冗談にだか知らないが、学校を開いて自らパリの花売女を教えようという計画を友人たちに明かしたときに自慢したような、繊細な感覚をもって、花束の微妙な差を言い当てる盲人を引き合いに出すこともできる。

四、アミアンの町には、盲目だが、眼を使えた場合と同じくらいの理解力を示して、多数の人が働く仕事場を監督する大工がいた。

五、ある眼の良い人は、眼を使っているうちに、手の感覚の確かさを失ってしまった。そこで彼は、頭を剃るのに鏡を遠ざけ、裸の壁の前に身を置くことにした。盲人は危険を認めないので、それだけに一層大胆になる。私は、彼が深淵の上に橋としてかけられた狭い弾力のある板の上を、目明きより確かな足どりで歩く、ことを疑わない。非常な深さを見て、視力を曇らされないような人はほとんどいないのに。

六、有名なダヴィエル(40)のことを知らない人、彼についての話を聞いたことがない人がいるだろうか。私は何度も彼の手術に立ち会ったものだ。あるとき彼は、炉の絶えることのない火のために白内障にかかってしまった鍛冶屋の手術をしたことがあった。見ることをやめていた二十五年の間に鍛冶屋は触覚に頼る習慣を身につけていたので、回復された感覚を用いるように勧めるためには、彼を手荒く扱うことが必要なほどであった。ダヴィエルは彼をなぐりながら、「見ないか、この野郎!……」と言ったものだ。鍛冶屋は歩き、動いていた。われわれが眼をあいてするすべてのことを、彼は眼をつぶったままましていたのである。

このことから、眼は、人が考えるほどわれわれの必要に役立ちもしなければ、われわれの幸福に本質的でもない、と結論することができよう。ダヴィエルの盲人にとって自然の光景が何の魅力をももたなかったとすれば、いかなる苦痛も伴わない長い失明の後で、われわれがその喪失に平気でいられないようなものが一体この世に一つでもあるだろうか。われわれに親しい婦人の姿を見ることは? これからお話する事実の結論がどうであろうと、私にはそんなものがあるとは全然考えられない。人は、長い間見ないで過した後でも、見ることに飽きはしないだろう、と考える。だが、これは真実ではない。一時の盲目と常習的な盲目との間には、何という相違があることだろう。

七、彼の善行のために、ダヴィエルの実験室には、王国のすべての地方から、困窮した人びとが彼の助けを乞いにやってきた。また彼の名声が拡まると、好奇心に富む、教育のある人たちが大勢彼のもとに集まるようになった。その日マルモンテル(41)氏と私とは同席していたように思う。病人は腰掛けていた。彼の白内障はいま除かれたのだ。ダヴィエルは、彼が光明を返してやったばかりの眼の上に手を置いた。年とった婦人が彼のそばに立って、手術の結果に並々ならぬ関心を示していた。彼女は手術医の一挙一動に全身を震わせている。医者が近づくように彼女に合図し、患者の真前に彼女を膝まずかせた。彼は手を取りのける、病人は眼を開く、彼は見た、そして叫んだ。「ああ、ぼくのお母さんだ!……」これ以上に悲痛な叫び声を私は一度も聞いたことがない。その叫びは、いまもなお耳に聞えるような気がする。老婦人は気を失った。涙が並みいる人びとの眼から流れ、義捐金が彼らの財布から降り注いだ。

八、ほとんど生まれながらにして視力を失ったすべての人びとのなかで、過去から未来にわたりもっとも驚嘆すべき存在は、メラニー・ド・サリニャック嬢[42]、つい先頃、戦傷を全身に負い、数々の栄職を贈られて、九十一歳の高齢で死去した、王室軍隊の陸軍中将ラファルグ氏の親戚の娘である。彼女はブラシー夫人の娘である。夫人はなお存命しており、一日として、彼女の生涯の幸福であり、彼女のすべての知己の讃嘆の的であった亡き娘を惜しまぬ日はない。ブラシー夫人は、その人並すぐれた道徳性のゆえに知られた婦人であり、人は、私の物語が真実かどうか彼女に訊ねることができよう。彼女に口述してもらって、私はサリニャック嬢の生涯の中で、私自身では知ることのできなかった多くの細かな事実を集めたのである。というのは、同嬢とその家族との私の親密な交渉は、一七六〇年に始まり、同嬢の死去の年一七六五年まで続いただけだからだ。

　サリニャック嬢は、理性の豊かな素質と、人の心をとらえるやさしさと、並々ならぬ頭[43]の明敏さと、天真爛漫さを具えていた。彼女の一人の叔母が、昼食に呼んだ十九人の無作法な男に好かれるように手伝いにきて欲しいと、彼女の母に頼んだ時、姪は言ったものだった。「私には叔母様のおっしゃることが全然わからないわ。なぜ十九人の無作法な人たちに好かれなければならないのかしら？　私だったら、好きな人にしか好かれたくないわ。」

　音声は、眼の見える人にとっての顔貌とちょうど同じように、彼女をひきつけたり、彼女に嫌悪の情を催させたりした。収税官だった親戚の一人が、彼女の家族に予期しないような態度をとったことがあった。そのとき彼女はびっくりしてこう言ったのである。「あんなにやさしいお声から、だれがこのことを信じられたでしょうか。」人の歌う声を聞くとき、彼女は褐色の〔髪の人の〕声とブロンドの〔髪の人の〕声を聞き分けていた。

　話しかけられたとき、彼女は音の方向によって相手の背の高さを判断した。相手の背が高ければ声音は上方から彼女に響き、低ければ下方から彼女に響くのである。

　彼女は、見えるようになりたいと思いわずらうようなことはなかった。ある日私がその理由を訊ねると、彼女は答えた。「だってそうしたら、私の眼しかもたなくなりますもの。いまはその代りに、皆さんの眼を利用していられます。眼がないため、私は絶えず興味と同情を集めていられるのですわ。人はいつも私に親切にして下さいます。そして私はいつも感謝しているのです。本当に！　もし私の眼が見えたら、すぐに人は私などにかまわなくなるでしょう。」

眼がしばしば誤謬を犯すために、視覚の価値は彼女にとって著しく低いものであった。彼女は言っていた。「私が長い小道の入口にいるとします。道の向うの端に何かがあります。あなた方の一人にはそれが動いていると見え、もう一人の方には止っていると見えるのです。一人は動物だといわれ、もう一人は人間だといわれます。ところが近づいてみると、切株であることがわかるのです。遠くに認めた塔が丸いか四角いか、だれも知りません。私は埃の渦の中でもかまわずに進んで行きます。それなのに、私の周りの人びとは眼を閉じるか、あるいは早く閉じなかったばかりに、時には丸一日も不幸な思いをしてしまいます。人びとをひどく苦しませるためには、ただ知覚できないような微粒子一つで十分なのです。……」夜が近づいてくると、彼女は「あなた方の世界は終りを告げ、私の世界が始まろうとしています」と言ったものだった。永遠に続く夜の間動いたり考えたりする習慣をもって闇の中に生きてきた彼女には、われわれにとってあんなにも苦痛な不眠も、わずらわしいものでさえなかったように思われる。

盲人は、苦悩の徴候が見えないので、残酷であるに違いない、と私が書いたことを、彼女は許してくれなかった。彼女は言うのだった。「ところであなたは、ご自分が私と同じように嘆きの声を聞いているとでもお思いになりますの。」「嘆かずに苦しむことのできるような不幸な人たちもいますよ。」「私だったら、きっとその人たちを聞き当ててしまうと思います。そしてこの上なく同情するでしょう。」

彼女は読書を熱愛し、音楽に夢中だった。彼女はよく次のように言っていた。「私は歌や楽器の上手な演奏を聞いて、決して飽きることはないと思います。そしてこれが天国で楽しめるただ一つの幸福だとすれば、そこに行っても悔んだりはしないでしょう。あなたが音楽について、これは詩や雄弁を含めた諸芸術のなかでもっとも強烈な効果を与えるものだ、ラシーヌでさえもハープの繊細な調子で表現してはいない、彼の旋律はハープのそれに比して鈍重であり単調である、そして、自分の文体にバッハの力強さと軽快さを添えたいものだ、とあなたが断言されたとき、そのお考えは的を射ておりました。私にとっては、音楽は私の知っているもっとも美しい言語です。口頭言語では、発音がよいときには、それだけはっきり音節を区切っています。他方、音楽言語では、もっともかけはなれた音が低音から高音へ、高音から低音へと自然に流れ、気づかぬうちに続きます。いってみれば、これは、瞬間ごとに抑揚と表現の変る、ただ一個の長い音節です。旋律がこの音節を私の耳に運んでくるとき、実は和声が、たくさんの違った楽器にのせて、二つ、三つ、四つ、あるいは五つの旋律を混乱させずに奏しているのですが、これらの旋律はみな、第一の主旋律の表現を強めるために協力し合っているわけです。作曲家が天才で、彼の歌曲に確かな表現力を与えている場合には、各声部の歌い手は、私にはほとんど不要なくらいです。

とりわけ夜の静けさのなかで、音楽は表現力を増し、快く響きます。

眼の見える人は、眼によって注意をそらされるので、私が音楽を聞き、音楽に耳を傾けるようには、それを聞くことも耳を傾けることもできないに違いありません。このことについて私に与えられる賛辞が、なぜ私には貧弱で力のないものに思われるのでしょうか。なぜ私は、音楽について私が感じた通りに話すことが一度もできなかったのでしょうか。私の感じを表わす言葉を探しても、なぜ見つけることができず、話の途中でつまってしまうのでしょうか。適切な言葉がまだ発明されていないからでしょうか。私は、音楽の効果を、長く留守にした後で母の腕の中に飛び込んでゆく時に感じる陶酔にしか、たとえることができません。その時、声もつまり、手足はふるえ、涙が流れ、膝もがくがくと力が抜けてしまいます。私は喜びの余り死んでしまいそうな気がするのです。」

彼女はもっとも洗練された羞恥の感情をもっていた。そして私がその理由を訊ねると、彼女はこう答えた。「これは母が話してくれた結果です。母は何度もくりかえして、身体のある部分を見せることは罪へと誘い込むものです、と教えてくれました。思い切って白状しますと、母の言う意味がわかったのはつい最近のことです。ですから多分私は、もう純潔無垢ではなくなったに違いありません。」

彼女は内陰部の腫瘍のために死んだが、それを打ち明ける勇気は彼女にはとてもなかったのである。

彼女は、自分の衣服や下着や身体についてとても清潔好きだったが、眼が見えず、不潔という反対の悪徳への嫌悪感を眼の見える人びとに起させないために十分なことをしているのかどうか確信がもてなかっただけに、いっそう気を使っていたのである。

人が飲物を注いでやると、彼女は液体の落ちてゆく音で、いつ彼女のコップが一杯になるかを知った。彼女は驚くほど注意深く、巧みに食事をとった。

彼女は時々たわむれに、身づくろいのために鏡の前に立ち、着飾った浮気女のあらゆる顔つきを真似してみた。この真似事はあまりに真に迫っていて、見る人を噴き出させるほどであった。

まだ幼い頃から、人は彼女に残っている感覚を完成するのに意を用いた。これがどれほど成功したか、その成果には驚くべきものがある。触覚は彼女に、物体の形について、最良の眼をもつ人もしばしば気づかないような特徴を教えた。彼女はすばらしい触覚と嗅覚を持っていた。彼女は気圧と空気の状態によって、天気が曇りか晴れか、彼女が歩いているのは広場か街路か、街路か袋小路か、開いた場所か閉じた場所か、広い部屋か狭い部屋かを判断した。彼女は自分の足音と声の反響で、四囲を限られている場所の広さを測った。家をざっと一回りすると、間取りが頭に入ってしまい、他の人びとに彼らを待ち受けている小さな危険を知らせることができるようになった。彼女は言ったものだ。「お気をつけなさい。この入口は低すぎますよ。ほらそこに階段がありますよ」と。

彼女は声の中に、われわれの知らない差を認めていて、ある人の話すのを何度か聞いた後では、いつもその声を聞き分けられるようになった。

彼女は青春の魅力に動かされることは少なかったし、また老年の皺に驚かされることも少なかった。彼女はかねがね、彼女にとって恐れなくてはならないことは、ただ心情と精神の資質のみだと言っていた。このこともまた、ことに婦人にとっては、失明の利点の一つであったろう。彼女は、「美しい殿方が私を振り返らせるようなことは決してないでしょう」といっていた。

彼女は人の言うことを信じ易かった。彼女を欺くことは、たやすかったに違いないが、恥ずべきことであったろう！彼女が部屋に一人だけでいると彼女に信じさせておくことは、許しがたい裏切り行為であった。

彼女はいかなる種類の理由なき恐怖も持たなかった。倦怠も稀にしか感じなかった。孤独が彼女に、自分自身に満足することを教えていたのであろう。彼女は乗合馬車で旅行中、日の暮れ方になるとみんなが言葉少なになることに気がついていた。「私はといえば、好きなお話相手の方を見ることは必要ないのよ」と彼女は言った。

すべての資質のなかで彼女がもっとも高く評価していたのは、健全な判断力とやさしさと陽気さであった。

彼女は少ししか話さず、聞いていることが多かった。「私はまるで鳥みたいだわ」と彼女は言うのだった。「だって闇の中で歌うことを習っているんですもの。」

ある日とその翌日に聞いたことを比較して、彼女はわれわれの判断の矛盾に腹を立てた。こんな首尾一貫しない存在によって賞められようが非難されようが、彼女にはほとんどどうでもよいことに思われたであろう。

彼女は点字を用いて読むことを教えられた。彼女は気持ちのよい声を持っていた。彼女は上品に歌った。彼女はもしできれば、音楽会かオペラ座で喜んで生涯を送ったことだろう。彼女をうんざりさせたのは騒々しい音楽だけだった。彼女はすばらしく上手に踊った。彼女は小ヴィオルを巧みにひいた。そして彼女はこの才能を用い、流行のダンスとコントルダンスを教えることで、同年輩の青年たちに言い寄らせる手段を得たのだった。

彼女は兄弟姉妹(44)のうちで一番可愛がられていた。彼女は次のようにいうのだった。「こんなに可愛がられるというのも、私の不具のおかげなのです。みんなが私を愛してくれるのは、人が私に与えてくれる心遣いと、その心遣いに感謝しそれにふさわしくなろうとする私の努力とによるのです。兄弟姉妹が少しも嫉妬していないということもあわせて考えてみて下さい。もし私が眼を手に入れたら、代りに精神と心情を失うことになるでしょう。私は善良でなくてはならない理由をこんなにたくさん持っているのです。もし私が人びとの心に起させる同情を失ったとしたら、私はどうなるでしょうか。」

両親が倒産(45)したとき、彼女が残念がったのは、家庭教師たちを失うことだけであった。ところが彼らの方は彼女に非常な愛情と敬意を抱いていたので、幾何の先生と音楽の先生は、授業を報酬なしで受けてくれるよう彼女に頼みこんだのだった。そこで彼女は母親にいった。「お母様、どうしたものでしょう？　先生方はお金持でなく、お手すきの時間もないのに。」

大きな板の表面の、持ち上った線の上に置かれた浮き出し活字を使って、人は彼女に音楽を教えていた。彼女はこの活字を手で読んで、楽器で演奏するのだった。ほんのわずかな期間の練習で、もう彼女はもっとも長くもっともこみいった曲を部分的に演奏することを覚えてしまっていた。

彼女は天文学や数学や幾何学の入門書を持っていた。母親がラ・カイユ氏の著書(46)を読んでやりながら時々、解っているの、と訊ねると、「ええ、すらすらと」と彼女は答えた。

彼女は、幾何学が盲人たちの真の学問であると主張していた。なぜかというに、それは非常な精神の集中を要するし、また造詣を深めるのに何の助けも必要としないからである。彼女はつけ加えて、「幾何学者は眼を閉じたままほとんど生涯を過すのよ」といった。

　私は彼女が地理を学ぶのに用いた地図を見たことがある。緯線と経線は真鍮の糸であった。国境や州境は、多少とも丈夫な糸や絹糸や毛糸の刺繡で、河川や山は多少とも太いピンの頭で、そして多少とも重要な町は大きさのまちまちな蠟の滴で示されてあった。

　ある日私は彼女に言った。「お嬢さん、一つの立方体を想像してごらんなさい。」「はい思い浮かべましたわ。」「立方体の中心に一つの点を考えて下さい。」「ええ結構よ。」「その点から各頂点へ直線を引いて下さい。すると、立方体は分割されましたね。」「相等しい六つの正四角錐に。」彼女は一人で言い足した。「どれも同じ面と、立方体の底面と、その半分の高さを持っています。」「その通り。しかしあなたはどこにそれを見ているのですか。」「私の頭の中に。あなたと同じようによ。」

　白状するが、私は今日まで、どうして彼女が色彩なしに頭の中に形を描くことができるのかを、はっきり理解したことがない。この立方体は、触覚の印象の記憶によって形作られたものだろうか。彼女の脳髄は、物質がその下に実感されるような一種の腕になったのだろうか。二つの異なった感覚の間に、ついにある種の連絡が生じたのだろうか。どうしてこのような交渉は私のなかには存在しないのか。彩色を施さなければ私は頭の中に何物も見えないのだろうか。盲人の想像力とは一体何であろうか。この現象は人が思うほど簡単に解決されるものではない。

　彼女はピンで物を書いた。ちょうど行と行の間隔だけのすき間を持つ二枚の平行な薄板を、動くように渡した枠の上に紙を張って、ピンでさすのである。同じ書法が答にも用いられた。彼女は紙の裏面にピンか針で作られた小さな凹凸の上に指の端を這わせて解答を読むのであった。

　彼女は片側だけに印刷した本を読んだ。プロー[47]が彼女の用にあてるために、このような本を印刷していたのであった。

　彼女の手紙が一通、当時の《メルキュール紙[48]》に載せられている。

　彼女は忍耐強くも、高等法院長エノー[49]の『歴史提要』を針で写し取った。私はこの珍しい原稿を母親のブラシー夫人から手に入れた。

　さらに彼女の全家族と私と、現存する二十人の証言にもかかわらず人がたやすくは信じないような一つの事実がある。つまり、十二行から十五行の詩の、最初の文字と、各各の語を構成する文字の数とを数えると、どんなに風変りな作品であっても、彼女は原詩を出問された通りに見つけ出してしまうのである。私はコレ[50]の朦朧体《アンフィグリ》について実験してみたが、彼女は時折詩人の表現より気の利いた表現を発見することさえあった。

彼女はひじょうにすばやく糸を通すことができた。糸か絹糸を左手の人差指の上に伸ばし、これと垂直に置いた針のメドによって、きわめて先の細いこの糸か絹糸を引っ張るのである。

彼女が作らなかったような小さな手芸品は一つもない。すなわち、へりかがりや、無地の、あるいは左右対称の透しの入った、さまざまな図案の、さまざまな色の財布や、靴下どめや、腕輪や、印刷の活字のような小さいガラス玉のついた首飾りなど。私は、彼女がよい植字工にもなったであろうことを疑わない。もっとも大きなことをなし得るものはまたもっとも小さいこともなし得るからだ。

彼女はトランプのルヴェルシ遊びや仲介入り遊びやカドリーユ遊び[51]も完璧にできた。彼女は自分でカードを並べた。というのは、他の人には視覚でも触覚でも認められないが、彼女には触覚で認められるごく小さな特徴によって、カードを見分けていたからである。ルヴェルシ遊びにおいては、彼女は数をエースに、とくにダイヤのエースとハートのジャックに換えたものだ。彼女のために、人はただ扱うカードの名を呼ぶ心遣いをするだけでよかった。いよいよ最強のハートのジャックを使う段になると、彼女の唇には軽い微笑が拡がってくる。慎みのないことは知っていたが、微笑を抑えることができないのだった。

彼女は運命論者だった。彼女は、運命から逃れるためのわれわれの努力は、かえって、われわれを運命の方へ導くのに役立つだけだ、と考えていた。彼女の宗教的見解はどんなであったろうか。私は知らない。それは、敬虔な母親への尊敬から、彼女が守っていた秘密であった。

後はただ、書とデッサンと版画と絵画についての彼女の観念をお伝えすることが残っているだけだ。私は、人がこれ以上真実に近い観念を持ち得るとは思わない。したがってこれについては、私が話し手の一人である、以下の対話によって、読者が判断を下されるよう希望する。最初に話をしているのは彼女である。

「もしもあなたがゾンデで私の手の上に鼻や口や男や女や木を書いたとしたら、きっと私は間違えずにいい当てるでしょう。もし線が正確であれば、あなたが姿を書いた人を認めることだってできないとは思いません。その時、私の手は、私にとって感じる鏡のようなものになるわけです。けれどもこのカンバスと視覚の器官との感受性の差はやはり大きいものです。

ですから私は、眼は無限な繊細さを具えた生きたカンバスであると推測します。空気が物に突き当ります。すると空気は反射して眼の方へ進みます。眼は空気から、物の性質や形や色に従い、またおそらくは、私に知られず、あなたも私同様にご存知ない空気の諸性質に従って、無限にさまざまな圧感覚を受けます。そして物があなたに描かれるのは、この感覚印象の変化によるのです。

もしも私の手の皮膚が、あなたの眼の繊細さに匹敵するとしたら、私は、ちょうどあなたがあなたの眼でご覧になるように、私の手で見ることでしょう。そこで私は時どき、盲目ではあっても、それでいて眼の利く動物がいると考えてみるのです。」

「すると鏡は？」

「すべての物体がそれぞれ鏡でないのは、その組成に何か欠陥があって、空気の反射を消してしまうからなのです。金、銀、鉄、銅が磨きをかけられると空気を反射しやすくなり、濁った水や縞入りのガラスがこの特性を失うだけに、私はこの考えになおさら固執します。

書をデッサンから、デッサンを版画から、版画を絵画から区別するものは、感覚印象の差異、つまりはわたしたちの用いる材料が空気を反射する性質の差異なのです。

ただ一色で書かれた書、デッサン、版画、絵画は、それぞれ別の単色画なのです。」

「けれども、一色しかないのだったら、この色しか識別しないのではないですか。」

「明らかにカンバスの生地、絵具の厚さ、絵具の使い方が、形の差異に対応した差異を空気の反射の中に持ち込むのです。ところで、これ以上もう何もお訊ねにならないで下さい。わたしにはこれ以上の知識はないんですもの。」

「それではお言葉に従って、これ以上あなたからお話を伺うことはやめることにしましょう。」

私はこの若い盲女について、私がさらに彼女と交わり、霊感をもって彼女に尋ねれば観察できたかも知れないようなことまですべて話したわけではない。けれども私は、経験によらないことは何もいわなかったと、名誉にかけて誓っておこう。

彼女は二十二歳で死んだ。測りがたい記憶力と、それに劣らぬ洞察力を持っていた彼女は、もっと長い寿命が与えられたのだったら、学問において、どれほどすばらしい進歩をとげたかしれない。彼女の母親は彼女に歴史を読んで聞かせていた。これは母にとっても娘にとってもひとしく有益であるとともに楽しい仕事であった。

（平岡　昇訳）

自然の解釈に関する思索

（一七五四年）

自然哲学を勉強するつもりでいる若い人たちに

若人よ、これを取り上げて読んでみたまえ。もし君がこの本を最後まで読みとおすことができたら、君はこれよりりっぱな本を理解する能力がなくはないだろう。僕は君を教えることよりは、むしろ君をきたえることを意図したのだから、僕の考えが君の注意力をすっかりひきつけさえすれば、君がそれを採用しようが、しりぞけようが、僕にはどちらでもよい。もっと練達の士がいて、君に自然のもろもろの力を識ることを教えてくれるだろう。僕にとっては、君に力試めしをさせることだけで十分だ。

追記　もう一言《ひとこと》述べて、僕は君を解放してあげよう。自然は神ではないということ、人間は機械ではないということ、仮説は事実ではないということをつねに念頭におき、これらの原則に反したなにかが認められると思ったら、それがどんな個所にもせよ、君は僕を理解しなかったのだと思ってくれたまえ。

自然の解釈

「光の中にあるものは闇の中から眺められる」
ルクレティウス『物性論』第六編[1]

1

私はこれから自然について書こうとする。私は思索をば筆にまかせて、思索の対象が私の反省の前に現われてきた順序に従って書きつけてゆくであろう。というのは、そういう具合にして述べられた思索は、一層よく私の精神の動きと進行とを表現するであろうから。時には実験技術にかんする全般的な見解が出てくるだろうし、時にはわが国のすべての哲学者の関心を奪い、それを二つの陣営に分けているかのように見受けられるある現象にかんする個別的な見解が出てくるだろう。一部の哲学者はどうやらたくさんの道具をもっているが思想に乏しく、他の哲学者はたくさんの思想をもっているが、道具をもたない。真実にたいする関心は、ものを考えるものが行動するものに、しまいには結合することを要求するだろう。それは思索家が動きまわらなくてもすむためであり、労力を提供しているものが、自分のしている無限に多様な動きのなかで、一つの目的をもつようになるためであり、われわれのすべての努力が一つに結集されると同時に、自然の抵抗にたいして向けられるためであり、この種の哲学的同盟において、各人がそれぞれ自分に適した役割を演じるためである。

2

今日最大の勇気と力とをもって公にされた真理の一つ*、すぐれた物理学者が今後けっして見失うことなく、また、きっと最良の結果をもたらすにちがいない真理の一つは、数学者の領域は知的世界であり、そこで厳密な真理と解されているものがわれわれの地上世界に移されると、絶対にこの利点〔厳密な真理という利点〕を失うということである。この真理から人びとは、幾何学の計算を訂正するのは実験哲学〔＝科学〕の仕事であると結論した。そしてこの結論は、幾何学者によってさえ承認されている。しかし実験によって幾何学の計算を訂正しても、それが何の役に立つだろうか？　実験の結果に忠実に従った方が、より簡単ではないだろうか？　このことから数学、とくに先験的な数学は、実験なしには、なに一つ正確なものに到達しないということ、それは、そこにあっては物体からその個別的な特性が剝ぎ取られているところの一種の一般形而上学であるということ、せいぜい「実験の幾何学への適用」、または「測定誤差論」と題することができるような一大著述を著わすことが残っているだけだということがわかるだろう。

＊　ビュフォン、ドーバントン著『一般的ならびに特殊的博物学』第一巻第一講を見よ。

3

私は賭博の才と数学的天才との間になんらかの関係があるかどうか知らない。しかし賭博と数学との間には幾多の関係がある。運命が賭博に与える不確かさを無視するなり、あるいはそれを抽象が数学に与える不正確さに比較するなりすれば、賭博の勝負というものは、与えられた条件によって解決すべき諸問題の無限定な連続と考えることができる。同一の定義があてはまらないような数学の問題は一つもなく、また数学者の対象は自然界において賭博者の対象以上に存在するものではない。両方とも約束でできあがっているものにすぎない。幾何学者たちが形而上学者をやっつけた時、彼らは自分たちの科学全体が一つの形而上学にすぎないことを考えてもみなかった。ある日のこと、ひとは、形而上学者とは何ぞや？と問うた。ある幾何学者が答えた、それはなんにも知らない男である、と。その判断において幾何学者に劣らず極端な化学者、物理学者、博物学者および実験技術に従事するすべてのものは、形而上学の仇を取ろうとしているかのようであり、同じ定義を幾何学者に適用しようとしているかのように見受けられる。彼らはこういう、天体にかんするあれらすべての深奥な理論や合理天文学のあれらすべての厖大な計算が、ブラドレー(2)やル・モニエ(3)に天空を観測する労を省いてやらないとしたら、それが一体なんの役に立つというのか、と。そして私はこういう、抽象科学の深奥な研究も美術にたいする彼の趣味を少しも減退させず、ニュートンに親しむと同様ホラティウスやタキトゥスに親しみ、曲線の特性を発見するとともに、詩人の作品の美しさを感じることができ、その才気と著述はあらゆる時代に属し、あらゆるアカデミーの勲章を持つような幾何学者は幸なるかな！　彼はけっして忘れられることはないだろうし、名声がなくなった後までも生きながらえることを恐れる必要はないだろう。

4

われわれは科学における一つの大きな革命の時期に遭会している。人びとの精神が道徳や文学や博物学や実験物理学にたいして抱いているように思われる愛好心から察して、私はほとんどこう断言することができるだろう。すなわち、百年を出ないうちにヨーロッパには偉大な幾何学者は三人といないようになるだろう、と。この科学はベルヌイ(4)やオイレル(5)やモーペルテュイ(6)やクレロー(7)やフォンテーヌ(8)やダランベール(9)や〔ラ・グランジュ〕(10)が残すであろう地点で、はたと停ってしまうだろう。彼らはヘラクレスの円柱(11)を建てるだろう。人びとはそれから先には進まないだろう。彼らの著述は、象形文字が一ぱい書かれた集塊がわれわれにそれを建てた人間たちの権力と知謀について恐るべき観念を与えている、あのエジプトのピラミッドみたいに、来たるべき数世紀にわたって生き残るだろう。

5

一つの科学が生まれ出ようとする時には、社会において人びとがその発案者にたいしてもつ大きな尊敬の念、大評判になっている事柄を自分も知りたいという欲望、何らかの発見によって名をあげたいという希望、著名な人たちと肩書きをともにしたいという野心がすべての精神をその方に向ける。その科学は一時に無数のさまざまな性格の人によって研究される。あるものは暇で困っている社交界の人たちだろうし、またあるものは他の科学に求めて得られなかった名声を流行の科学で得ようと考えて、この科学のために他の科学を見捨てた脱走者であろう。あるものはそれを職業とするし、他のあるものは趣味からそれに引ずり込まれる。多くの努力が結合されて、その科学をばかなり急速に、それが達し得る最高点までもってゆく。しかしその限界がわかるに従って、尊敬の限界もまただんだんせばまってくる。非常な優越性をもって抜きんでている人びとにしか尊敬が払われなくなる。すると群衆の数は減り、人びとは、幸運がまれになり、手に入れにくくなった国に向って船出するのをやめる。この科学には、それからパンを得る傭兵と、威光がなくなり、彼らの業績が何の役にも立たないということにたいして眼が開かれて後も長い間この科学が著名にしつづけるであろうところの若干の天才だけが残る。人びとはこれらの天才の業績を依然として、人類の名誉となる力わざとして眺めている。これが幾何学の歴史の要約であり、人びとを教えたり、楽しませたりすることをやめる一切の科学のそれである。私は博物学さえもそれから除外しない。

6

自然現象の無限の多様さを、われわれの悟性の限界とわれわれの器官の無力さに比較してみれば、われわれののろい仕事と、その仕事の長い、そしてしばしばやってくる中断と、まれにしか現われない創造的天才から、すべてのものを結びつける大きな鎖の断ち切られ、切り離された若干の断片をつかむこと以外になにが期待できるだろう？……実験哲学が何世紀も何世紀も働いて、それが集積した素材がしまいにはその数のためにどんな結合も不可能になってしまっても、実験哲学はなお完全な列挙からは遠いところにあるだろう。たとえ現象が知られたとしても、現象の相互に区別される集団を名づける用語を収めるだけでも一体何巻の書物が必要になるだろうか？　一体いつになったら哲学用語は完成するのだろう？　それが完成された暁に、人類のうちで誰がそれを知ることができるだろう？　もし「永遠なる者」〔神〕が自然の驚異によって示すよりももっとはっきりと自分の全能を示すために、自分の手で図面を引いた紙の上に宇宙のメカニズムを展開してくれたとしても、この大きな本がわれわれにとって宇宙そのものより理解しやすいと思えるだろうか？　自分に与えられた頭脳の全力を傾けても、ある古代の幾何学者が球体の円壔にたいする関係を決定した結論だけでも十分に理解したかどうか確信できなかったあの哲学者[12]は、この本の幾頁を了解しただろうか？　「永遠なる者」によって書かれたこれらの頁において、われわれは人間の精神の力の及ぶ範囲にたいするかなりよい尺度と、われわれの虚栄にたいする非常にすぐれた諷刺をもつだろう。われわれはこんなふうにいうことができるだろう。フェルマ[13]は何頁まで進んだ、アルキメデス[14]はそれからさらに数頁先まで進んでいた、と。それでは一体われわれの目的はどこにあるのか？　けっして完成されることのない一つの著作、よし完成されたにしても人知のはるかに及ばない著作を作ることだ。われわれはセナール平原の最初の住民より、もっとバカなのだろうか？ われわれは天と地との間にある無限の距離を知っている。それでもなおわれわれは塔を建てることをやめない。しかしそれは、われわれの自負心が勇気をくじかれて、この仕事を放棄するような時代がやって来ないと予定することだろうか？　この地上世界に窮屈に、居心地わるく住んでいながら、人間が天空の彼方に住めもしない宮殿を建てようと意地を張るのは、なんという見てくれがしだろう？　人間がそれにむきになれば、彼はすでに博物学において顕著に感じられ、不便になっている言葉の混乱によって抑止されることはないだろうか？　しかし有用性ということが一切の限界を定めるのである。数世紀後に、現在それが幾何学にまさに与えようとしているように、実験物理学に制限を与えるであろうところのものは、有用性だろう。私は実験物理学の研究にたいして数世紀を与える。というのは、その有用性の範囲はどんな抽象科学よりもはるかに広く、それがわれわれの真実の知識の基礎であることは異論の余地のないことだから。

7

事物がわれわれの悟性の中にあるにすぎない間は、それはわれわれの意見である。それは真実でもまた誤謬でもありうる観念であり、承認された観念でもまた異議を唱えられた観念でもありうる。それは外部の存在と結合することによって始めて確固さを獲得する。この結合は、あるいは実験の不断の連鎖によって、あるいは一方の端においては観察に、他の端においては実験に結ばれている推理の不断の連鎖によって、あるいはまたその両端で吊された長い糸の上にかかっているいくつかの錘《おもり》のように、推論の間にあちらこちらと散らばっている経験の連鎖によってなされる。これらの錘がなかったら、糸は空中に起こるほんのちょっとした動揺に玩具《おもちゃ》にされてしまうだろう。

8

自然になんらの根拠も持たない観念を、われわれは根のない木でできている、あの北方の森に比べることができるだろう。こんな木や観念の森を全部ひっくり返すには、一陣の風、ちょっとした事実でことたりる。

9

これでもって人間はかろうじて、真理探求の法則がいかに厳しいものであり、われわれの有する手段が、数の上からいってもいかに限られたものであるかを感じる。一切は感覚から反省へ、反省から感覚へと往来すること、すなわちたえず自己に立ち帰り、自己から出ることに帰着する。これはまさに蜜蜂の労働である。蜜蠟で一杯になった巣に帰らないなら、たくさんの地固めをしても空しいだろう。もしわれわれが蠟で蜜窩を作ることを知らないなら、われわれは役に立たぬ蠟を集積したことになる。

10

しかし不幸にして、自然を参照するよりも、自己を参照することのほうがよりやさしくもあり、簡単でもある。こうして理性は自分の中にとどまり、本能は外部に拡がる傾向をもつ。本能はたえず眺め、味い、触れ、聞きながら進む。教授の講義を聴くよりも動物を研究するほうが、実験哲学にとってはおそらく学ぶところが多いだろう。動物の動作の中にはごまかしはない。動物は自分を取りまくものに気をとめずに、自己の目的に向って進む。彼らがわれわれを驚かすことがあっても、それは彼らの意図ではない。驚きは一つの大きな現象の最初の結果である。それを消散させるのは哲学の任務である。実験哲学の講義の目的は、聴講者をより賢くすることであって、一層びっくりして教室を出るようにすることではない。自分があたかもその作者でもあるかのように自然現象を誇るなどは、『随想録』の一出版者の愚をまねるものだ。この出版者は赤面せずにモンテーニュの名を聞くことはできない。われわれがしばしば与える機会をもつ教訓は、自分の至らなさを認めるということである。一切を説明しようとして、わけのわからぬ言葉を口籠り、人から憐れな奴だと思われるよりも、「私は何にも知りません」と言う正直さによって、他人の信頼をかちえるほうがよくはないだろうか？ 自分の知らぬことを知らぬと遠慮なく白状するものは、彼が説明しようとしている事柄を信じる気を私に起こさせる。[16]

11

驚きはしばしば、たった一つしか奇蹟のないところにたくさんの奇蹟を仮定することから、自然はおそらくただ一つの行為しか生まなかったのに、人びとが数えあげている現象と同じ数だけの特殊行為が自然にあると想像することから生れる。自然がたくさんの行為を生まざるをえない必然性にあったとしても、これらの行為の異った結果は孤立しているかのように思われ、相互に独立しているいくつかの現象群があるかのように思われ、そして哲学がそこに連続があると仮定している、あの全体的な連鎖は、多くの個所で断ち切られているかのように思われる。一つの事実の絶対的な独立ということは、全体という観念と相容れず、全体の観念なしには、哲学もまたありえない。

12

自然は無限に多様な仕方で、同一のメカニスムを多様化させることを好んだかのように思われる。*自然は個をありとあらゆる可能な相のもとに多様化した後始めて一つの種属を放棄する。動物界を観察して、四足獣類の中には、他の四足獣とまったく同じ作用や部分――とくに内部の――を持たないような四足獣は一つもないということに気づく時、最初の動物、一切の動物の原型があって、自然はその若干の器官を長くしたり短くしたり、変形したり、多様化させたり、抹消するにすぎないと信じる気にならないだろうか？　手の指が一つに結合され、爪を作る物質が拡がり、ふくれて全部を蔽いかくすほどたくさんあると想像してみたまえ。**すると諸君は人間の手の代りに馬の足を得るだろう。原型がどんなものにもせよ、原型の外見の連続的な変形がほとんどわからないくらいの度合いを通じて、一つの界を他の界へ接近させ、二つの界の境界（どんな現実的区分も存在しないところに、境界という用語を使用することが許されるとすれば）に、繰り返していうが、二つの界の境界に、不安定で、曖昧で、一つの界の形態と性質と機能とを大幅に失い、他の界の形態と性質と機能とをおびているところの存在を居住させているのを見る時、人びとはすべての生物の原型である最初の生物がかつて存在したと信じる気にならないだろうか？　しかしこの仮定をバウマン博士[17]とともに真実であると認めるにもせよ、あるいはビュフォン氏とともに誤りであるとしりぞけるにもせよ、人びとは、それを実験哲学の進歩、合理哲学の進歩、組織体と関係をもつ諸現象の発見と説明に必要不可欠な仮説として採用せざるをえないことを、否定できないだろう。というのは、自然はしばしば一つの組織体から奪ったところのものが他の組織体の中に看取されるようにすることなしには、各部におけるあのように多くの相似を保存し、形態におけるあのように多くの多様性を装うことはできなかったということは明白だからである。自然は、仮装を好む女のようなものだ。そのさまざまな仮装は、ある時は一つの部分を、またある時は他の部分をちょっとのぞかせることによって、熱心にその後を追いかけるものに、いつかはその人柄をすっかり知ることができるという望みを与えるのである。

* 〔ビュフォンの〕『博物誌』ロバの項、および一七五一年エルランゲン〔ドイツ〕において印刷され、一七五三年M〔モー・ペルテュイ〕氏によってフランスにもたらされた、ラテン語の小著述『博士論文として提出された形而上学序説、また は宇宙の体系について』を参照。〔『博物誌』のロバの項でビュフォンは、ロバは退化した馬ではないかとの見解を述べ、猿と人間も、馬とロバのように、同一の祖先から生まれたものではなかろうかとの仮説を主張している。――訳者〕

** 『一般的及び特殊的博物学』の、ドーバントンの筆になる「馬」の項を見よ。〔その個所で彼はつぎのように書いている。「自然にあっては、各生物種ごとに一つの一般的原型があり、各個体はその原型にもとづいて造られるが、自己を実現するに当って、その原型が周囲の事情によって変質したり、より完全になったりするように思われる。……かかる結果を生むのは、風土と食物であると考えることはやさしいことだ。」――訳者〕

13

一つの性に他の性におけるのと同じ精液が存在することが発見された。(18) この液を包含している部分ももはや未知ではなくなった。自然が雌につよく雄を求めさせる時、雌の若干の器官に奇妙な変質が生じるのが認められた。* 両性の接触において、一つの性の快感の徴候を他の性の快感の徴候に比較することに成功し、肉欲はどちらの性にあっても同じように性格づけられ、明白で、脈動する飛躍のうちに消尽されることが確かである場合、精液の同じような射出があるということは、疑う余地がない。しかし女性にあってこの射精はどこで、どのようにして行なわれるのか？ それ液はどうなるか？ それはどういう経路をとるのか？ それはすべてにおいて、また至る所で、均等に神秘的ではない自然が、他の種において秘密をあばかれる場合に始めて知ることができるだろう。このことは明らかにつぎの二つの仕方のいずれかの方法によって起こるだろう。すなわち形態が諸器官においてもっと明らかにされるか、精液の射出がその格外の豊饒さによってその発生場所およびその経路全体にわたって感知できるものとなるかのどちらかである。一つの存在に明瞭に認められたことは、遠からずして他の同様の生物においてもはっきりするものである。実験哲学においても、人びとは大きな現象の中に小さな現象を認知することを学ぶであろう。ちょうど合理物理学において小さな物体の中に大きな物体を認知することを学ぶように。

＊『一般的並びに特殊的博物学』の「生殖」にかんする講話を参照せよ。〔生殖にかんするビュフォンの全体系は誤ったものである。それからディドロの引き出したところのものもまた同様に誤っている。――訳者〕

14

私は科学の広大な領域を、明るい所と暗い所が散在している大きな地面のようなものだと想像する。われわれの仕事は明るい場所の範囲を拡げるなり、光の中心をその地面に増すことを目的とすべきである。前者は創造する天才に属し、後者はそれを完成する俊敏な人に属する仕事である。

15

われわれは三つの主要な手段を持っている。自然の観察、省察、実験がそれである。観察は事実を集める。省察はそれを結合する。実験は結合の結果の真偽を検証する。自然の観察はうまずたゆまず行なわれなければならないし、省察は深刻でなければならないし、実験は正確でなければならない。これらの手段が結合されていることはまれである。それほど創造的天才というものはざらにはないものである。

16

拙劣な政治家が機会をとらまえるように、しばしば真理をば毛のない側からばかり見ている哲学者は、操作の手が偶然毛の生えた方側に及んだ瞬間に、真理をとらえるなんてことは不可能だ、と主張する。しかしこれらの実験の操作者の中には、運の悪いものもたくさんいることを認めなければならない。彼らのあるものは、一生を昆虫の観察に費して、なに一つ新しいものを見ないで終るであろう。他のあるものは通りすがりに昆虫に一瞥を投じて腔腸動物《ポリープ》[19]または両性をそなえたアブラムシ[20]を認めるであろう。

17

宇宙に欠けているのは天才人だろうか？　けっしてそう

ではない。彼らに省察と研究が欠けているのか？　なおさらそうではない。科学の歴史にはたくさんの著名な名前が並んでいる。地球の表面はわれわれの業績の記念碑で蔽われている。それでいて、われわれがこんなに少ししか確実な知識を持っていないのはどういうわけだろう？　どういう運命で科学はこんなにわずかの進歩しかしなかったのだろう？　われわれは永遠に子供であるように運命づけられているのだろうか？　私はすでにこれらの諸問題にたいする返答をしておいた。抽象科学はあまりにも永い間、そしてあまりにわずかばかりの成果しか生まないで、もっともすぐれた精神の所有者たちの心を奪っていた。それを知ることの大切な事柄がちっとも研究されなかったり、研究に選択を加えもせず、見解もなく、方法もなく研究されたりした。言葉ははてしなくふえたが、事物の知識はうしろの方に取り残された。

18

哲学する真のやり方は、悟性を悟性に適用し、悟性と経験を感覚に適用し、感覚を自然に適用し、自然を器具の探求に適用し、器具を技術の研究および向上に適用することであったであろうし、適用することであろう。そして技術は人民に投げ出されて、哲学を尊敬することを教えるであろう。

19

哲学を素人の眼に真に推称すべきものと思わせる方法はたった一つしかない。それは哲学をその有用性といっしょにして彼に示すことである。素人はつねに「それは何の役に立つのかね？」と訊く。彼に「何の役にも立たない」と答えるような羽目に絶対にいてはいけないのである。彼らは、哲学者を照らしているものと、素人に役立つものとは、非常にちがったものだということを知らないのである。非常にちがうというのは、哲学者の悟性は往々にして有害なものによって光を与えられ、役に立つものによって混迷させられるからである。

20

事実はそれがどんな性質のものであれ、哲学者の真の宝庫である。しかるに合理哲学の偏見の一つは、自分の所持金を計算することのできないものは、一銭しかもたぬものよりけっして富んではいないと考えることである。合理哲学は不幸にして、新しい事実を集めることよりも、すでに所有している事実を比較し、結びつけることにはるかに熱中している。

21

事実を集めること、それを結びつけることは、非常に骨の折れる二つの仕事である。そこで哲学者はそれを彼らの間で分担した。一部の人たちは資料や、役に立つ勤勉な人夫を集めることで一生を送る。他の人たちは傲慢な建築家であって、それの仕上げに熱中する。しかし時は今日までに合理哲学のほとんどすべての殿堂をひっくり返してしまった。埃にまみれた人夫が遅かれ早かれ、彼が盲目的に掘っている地下から、頭脳の力で建てられた、あの建物に致命的な打撃を与える小片をもたらす。建物は倒壊し、別の向う見ずな天才が新しい結合を企図するまでは、ごちゃごちゃになって散乱している材料があるばかりである。自然が昔エピクロスや、ルクレティウスや、アリストテレスや、プラトンに与えたように、強烈な想像力と、大雄弁と、自分の考えを人の眼をひく壮麗な映像に表現する技術を与えるであろうところの体系的な哲学者は幸なるかな！　彼の建てた殿堂はいつかは崩壊するかも知れない。しかし彼の彫像は廃墟の中に立っているであろう。そして山から離れた石もそれを破壊しないだろう。というのは、その足は粘土ではないから。

22

悟性には偏見があり、感覚には不確実さがあり、記憶には限度があり、想像力には弱い光があり、器具には不完全さがある。現象は無限であり、原因は匿されており、形態はおそらく過渡的なものである。われわれは自分のうちに見出す多くの障害や、自然がわれわれの外部でわれわれに差し向ける多くの障害にたいして、緩慢な経験、限られた省察しか持っていない。それが、哲学がよってもって世界を動かそうと企図している槓杆なのである。

23

われわれは二種の哲学、実験哲学と合理哲学とを区別した。前者は眼かくしをされ、いつも手さぐりで進み、自分の手中に落ちてくる一切のものを捕え、最後に貴重なものにぶつかる。後者はこれらの貴重な資料を集め、それで炬火を作ろうと試みる。しかしこの自称の炬火はいままでのところ、その競争相手の手さぐり以上に彼に役立ちはしなかった。それも当然である。経験は実験哲学の運動を無限に増大する。それはたえず動いている。それは理性が類推を求めるのに用いるすべての時間を、現象を探求することに用いる。実験哲学は、自分の労働から何が自分に生まれるかということも、また何が生まれないかということも知らない。しかしそれはたゆみなく働く。これに反して、合理哲学は可能性を計量し、断定を下し、はたと立ちどまる。それは大胆に「光は分解されえない」という。実験哲学はその言に耳を傾け、数世紀もの間、合理哲学の前で黙っていた。それから実験哲学は突然プリズムを示していう「光は分解される。[21]」

24　実験物理学の粗描

一般的に言って実験物理学は存在と性質と用途とを取り扱う。

「存在」は歴史、叙述、生成、保存、破壊を包含する。

歴史は場所、輸入、輸出、価格、偏見……等々の歴史である。

叙述はすべての感知できる性質を通じての内部および外部の叙述である。

生成は、最初の起源から完成の状態までを捕えたそれである。

保存はこの状態に固定しておく一切の手段に関したものである。

破壊は完全な状態から、解体または衰微、分解または溶解として知られている最低の段階に至る間において捕えられるものである。

「性質」は一般的または特殊的である。

私はすべての存在に共通で、量の上でだけ変化する性質を一般的と呼ぶ。

私は一定の存在を形作る性質を特殊的と名づける。この特殊的性質は全体として捕えられた本質であるか、分割され、または解体されて捕えられた本質である。

「用途」は比較、適用および結合に及ぶ。

比較は類似または相違によってなされる。

適用はできるだけ広範で多様でなければならない。

結合は類似的であるか、奇妙であるかのどちらかである。

25

私が類似的または奇妙というわけは、一切は自然の中にその結果を持っているからである。もっとも突飛な実験ももっとも理路整然とした実験もそうである。なんにも企図しない実験哲学はつねに自分に到来するもので満足する。合理哲学は、自分の予期したものが到来しない場合でさえ、つねに何かを学ぶ。

26

実験哲学は、ほとんどなんら魂の準備も要求しない、罪もない研究である。哲学の他の部分については同様のことはいえない。その大部分はわれわれのうちに臆測への熱狂を増大させる。実験哲学は漸次それを抑圧する。人びとは遅かれ早かれ下手に予断することに倦きるものである。

27

すべての人に観察の趣味を吹き込むことができる。実験の趣味は金持ちの人にしか吹き込まれるべきでないように思われる。

観察は不断に感覚を使用することを要求するだけであり、実験はたえず出費を要求する。お偉ら方が、この破産の仕方を、彼らが考え出した他の多くのもっと不名誉な破産の仕方につけ加えることは望ましいことだろう。よくよく考えてみれば、事業家によって剝ぎ取られるよりは、化学者によって貧乏させられたほうがましであり、彼らがたえず追及し、つねに彼らの手から逃れ去ってしまうような快楽の影法師によって心が動揺しているよりも、ときどき彼らを楽しませる実験物理学にのぼせたほうがましだろう。私は限られた財産しか持たず、しかも実験物理学に心をひかれる哲学者たちに、私の友人が美しい娼婦を享楽する誘惑に駆られた場合に、忠告して彼にいうであろうところのことをいってやるであろう。それはこうである。「ライス[22]を自分のものにせよ、しかしライスに汝を所有せしめるな。」それはまた私が、体系を考え出すほど広い精神を持ち、実験によってその真偽を検証するほど豊かな人に与える忠告でもある。すなわち一つの体系を持ちたまえ。それには私も同意する。しかしその体系に君を支配させるな。「ライスを自分のものにせよ。」

28

実験物理学は、よい効果をもたらす点で、死にのぞんで子どもたちに、自分の畑には宝がかくしてあるが、自分はその場所を知らないと告げる、あの父親の忠告にも比較されよう。子供たちは畑を耡《す》き始めた。彼らは捜している宝は見つけなかったが、収穫期には予期もしていなかった豊かな収穫をあげた。

29

翌年子どもの一人が兄弟たちに向っていった。「僕は念入りにお父さんが僕たちに残してくれた土地をしらべて見た。そして僕は宝のありかを発見したように思う。まあ僕のいうことを聞きなさい。僕はこんなふうに推理したのだ。もし宝が畑の中に隠されているんだったら、畑の中にその場所を示すなんらかの標識があるはずだ。ところで僕は東に面した隅の方に奇妙な跡を認めたんだ。そこでは土が掘り返されたように見える。去年のわれわれの労働の結果、宝が地表にないことは確かだ。だからそれは土地の内部に匿されているはずだ。だからわれわれはたえず鋤を手にして、われわれが貪欲の底の底に達するまで掘ろうではないか。」兄弟はみんな理性の力によってよりか、むしろ富にたいする欲望にひかれて仕事にかかった。彼らはすでに深く掘ったけれどもなんにも見つけなかった。希望は彼らを見捨て、不平が聞え始めた。その時彼らのうちの一人が、わずかばかりの光る小片で、鉱脈があることを認めたように思った。実際昔ひとが掘った鉛の鉱脈があった。兄弟たちはそれを発掘し、彼らはたくさん生産した[23]。観察及び合理哲学の体系的な観念によって暗示された実験の結果も、しばしばこんなふうなものである。おそらく不可能な問題の解決に懸命になっている化学者や幾何学者が、この解決よりもっと重要な発見に到達するのも、このようにしてである。

30

実験する習慣をよく身につけると、それはきわめて拙劣な操作者にさえ、霊感の性質を持った予感を与えるようになる。ソクラテスのように勘違いをして、それを「親しき魔神」[24]と呼ぶことは、ひとえに彼らの考え方如何による。ソクラテスは人間を考察し、事情を考量する驚くべき習慣を持っていて、もっともデリケートな場合でも、心のなかで、ひそかに、急速でしかも正しい結合をおこない、そして実際の結果はめったに彼の予言からそんなにはずれることはなかった。彼は人間をば、ちょうど趣味のある人が芸術作品を判断するように、勘でもって判断した。実験物理学においても同様であって、われわれの偉大な操作者たちの本能が勘の役割をする。彼らは自分たちの操作において非常にしばしば、そして非常に近く自然を見ているので、彼らがきわめて奇妙な試みによって自然に起こっていることと同じことを惹き起こそうと欲する場合、自然が取るであろうところの経過をかなり正確に予知できるほどである。だから彼らが実験哲学の手ほどきをしてやる人びとにしなければならないもっとも重要な奉仕は、やり方や結果について彼らを教えることではなく、彼らのうちにこの予断の才、それによって彼らが未知のやり方、新しい実験、知られていない結果を、いわば察知するところの予断の才を伝えることである。

31

どのようにしたらこの才能を人に伝えることができるか？　それを持っている人が、それがどういうものであるかを認識し、親しい魔神を、認知可能な、明瞭な概念にとりかえ、他人に向ってそれを展開してみせるために自己のうちに沈潜しなければならないだろう。たとえば、もし彼が、それは対立なり相似なりを容易に想定したり、認識したりする能力のことで、孤立的に考察された存在の物理的性質に関する実際的な知識、またはそれらの存在を結合して考察する場合にはそれらの物理的性質の間にある相互作用に関する実際的な知識に根源を持つものである、と思うならば、彼はこの観念をばつぎのように拡大するだろう。すなわち彼はこの観念を彼の記憶力の前に現われる無限の事実によって支持《サポート》するであろうし、それは彼の頭をかすめて通る、見たところは突飛な一切の事実の忠実な物語であるだろう。私は、突飛な事実という。なんとなれば、病人の夢想もこれ以上奇妙で、まとまりがなくはないと思われるほど、相互に隔っていて、認知しにくい対立なり相似なりにもとづいたさまざまな仮定の連鎖に、これ以外のどんな名称を与えたらよいだろう？　時にはそれ自体において、またはそれに先行するなり、それに後続するなりする命題との連関において、反対意見を出す余地のない命題が一つもないような場合さえある。それは仮定においても結果においても不安定な一個の全体であって、人びとはそれから結論される観察なり実験なりをすることをしばしば軽蔑しているほどである。

実　例

32

第一の諸仮説

一　奇胎(25)と呼ばれる一つの物体がある。この奇妙な物体は女性の体中に発生する。それも一部の人の説によると男性がそれにあずかることなく発生するのである。生殖の神秘がどのように行なわれるにもせよ、両性が生殖に協力することは確かなことである。奇胎は人間の生産において女性から発するすべての要素の集合体、または女性に接触するいろいろな場合に男性から発するすべての要素の集合体ではないだろうか？　男性の体内にあっては静かなこれらの諸要素が、熱烈な気質と強烈な想像力とをもった一部の女性の中に拡がり、留保されて、そこで温められ、昂奮し、活動力を獲得するということはありえないことだろうか？　女性の体内にあって物静かなこれらの要素が、乾からびた、不毛の存在だとか、男性の生殖力のない、単に肉欲的な運動とによるとか、あるいは女性の挑発された欲望の烈しさとそれの抑制によるとかで活動を始め、その貯蔵所から出て、子宮に至り、ここにとどまり、ここで互いに結びつくということはありえないことだろうか？　奇胎は女性から発したこれらの要素なり、男性から供給された要素なりがそれだけで結合した結果ではないだろうか？　しかしもし奇胎が私の仮定したとおりの結合の結果であるとするならば、この結合は生殖の法則と同様に不変な法則を持つだろう。従って奇胎は一つの不変の組織を持つだろう。大急ぎでメスをとって、奇胎を開いて、眺めよう。おそらくわれわれは、性の相違に関係ある若干の痕跡によって相互に区別される奇胎さえ発見するだろう。これが未知のものから一層未知のものへと進む方法とも呼べるものである。これが、自然から実験物理学の才能を獲得するなり、学ぶなりした人びとが驚くべきほどたくさん所有しているところのあの理性無視の習慣である。われわれは多くの発見をこの種の夢想に負うている。これが、もし学びとることができるものならば、生徒に教えなければならない予断というものである。

二　しかしもし時とともに、奇胎は男性の協力なしにはけっして女性の中に発生しないことが発見されるようになったら、この奇妙な物体についてわれわれが持つことのできる、前の仮説よりもより真実らしいつぎのような新しい仮説が生まれる。「プラセンタ」〔菓子〕と呼ばれているあの血管の組織は、周知のように妊娠の全期間中、その突出部によって子宮に付着している一つの球帽、一種の茸である。臍の緒はその軸の役目をはたし、陣痛のうちに子宮から離れ、女性が健全で、分娩が正常な場合にはこの球帽の表面は滑めらかである。これらの存在はその生成においても、形態においても、その慣習においても、抵抗、運動の諸法則および一般的秩序がかくれあれと命じているところのものではけっしてないから、もし貼着と接触によってのみ子宮にくっついているらしく思われるこの球帽が、妊娠の始めからだんだんにその周辺から離れ、この分離の進行が正確に容積の増大のあとを追うようなことがあれば、私はつぎのようになるだろうと考えた。すなわちあらゆる接着から自由になったこれらの周辺はたえず球形に近づき、球状になってくるだろう。一つは臍の緒を短くする傾向をもつところの球帽の分離した、凸状の周辺の力と、一つはそれを伸張しようとする傾向をもつところの胎児の重みという力、こういう相反した二つの力によって引っぱられた臍の緒は、普通の場合よりはるかに短いだろう。そしてこれらの周辺が相合致し、完全に結合し、一種の卵を形成し、その中央に、生産中にそうであったように、塞閉され、拘束され、窒息させられた、組織において奇妙な一個の胎児が存在する。この卵はそこで養われるが、その重みのために、付着していたその表面の小さな部分がしまいには剝離し、孤立して子宮の中に落ち、それが若干の類似を持っているところの——少なくとも形態の上で——牝鶏の卵のように、一種の産卵によって体外に排出されるに至る。もしこれらの仮説が一つの奇胎において実証され、しかもこの奇胎が男性に接することなく女性の中に孕まれたことが証明されるならば、そのことから明らかに、この胎児は女性の中ですっかり形成され、男性の作用はその発展にのみ寄与するという結論が生れるであろう。

33

第二の仮説

地球が、わが国最大の一哲学者[26]が主張しているように、ガラス体の硬い核を持ち、この核が粉で蔽われているものと仮定すれば、自由な物体を赤道に近づけ、地球に扁平になった球体の形状を与える傾向をもつ遠心力の法則の結果、この粉の層は両極において他のどんな緯度線におけるよりも薄いはずであり、おそらく軸の両端において核は露出しており、磁力を帯びた針の指向性、および多分電気物質の流れにすぎない北極光を、この特性〔両極においては核が露出しているという特性〕に帰すべきであると主張することができるであろう。

どうやら磁気と電気とは同一の原因によるものらしい。磁気と電気とがどうして地球の回転と、地球を構成している諸物質のエネルギー——それは月の作用と結合されている——の結果でないことがあろう？　潮の干満[27]、潮流、風、光、地球上の自由な粒子の運動、そしておそらくはその核の上の全皮層の運動さえもが、無限に多様な物質でもって不断の磨擦をする。感知しうる程度に、そしてたえまなく作用する原因の効果は、数世紀後には厖大な生産物を形成する。地球の核はガラス体の塊である。その表面はガラスの砕粉や砂やガラス化されうるいろいろな物質ばかりで蔽われている。あらゆる物質のうちでガラスは磨擦によって一番多くの電気を生じる物質である。地電気の全体は、地表なり核の表面なりで行なわれるすべての磨擦の結果でないわけがあろうか？　しかしこの一般的原因から、若干の試みによって、二つの大きな現象——私は北極光の方位と磁針の指向性のことをいっているのだが——の間に、磁気と電気との間の連関に似た連関を設定する特殊原因が演繹されるということは容易に推測される。磁気と電気との間に連関のあることは磁力のない針を磁性化し、それも電気だけで磁性化することで確認されている。叙上の観念は承認することも反対することもできる。というのは、それはまだわれわれの悟性の中にしか現実性を持っていないから。より以上の確実性をそれに与えるのは実験の任務であり、これらの諸現象を引き離す実験、または両者を完全に同一と見る実験を考案することは、物理学者の仕事である。

34

第三の仮説

電気体は人が電気を起こす場所に、はっきり感じられる硫黄の臭いを拡散させる。化学者はこの臭いを横取りすることを許されていないだろうか？　どうして彼らは、自分の持っている一切の方法を用いて、最大限の電気体を帯びた液体を試みてみなかったのだろう？　人はまだ電気化した水が単純な水よりも砂糖を早くまたは遅く溶かすかどうかさえ知らない。われわれの炉の火は焙焼した鉛のような若干の物質の重量をいちじるしく増大させる。焙焼中のこの金属にたえずあてられた電気の火が、この効果を一層増大するなら、それから電気の火と普通の火との間に新しい類似が結果として出てきはしないだろうか？　人はこの異常な火が薬品になんらかの効果をもたらしはしないか、ある物質を一層効き目のあるものにしはしないか、ある塗布剤を一層有効なものにしはしないかを試めしてみた。しかし人びとはこうした試みをあまりにも早く見捨ててしまわなかったであろうか？　なぜ電気が結晶の形成とその性質を変化させないことがあろう？　想像力でもって作り出し、実験によって確認するなり、破壊するなりすべきいかに多くの仮説があることか！　次の節を見たまえ。

〔35〕[28]

第四の夢――若干の病気に電気をかけてみたことがある。不妊症にかけてみて成功しないわけがあるだろうか？　水が暗闇に拡げられている時には、その水にはっきりと火の輝きと色とを伝える電気体が、冷たくって活力の衰えた精液を刺激し、それをば動物的な組織を結果する結合と運動に適したものにしないかどうか、分ったものではない。

〔37〕

第五の夢――いままでになされたすべての実験は電気を帯びた地球の外でなされたものであった。しかし地球の内部で実験を試みることができるように思われる。そのためには不動の軸を中心に回転する地球儀を持つだけでよかろう。この軸と、この軸を垂直に横切り、その両端のそれぞれに一つのクッションを持って行く金属竿の助けをかりて、その中に磨擦を起こすことができよう。同時に外からも磨擦する。この不動の軸に針を吊す。軸はあらゆる種類、あらゆる形状の固体、液体の支えの役をする。とくに点に対して……。

35

第四の仮説[29]

大部分の大気現象、鬼火、臭気、慧星、自然または人工の燐、腐って光を発する木等は、電気以外に原因を持っているだろうか？　なぜ人はこれらの燐についてそれを確かめるのに必要な実験をしないのだろう？　なぜ人は、空気もガラスのように、それ自体電気体、すなわち電気を帯びるためには磨擦され、打たれるだけで十分な物体でないかどうかを知ろうと考えないのだろう？　硫黄質を帯びた空気が、清浄な空気より多かれ少なかれ電気的でないことを誰が知っていよう。空気に多くの表面を対抗させる金属竿を空中で非常に大きな速度で回転させるならば、空気が電気をもっているかどうかがわかるだろうし、その竿が空気から電気を受けることがわかるだろう。もし実験中に硫黄その他の物質を燃すならば、空気の電気質を増す物質と減らす物質とがわかるだろう。おそらく極地の冷たい空気は、赤道の熱い空気より電気を感じやすいのだろう。氷は電気的であり、水はそうでないから、磁性を帯びた針の指向性、ならびに第二の仮説の中で暗示したようにこれまた電気と関係があると思われる北極光の出現などの現象は、極地に集積され、多分他の場所におけるよりも露出しているガラス体の核の上で動かされている、あの厖大な量の永遠の氷に帰すべきだということを誰が知ろう？　観察は自然のもっとも一般的な、もっとも強力なばねの一つにぶつかった。その結果を発見するのは実験の任務である。

36

第五の仮説(30)

一　楽器の絃が張られ、ほんのちょっとした障害物がそれを不均等な二つの部分に分け、しかもその障害物が分たれた一方の部分から他の部分に振動が伝わるのを妨げないような具合にすると、この障害物が、大きな部分を幾つかの振動部分に分け、絃の二つの部分が同音《ユニッソン》を発し、大きな方の部分の各振動部分はそれぞれ二個の不動の点に挿まれるようになるということはよく知られている。物体の共鳴は大きな部分が幾つかの振動部分に分れることの原因ではないが、しかしこの部分の同音はもっぱらこの分割の結果であるから、私はつぎのように考えた。もし楽器の絃の代りに金属竿を置き替え、それをつよく叩くならば、その縦長の上に幾つかの腹部と結節が形成されるであろう。音響を発するものであろうとなかろうと、すべての弾性体については同様であろう。人びとが振動絃に特有なものだと思っているこの現象は、あらゆる衝撃において多かれ少なかれ生じる。それは運動伝導の一般法則につながっている。衝撃を受けた物体の中には幾つかの無限小の振動部分と、無限に接近している不動の結節または点が存する。この振動部分と結節とが、ある場合には場所の移動を起こさずに、ある場合には場所の移動がやんだ後で、触感によってわれわれが感じる衝撃後の物体における震えの原因である。この仮定は、触れる方の、感覚を持った部分の全表面に接した全表面ばかりではなく、触れられた、無数の不動の点の間で雑然と震えている物体の表面に拡がった無数の点の振動の性質にも合致する。弾性を持った連続物体においては、集塊《マス》の中に均等に配分されている惰力が任意の一点において、他の一点にたいするちょっとした障害物の役割をつとめることは明らかである。振動する絃の衝撃を受けた部分が無限に小さく、したがって腹部も無限に小さく、結節が無限に相接近していると仮定することによってわれわれは、他の固体によって衝撃を受けた固体の中においてあらゆる方向に向って生起するものの映像を唯一の方向において、いわば一線上において持つ。振動する絃の遮断された部分の長さが与えられているから、他の部分における不動点の数を増大させるようなどんな原因も存在しない。衝撃の強さのいかんにかかわらずこの数は同一だから、また物体の衝撃において変化するのは振動速度だけだから、振動は強かったり弱かったりするだろう。しかし振動する点の不動の点にたいする比は同一であり、これらの物体の中において静止している物質の量は、衝撃力や物体の密度や各部分の粘着力のいかんにかかわらず不変である。それゆえ幾何学者は被衝撃体における運動の分布の一般法則、いままで人が探そうとはしなかった法則——けだしこんな現象の存在を考えることさえせず、衝撃において振動は不動点の間に拡がっている振動点の存在を感覚を通じて示しているにもかかわらず、反対に運動の全集塊への均分を仮定したために——を発見するためには、振動絃の計算を三角柱に、球に、円壔に拡大すればよい。私は「衝撃において」という。けだしなんら衝撃が起きない運動の伝達においては、物体は最小の分子のように投げられ、運動は集塊全体に同時に起こっているというのが真実らしいから。したがって振動はこうした場合にはすべて無である。このことは振動を完全に衝撃から区別するであろう。

二　諸力の分解の原理によって、一個の物体に作用するあらゆる力を一つの力に還元することができる。もしある物体に作用する力の量と方向とが与えられ、それから生れる運動を決定しようとすれば、あたかも力が重心を通っているかのように物体は前進し、かつこの重心は固定しているかのように物体は重心の周囲を回転し、力はあたかも支点の周囲に作用するかのように重心の周囲に作用することがわかる。したがってもし二つの分子が互いに引きあうならば、それは引力、形状等々の法則に従って互いに並ぶだろう。もしこの二分子の体系がそれと相互に引き合う第三の分子を牽引するならば、これら三つの分子は、その引力、形状等々の法則に従って互いに並ぶだろう。以下他の体系、他の分子についても同様である。それらの分子は一個の体系Aを形作り、その体系中において、分子が相互に接しているにもせよ、いないにもせよ、また運動しているにもせよ、休止しているにもせよ、分子は彼らの相互秩序を攪乱しようとする力に抵抗し、攪乱する力がやむようになれば、彼らのもとの秩序を回復しようとするだろうし、攪乱する力が作用しつづけるならば、彼らの引力、形状その他の法則および攪乱する力の作用に対応して、相互に秩序を立て直そうとするだろう。この体系Aが、私が弾性体と呼ぶところのものである。惑星系、宇宙は、この一般的抽象的意味において、一個の弾性体にすぎない。渾沌は不可能である。けだし物質の原始的な性質に本質的に照応した秩序があるのだから。

三　もし体系Aが真空の中にあるものと考えれば、体系は破壊されることも、攪乱されることもできない、永遠のものだろう。もしそれらが広大無辺の空間に散らばっているものと仮定すれば、引力その他のもろもろの性質は、何ものもその作用の範囲をせばめない場合無限に拡がるから、(31)体系の諸部分は――その形状は多様でなく、同一の諸力によって動かされているであろう――以前にそれが整列していたように改めて相互に秩序立て、空間の一点において、持続の一定時において、再び弾性体を形成するであろう。

四　体系Aが宇宙の中にあると仮定する場合にはこうではないだろう。もろもろの結果はそこではより必然的でなくなる。しかし諸原因の作用は、そこにおいてははっきり作用としてはしばしば不可能な場合がある。そして相互に結合している原因の数は非常に多くて、一般的体系または宇宙的弾性体においては、個々の体系または弾性体がもともとどういうものであったかわからないし、またどういうふうになるのかもわからないくらいである。それゆえ物質が充満している所においては、われわれがそこに認めるような硬さと弾性を引力が構成していると主張しなくても、物質のこの性質〔引力〕だけで、真空中にあってはそれらのもの〔硬さと弾性〕を構成し、稀薄化、凝縮、その他すべてそれに関係ある現象を起こさせるのに十分だということは明白ではないか？　それゆえ、それがわれわれの一般的体系における諸現象の第一原因でないわけがあるだろうか？　われわれの一般的体系においては、引力を変容させる無数の原因が、個々の体系、または個別的な弾性体において、引力がこれらの現象の量を無限に変化させるだろう。こうして曲げられた弾性体は、その諸部分を同一の方向においてて近づける原因がその諸部分を反対の方向に相互に非常に引き離し、それらの諸部分がその相互の引力による一つの部分の他の部分にたいする作用が感じられなくなる場合に始めて破壊されるだろう。衝撃を受けた弾性体は、その振動している分子の多くのものが、その最初の振動において、不動の諸分子——それらの間には振動した分子が散在しているのだが——の間にある距離にまでもってゆかれ、その相互引力によって一方が他方にたいしてはっきりした作用を及ぼしえないようになった場合に始めて爆発するであろう。もし衝撃の強さが、振動する分子がみんなその引力の及ぶ範囲の外にもたらされるほど大きかったならば、物体はその要素に還元されてしまうだろう。しかし、一つの物体が受けうる最大の衝突と、もっとも微弱な振動しか起こさないような衝突との間には物体の全要素が分離され、互いに接触することをやめるが、その体系は破壊されず、その相互秩序は中断されないような、現実的もしくは観念上の衝突がある。私は同一の原則を濃縮、稀薄化、その他に適用することを読者に委せよう。ただ私はなおここで衝撃による運動の伝達と衝撃のない運動の伝達との差異を注意しておこう。衝撃のない物体の移動は、この方法によって伝えられる運動量のいかんにかかわらず、よしそれが無限大であろうとも、物体のすべての部分に同時に均一であるから、物体は破壊されないだろう。衝撃が物体の各部分の若干のもの、なかんずく不動の部分を振動させて、最初の振動の腹部が振動している部分をもはやその地位に帰ることも、体系的な相互秩序の中に戻ることもできないほど大きな振幅を持つに至るまで、物体は一個の全体としてとどまるだろう。

五　以上述べたことは、すべて本来、単純弾性体もしくは、同一の物質と同一の形状とを持ち、同一量によって動かされ、同一の引力法則によって運動させられている粒子の体系にだけかんしたことである。しかしもしこれらの一切の諸性質が変化するものであれば、そこから無数の混合弾性体が結果するだろう。混合弾性体によって私は異なった物質から成り、異なった形状を持ち、異なった量によって動かされ、そしておそらくはさまざまの引力法則によって運動させられ、その粒子は一切の粒子に共通な一つの法則によって相互に秩序立てられ、その相互作用の産物であると見なせるような二つまたは数個の体系から成る一つの体系を意味している。もしなんらかの操作によって、複合体系から秩序立てられた同一種の一切の粒子を追い出すことによって、複合体系を単純化するなり、あるいは複合体系の粒子の間に配列されて、すべての粒子に共通な法則を変更するような粒子をもつ新しい物質をそこに導入することによって、複合体系を一層複雑にすることに成功すれば、硬さ、弾性、圧縮性、稀薄化性、その他複合体系中における粒子の異なった配列に関係のある諸性質は、増大したり減退したりするだろう。ほとんど硬さも弾性も持たない鉛は、それを熔解すると、すなわちそれを鉛たらしめている分子の複合体系中に、それを熔けた鉛たらしめる空気、火等の他の分子複合体系を配列すると、硬さはさらに減じて弾性は増大する。

六　これらの諸観念を他の同種の無数の現象に適用し、それについて厖大な論稿を書くことは、いとやさしいことであろう。一番発見しにくい点は、一つの体系の各部分が、他の体系の各部分の間に配列されている場合、その各部分がどういうメカニスムによって、若干の化学操作の場合に生じるように、他の配列された部分の体系を追い出して、しばしばそれを単純化するかということである。引力もさまざまな法則に従うとしても、この現象を十分に説明するとは思えない。そして斥力を許容することは困難である。困難はつぎのようにして免れることができるだろう。B、Cの体系から複合されているAなる体系があり、その分子はすべての分子に共通ななんらかの法則によって相互に配列されているものと仮定せよ。複合体系Aに他のDという体系を導入すると、つぎの二つのうちのどちらかが起こるだろう。すなわち体系Dの粒子が衝撃を起こさずに体系Aの諸部分の中に配列される。この場合、体系AはB、C、Dの体系から合成されるだろう。あるいは、体系Dの粒子が体系Aの粒子間に並ぶことは衝撃を伴うだろう。もしこの衝撃が、衝撃を受けた粒子が、その最初の振動において、自己の引力のきわめて小さい範囲外に突き出されないようなものであれば、最初の瞬間には混乱または無限に多くの小さな振動が起こるだろう。しかしやがてこの混乱はやみ、粒子は配列され、その配列からB、C、Dの諸体系から合成された体系Aが結果するだろう。もし体系Bの諸部分なり、体系Cの諸部分なり、あるいはその両者の諸部分なりが、配列の最初の瞬間に体系Dの諸部分によって衝撃を受け、引力の圏外に突き出されるなら、それらは体系的配列から分離され、もはやそこに戻ってはこないだろう。そして体系Aは体系B、D、または体系C、Dから成る体系となるか、あるいは体系Dの配列された粒子ばかりの単純体系となるだろう。そしてこれらの現象は以上の諸観念に多大の真実らしさを与えるか、あるいはその本当らしさをまったく破壊してしまうような事情とともにおこなわれるだろう。これを要するに私は被衝撃体の振動から出発して、ここに到達したのである。〔分子の〕分離は、配列がある場合にはけっして自然発生的ではなく、合成だけがある場合には自然発生的であろう。配列はまた、異質的な一個の全体の中においてさえなお単一性の原理であるだろう。

37
第六の仮説

技術の所産は、自然の非常に厳格な模倣を目標としないかぎり、ありふれた、不完全な、弱いものであるだろう。自然はその作用において頑固で緩慢なものである。遠ざけたり、近づけたり、統一したり、分割したり、柔かにしたり、濃化したり、硬化したり、液化したり、溶かしたり、同化したりすることが問題である場合でも、自然はきわめて眼につきにくい段階をへてその目的に向って進む。これに反し、技術は急ぎ、疲れ、弛緩する。自然は金属を大雑把にこさえるのにさえ数世紀をかける。技術はそれをたった一日で完全なものにしようと意図する。自然は宝石を作るのに数世紀をかける。技術はそれを一瞬間に模造しようとする。人が真の方法を持っている場合でも、それだけではまだ不十分であろう。それを適用することも知っていなければならないだろう。適用の時間〔の長さ〕によって増大させられた強度《インテンシテイ》の作用の産物が同一であるから、その結果もまた同一だろうと考えるなら、それはまちがっている。変化させるのは、段階的な、緩慢な、持続した適用だけである。それ以外のすべての適用は破壊的になるだけである。もしわれわれが自然のやり方に似たやり方でやるとすれば、われわれがそれからきわめて不完全な合成物しか得ていないところの若干の物質の混合から、われわれは何を引き出さないであろうか？　しかし人はつねに享受することを急ぎ、着手したことの結果を見たいと思う。そこからかずかずの無益な試み、失費、むだな労力が生まれ、自然が暗示し、その成功がおぼつかなく見えるので技術がけっして企図しないところのたくさんの実験が生じる。アルシーの洞窟[32]を見て、鐘乳石が作られ、準備される速さによって、これらの洞窟がいつかは一杯になり、一つの巨大な固体を形成するであろうとの確信を抱いて洞窟を出なかったものがいるだろうか？　この現象を反省して、水が徐々に土や岩を通して濾過され、この滴りが広大な洞穴に受け入れられるとして、土、水、岩の性質によって品質の異なった雪花石膏や大理石やその他の石の人工の石坑を作ることに人が時とともに成功するであろうと仮定しない博物学者がどこにいるだろうか？　しかし勇気、忍耐、労働、失費、時間、とくに大昔からある大きな企図にたいするあの愛好――そのたくさんの記念碑がいまなお残存しているが、それはわれわれから冷かな、なんの結果ももたらさない讃嘆しか得ていない――がなければ、そうした見透しがなんの役に立つだろうか？

38

第七の仮説(33)

わが国の鉄をイギリスやドイツの鋼に比肩し、こまかい細工品の製造に用いられるような鋼に変えようという試みが何度もなされたが成功しなかった。私はどんな方法が用いられたかは知らない。しかし鉄造りの労働者の職場にごくありふれた操作をまね、それを完全なものにすることによって、この重要な発見に到達したように私には思われる。それは包装淬と呼ばれている。包装淬をするためには一番硬い煤を取り、それを砕いて尿で溶かし、それに砕いた韮《にら》とこまかく刻んだ古靴と普通の塩を加える。鉄の箱を用意しておいて、叙上の混合物の屑で箱の底を蔽う。この層の上に各種の鉄細工品を置き、その上にさらに混合物の層を重ね、このようにして箱が一杯になるまでつめる。それから箱の蓋を閉じ、箱の外部によく叩いた沃土と羊毛屑と馬糞との混合物をちゃんと塗りつける。それからその箱を、その容積に相応した炭の山のまん中に置き、炭に火をつける。火の燃えるにまかせ、ただそれを消えないようにしておく。冷めたい水を一杯張った器を用意しておき、箱を火にかけてから三、四時間後に引き出し、箱を開いて、その中に入った品物を冷水の中に落し、品物の落ちるに応じて水を動かす。これらの品物は包装のまま水に浸され、その一つ二つをこわすと、その表面が非常に硬い、粒のこまかい、薄い鋼で蔽われていることがわかる。この表面は、鑢でだした以上の光沢をおび、その形状をよりよく保っている。よく選択され、よく加工され、ブリキのように薄い板、ないしは非常に細い棒にされた鉄を、層の上に層を重ねて、火と包装淬に用いられた材料の作用に晒し、製鋼炉から出してすぐにこの操作に適した水流の中にほうり込むと、その鉄が鋼に変ると推測すべきではないだろうか？　とくにもし最初の実験を、ずっと以前から鉄を用い、その長所を知り、その欠点を補うことに慣れていて、まちがいなくこの操作を単純化し、この仕事に適した材料を発見する人に委せる場合には……。

39

実験物理学について公開の講義で人びとが見せていることは、あの哲学的熱狂を得させるのに十分であろうか？　私は絶対にそうは思わない。わが実験講義屋連中は、たくさんの人が食卓についていたからというので盛宴を張ったと考えている人間にちょっと似たところがある。だから渇望を満足させようという欲望にかられた多くの人が、弟子の境遇から素人愛好家の境遇に移り、素人愛好家の境遇から哲学者という職業に移るためには、まず第一にその渇望を刺激することに熱心にならなければならない。科学の進歩にあのように有害な遠慮が、すべての公人から遠からんことを！　事物と方法とをともに啓示しなければいけない。新しい計算方法を発見した最初の人びとを私はその発明において、どんなに偉大だと思うことだろう！　彼らがその計算を神秘のようにしている点で、私は彼らをどんなに矮小だと思うことだろう！　もしニュートンが自分の名誉と真理の利害とが要求したように、急いで語ったとしたならば、ライプニッツは発明者の名を彼と共に頒ちはしないであろう。[34] ドイツ人〔ライプニッツ〕は道具を構想し、イギリス人〔ニュートン〕は彼がやった驚くべき応用によって学者を驚かして悦に入った。数学において、物理学において、一番確実なことは自分の請求権を公衆に提示することによって真先にそれを占有することである。かつ、私が手段の公開を要求する場合、それは成功した手段の公開を意味する。成功しなかった手段については、いくら手短かに話しても手短かすぎることはない。

40

公開するだけではたりない。その公開が完全でかつ明晰であることが必要である。巨匠の気取りとでも名づけるべき一種の難解さがあるものだ。それは民衆と自然との間に彼らが好んで曳くところのヴェールである。著名の人士にたいして払うべき尊敬がなければ、私はシュタール[35]の若干の著述*やニュートンの『数学原理』を支配している難解さは、この種のものだと言いたい。こうした本はそれが値している尊敬を受けるためには理解されるだけでよかった。そしてそれを明晰なものにするために、著者は一ヵ月以上はかからなかったであろう。この一ヵ月が千人の善良な精神の所有者に三ヵ年の労力と困憊とを省いてやっただろう。だからこうしてほかのことにとってほとんど三千年が失われたことになる。哲学を民衆的なものにすることを急ごう。もし哲学者が前進することをわれわれが欲するなら、民衆を哲学者たちのいる点に近づけよう。哲学者たちは、普通の精神の所有者の理解できるところまでもってくることができないような著述があると言うであろうか？　もし彼らがそう言うならば、彼らはよい方法と長い間の習慣がなしうることを知らないことを示しているだけだろう。

もし若干の著者に難解であることが許されるとすれば、私がここでそういう弁護論をやることを人は私に責めてよいかも知れないが、私はそれは固有の意味の形而上学者にだけ許されていることだとあえて言いたい。偉大な夢想は一条の暗い微光だけしか容れないものだ。普遍化の行為は、概念から感覚的な一切のものを取り去る傾向を持つ。この行為が進むにつれ、肉体的な化け物は消滅する。概念は次第次第に想像から悟性へと退いて行き、観念はまったく知的なものとなる。そうなると思弁哲学者は頂きが雲の中にかくれた、あの山々の高みから眺めている人に似てくる。すなわち平原の物象は彼の前に消え失せ、彼に残るものとしては彼の思考の光景と、彼が立っている高み、そして万人にはそこまで彼について行き、呼吸することが許されていない高みの意識だけである。

＊　『ベッヒャーの手本』*Specimen Becherianum*『醸造法』*Zimstechnie*『トレセンタ』*Trecenta* など。『百科全書』第三〔実際は四〕巻の「化学」の項を見よ。

41

自然は神秘のヴェールでもってそれを倍加しないでも十分にヴェールをかけていないだろうか？[36]　技術の困難だけで十分ではないか？　フランクリンの本を開いてみたまえ。化学者の本をめくって見たまえ。そうすれば諸君はいかに実験技術が見識と想像力と慧敏さと方策とを必要とするかがわかるだろう。それらを注意深く読んでみたまえ。というのは一つの実験がどんなに多くのやり方でやり直されるかを学ぶことができるものならば、諸君が実験技術を学び取るのはまさにその点にあるからである。もし天才がなくて、諸君を導くところの技術的な手段の必要を感じるなら、物質において現在までに知られている性質の表を眼の前に拡げ、これらの性質の中で諸君が実験に付そうと思う物質に適合できるような性質がなんであるかを見、それがそこにあることを確かめ、それからその量を知るように努めたまえ。この量はつねに器械で計られ、この量はほとんどつねに、その物質に似た部分の均一な適用が、質が完全に汲み尽されるまで、中断なく、また余すところなく器械によって計られる。〔その物質の〕存在についていえば、それは示唆されえない方法によってのみ実証されるだろう。しかしどういうふうに探求すべきかを学ばないとしても、少なくとも人びとが何を探求しているかを知るだけでも、何ほどかのことはある。要するに何ものをも発見できないことが十分に試験ずみであるか、他人の発見にたいして抱くひそかな羨望なり、われにもあらず感じるところの落胆なり、その名誉を頒ちたいために彼らが好んで用いるところのつまらぬ策動なりによって、自己の無力を自認せざるをえないような連中は、科学を放棄したほうがよい。彼らがそれを研究したところでその科学にはなんの利益もなく、彼らにはなんの名誉もありはしない。

42

自分の頭の中に、実験によって検証されなければならないこうした体系の一つを形成した場合、頑強にそれに固執してもいけないし、軽々にそれを放棄してもいけない。自分の仮説が真実なものであることを見出すのに適合した手段を取らない場合、しばしばその仮説はまちがいだと考えがちなものである。この場合頑固さはその反対の行きすぎよりもまだ不都合が少ない。求めているものにぶつからなければ、試みを増大することによって、うまくぶつかることもありうるのである。自然を問いただすために使われた時間はけっして全面的に失われたことにはならない。類推の度合で自分の心の確固不動の程度を計らなければならない。絶対的に奇妙な観念は一度こっきりの試しにしか価しない。真実らしさを持っている観念にはもっと多くの努力を傾注しなければならないし、重要な発見をする見込みのある観念は、あらゆる勢力を傾けつくしたのち始めて放棄すべきである。この点についてはなんらの掟も必要としないように思われる。人はそこに感じる興味の大きさに応じておのずと探求に執心しているからである。

43

問題になっているもろもろの体系は漠然とした観念や、ほんのちょっとした疑念や、見かけ倒しの類似や、いやそれどころか正直にいえば、のぼせた精神がややもすると実際に見られたものと解している夢に立脚しているにすぎないから、あらかじめ顚倒法の試練を課することなしに、どんな体系も放棄してはいけない。単に合理的な哲学においては、真理はかなりしばしば誤謬の正反対のものである。同様に実験哲学においても、予期した現象を生むのは、人びとがやってみる実験ではなくて、その反対物であろう。第一にまったく正反対の二点から眺めてみなければいけない。このようにして吾人の夢想の第二のものにおいて、電気を帯びた地球の赤道は蔽われ、極地は露出しているものとした後、ことんどは極地を蔽い、赤道を露出してみなければならない。そして実験に用いる地球儀を、それが現わしている自然の地球にできるだけ似させることが大切であるから、極地を蔽う物質の選択はどうでもよいことではない。おそらくある液体の集積を用いなければならないだろう。それはなんら実行不可能なことではなく、実験においてはなんらかの新しい異様な現象、真似ようとしている現象とはちがった現象を起こすかも知れない。

44

実験は条件の細部のため、また限界を識るために反復されなければならない。実験を各種の対象に移行させ、複雑化し、ありとあらゆる可能な具合に結合してみる必要がある。実験がちりぢりばらばらで、孤立し、連絡がなく、簡約しえない間は、簡約されないということそのこと自体によって、まだなすべきことが残っていることが証明される。そうした場合にはただただその対象に取りつき、現象の一つが与えられれば他の現象もまた与えられるまで、いわばその対象を拷問にかけなければならない。まずもろもろの結果を簡約するように努め、それからもろもろの原因を簡約することを考えよう。ところが結果は、それを増加することによってのみ簡約されるものである。一つの原因について、それが与えうる一切のものを現わすために用いられるいろいろの方法における最大の技術は、見せかけの現象しか生まない方法から、一つの新しい現象を当然期待できる方法をはっきり識別することである。はてしなくこうした変貌を追うことは、ひどく自分を疲らせ、少しも前進しないことである。なんらかの新しいケースに法則を拡大しないような一切の実験、またはなんらかの例外によって法則を制限しないような一切の実験は、なんの意味もない。自分の試みの価値を知る一番手近かな方法は、その試みを二段論法〔三段論法から前提を一つ省いた論法、例えばデカルトの「私は考える。それゆえ私は存在する」のごとし〕の前項にして、その結論を検討してみることである。結論は他の試みからすでに引き出された結論と正確に同一であるか？ その場合はなんにも発見しなかったのである。せいぜいある発見を確認したにすぎない。実験物理学には厖大な本がたくさんあるが、かくも簡単なこの法則によってわずかばかりの頁にそれを圧縮しえないような本はほとんどなく、この法則がまったく無にしてしまうようなちっぽけな本がうんとある。

45

数学において、一つの曲線のあらゆる性質を検討して、それは異なったさまざまな様相のもとに提示された同一の性質にすぎないことが発見されたように、自然においても、実験物理学がもっと進歩した場合、重力、弾性、引力、磁性、電気等の諸現象は、同一の性質の異なった様相にすぎないことが知られるであろう。しかしこれらの原因の一つに関係させられている既知の諸現象の間に連関をつくり出し、空虚を埋め、同一性を証明するために、これから発見されなければならない中間現象がどんなにたくさんあることか？ それはそれ単独では決定されえない事柄である。おそらく、単にわれわれが知っている現象ばかりではなく、これから時がわれわれに知らせてくれるであろうところのすべての現象に光を投じ、それらを統一して、一個の体系を作りあげるような一つの中心的な現象が存在するであろう。しかしこの共通の対合《コレスポンダンス》の中心が欠けているかぎり、それらの現象は孤立しているだろう。実験物理学の発見はすべて、それらの現象の間に入ることによってそれらを接近させるだろうが、けっしてそれらを結合しないだろう。それらの発見がついに結合された場合、それは諸現象の連続した環を形造るであろうが、その環の中でどれが最初の現象で、どれが最後の現象であるかを識別することはできないだろう。実験物理学がその努力によって、途を見失った合理物理学がその中をはてしもなくぐるぐる回っているのと同じような迷路を形作るだろうと思われる、あの奇妙なケースは、数学において不可能なように、自然においても不可能である。数学においては、総合によってか分析によってか、一曲線の基本的な性質をそれからもっとも遠ざかった性質から分ける中間的定理がつねに発見される。

46

最初の一瞥では、体系を覆えすように見えるが、よくよく見れば結局はそれを確証するような現象がある。こうした現象は哲学者には大きな苦痛となる。自然が彼にのしかかり、自然はなんらかの異常で秘密のメカニズムによって哲学者の仮説から身を匿しているという予感を彼が持っている場合、とくにそうである。こうしたこまったケースは、一つの現象が幾つかの相協同する原因、または相対立する原因の結果である場合にはいつでも起こるだろう。それらの原因が協同している場合には、その現象について彼が立てた仮説にたいして現象の量が大きすぎるだろうし、それらの原因が相対立したものである場合には、この量は小さすぎるだろう。時にはそれはゼロにさえなり、その現象は消え失せ、しかもこの自然の気まぐれな沈黙を何のせいにしたらよいかわからないことさえあるだろう。人はその理由を疑うようにさえなりはしないだろうか？　ほとんど前進することができなくなる。もろもろの原因を分離し、そのもろもろの作用の結果を分解し、非常に複雑した現象を単純な現象に帰着させ、あるいは少なくともなんらかの新しい実験によって諸原因のもつれ、その協同、対立を明らかにすることに努めなければならない。これはしばしばデリケートな、時には不可能な操作である。その時、体系はゆらぎ、哲学者たちは意見が分れ、一部のものはこの体系を守り、他のものはそれを否定するかに見える実験に心をひかれる。そして英知、またはけっして休止せず、英知よりも豊饒な偶然がこの対立を除去し、ほとんど放棄された諸観念の名誉を回復するまで、人びとは議論しあう。

47

実験に自由を与えなければならない。この証明に役立つ面だけを示し、否定する面を匿すことは、それを捕虜にしておくことである。それは人びとが実験を試みる場合に、観念を持つからではなく、観念に盲にされると生じる不都合である。人は自分のやっている実験において、結果が体系に反した場合にだけ厳格なものである。その場合には現象に相貌を変えさせるなり、自然にその言葉を変えさせるなりすることができるようなものを何ひとつ忘れない。反対の場合だと、観察者は寛大である。彼は〔実験の〕条件の上で空転し、自然にたいして異議を提起することなどはほとんど考えず、その最初の一言で自然を信用し、自然には曖昧なものがありはしないかと疑ってもみない。そういう場合には、彼につぎのようにいってやるねうちがあろう。「おまえの仕事は自然を訊問することだ。だのに、おまえは自然に嘘をつかせている。さもなければ、おまえは自然に釈明させることを怖れている。」

48

誤った途を行っている時には、急いで進めば進むほど、迷ってしまう。では巨大な距離を駆けてしまった場合、もとに戻る方法は？　力が尽きはてているので戻ることはできない。虚栄心が知らず知らずのうちにそれに反対する。原則の固執が、取り捲いているすべてのものに、対象を歪曲する幻惑をおし拡げる。もうそれらの対象がどんな具合であるかを見ようとはせずに、それがどんな具合であったら好都合であるかを見ようとする。存在にもとづいて概念を改めることではなく、自分の概念にもとづいて存在を形造ることを任務としているように見える。すべての哲学者の中で、こうした狂熱が方法論者[37]におけるほどはっきりと支配している哲学者はない。一人の方法論者がその体系の中で人間を四足獣の一番上に位するものにすると、彼はもはや自然の中において人間を四足の動物としてしか見ない。人間に賦与されている最高の理性が動物という呼称に反対を唱え、彼の組織が四足獣の組織と矛盾していてもむだである。自然は彼の眼を天の方に向けさせたが、それもむだである。首尾一貫した先入見が彼の体を大地の方にねじ曲げるのである。その先入見によれば、理性はより完全な本能にすぎない。先入見は、人間がその手を二本の足に変えようと思いつくと、人間がその足を使う習慣を失ってしまうのは、ただ習慣が欠除しているからだと、まじめに信じているのである。

49

しかし一部の方法論者の弁証法[38]はあまりにも奇妙なもので、その実例をあげないでおくわけにはゆかない。リネウス[39]は（『スエーデン動物系』序文）言っている、人間は石でも植物でもない、だから動物である。彼は一本足ではない。だからそれは虫けらではない。人間は触角を持たないから昆虫ではない。彼は鰭を持たない。だから魚ではない。羽を持たないから鳥ではない。それでは一体人間とは何なのか？　彼は四足獣の口を持っている。彼は四足を持っている。前部の二本は接触に役立ち、後の二本は歩くのに役立っている。だからそれは四足獣である。「正直なところ博物学における私の原則の結果として、」とこの方法論者はつづける、「私は人間を猿から分けることができなかった。というのは一部の人間よりも毛の少ないある種の猿があるからである。これらの猿は二本足で歩き、その手足を人間のように使う。それに私にとっては言語は区別の標準になる特性ではない。私は自分の方法に従って、数、形状、均合、地位に関する特性だけしか許容しない。」だから君の方法は悪いものだと論理学はいう。――「それゆえに人間は四つの足を持った獣である」とこの博物学者はいう。

50

ある仮説を動揺させるためには、それを徹底的におしすすめることだけしか必要でない場合がしばしばある。この方法を、われわれはエルランゲンの博士[40]の仮説について試めしてみよう。奇妙で斬新な観念に満ちている彼の著述は、わが国の哲学者たちをさんざん苦しめるだろう。彼の対象は人智が提起しうるもっとも偉大な対象である。それは自然の普遍的体系である。著者は、彼に先行した人びとの意見を手短かに説明し、彼らの原則が諸現象の全般的展開には不十分なことを説明することから始めている。あるものは延長と運動だけしか要求しなかった。他のものは延長に不可侵性、可動性、不可動性〔惰力〕をつけ加えなければならないと信じた。天体の観測、あるいはより一般に大きな物体の物理学は、あらゆる部分がある一定の法則に従って相互にその方に赴き、またはその方に重みのかかるところのある力の必然性を証明した。質量の単比と距離の自乗に逆比例する引力が許容された。化学または小物体の初歩物理学のもっとも単純な操作は、他の法則に従うさまざまな引力に助けを求めさせた。引力、不可動性〔惰力〕、可動性、不可侵性、運動、物質または延長でもって、動物または植物の形成を説明しえないことが、哲学者バウマンを導いて、さらに、自然におけるその他の諸性質を仮定させた。人びとが、物質もなく知性もないすべての自然の驚異を行なわせている造形的自然にも、理解できない方法で物質に働きかける知能のそなわった下級の物質にも、相互の中に含まれて、最初の奇蹟の継続によって、時間の中に展開して行くところの創造と物質形成の同時性にも、持続の各瞬間に繰返される奇蹟の連鎖にすぎない物質の生産の即時性にも満足しないで、彼は、これらの非哲学的な体系は、よく知られている変化をば、その本質がわれわれに知られていないので、まさに知られていないという理由から、われわれの偏見にもかかわらず、これらの変化ときわめてよく両立することができるところのある存在に帰そうという、根拠の薄弱な怖れがなかったら、けっしてつくられなかったであろうと考えた。しかしこの存在とは何か？　これらの変化はどういうものか？　それを言ってもいいかね？　むろんだ、とバウマン博士は答える。肉体的存在がこの存在である。これらの変化とは欲望、嫌悪、記憶、知能、一言で言えばわれわれが動物に認め、古人が感性を持った霊魂なる名のもとに理解しているところの一切の性質である。それをバウマン博士は、形状と質量の釣合いは保持した上で、非常に大きな動物におけると同様、物質のもっとも小さな粒子にも許容している。もし、と彼は言う、物質の分子になんらかの度合の知性を与えることに危険があるとすれば、その危険は、それを一粒の砂に認める場合にも、象または猿にそれを仮定する場合にも、同じくらい大きいであろう、と。ここでエルランゲンのアカデミーの哲学者は、これは無神論ではないかというどんな疑いも自分から遠ざけるために最後の努力をする。そして彼が自分の仮説をいくらかの熱意をもって支持しているのは、ひとえにそれが唯物論という結論を引き出すことなく、もっとも困難な現象を満足させるかのように彼には思えるからにほかならない。もっとも大胆な哲学的諸観念と宗教にたいするもっとも深い尊敬とを妥協させることを学ぶためには、彼の著述を読まなければならない。神は世界を創造した、とバウマン博士は言う。神がそれによって世界を保存しようと思った法則と、神が個物の再生産に用いた手段とを発見するのは——発見できるものなら——われわれの仕事である。この面においてはわれわれはまったく自由であり、われわれの観念を提案することができる。そして博士の主な観念はつぎのとおりである。

動物において神が造ったに相違ない部分と同じ部分から摘出された精子は知覚を持ち、考え、その最初の状態について若干の記憶を持つだろう。そこから種の維持と近親の類似が生じる。

精液に一部の要素が過剰であったり、欠けていたりすることが起こりえないだろうか？　そしてこれらの要素が忘却によって結合できないとか、または定数外の要素の奇妙な結合がなされるということが生じないだろうか？　そこから生殖の不可能性、またはありとあらゆる怪物的な生殖〔畸形〕が生じる。

若干の要素は必然的に、たえず同一の仕方で驚くほど容易にたがいに結合するであろう。そこから、もしそれらの要素が異なったものであれば無限に多様な顕微鏡的な動物が形成され、もしそれらの諸要素が同じようなものであればいろいろな腔腸動物が生じる。これらの腔腸動物はきわめて小さな蜂の巣にも比較されよう。彼らはただ一つの状態についてしか強烈な記憶を持たず、彼らにとって一番なれたその状態に固着し、いつまでもその状態でいるだろう。

現在の状態の印象が、過去の状態の記憶と均衡を保つなり、それを消すなりして、その結果あらゆる状態にたいして無関心が生まれる場合には、不妊が生じるだろう。雑種の不妊はそこから生じたものである。

知覚と感覚を持つ基本的な部分が、種を形成している秩序から無限に遠ざかることを何が妨げているのだろう？　従って最初の動物から無限に多様な動物の種が生じ、最初の存在から無限に多様な存在が流出したということになる。自然の中にはこの唯一の行為しかなかった。

しかし各要素はたがいに積みかさなり、結合することによって、その感情や知覚をわずかばかりでも失うであろうか？　けっして失わない、とバウマン博士はいう。これらの性質は彼に本質的なものである。それではどういうことが起こるか？　それはつぎのとおりである。集合し、結合した要素のこれらの知覚から質量並に構造に適応した唯一の知覚が結果し、そしてそこでは各要素がすでに自我の記憶を喪失し、全体の意識を形成することに協力しているこの知覚体系は、動物の霊魂であろう。「すべての基本的知覚は相互に一致する。そして知覚は非常な力と大きな完成とで強化されるのが見られる。すべての知覚は、物体が要素として組織を持っているのと同じ理由で、他のもろもろの知覚の一要素としてまさしく存在する。各要素は他の諸要素ならびに自己の知覚と結合した後、これらの知覚と混合した。そして自己意識を失ってしまった。最初の要素の位置はどんな記憶も超越しているから、われわれの起源は、われわれにとってまったく秘密である。」*

ここでわれわれは著者が彼の仮説の恐るべき結果に気づかなかったか、あるいは気づいてもこの仮説を放棄しなかったということに驚かされる。いまやわれわれの方法を彼の諸原則の検討に適用すべき時である。私は彼に向って、宇宙、または感性を持ち、思考力を持ったすべての分子の全集合体は、一つの全体を形成しているのか、そうでないのかと問おう。もし彼がそれは一つの全体を形成しないと答えるならば、彼は自然の中に無秩序を持ち込むことによって、神の存在を一言でもって揺がし、すべての存在を結びつける鎖を断ち切ることによって哲学の根底を破壊することになるであろう。もし彼が、それは一個の全体であって、その中において各要素は、実際上区別されるか、あるいは単に知覚されるにすぎない部分が一つの要素の中で秩序立てられているのに劣らず、秩序立てられているということを認めるならば、彼はこの宇宙的交合の結果として、世界は一個の大動物にも似て、一つの魂を持つということ、世界は無限でありうるものであるからして、この世界の霊魂は、それが知覚の無限の体系だとは言わないが、知覚の無限の体系でありうるし、世界は神でありうるということにならざるをえないであろう。彼はこうした結果にたいして好きなだけ抗弁するがよい。だからといってそれらの結果は真実性を失いはしない。彼の崇高な観念が自然の奥底にどんな光を投じることができるにもせよ、それらの観念はだからといって恐しさを減じはしない。そのことに気づくためには、それらの観念を一般化することだけが問題であった。一般化という行為はこの形而上学者の仮説にとっては、何度も反復された観察や実験が物理学者の仮説にたいするのと同じ作用をする。仮説は正しいか？　そうであれば、実験をすればするほど仮説の真実さが確かめられる。仮説は真実か？　そうであれば、そこから出て来る結果をおし拡げれば拡げるほど、仮説は真理を包摂し、明証性と力とを得てくる。逆にもし仮説が脆弱で根拠薄弱のものであれば、人びとは一つの事実を発見するか、またはそれにぶちあたって仮説が挫折するところの一つの真理に到達するであろう。お望みとあればバウマン博士の仮説は自然のきわめて理解しにくい神秘、動物の形成、あるいはさらに一般的にすべての有機体の形成を解明するであろうと言ってもよい。諸現象の全宇宙的集合、神の存在は彼の暗礁である。しかしたとえわれわれがエルランゲンの博士の思想を放棄しても、もしわれわれがそれを、深奥な省察の成果、自然の全宇宙的体系に関する大胆な企図、大哲学者の試みとして見ないならば、われわれは彼が説明しようと試みた諸現象の不明瞭さ、彼の仮説の豊饒さ、彼の思想から引き出しうる驚嘆すべき諸結果、一つの主題——あらゆる時代の第一流の人物が、それの研究に専心した——にかんする新しい仮説の価値、彼の仮説をうまく打倒することの困難さを十分よく理解しないことになろう。

＊　第五十二命題、〔バウマンの本の〕七八頁にこの断片を参照せよ。それからその前後の諸頁に、同一の原則の他の諸現象へのきわめてあざやかな、きわめて真実らしい適用を参照せよ。

51
一種の感覚からの刺激について

もしバウマン博士が彼の体系をその正当な限界に限定し、彼の思想をば霊魂の性質にまで拡げることなく——私はそこから彼に反対して、彼の思想を神の存在にまで持って行くことができるということを証明したと信じる——動物の形成にだけ適用したのであれば、彼は有機的分子に欲望、嫌悪、感情、思考等を賦与することによって、あのもっとも誘惑的な唯物論などに陥るようなことはなかったであろう。有機的分子には、全能の神が死んだ物質にもっとも近い動物に与えた感性よりもはるかに少ない感性を仮定することで満足すべきであった。この隠然の感性と形状の相違の結果として、なんらかの有機的分子にとってはある一つの状態しかないであろう。この分子は、動物がほとんどすべての機能が働きを中止している睡眠中に、休息にもっとも好都合な姿勢が見つかるまで体を動かすように、無意識の不安によって、あらゆる状態の中からもっとも好都合な状態をたえず求めるのである。このただ一つの原則だけで、バウマン博士が説明しようと企てた諸現象や、わが昆虫のすべての観察者たちを驚かしている無数の驚異を、十分簡明、かつなんら危険な結果を伴うことなく説明できただろう。この原則は動物一般を、すなわち異なった分子の体系を規定したであろう。この異なった分子は、物質一般の創造者がそれらの分子に与えたところの鈍い、隠然の触感に似たある感覚の刺激によって互いに結合して、しまいには各自が自己の形状と休息にもっとも好都合な地位にぶつかるに至るのである。

52
器具と測定について

私はほかのところで、感覚がわれわれのすべての知識の根源だから、われわれが感覚の証言をどの程度まで信用できるかを知ることが、きわめて大切だということを注意しておいた。ここでそれにつけ加えて、われわれの感覚の補助物、すなわち器具の検討がそれに劣らず必要であることを注意しよう。実験の新しい適用を行なうと、それは長い、骨の折れる、むずかしい観察のもう一つの源泉となる。この仕事を短縮する方法はあろう。それは合理哲学の一種の懸念（けだし合理哲学は幾多の懸念を有しているから）に耳を閉ざし、一切の量において、測定の正確さということがどの程度まで必要であるかを、よく知ることである。いかに多くの術策と労力と時間とが、測定することに失われていることか！　人はそれらをば発見することに用いることもできたであろうのに。

53

発明においてであれ、器具の改良においてであれ、物理学者にどんなに勧めても勧めすぎるということのない一つの周到さがある。それは類推を信用しないこと、結論をプラスからマイナスへも、マイナスからプラスへも持っていかないこと、用いる物質の一切の物理的性質に検討を加えることである。この点をゆるがせにするならば、彼はけっして成功しないだろう。そして彼が自分にできるあらゆる処置を講じていたならば、彼が予見しなかったか、または軽視していた些細な障害が自然の限界となり、著述を完成したと思った時にそれを放棄せざるをえなくなるといったようなことが、何度起こらずにすむであろうか？

54

対象の区別について

精神が一切を理解し、想像が一切を予見し、感覚が一切を観察し、記憶が一切を覚えていることは不可能であるから、また偉人はごくまれにしか生まれないものであり、科学の進歩は革命によって中断され、過ぎ去った数世紀の知識を回復するために研究の数世紀が過ぎ去るほどであるから、一切を無差別に観察するということは、人類にはできることではない。その才能において異常な人は自分自身を大切にしなければならないし、後世の人は彼らの時間の用い方を大切にしなければならない。後世の人は、もしわれわれわれが彼らに完全な昆虫学、顕微鏡的動物の厖大な博物学しか残さなかったならば、われわれをどう思うだろうか？

偉大な天才には偉大な対象を、小さな才能には小さな対象を与えよ。小さな才能の持主が小さな対象に従事しても、それは、何にもしないのと大差はない。

55

障害について

それから、ある一つのことを欲するだけでは不十分で、同時に、欲する事物にほとんど不可分に結びついているすべての事柄を承認しなければならないからして、哲学の研究に従事しようと心にきめているものは、単に対象の性質から生れる物理的障害ばかりではなく、彼に先行したすべての哲学者の前に現われたように彼の前にも現われてくるかずかずの精神的障害をも予期するであろう。だから妨害され、理解されず、中傷され、危地に陥れられ、ひどい目にあわされるということが生じた場合、彼は自分自身に向って、「現代には、また自分にとっては、無理解と皮肉に充ちた人間、羨望に蝕まれた心の持ち主、迷信で混乱した頭脳だけしか存在しないのか？」と独り言をいうことができなければならない。彼が自分の同国人に不満を持つべきなんらかの理由があると信じるならば、つぎのように独語することができなければならない。「自分は同国人に不満を抱いている。しかし彼らを全部試問して、彼らの一人一人に、彼は、『聖職者新聞』(41)の著者であることと、モンテスキューであることと、そのどちらを望むか、『一アメリカ人への手紙』(42)の著者であることと、ビュフォンであることと、そのどちらを望むかを訊ねることができるならば、多少でもものわかった奴で、その選択に迷うものがいるだろうか？　だから自分は、いつの日にか、自分が幸にしてそれに値しているものならば、自分が多少とも尊重するような賛同を得るであろうと確信する。」

そして、哲学者または才子の肩書を持ち、そのはかない命を仕事や休息をしている人間を乱すことに費す、あのうるさい昆虫に似ることを恥じとしない諸君よ、諸君の目的は何なのか？　諸君の熱心から諸君は何を期待しているのか？　著名な作者やすぐれた天才を有する国民に残っているものを諸君が意気沮喪させる時、諸君はその代りにその国民のために何をしてやろうというのか？　人類がこの国民から得たであろうところのものを、諸君はどんなすばらしい所産によって人類に償ってやろうというのか？……諸君がなんと思おうと、デュクロ(43)、ダランベール、ルソー、ヴォルテール、モーペルテュイ、モンテスキュー、ビュフォン、ドーバントン(44)らの名は、われわれおよびわれわれの甥たちの間では尊敬されるだろう。そして、もしいつの日にか誰かが諸君の名前を思い出すならば、彼はつぎのように言うであろう。「あれらの連中はその時代の一流の人物の迫害者であった。もしわれわれが『百科全書』の序文(45)、『ルイ十四世時代史(46)』『法の精神』『博物学』を有するとすれば、それは幸にしてそういった連中には以上のような著作をわれわれから奪い去ることができなかったからである。」

56

原因について(47)

一　哲学の空しい仮説とわれわれの理性の弱い光を見ただけでも、原因の連鎖は始まりを持たず、結果の連鎖は終りを持たないと信じられるだろう。一つの分子が移動されたと仮定せよ。その分子は自分自身で場所を変えたのではない。その移動は別の原因を持っている。後者はまた別の原因を持ち、このようにして原因にはそれに先行した持続において自然的な限界は発見されないだろう。一つの分子が移動されたと仮定せよ。この移動が一つの結果を持ち、この結果は他の結果を持ち、このようにして人はあとにつづく持続において結果にたいする自然的な限界を見出すことはできないだろう。もっとも微弱な原因、もっとも軽微な結果の、無限に向うこうした行進に怖れをなした精神は、こういう仮定や同種の他の諸仮定を、われわれの感覚の及ぶ範囲の彼方においては何事も起こらないし、われわれがもはや見ない所においては一切が休止するという偏見だけで、拒否している。しかし自然の観察者とその解釈者との主な相違は、後者が感覚及び器具が前者を見捨てる点から出発するというところにある。彼は存在しているものから、なお存在しているはずのものを仮定する。彼は事物の秩序から、彼にとっては感知しうる、個別的な真理とまったく同様の明白さを持つところの、抽象的、普遍的結論を引き出す。彼は秩序の本質さえも超越する。彼は感覚を持ち、思考を持った一つの存在と、原因結果のなんらかの連鎖との純粋かつ単純な共存だけでは彼にとって絶対的な判断を下すには十分でないと見る。彼はそこでとまる。もし彼がそれ以上一歩でも踏み出したら、彼は自然から出てしまうだろう。

二　目的原因　自然の目的を説明するなんて、われわれは一体何ものなんだ？　われわれは自然の英知を賞め讃えるが、それはほとんどつねに自然の力を損なうものだということ、そしてわれわれがその目的にたいして与えることができる以上のものをその富源から取り除いてしまっていることにわれわれは気づかないのだろうか？　自然のこのような解釈の仕方は、自然神学(48)においてさえ悪いものである。それは人間の仮説を神の業績に取って代えることであり、神学的真理のうちのもっとも重要な真理を仮説の運命に結びつけることである。しかしもっともありふれた現象でさえも、こうした原因の探求がいかに真実の科学に反したものであるかを証明するのに十分である。乳の性質について問を受けたある物理学者が、それは雌が懐胎した時、その体内で作られ始める栄養物であって、自然はそれを生まれてくることになっている動物の栄養に充当するのだ、と答えたと仮定しよう。この定義は乳の形成について私に何を教えてくれるだろう？　つぎの事実を知っている時、この液体の用途だと称されているものと、それに付随したその他の生理学的観念について私は何を考えることができるだろう？　すなわち自分の乳房から乳を迸しらせた男があった。定期的な排泄〔月経〕が近づくにつれて気分が悪くなる娘もいるほど胸部をふくらませる原因となっているのは乳であることを、みぞおちと乳房の動脈の吻合*が私に証明している。授乳をすればほとんどどんな娘でも乳母になれる。自分に適した雄がいなかったほど小さく、番《つが》わされたこともなく、仔を胎んだことのないある生物種の雌で、乳首がふくれて、それをやわらげてやるために普通の方法に訴えなければならなかった一匹の雌を、私は手許に持っている。なんら蔽うような恥かしいもののない人体の数個所に自然が均しく拡げた影〔陰毛〕をば、解剖学者がまじめくさって自然の羞恥心のせいにしているのを耳にするのは、なんと滑稽なことだろう！　他の解剖学者たちがその影に想定している用途は、自然の羞恥心をそれよりは多少尊敬しないものではあるが、だからといって彼らの賢明さにより多くの名誉を与えるものではない。教《アンストリュイール》えることが任務であって、教化《エディフィエ》することが任務ではないところの物理学者は、だから何の目的でということは捨てて、いかにしてということだけに専念するだろう。いかにしてということは存在から引き出される。何の目的でということはわれわれの悟性から引き出される。それはわれわれの体系に関係し、われわれの知識の進歩に依存している。目的原因の一部の向う見ずな擁護者たちが、創造者の名誉のためにあえて作っている、あの讃歌の中には、いかに多くのバカげた観念、まちがった仮定、夢みたいな概念があることだろう! 予言者の讃嘆の熱情をともに頒ち、天空を輝かす無数の星を見て「神の栄光を説明する天」(ダビデ『讃歌』第一八章第一節)と叫ぶ代りに、彼らは自分たちの仮説にたいする迷信に身を委ねたのである。自然のもろもろの存在自体のうちに全能の神を崇める代りに、彼らは自分の想像力の幽霊の前に平伏したのである。もし誰かが偏見に抑制されて、私のこの確乎たる根拠のある非難を疑問視するならば、私は彼に、ガレーノス(49)が人体の各部の用途について書いた論綱をブールハーフェ(50)の生理学と、そしてブールハーフェの生理学をハラー(51)のそれと較べるように勧める。私は後世の人にハラーのこの著述が含んでいる体系的で一時的な見解と、生理学が数世紀後になるであろうところのものとを比較することを勧める。人間は自分のつまらぬ見解を永遠者〔神〕の功績にし、その座所の高みからそれを聞き、人間の意志を知っている永遠者は、彼のバカげた讃辞を受け、人間の虚栄心に微笑している。

* この解剖学的発見はベルタン氏に負うものであり、現代においてなされたもっともりっぱな発見の一つである(52)。

57

若干の偏見について

自然の諸事実の中にも、また生活の諸条件の中にも、われわれの性急さにたいして張られた罠でないものは一つもない。私はそのことについて諸国民の良識と見られている、あの一般的公理の大部分を証拠にする。人は「天《あま》が下にはなに一つ新しきものなし」と言う。それは粗雑な外見にこだわるものにとっては真実である。しかしきわめて些細な相違さえ捉えることを日々の仕事としている哲学者にとっては、この命題は何であろう? 一本の木全体に、感覚的に同一の緑である葉は二枚とないだろうと主張するもの〔ライプニッツ〕は、それについて何と考えるべきであったであろうか? まさにこのような色のニュアンスを生むことに協力していると思われるたくさんの原因、既知の原因についてさえも反省をして、ライプニッツの意見を誇張するつもりはなくても、物体が置かれている空間の点の相違、無数の原因と結合している相違によって、自然にはおそらく絶対に同一の緑色をした二枚の草の若葉もけっしてなかったし、今後もないであろうということが立証されていると主張するものは、それについてどう考えるであろうか？　もしもろもろの存在がほとんど認知されないさまざまなニュアンスを経て変化してゆくものだとすれば、けっして停止することのない時間は、大昔に存在した形態と、現に存在している形態と、何世紀か後に存在するであろうところの形態との間に、きわめて大きな相違を生ぜしめるはずである。すると「太陽の下にはなに一つ新しきものなし」は、われわれの器官の弱さ、われわれの器具の不完全さ、われわれの生命の短かさに基礎をおいた偏見にすぎないことになる。道徳学において「十人十色」ということが言われるけれども、真実はその反対である。人間の頭ほど共通なものはなく、意見ほど区々なものはない。文学で「趣味は論議すべからず」ということが言われるが、それを、ある男に向ってかくかくのものがきみの趣味であると議論を吹きかけてはならぬという意味に解するなら、それは子供じみたことだ。それを趣味に善悪なしと解するなら、それは誤謬である。哲学者は庶民的英知のこうしたすべての公理を厳格に検討するだろう。

58
諸問題

同質であることが可能なような仕方はただ一つしかない。異質であることには無数に可能な仕方がある。私にはまた、自然のすべての存在が完全に同質の物質で造られたということは不可能であり、諸現象をただ一つの同一の色彩で現わすことは不可能であると思われる。私は、現象の多様性はなんらかの一つの異質性の結果ではありえないことをちらと瞥見さえするような気がする。だから私は、自然現象の生産全体に必要なさまざまな異質の物質を要素と呼ぶであろう。そして諸要素の結合の現在の結果全体、または継起するもろもろの全般的な結果を自然と呼ぶであろう。もろもろの要素は本質的な相違を持っているはずである。それがなければ、すべてのものは同質性から生まれえたであろう。なんとなればすべてのものは同質性に帰ることができるだろうから。ある要素が可能な最大限の分割にもって行かれるような、あるいはもって行かれたような、あるいはまたもって行かれるであろうような、自然的結合またはは人工的結合があるし、あったし、またあるであろう。この終極的分割状態にある要素の分子は絶対的不可分性によって不可分である。なんとなればこの分子のその後の分割は自然の法則に反し、技術の力の及ぶところではなく、観念的なものにすぎないから。自然において可能な、または人工によって可能な終極的分割状態は、どうやら本質的に異質的ないろいろの物質にとって同一ではないから、そのことから質量においては本質的に異なるが、しかしそれ自体においては絶対に不可分な分子があるという結論が生まれる。絶対的に異質的な物質、または基本的な物質はいくつあるだろうか？　われわれはそれを知らない。われわれが絶対的に異質的または基本的と見ている物質の本質的相違はどんなものか？　われわれはそれを知らない。ある基本的物質の分割は人工の生産物において、あるいは自然の所産において、奈辺にまで及ぶであろうか？　われわれはそれを知らない、等々。私は人工による結合を自然の結合につけ加えた。というのは、われわれの知らない、そしてけっして知ることがないであろうところの無数の事実の中には、われわれになお匿されている一つの事実があるからである。すなわち、ある基本物質の分割は、なんらかの人工の操作において、それ自体の動きに委ねられた自然のいかなる分割においてなされ、なされつつあり、なされるであろう以上には、おしすすめられることはなかったし、ないし、ないであろうかどうかは、なおわれわれに匿されているのである。そしてつぎに掲げる諸問題の第一のものによって、諸君は、なぜ私が若干の提案において過去、現在、未来の観念を導入したか、またなぜ私が自然について与えた定義に継起の観念を挿入したかがわかるであろう。

1

もし諸現象が相互に結ばれていなかったら、哲学はない。諸現象はすべて結合されるであろうが、しかし一つ一つの現象の状態は恒常性を欠いていることもありうるだろう。もしもろもろの存在の状態が永遠の変転の中にあり、諸現象を結び合せる鎖にもかかわらず自然がまだ仕事の最中にあるとしたら、哲学はない。われわれの自然科学全体は言葉同様、過渡的なものとなる。われわれが自然の歴史〔博物学〕と解しているものは、一瞬間のきわめて不完全な歴史にすぎない。それゆえ私は問う。金属はそれが現在あるとおりのものであったし、永遠にそうであるだろうか、植物はそれが現在あるとおりのものであったし、永遠にそうであるだろうか、動物は現在それがあるとおりのものであったし、永遠にそうであるだろうか、等々と。若干の現象について深刻に考えた後、おそらく諸君に許されるであろうところの疑いは、おお、懐疑論者たちよ、世界が創造されたということではなくて、それが現在も、過去においてそれがあったとおりのものであり、将来それがあるであろうとおりのものであるかどうかということである。

2

動植物界において一つの個がいわば始まり、成長し、持続し、衰え、死ぬのと同じように、種全体についてもまた同様ではないだろうか？　もし信仰がわれわれに、動物はいまわれわれが見ているとおりのものとして造物主の手から出たことを教えていなかったならば、また彼らの始めと終りについて、いささかでも不安をもつことが許されるならば、自由に自分の仮説をたてることができる哲学者は、つぎのような疑念を持つことができないだろうか？　すなわち動物界は永遠の昔から、物質の集塊の中に散らばり、混合した自己特有の要素を持っていた。これらの要素が、そういうことがなされることが可能であったので、どうかして互いに結合した。これらの諸要素からできた幼虫は無数の組織と発展を経過した。この幼虫が次第次第に運動、感覚、観念、思考、反省、意識、感情、情念、記号、身振り、音、発音、言語、法則、科学、技術を持った。これらのさまざまの発展の一つ一つの間には数百万年が経過した。が、おそらくそれはわれわれには知られていない。これからなすべき他の発展、これからするであろうところの他の成長がある。停滞状態があったし、今後もあるであろう。幼虫は永遠の衰退によってこの状態から遠ざかりつつあるし、遠ざかるであろう。その間に彼の諸機能はあたかもその状態に入ったように、その状態から出てゆくであろう。それは自然から永遠に消え失せるであろう。否むしろ持続のこの瞬間にわれわれが観察したのとはまったくちがった形態のもとに、まったくちがった諸機能を持って、自然のうちに存在をつづけるであろう。宗教はわれわれに多くの逸脱や労力を省いてくれている。それが世界の起源について、もろもろの存在の普遍的な体系について、われわれを啓蒙しなかったとしたら、われわれが自然の秘密だと解しかねなかったような、いかに多くの異なった仮説が存在したであろうか？　こうした仮説はみんな同じように誤ったものであったので、われわれにはみんな大体同じように本当らしく見えたのであろう。「なぜあるものが存在するのか」という問題は、哲学が提出しえたもっとも困難な問題であり、それに答えうるのは天の啓示だけである。

3

もしわれわれが動物や、動物が足下に踏みにじっている大地や、有機的分子やその分子が動いている液体や、顕微鏡的昆虫や、それを生み、それを取り巻いている物質等に眼を投じるならば、物質一般が死んだ物質と生きている物質に分けられることは明白である。しかし物質が、まったく生きている物質であるか、あるいはまったく死んでいる物質であるか、そのどちらかではないということがどうして可能であろうか。生きている物質は永遠に生きているであろうか？　そして死んだ物質は永遠に、そして実際に死んでいるであろうか？　生きている物質は死なないであろうか？　死んだ物質はけっして生き始めることはないであろうか？

4

組織および運動の現実的または見せかけの自発性以外に、死んだ物質と生きている物質との間に、指摘しうるような何らかの相違があるだろうか？

5

生きている物質と呼ばれているものは、自分自身で動く物質にすぎないのではなかろうか？　そして死んだ物質と呼ばれているのは、他の物質によって動く物質ではないだろうか？

6

もし生きている物質が自分で動く物質であるならば、生きている物質はどうして死なずに動くことをやめることができよう？

7

それ自体において生きている物質と死んだ物質とがあるならば、この二つの原理ですべての形態とすべての現象の生産全体に十分なのではあるまいか？

8

幾何学では、一つの仮想的量に加えられた現実的量は一つの仮想的全体を与える。自然において、もし一つの生きている物質の分子が死んだ物質の分子に加えられると、全体は生きたものとなるであろうか、死んだものとなるであろうか？

9

その集合体が生きたもの、または死んだものでありうるとすれば、それはいつ、またなぜ生きたものとなるのか？いつ、またなぜ死んだものとなるのか？

10

死んでいるにせよ、生きているにせよ、それは一つの形態のもとに存在している。どんな形態のもとにそれが存在するにもせよ、その原理は何か？

11

鋳型は形態の原理であるか？　鋳型とは何か？[53]　それは現実的な、そして先行的〔先験的〕に存在する存在か？それともそれは、死んだ、あるいは生きた存在と結合した生きている分子のエネルギーの認知しうる限界、あらゆる方向のエネルギーの関係によって決定された、あらゆる方向への抵抗にたいする限界ではないのか？　もしそれが現実的な、先行的に存在する存在であるなら、それはどのようにして作られたのか？

12

一つの生きている分子のエネルギーはそれ自体で変化するのか、それともそれが結合している生きた、または死んだ物質の量、質、形態によってはじめて変化するのか？

13

生きている物質と種類上異なる物質が存在するのか？それともすべての生きている物質は本質上一つで、全部に固有なものなのか？　私は同じことを死んだ物質についても問うものである。

14

生きている物質は生きている物質と結合するのか？　この結合はどのようにしてなされるのか？　その結果はどんなものか？　私は同じことを死んだ物質についても問うものである。

15

もしすべて物質が生きたもの、または死んだものと仮定できるならば、死んだ物質、または生きている物質以外のものはないだろうか？　それとも生きている分子は生命を失った後に、再び生命を取り戻し、またそれを失い、このようにして無限に同じことを繰り返すことはできないだろうか？

私の眼を人間の仕事に向け、あらゆる所に建てられた都市や、使用されたすべての要素や、固定された言語や、開化された国民や、築港や、横断された海や、測定された地や天を見る時、世界は大変古いように思われる。医学や農業の初歩的原理、もっともありふれた物質の性質、人間が苦しんでいる病気に関する知識、樹木の剪定、鋤の形などに関する人間の知識が不安定なものであることを見る時、地球はやっと昨日から人が住み始めたように思われる。そしてもし人間が賢いものであるならば、彼らの幸福に関する探求に身を委せ、いくら早くても千年後にならなければ私のくだらない問題に答えはしないであろう。あるいはおそらく、自分が空間と時間とにおいてわずかばかりの広がりしか占めていないことをたえず考慮にいれて、人間はけっしてそれに答えることをしないであろう。

注　意(54)

若人よ、私は君に、「引力のような諸性質は、もし何ものもその作用の範囲を限定しない場合には、無限に拡がるであろう」と言った。それにたいして人は反対して、君につぎのように言うであろう。「私はそれらの諸性質は均等に拡がるとさえ言うことができただろう。人はおそらくつぎのようにつけ加えるだろう。すなわちある性質がなんの媒介もなしに、距離をおいてどうして作用するのか考えることができない、と。しかし不条理な事実はないし、けっしてありもしなかった。もしくはその性質が真空においていろいろに、異なった距離をおいて作用すると主張することは不条理なことである。その場合、一かけらの物質の内部においてであれ、その外部においてであれ、その作用を変化させることのできるものは何一つ認められはしない。デカルト、ニュートン、古今の哲学者たちはみんなつぎのように仮定した。極少量の運動量によってであろうと、真空の中で動かされた一物体は、均等に、直線的に、無限に進んで行く。それゆえ距離はそれ自体としては障害でもなければ媒介物でもない。距離に反比例、または正比例して変化する作用をもった一切の性質は必然的に、充満と微粒子哲学に導く。真空の仮定と、一つの原因の作用の変化の仮定とは二つの矛盾した仮定である。」―― もしこうした困難が君に提起されるなら、私は君になんらかのニュートン主義者にその返答を求めに行くように勧める。なんとなれば、私は君に白状するが、それらの困難をば人びとがどのように解決しているかを私は知らないから。

（小場瀬卓三訳）

基本原理入門　（一七六三年）

あるいは、哲学者の入門式[1]

一人の賢者と改宗者と代父（2）

賢者　あなたは、どういう人物を私に紹介してくださるのですか。
代父　一人前の男になりたがっている子どもです。
賢者　その人は、なにをほしがっていますか。
代父　知恵をほしがっています。
賢者　年はいくつですか。
代父　二十二歳です。
賢者　結婚していますか。
代父　いえいえ。自分では、結婚するつもりもないでしょう。しかし、司祭や修道士を結婚させたいと思っているのです。
賢者　どこの国の人間ですか。
代父　フランスに生まれました。しかし、帰化して未開人になっています。
賢者　宗教はなんですか。
代父　両親はこの男をカトリック教徒にしました。彼自身はその後新教徒になりました。今では哲学者になりたいと望んでいます。
賢者　なるほど、なかなか結構な傾向です。今度は、この男が信じている原理を調べなくてはなりません。若い人、あなたはなにを信じますか。
改宗者　ただ証明されうるものだけしか信じません。
賢者　過去は、もはや存在していないから、証明されえません。
改宗者　私は、過去を信じません。
賢者　未来は、まだ存在していないから、証明されえません。
改宗者　私は、未来を信じません。
賢者　現在は、それを証明しようとすると、もう過ぎさってしまっています。
改宗者　私は、自分を楽しませるものしか信じません。
賢者　結構、結構。したがってあなたは人間の証言を信じないわけですね。
改宗者　そうです。証言が私の思っていることに反する場合は信じません。
賢者　あなたは、神の証言を信じますか。

改宗者　それが人間の口を通して私に語られると、それだけでもう信じられません。
賢者　あなたは、神の存在を信じますか。
改宗者　信じるか信じないかは、場合によります。神という言葉で、人が、自然、宇宙の生命、普遍的な運動を意味するなら、私は神の存在を信じます。さらにこの言葉で、一切を配列し、そのあとは勝手に第二原因に作用させておく最高の知性を意味するとしても、それでもまだ私は神の存在を信じます。……しかし、それ以上のものを意味するとなると、もう私には信じられません。
賢者　あなたは、啓示を信じますか。
改宗者　啓示というものは、司祭たちが、諸民族を支配するために使う手段だと、私は思います。
賢者　あなたは、啓示を記述している歴史を信じますか。
改宗者　いいえ。なぜなら、人間はすべて、他人に欺かれるか、他人を欺くかのどちらかですから。
賢者　あなたは、人びとが啓示を支持するためにもちだす証言を信じますか。
改宗者　いいえ、なぜなら、わたしはこれらの証言を検討するつもりはないからです。
賢者　あなたは、神が人間にたいして、なにごとかを要求していると思いますか。
改宗者　いいえ、ただし、神が人間に、本能にしたがうように要求していることはいうまでもありません。
賢者　あなたは、神が礼拝を要求していると思いますか。
改宗者　いいえ、第一、礼拝など神にとってなんの役に立つこともできません。
賢者　あなたは、魂について、どう思いますか。
改宗者　魂というのは、おそらくわれわれが感じるさまざまな感覚の結果にほかならないのだと思います。
賢者　魂の不滅については。
改宗者　それは一つの憶測だと思います。
賢者　あなたは、悪の起源について、どう思いますか。
改宗者　私は、人間それ自体は善なのだから、悪を生みだしたのは文明と法律なのだと思います。
賢者　あなたの考えでは、人間の義務とはどんなものですか。
改宗者　人間は、自由で独立したものとして生まれたのですから、なんの義務もありません。
賢者　あなたは、正と不正について、どう思いますか。
改宗者　それはたんなる慣習の問題にすぎないと思います。

賢者　永遠につづく刑罰や褒賞については。

改宗者　それは、大衆を抑制するための政治的考案物だと思います。

賢者　よろしい。これは実に明識に富んだ若者です。この若者が、形式によってきめられた質問に返答さえすれば、文句なしにわれわれの仲間に受け入れてやることができます。あなたは、信仰というものが、無知な人びとと間抜け者たちのためにつくられ、簡単に信じこまれている迷妄にすぎない、と思いますか。

改宗者　そう思います。事実そのことは、証明されているのですから。

賢者　あなたは、正常な慈愛とは、たとえどんな犠牲をはらっても、まず自分の利益をはかることだと思いますか。

改宗者　そう思います。事実そのことは証明されているのですから。

賢者　あなたは狂信的な禁欲、贖罪、苦行を放棄しますか。

改宗者　放棄します。

賢者　あなたは、自己を卑下したり、他人から受けた侮辱を許したりするという、卑屈な態度を放棄しますか。

改宗者　放棄します。

賢者　あなたは、貧しい生活、悲しみ、苦しみといった、いわゆる有利な条件と称されるものを放棄しますか。

改宗者　放棄します。

賢者　理性は、最高存在がつくりだしえた、またはつくりだすべきであった(3)ものの絶対的審判者なのだと認めることを、あなたは約束しますか。

改宗者　約束します。

賢者　あなたは、感覚器官が誤りを犯さないものであることを認めると約束しますか。

改宗者　約束します。

賢者　あなたは、自然と情念の声に忠実にしたがうと約束しますか。

改宗者　約束します。

賢者　さあ、これで本当に人間の名に価するものが生まれました。今こそ、あなたに自由をそっくり返してあげるために、(4)『エミール』、『精神論』、および『哲学辞典』の著者の名において、あなたをキリスト教から解放します。あなたはいまこそ、真の哲学者になったのです。そして、自然のしあわせな弟子のうちに加えられたのです。われわれに与えてくれたのと同じ力を、自然は、あなたにも与えているのですから、その力をもって、因習と宗教とをうちこわし、くつがえし、足元に踏みにじりなさい。君主に反抗して諸国民を立ちあがらせなさい。神の法と人為の法のくびきから、人類を解放しなさい。あなたは、自分の教理の正しさを奇蹟で立証しなさい。そのためには、こういうふうにおやりなさい。眼が見えている人を盲目にしなさい。耳がきこえている人を聾にしなさい。ちゃんと歩いている人にびっこをひかしなさい。咲いている花の下に、蛇をひそませなさい。そうすれば、あなたがふれる一切のものが毒に変わるでしょう。

自ら問に答える改宗者

一人の賢者と改宗者と代父

賢者　あなたは、どういう人物を私に紹介してくださるのですか。

代父　真理を求めている、誠実な若者です。

賢者　その人は、よくものを知っていますか。

代父　この男は、ほかの連中が知っていると思いこんでいるたくさんのことを、自分は知らないといって自慢しています。

賢者　結婚していますか。

代父　いいえ、していません。しかし、結婚したがっています。この男は、独身生活を、自然にたいする侵害とみなしており、結婚生活を、各人が社会にたいして支払わねばならない負債とみなしているのです。

賢者　どこの国の人間ですか。

代父　子どもたちが、自分の師にむかって石を投げる国の人間です。[*1]

賢者　宗教はなんですか。

代父　この男が信奉するのは、自分の心の底に書きこまれているのを発見した宗教です。最高存在にたいして、もっとも純粋であるとともに、また、この存在にもっともふさわしい敬意を表する宗教です。ある時代とある場所には存在しないような宗教ではなくて、あらゆる時代とあらゆる場所に通じる宗教です。ソクラテスのような人々とアリスティデス(5)のような人びとを導いた宗教です。時代の終末までもつづくであろう宗教です。なぜなら、この宗教の法は人間の心のうちにきざみこまれているからです。これに反して、他の諸宗教は、ただ古びていくだけなのです。

ちょうど世紀から世紀への急速な流れがはこんでゆき、その流れとともに連れさってしまうすべての人為的制度と同じように。

賢者　若い人、あなたはなにを信じますか。

改宗者　証明されているものすべてを信じます。ただし、すべてを同じ程度にではありませんが。さまざまな段階の証拠があり、その証拠の一つ一つが程度のちがった確信をともなっています。物理学的・数学的証拠は、心証に優先せねばなりません。ちょうど心証が、歴史的証拠に優越せねばならないのと同じように。もしこの物理学的・数学的証拠から遠ざかってごらんなさい。あなたはもう一切のものが確実でなくなってしまいます。そして、この地上をおおっている一切の誤謬は、これら証拠間の優先順位の転倒から生まれたのです。偽りの宗教のすべてを流行させた原因は、人びとが他の証拠をさしおいて歴史的証拠に与えた優先権なのです[*2]。人間の証言が、理性の証言に優越すべきだということが、ひとたび容認されるや、すべての不条理にたいして扉が開かれてしまったのです。その結果、いたるところで、権威が、もっとも明白な原則にとって代り、全宇宙を虚偽の学校にしてしまったのです。

賢者　あなたは、人間の証言を信じますか。

改宗者　ええ、彼らが、啓蒙された善意の人間であるとわかっているときには信じます。けれども、事実は、大勢のペテン師たちと、大勢の無知な連中がいるだけではありませんか。

賢者　あなたは、神の証言を信じますか。

改宗者　神の証言ですって。一体、神は語りかけるのでしょうか。私は今まで、神はその創造したもの、つまり天体、地球、羽虫、象などを通してしか語りかけないものだと思っていました。こうした被造物こそ、私がそのなかに神の語りかけを認める言葉なのです。それにしても神は、別の言葉で語ったことがあるのですか。

賢者　そうです。神は、自分のお気にいりの者には語りかけたのです。

改宗者　一体、誰に語りかけたのですか。ゾロアスター(6)にですか。ノア(7)にですか。モーゼ(8)にですか。マホメットにですか。この連中は、誰も彼もみんな、神が自分に語りかけたのだといって自慢しています。ただ残念なのは、神が彼らのみんなに、それぞれちがう言葉で話をしたことです。一体、誰のいうことを信じればいいのでしょうか。「詐欺師たちめ、なぜあなたたちは、私を誘惑しようと試みるのか。あなたたちのいわゆる啓示とかいうものを、私は一体どうすればいいのか。私は、自分の良心の声だけで十分ではないのか。神は、まさにこの良心の声を通して、あなたの口先からよりも、はるかに確実に私に語りかけるのだ。神がすべての人間にたいして、すなわち未開人にも哲学者にも、ラップ人[9]にもイロコイ人[10]にも同じ言葉で語りかけるのは、良心の声を通してなのだ。あなたたちの人を欺く教義は、次から次へとあらわれてくるが、たがいに他の教義を否認しあっている。だが、良心の教義は、いつでも、どこでも同一だ。あなたたちの偽りの教理で、この神聖な光をくもらせたりすることはごめんだ。もし神が、私の心のうちにきざみこんだ以上のことを、私に教えたいと望んだ場合、神があなたを利用するだろうなどと、あなたたちは考えているのか。私に呼吸させ、私に物を考えさせているのは、神ではないのか。彼が自分の意志を私に知らせるのに、代弁者を必要としているとでもいうのか。さあ、私から去ってあっちへ行け。あなたたちは、ずうずうしくも、自分たちこそ神の通訳であると僭称していた。だが、あなたたちが私を欺くために神の名前を借用したがゆえに、神があなたたちを罰することを恐れるがよい。」

賢者　あなたは、神を信じますか。

改宗者　私は、先にもう、この質問には答えてあります。

賢者　あなたは、神が人間にたいしてなにかを要求すると思いますか。

改宗者　神は、自分が要求していることを他人の口から人間に告げさせたりはしないでしょう。

賢者　あなたは、神が、礼拝を要求していると思いますか。

改宗者　「弱い人間よ。神が、おまえの敬意を必要とするなどということが、どうしてありえようか。おまえは自分が神の幸福や、神の栄光に、なにかをつけ加えることができるなどと考えているのか。おまえ自身がおまえの存在の創造者のことを専心考え、自分を光栄に感ずるがよい。だが、おまえのほうからは、神にたいしてなにもできないのだ。神は、おまえの無のごとき存在を、はるかにこえたところにあるのだから。もし、なにかの礼拝が神の気にいるとすれば、それは心の礼拝だろう。なによりも、そのことをよく考えてみるがよい。だが、神にたいしておまえの気持をあらわすのにどんな仕方でやろうと、そんなことはどうでもいいことではないか。神はおまえの気持を、おまえの魂のなかに読みとりはしないだろうか。どんな態度で、どんな言葉で、どんな服装で、神におまえの祈りをささげようと、そんなことはどうでもいいことではないか。ある種の儀礼的手続をふんだ場合にしか、臣下から提出された請願をうけとらないあの地上の国王たちに、神が似ているだろうか。永遠の存在を、おまえの卑小な性質にまでひきずりおろさないように気をつけるがよい。神の眼にこころよいような礼拝が、なにかひとつあったなら、彼はそれを全世界に知らせていただろうということを、よく考えるがよい。神は、同じ慈愛をもってイスラム教徒の祈りも、カトリック教徒の祈りも、インド人の祈りもききとどけるのだし、また森の奥で、神にむかって叫んでいる未開人の祈りも、教皇冠をかぶって神に願いごとをする教皇の祈りもまったく同じようにききとどけるのだ。」

賢者　あなたは、啓示を信じますか。

改宗者[*3]　この世には、宗教の数と同じだけの啓示がありますｏ いたるところで、人間どもは、自分の想像を、神の権威で支えようと努めてきたのです。どの啓示でも、自分は異論の余地のない証拠に根拠をもっている、と称しています。どれもが、自分には明らかな証拠があるといっています。だがちょっと調べてみると、どの啓示もおたがいに矛盾しあっており、のみならずすべての啓示が理性に矛盾していることがわかるのです。私には、いたるところに山積した不条理が眼にはいり、この不条理の山が、私のなかに、人間精神の弱さにたいするあわれみの感情をかきたてるのです。そして私は、ひそかにこう思います。「人間たちを欺いたりしたところで、一体なにになろう。神が、われわれの理性を通してわれわれに教えてくれている永遠の真理の上に、なぜさらに、笑うべき虚構をつけ加えようとするのか。真理と虚構とを、こんなにふさわしくない仕方で結びつけると、真理の信用を落とすことになるのが、皆にはわからないのだろうか。人びとは、なにかが信じられないとなると、最後にはなにもかも信じられなくなってしまうということが、皆にはわからないのだろうか。すべての人間の心の底にきざみこまれているあの根元的で明白な観念だけでなぜ皆は満足しないのか」と。こういう単純な観念にもとづいた宗教なら、それを信じない人間を、たとえさがしだそうとしても見つけるのは無理でしょう。この宗教なら、すべての人間を、たった一つの民族にまとめあげる役割をはたすだけでしょう。この宗教なら、無知が支配している時代でも地上を血でおおうことはないでしょうし、逆にまた啓蒙の光がみちあふれる世紀でも、皆から無視された亡霊のごとき存在になってしまうこともありますまい。ですが、現実の諸宗教をつくりだしたのは、哲学者たちではありません。宗教は、熱狂した無知のやからか、野心をもった利己主義者たちが生みだしたものなのです。
賢者　あなたは、啓示を記述している歴史を信じますか。
改宗者　ヘロドトス(11)や、ティトゥス・リヴィウス(12)が奇跡についてのべているとき、彼らが信じられないのと同じ程度に、信じられません。
賢者　あなたは、人びとが啓示を支持するためにもちだす証言を信じますか。
改宗者　私は、ほんの一瞬間だけなら、これらの証言が、本当のものだと認めるかもしれません。しかし、これらの証言にしても、もっとも明晰で判明な観念に対抗しうるどんな力をもっているでしょうか。
賢者　あなたは、魂について、どう思いますか。
改宗者　私は、自分に知る能力がないものについては、語りません。
賢者　魂の不滅については。
改宗者　私は魂の本質を知らないのですから、どうしてそれが不滅かどうかを知りえましょう。私は、自分の存在があるときに始まったことを知っているのですから、私の存在がやがて終るということを同じように推測するのが当然ではないでしょうか。しかし、虚無の姿を思いうかべただけで私の体は震えあがってしまいます。そこで私は、自分の精神で最高存在者のことを考え、彼にむかってこういうのです。「あなたご自身を知る幸福を私に与えてくださった、大いなる神よ。あなたが、この幸福を私にさずけてくださったのは、私が、ほんの束の間の数日間、それを味わってみるように、という意味でだったのでしょうか。私は、あの恐ろしい虚無の深淵のなかに、永遠が生まれたその瞬間から、あなたの慈愛が私をひきだしてくださるその時まで、ずっと埋もれていたのですが、もう一度私は、そのなかに沈みこんでいくのでしょうか。あなたの両手が創造された人間の運命を気づかうことが、もしもあなたにおできになるなら、あなたが私に与えてくださった生命のたいまつをどうか消さないでください。この世であなたの創造されたすばらしい事物を讃美したあと、あの世にいってからも、これらの事物の創造者に思いをこらして、私が恍惚状態にひたることができますように、どうかご配慮ください。」
賢者　あなたは、悪の起源をどう思いますか。
改宗者　私は、ポープ(13)と口をそろえて、すべては善だ、というつもりはありません。悪は現実に存在しています。*4 そして、悪は、自然の普遍的法則の必然的結果であって(14)、ばかげた一個のリンゴが生みだしたものではありません。

悪が存在しなくなるためには、この自然の法則が、今とはちがったものにならなければいけないでしょう。私はさらに、このこともつけ加えたいのです。今まで私は、悪のない世界を思いうかべてみようと、何度も全力をつくしてみたのですが、一度も成功しなかった、ということを。[*5]

賢者　あなたの考えでは、人間の義務というのは、なんですか。

改宗者　幸福になることです。このことから、他人の幸福にも役立たねばならないという必要が、別の言葉でいえば有徳でなければならないという必要が生じるのです。

賢者　あなたは正義と不正義について、どう思いますか。

改宗者　正義とは、きめられた慣習を忠実に守ることです。正義は、これこれの、特定の行為のうちに存在しうるものではありません。なぜなら、人びとが、「正義にかなった」という名称を与える行為は、国によってちがうからです。そしてある国で正義にかなった事柄も、別の国では、不正義なことになるからです。ですから、正義とは、法を守ることでしかありえないのです。

賢者　あなたは、永遠の刑罰と褒賞を、どう思いますか。

改宗者　永遠の刑罰ですって。なんと神様は、慈悲心に富んでいらっしゃるのだろう。

賢者　あなたは、未来に富がえられるという希望も、現在味わっている快楽のうちの一番つまらないものにさえ値しないと思いますか。

改宗者　希望というものは、根拠があろうとなかろうと、つねに現実に味わっている満足です。ですから、実際には決して自分のものとなりえない天国の美女たちを、やがて所有できるという希望にとりつかれたイスラム教の信心家は、後宮の女すべてを自分のものにしているサルタンよりも、もっと大きな快楽を味わいうるのです。

賢者　あなたは、正常な慈愛とは、たとえどんな犠牲をはらっても、まず自分の利益をはかることだと思いますか。

改宗者　それは、自分一人の救いを口実にして、ほんとうは、自分たち皆が尽くさねばならない社会を見棄ててしまい、また天国にはいることをめざしたために、この地上では無用の存在になってしまった人たちの意見だと思います。

賢者　あなたは、狂信的な禁欲[*6]、贖罪、苦行を放棄しますか。

改宗者　ええ、大喜びで放棄します。

賢者　あなたは、自己を卑下したり、他人から受けた侮辱を許したりするという卑屈な態度を放棄しますか。

改宗者　自己卑下というのは、虚偽です。自分自身をさげすむような人間がどこにいるでしょうか。もしこんな人間がいるとすれば、彼に禍あれ。尊敬されるためには、自分自身を尊敬しなければなりません。他人から受けた侮辱を許すことについていうと、これは心のひろい人間が実践することです。そしてこれは、キリスト教的徳と称されるようになる以前からすでに人倫上の徳でした。

賢者　あなたは、貧しい生活、悲しみ、苦しみを放棄しますか。

改宗者　もしできることなら、それらを放棄するもしないも、自分の意志次第でどうにでもなるというようになればいいがと思います。

賢者　理性は、最高存在がつくりだしえた、またはつくりだすべきであったものの、絶対的審判者なのだと認めることを、あなたは約束しますか。

改宗者　事物の本質を変えることは、神にとっても不可能ですが[*7]、その点をのぞけばおそらく神は、すべてのことができます。しかし、だからといってただちにこのことから、自分がつくりだすことのできるものすべてを、神がつくりだしたということにはなりません。神ははたして、あなたが彼のせいにしているものを、実際つくりだしたのでしょうか。まさにこれこそ、理性が検討してみる権利をもっている問題です。そして、人が、神によってつくりだされたと称されているある種の事柄を否定する時、その人が信じることをこばんでいるのは、神の力ではなくて、実は人間の証言のほうなのです。

賢者　あなたは、感覚器官が誤りを犯さないものであると認めることを約束しますか[*8]。

改宗者　はい、約束します。ただし、感覚器官が理性によって反駁されない場合にかぎりますが。

賢者　あなたは、自然と情念の声に、忠実にしたがうと約束しますか。

改宗者　この声は、われわれに、なにを告げているでしょうか。幸福になれ、といっているのです。この声に、われわれはさからうべきでしょうか。またさからえるでしょうか。いいえ、そんなことはできません。もっとも徳のある人間も、もっとも堕落した人間も、ひとしくこの声にしたがっています。なるほど、この声が、両者にちがう言葉を語っているのは事実かもしれません。しかし、ひとたび、すべての人間が啓蒙の光に浴すれば、この声は、徳の言葉を語ることでしょう[*9]。

*1　ヨーロッパで、哲学が研究されている国は二つしかな

い。フランスとイギリスだけである。イギリスでは、哲学者は名誉を与えられ、尊敬され、公職につき、国王によって埋葬される。だからといって、イギリスがそのためにより悪くなったりしているだろうか。フランスでは、皆が哲学者を非難し、追放し、迫害し、司教の教書や諷刺作品や誹謗文書で圧迫する。にもかかわらず、われわれを啓蒙し国民の名誉を維持してくれるのは哲学者なのだ。だから、私が、フランス人は、自分の師に石を投げる子どもたちだというのは正当なことではないだろうか。

＊2　すべての実定宗教は、歴史的証拠に根拠をおいている。

＊3　賢者孔子の宗教は、除外しておかねばならない。人間を支配するには謬見が必要である、と信じこんでいる人たちにまちがいを気づかせるには、孔子の宗教の一例だけで十分である。孔子の宗教には、奇跡も、天啓も、超自然現象もない。にもかかわらず、この地上で中国の民以上にうまく統治されている人民がいるだろうか。――キリスト教宣教師たちの報告にもとづくこの確信は、十八世紀には普遍的であった。（アセザ補注）

＊4　悪の起源にかんする、巧妙に組みたてられた体系や、長々と書かれた大部の本を私は知っているが、私はそこで、ただ夢物語を読んだにすぎない。悪は善そのものに結びついている。片方をそのままにして、もう一方だけをとりのぞこうと思っても、無理だろう。善悪両者とも共通の原因に源を発している。物理的無秩序状態、火山の爆発とか、地震とか、嵐などは、その原因を、宇宙間の運動と生命とを維持している物質的法則のうちにもっている。苦悩が生まれるのは、われわれすべての快楽の源でもある感性からだ。道徳的悪というものは、悪徳、すなわち他人のことをさしおいて自分だけを大切にすることにほかならない。この道徳的悪にかんしていうと、これは、われわれの生存を維持するためには不可欠であるが、にもかかわらず屁理屈屋によってはげしく非難されてきた、あの自己愛の必然的結果なのだ。地上に悪徳が存在しないようにするには、人びとが悪徳にたいしてなんの関心ももたないような状態を生みださねばならない。これが立法者の使命である。

＊5　その内部では、一切が善であるような体系が存在しうるかどうか、私にはわからない。しかし、そういう体系を構想することが不可能なのは、私にはよくわかっている。動物から空腹と渇きをとり去ってみたまえ。そのあとでは、一体なにが、欠乏物を補給するよう彼らに注意してやるだろう。動物から苦痛をとり去ってみたまえ。そのあとでは、一体なにが、生命をおびやかす危険について彼らに警告してやるだろう。人間について考えてみると、現代の一人の哲学者（コンディヤック――アセザ補注）が証明したとおり、すべての情念は肉体的感性の発展したものにすぎない。人間が情念をもたないようにするに

は、人間を自動人形にするより仕方がない。ポープは、ライプニッツ(15)にしたがって、この世界が、現にある以外の形では存在しえないことをきわめて巧妙に証明した。だが、彼が、そのことから一切が善であるという結論をひきだした時、彼はばかなことをいったのだ。彼は、一切は必然的である、というだけで満足すべきだったのである。

＊6　純潔と禁欲とを区別するよう注意しなければならない。禁欲は、自然の意向に反しているのだから悪徳である。これにたいして、純潔とは法で許されている場合のほかは、愛の快楽をつつしむことである。

＊7　学校において、全然理解されていないくせに真理であると認められているこの原則によれば、神は、部分を全体より大きくしたり、三を一にしたりする能力をもっていない。なぜなら、部分が全体より小さいのは、部分の本質に属することであるし、三が三であるのは三の本質に属することだからである。また、両端のない棒を作ったり、三辺のない三角形を作ったりすることはいずれも神にとって不可能である。

＊8　感覚器官の価値を認めたがらぬ人たちは、感覚器官がもたらす証言を忌避しているために、かえって自分たちが確立しようと思っている教義そのものをうちこわしているのだ、ということに気がついていない。事実、この人たちの主張する教義の真実は、一体なにを根拠にしているのだろう。それは、神の言葉を根拠にしているのだ、とあなたは私に返答する。だが、この神の言葉をたしかにきいた、と思いこんでいる人びとが、自分の感覚器官によって欺かれているのではないと、誰があなたに保証したのか。またあなたがこういう人たちの口から神の言葉を教えられたと思っている時、あなたの感覚器官もまたあなたを欺いているのではないと、誰があなたに保証したのか。どんな場合に、感覚器官の権威を否認せねばならないのか。どんな場合に、その権威を認めねばならないのか。神が私に自ら玄儀を啓示して、パンはパンではない(16)、と突然告げるものと仮定しよう。この場合、私は、神の言葉とまさに反対の事実を私に保証する自分自身の両眼、両手、味覚、嗅覚を信用しないで、なぜ耳のほうを信用しなければならないだろうか。ある種の言葉を、自分でははっきり聞いていると思いこんでいる場合でも、パンを見、触れ、嗅ぎ、味わっていると思いこんでいる場合とまったく同様に、私がまちがっているのではないだろうか。逆に、私を欺いているのは耳のほうだと、四対一の割合で断言できないだろうか。このように、私の感覚器官相互間に矛盾がある場合、私は、理性の法則にしたがって、より多数の側の報告を尊重すべきではなかろうか。人は、好きなだけ理屈をこね、好きなだけ精密に論証をねりあげるがよい。私としてはただ、正しい判断力をそなえた人を満足させられるような仕方で、私が今のべた反論にちゃんと答えてみよ、というばかりである。

ところで、私は、先に神が自ら私に語りかけるものと仮定した。それなら、神の言葉が無知か嘘つきの人間たちを伝わって、やっと私にまでたどりつき、こうして歴史的不確実さが、他の疑問点につけ加わるような場合、先の問題は一体どういうことになるのだろうか。

＊9　人間の罪を、情念のせいにすることはまちがいだ。人間の罪について責任を問わねばならないのは、情念のくだす誤った判断にたいしてである。情念は、われわれのうちに常によいものをふきこむ。なぜなら、情念は、われわれに幸福追求の欲望だけしか吹きこまないのだから。誤った方向に導き、幸福に到達するには正しくないような進路をわれわれにとらせるものは精神なのだ。だから、われわれが罪を犯すのは、ただ判断が誤っているからなのだ。このように、われわれを欺くのは、理性であって、自然ではないのである。「だが、経験は、あなたの意見のまさに逆だ」と、人はいうかもしれない。事実、われわれは、もっとも啓蒙された人物が、しばしばもっとも堕落しているという場合を、よく知っている。これにたいして私は、これらの人物が、自分の幸福について、実はきわめて無知なのだと答えよう。この点にかんして、私は彼らの心情のいい分に耳をかたむけよう。自分の犯した悪い行為が、後悔の動機になっていないような人間がこの地上に一人でもいれば、その人は、魂の底で、私の主張を否認するがよい。もしも真実が、今のべたとおりでなければ、道徳はどうなってしまうだろう。徳はどうなってしまうだろう。もし徳が、幸福にいたる道からわれわれを遠ざけるなら、われわれが徳を実践するのはばかげたことだ。したがって、徳がわれわれにふきこんだ徳自身にたいする愛を、もっとも有害な衝動として心のなかで根絶しなければならないだろう。これは、考えただけでもぞっとすることだ。いや、そんなことはまちがいだ。幸福にいたる道は、徳を実践する道そのものだ。運命は、徳にたいしてさまざまの障害をおくこともあるだろう。だが、運命といえども、徳に常についてまわるあのうっとりするような法悦感、あの清らかな官能の喜びを、それからとり除くことはできないだろう。徳の持ち主にたいして、世間の人びとと運命とが一緒になって悪事をたくらんでいる間も、この徳ある人のほうは、自分が耐え忍んでいる事柄すべてのうめあわせを、ありあまるほど心のなかに見いだしているのである。これこそ本当の幸福と本当の不幸の源である。これこそ、迫害と恥辱にとりかこまれていても、善人にたいしては幸福を生みだすものであり、幸運の恵みのただなかにあっても、悪人にたいしては苦悩を生みだすものなのだ。

「自ら問に答える改宗者」の検討

理性の非理性的なまでに熱狂した信奉者連中を茶化した作品が、あなたに信仰告白を強要するはめになろうとは、思いもかけないことでした。あなたは、第二の対話を「自ら問に答える改宗者」と題されていますが、私には、この作品があなたの決定的な意見の表明であるとは思えません。私は、この作品中にあなたの先師たちが、さまざまな仕方で表明していた事柄を、はっきり認めました。が、それらは、あなたの先師たちの意見です。それともあなたご自身の意見なのでしょうか。あなたは、茶化した作品にたいして、別の茶化した作品で答え、あなたの機知を発揮してみようと思われました（もっとも、こういう問題にかんして、茶化した態度は場ちがいであるということ、しかもその見本をあなたに示すというまちがいを犯したのがこの私だということを私は認めますが）。あるいはまた、あなたはいかにももっともらしい理屈で頭を一杯にし、あなたの先師たちと同じような確信をいだいていると思いこんでいるのです。それというのも、あなたは彼らとちがったことを信じるのが恐ろしいからなのです。彼らの体系は、あんまり都合よくできすぎているので、あなたに不信感をふきこんでいるにちがいありません。誰も、これほどやすやすと有徳になれるものではないのですから。

それはともかく、もし不幸にも、あなたが書かれたものが、知性と同時に、心情にみちあふれているとしても、あなたがこの作品を書かれたことを私は不満には思っていません。これらの意見、これらの哲学的立言が、あなたの精神のなかで、はげしい勢いでわきたっていたのです。それらのものを、外部に流しだしてしまった今では、あなたももっと冷静に論議を進めることができるでしょう。もしあなたがこんな気分のまま、私と一緒に改宗者の返答を検討してみようという気になられたら、あなたがその返答の正しさを非常に多く割引いて考えられたろうということは疑いありません。また、はげしい熱狂状態の時には、力にあふれているように見えたものが、冷静で落着いた判断の法廷にひきだされると、その力の多くを失うという事実をあなたが認められることも疑いありません。私があなたを召喚するのは、この法廷になのです。この法廷で、あなたの哲学者志願の若者の理屈について、とげとげせずに私と論議しようというのです。さて、どうか私が、あなたにではなく、この志願者に語りかけることをお許しください。

1　もしあなたが、誠実な人間なら、次のことを認めなさい。あなたは、宗教のことを知ろうと努めるより、むしろ宗教の敵対者たちの書物を読もうと努めてきたということ。あなたは一方の側にすっかり味方してしまっているということ。あなたは、反論のなかにばかり真理を主張したいと望んでおり、証拠のなかに真理を認めることを恐れているということを。

2　結婚の神聖さにかんしては、誰もがあなたと同意見です。しかし、自分の好みや、身もちの悪さから独身でいる社交界の連中が、宗教と贖罪のために独身生活をおくっている人たちにたいして、たえずあびせかけている非難を耳にして、良識は怒りをおぼえるのです。

3　風儀を純化する点で、イギリスは、フランス以上に当代の哲学によって、利益をえたわけではありません。風儀がもっとも堕落しているのは、この両国なのです。そのうえ、イギリス人が哲学にたいしてはらっている尊敬にもかかわらず、結局のところ彼らも、司教教書ではげしく攻撃されている有名人を、大臣の座につける気があるようにも見えません。

4　あなたは、もっとも純粋でもっとも価値ある敬意という語で、何を意味しているのですか。キリストの宗教がもっている敬意以上のものが存在するでしょうか。この敬意とは、すなわち愛と信なのです。これこそ、この宗教の二つの基礎なのです。愛のない宗教が存在しうるでしょうか。さらにまた、人は自分の知らないものを愛することができるでしょうか。信以外のものによって、物を知ることができるでしょうか。

5　「この男が信奉するのは、自分の心の奥底に書きこまれているのを発見した宗教です。」ああ、もしあなたが心のなかに書きとめられていることを、神の法とみなしたりすれば、あなたは神に、たくさんのたわごとを書かすことになるでしょう。あなたは、傲慢、羨望、吝嗇、悪意、淫奔、およびすべての悪徳の源が、心のなかに書きこまれていることを発見するでしょう。人間性が、自分勝手にふるまうようにほっておかれると、あらゆる種類の迷いのなかに、落ちこんでしまいます。これらの迷い自体、心がわれわれを導くのは善にむかってではないこと、および、人間は心以外の導き手を必要としているということを証明して余りあります。

6　多様な事物には、それに対応して、多様な種類に属する証拠が存在していることは明らかです。また、各事物の証拠をもとめるには、それにふさわしい種類の証拠の範囲内に限定しておかねばならない、ということも明らかです。しかし、証拠のそれぞれが、自分の属する種類内での完全度をもっている場合は、それらの証拠をみな、ひとしく信じなければなりません。証拠をこんな具合に処理するのは、宗教のしきたりです。これに反して、あなたが嘆いておられたように、証拠相互間の優先順位を転倒し、それによってなにもかも混同してしまうのは宗教に敵対する人たちのしきたりなのです。彼らは、数学的証明をうけいれることのできない事物のなかに、数学的証明をもとめています。そのくせ、歴史的証拠が自分たちに都合のいい時には、それらを容認し、自分たちの意見に矛盾する時には、それらを拒否するのです。事実の問題については、歴史的証拠のほかに証拠はありえません。宗教は、一つの事実である啓示に、その根拠をもっています。そして、正当な事象と皆の賛同に根拠をおくこの事実を採用するのは、まさに理性そのものなのです。

7　「神は語りかけるのでしょうか。」この質問は奇妙です。なぜ神が語りかけないのでしょうか。なぜ言葉を創造した方が、語りかけないのでしょうか。なぜ目を作った方に、物が見えないのでしょう。なぜ耳を作った方に、物がきこえないのでしょう。彼は、その創造したものを通して語りかける、とあなたはおっしゃいます。よろしい、そのことは認めましょう。しかし、彼は自分に表明できることだけを表明したのであって、自分の欲することを表明したのではありません。彼は啓示によって語りかけることができます。ですから、事実そうしました。彼は、感覚器官という形態を通して語りかけることもできます。ですから、事実そうしました。一体誰が、彼にこの能力を認めることをこばめるでしょう。そして彼が表明した意志からのがれることができるでしょう。

8　ああ、あなたはもはや、謙虚な態度で真理をもとめるあの誠実な若者ではありません。あなたは、前もって自分の意見を、しかも過激な意見を決定してしまっています。この狂信的・理神論的せりふは、あなたの先師たちの無軌道さをはるかに上まわっています。せりふのなかの一語一語は、ほとんどそっくり先師たちの書物一冊分に書かれています。だがあなたは、さらにそのなかへ、彼らもあえて口にする勇気をもたなかったののしりの言葉を、つけ加えたのです。けれども、こののしりの言葉は、かえって逆にそれを使う人たちのほうにはねかえってきて、彼らに攻撃を加える論拠になってしまうのです。あなたは、こういっています。「この連中は、誰も彼もみんな、神が自分に語りかけたのだといって自慢しています。」だが、この連中は、皆が皆、神が自分に語りかけたという事実を証明しているでしょうか。「神が語りかけたのは、ゾロアスターにですか。マホメットにですか。」いいえ彼らにではありません。なぜなら、この二人は神が彼らに語りかけたことを証明していないのですから。「モーゼにですか。」そうです。なぜなら、彼は神が彼に語りかけたことを、一つの事実が優に証明されうるようなもっとも確固たる、もっとも真実な証拠によって証明しているのですから。神を信ずる人びとが自分たちを誘惑しようとしている、とあなたはおっしゃいます。けれども、もしそうだとしたところで、そういう計画をたくらんだ人たちにとって、一体どんな利益があるでしょう。あなたにたいして、あなたの主人の親切の対象になる方法を教え、さらにあなたが、彼の怒りの対象になることを防いでくれる誘惑とは、一体どういう誘惑でしょう。あなたは、あなたの主人(17)と、親密で直接的な関係をもっているものと思いこんでおり、また彼があなたの良心に語りかけるものと思いこんでいます。恩知らず。あなたが、良心なるものをもっているのは、あなたがその伝統のなかで生まれた宗教の基本原理のおかげなればこそなのです。もしこれらの基本原理がなければ、この良心は、多分同胞をむさぼり食う食人種の良心に堕してしまうことでしょう。あるいは、血潮をあびて暮らし、短剣をにぎりしめたまま死んでいくマダガスカル人(18)の良心に堕してしまうことでしょう。それとも、実の父や子を売りはらう黒人の良心や、家族に売春をさせるラップ人の良心になってしまうことでしょう。あなたと同じように、自分たちは特権的人間だと考えている彼らは、これまたあなたと同じように、自分たちの心のうちに光を与えてくれるのは神である、と主張することでしょう。そして、こんなふうにして、あなたは神を、われわれ人類の恥辱になるような、いとうべきしわざの張本人、およびその荷担者にしたててしまうことでしょう。そうです、啓示はあなたから身をかくすでしょう。あなたが啓示を拒否しているのですから。だがあなたは、あなた自身の意見と他人の意見とにもてあそばれ、空虚にたいする恐怖と、暗闇にたいする恐怖のなかに、いつまでもおちこんでいることでしょう。

9　あなたは、啓示を拒否し、それをののしりました。けれども、あなたは啓示を打ち破ってしまったわけではありません。なぜなら、誰にしたところで、表現だけは豊かなくせに、肝心の証拠は至極お粗末という場合がありうるのですから。あなたは、啓示を記述している歴史を信じてはいません。それなら、どんな事実も信じてはいけません。というのは、どの事実にしても、それがあなたに伝わるのは、歴史によるほかはないのですから。ユークリッドがアメリカ人でなかったことは、三角形が平行四辺形の二分の一であるのと同じように確実です。エルサレムの聖殿に金の燭台があったことは[19]、わがフランスの教会にランプがあるのと同じように確実です。デモステネスがギリシアの雄弁家であったことを私に保証しているのと同種類の証言が、聖パウロが福音の宣教者であったという事実を私に保証しているのです。歴史にかんする懐疑主義は、限界をもっており、この限界を越えると、荒唐無稽なものに堕してしまいます。

10 「これらの証言にしても、明白な観念に抵抗しうるどんな力をもっているでしょうか。」 理性をこえた事物が存在していることをわれわれに教える力をもっているのです。この私のほうからあなたに質問しましょう。観念は、明らかに真である事実に抵抗しうるどんな力をもっているでしょうか、と。一つの事柄を理解できないということは、われわれがそれをしりぞけてしまう理由にはなりません。われわれは、毎日眼前で起こっている事柄をなにひとつ理解してはいません。あなたは、どのようにして子供が生まれてくるか、どのようにしてどんぐりが樫になるのか、どのようにしてあなたの意志があなたの腕を動かすのか、わかってはいません。しかし、事実は論証などを斟酌せずに起こります。道理は、ユダヤ民族が当然絶滅されるべきであるということを明示しています[20]。それなのにユダヤ民族は、どんな道理にも反して、生存しています。

11 「もし神が、人間にたいしてなにかを要求するとすれば、そのことを他人の口から人間に告げさせたりはしないでしょう。」 そうです、そんなことはしません。単純な頭の人が、詐欺師にだまされないように、神は、自分の要求を人間に伝える場合に使った人びとにたいして、彼らの使命を証明する手段を与えていないのです。ですから神は、人間を使った場合、こういう用心をしているといえるのです。

12 「もし、なにかの礼拝が神の気にいるとすれば、それは心の礼拝でしょう。」 とにかく言葉を正しく使ってください。礼拝は心の中に存在するものではありません。心の中にあるのは宗教です。礼拝において本質的なもの、そして神が望んでいるものは愛です。礼拝は感情の表現です。そして魂は、礼拝がなければ、必ず無感覚と無感動のうちにおちこんでしまうのです。

13　もしあなたが、自分の魂を知らなければ、そしてまた、魂が物質的なものでないということを感じなければ、あなたは一体なにを知りうるでしょう。もしあなたが自分の魂を知らなければ、いうまでもなくあなたには、なにひとつはっきりしたものは存在しません。あなたが、神にたいして、自分の不滅を願う祈りは、非常に美しいものです。ただあなたが、神に祈りを捧げるのが、神の教会と、神の言葉を讃美する人びとと、神の法を特に研究する人びととに、あなたが闘争をしかけて、激昂した場合に限るというのは、まことに残念なことです。

14　では一体、悪を生みだすあの自然の法とはなんでしょうか。自然は、神が自然に与えた以外の法をもっているのでしょうか。ところで、神は悪を欲することも、命令することもできません。ですから、悪は、それ自体としてではなく、ただ神の法に対立するものとしてしか存続しえない消極的存在なのだ、ということを認めなさい。そうだとすると、失礼ながら、あの禁じられた果実のどこが滑稽なのでしょうか。新しく生まれた人間に、神がなにを禁ずべきだったとあなたは考えるのですか。神は人間の従順さを、人間が現に使用している物以外のところで、ためしてみることができたでしょうか。たとえ神が人間に、その妻を、妻として使うことを禁止したとしても、あなたはやはり生まれてくることになっていたでしょう。神の知恵は、もっとも些細な事柄のうちにもひそんでいるのです。そして神を裁く人びとの滑稽さは、彼らのもっとも勝ち誇った論議のなかにも認められるのです。

15　あなたが正義について与えた定義は、少しも正確ではありません。事実、誰でも、きわめて不正義な慣習を遵奉することができるからです。正義が、法を守ることのうちにあると規定するのは、結果を原因に先行させているのです。というのは、法そのものは、正義にしたがってつくられたのですから。あなたは、神があなたに一切を啓示することを望んでおり、またあなたの良心以外の宗教を望んではいません。しかし、もしこのようなあなたが、生まれつき人がもっている正義の観念を知らず、またあなたの正義が他人の慣習に左右されるものだとすれば、神はあなたのうちに、一体どんな光をふりそそいだのでしょう。あなたが信ずる原理によれば、この光は、未開人も、哲学者も、ラップ人も、イロコイ人も照らしているのだということをあなたは忘れています。正義と徳は、われわれの意志が神の意志に一致することをいうのです。

16 冗談と道理とは別物です。ダビデ(21)からパスカル、フェヌロン(22)にいたるまで、啓示宗教の信徒は無知のやからとばか者たちだけだったなどと、あなたは一体誰に説得するつもりなのですか。もっとも極端な偏見でも、そんなことを主張したことは一度もありませんでした。それどころか、こういう偏見も、次の事実を認めざるをえなくなったのです。すなわち、神にとって非常に親しい存在である、素朴な人たちと貧しい人たちにたいして説かれてきた同じ信仰が、次第次第に、各世紀が生みだした、力と天才において最高の人たちをも征服してしまった、という事実なのです。

17 宗教のいましめによって社会を教え、宗教を手本として社会を感化するのは、社会を見棄てることではありません。たとえ人が、社会を見棄てないとしても、やがて社会のほうが、社会の堕落に加担したくない人びとに、社会を見放すようにしむけるでしょう。それに、自分の信じる原理が自殺を正当化しているような人たちが、わざわざ親切心をだして、この世に苦痛を感じている人びとがこの世を去って行くのをはばんでくれるなどと、あなたは思うのですか。

18 「自分自身をさげすむ人間とは、どういう人でしょう。」それは、自分自身のことを、他人よりずっとよく知っている人たちです。死すべき運命をもった、か弱い存在であるわれわれは、誰でもつねにとるに足りないものです。悲しいことに、人間たち相互のさげすみあいという事実が、人間は実際なにに値しているかをよく証明しています。

19 自然の声は、あなたにむかって、幸福になれといっています。しかし、本当のところ、宗教もあなたにたいしては別のことを語ってはいないのです。宗教はそれ以上のことをします。宗教は、あなたにたいして、大声でこういいます。「現在および永遠にわたって不幸にならないためには、これをしてはいけません。」「現在および永遠にわたって幸福になるためには、あれをしなさい」と。あなたは幸福をもとめています。それなら、幸福を、いつまでも満足することを知らないあなたの感覚のなかにではなく、現実にそれが存在し、また「現在および永遠にわたって(23)」存在しつづけるであろうような場所に、もとめなさい。あなたは、すべての人間が有徳になるために、啓蒙の光に浴することを望んでいます。だが、誰が彼らに光を与えるのですか。偏見と誤謬におちこみがちな、ほかのもう一人の人間ですか。どこに、彼はその光を点ずるのですか。ああ、

どうか、「光あれ」といわれた方によって、あなたが照らされるようにしてください。(2)

「自ら問に答える改宗者の検討」にたいするディドロの返答

あなたの対話にたいする返答として私が書いた対話に、あなたが加えられた批判を、私は大変光栄に思いました。特に、あなたが私の説をうち破ろうとされる際の、控え目でもの柔らかな調子にたいして、あなたにお礼を申しあげねばなりません。これこそまさに、皆が真理を探究する時にとらねばならないような態度です。私の意図は、型にはまった論争をはじめることではありませんから、私はこの第二作にたいして、逐条的に返答しようとは思いません。私はただ、あまり正しいと思えなかったいくつかの個所に、少しばかりの考察を加えることだけで満足するつもりです。私が意見をのべる際の無遠慮な調子が、あなたのお気にさわらなければよいがと思います。人間は、皆が皆、同一意見をもつことはできません。しかし、皆が誠実でなければいけないのです。ですから人は、誤りを犯したからといって罪があるわけではなく、真理を裏切っているがゆえに罪があるのです。さてでは、私の作品にたいするあなたの検討を調べることにしましょう。

あなたは最初にこうおっしゃっています。「あなたは、次のことを認めなさい。あなたは宗教のことを知ろうと努めるより、むしろ宗教の敵対者たちの書物を読もうと努めてきたということと、あなたは、一方の側にすっかり味方してしまっているということとを、云々。」この非難は、公正なものとはいえません。あなたは私に不公平なところがあると主張されていますが、私があなたとはちがった考え方をするという点をのぞけば、その不公平なるものにどんな証拠があるのですか。

「自分の好みや便宜のために独身でいる人びとと、宗教的動機から独身生活をおくっている人たちとを区別しなければなりません。」前者のような独身者も、後者のような独身者もまちがっています。人が独身生活を送るのが、好みからにせよ、見当はずれの宗教的熱狂からにせよ、社会はそれによっていずれ劣らず損失をうけるのです。しかし、宗教は独身生活をおくるようにすすめている、とあなたはおっしゃるでしょう。しかしこれこそまさに、宗教にそむく意見の表明です。

「風儀を純化する点で、イギリスは、フランス以上に当代の哲学によって、利益をえたわけではありません。風儀がもっとも堕落しているのは、この両国なのです。」フランスとイギリスにおいて、哲学が風儀を堕落させたのだ、といって非難するのは、哲学にたいしてよほど虫の居所が悪かったにちがいありません。事実、風儀の堕落には、このほかにはっきりしたたくさんの原因があるのですから。

「ああ、もしあなたが心のなかに書きとめられていることを神の法とみなしたりすれば、あなたは神に、たくさんのたわごとを書かすことになるでしょう。」私にたいして言葉の濫用を非難されているそのあなたが、ここではあなた自身言葉を濫用されていないでしょうか。今の場合、心という言葉で私が意味しているのは良心のことであって、情念でないことは明らかではありませんか。

「彼らは、論理的証明をうけいれることのできない事物のなかに、論理的証明をもとめています。」歴史的事実が論理的証明をうけいれないということは、誰もがよく知っています。歴史的事実が論理的に証明された真理に優越することができないのは、まさにこのゆえなのです。たとえどれだけうまく一つの事実が証明されようと、その事実は決して幾何学の公理と同じほど明白ではありません。事実は、厳密に調べてみるといつわりだという場合もありえますが、公理がいつわりである場合はありえません。百人もの歴史家が、トロヤ[25]という町がかつて存在した、と私に保証している場合、彼らが皆同時にまちがっているか、それとも彼らが皆同時に私を欺こうとしているということはありえます。ですが、円の半径が直径の二分の一でないというようなことはありえません。しかしながら、あれほど正しく証明されたと称されているキリスト教の事実とは、一体なんでしょうか。それは、イエス・キリストの死に際して、地のおもてをおおったという暗黒[26]のことなのですか。それにしても、キリストと同時代の歴史家は、ギリシアの歴史家も、ローマの歴史家も、それについて一言ものべていないのです。それはヨシュア[27]によって、半日の間その運行を止められた太陽のことなのですか。それにしても、彼をのぞけば他のどんな著作家も、この現象については語ったことがないのです。キリストの宗教は、その宗教のため皆の一致した証言をもっている、とあなたはおっしゃいます。そういうのは簡単なことです。しかしどれほど大勢の歴史家が、聖書史家に反対していることでしょう。まったく、どれだけたくさんの証言が、偽造されたことでしょう。かつて存在していたほんの少数の書物が僧侶の手に所有されていた間に、どれだけたくさんの証言が抹殺されたことでしょう。事実、キリスト教が自慢する皆の一致した賛成なるものは、結局キリスト教徒の一派だけの賛成に還元されてしまうのです。

「神は語りかけるのでしょうか。この質問は奇妙です。」神が自分の意志を人間に知らせるために、言葉の器官をかりることが必要であったということを、私は認めてもよろしい。神が自分の意志をわれわれに伝える際には、感情と思考とを伝える時ほど、即座には伝えられないのだということを、私は認めてもよろしい。しかし、それにしてもなぜ、神はその意志を私に知らせることを、ペテロとパウロに頼んだのでしょう。なぜ神は、自分自身でそのことを私に告げなかったのでしょう。なぜ、人類のうちの四分の三もの人は、神が御自身の意志をゆだねたもうた、とあなたが称されている人びとの噂を、今後も決して耳にすることがないでしょうか。

「恩知らず。あなたがたびたび口にするあの良心なるものをあなたがもっているのは、あなたがその伝統のなかで生まれた宗教の基本原理のおかげなればこそではありませんか。」良心はあらゆる時代のものです。それはキリスト教が生みだしたものではなく、創造主の贈りものなのです。それは、現にフランス人に語りかけているのと同じように、かつてはギリシア人とローマ人とに語りかけていたのです。この良心を否認するのは、あまりにも明白な真理にそむくことです。あなたが引きあいにだされた野蛮人諸民族の慣習についていえば、彼らの慣習は、なにひとつ証明しているわけではありません。われわれと同じように、未開人たちもまた良心の声にしたがわない場合があるということを、皆よく知っています。それに、彼らの慣習中にも、正当化しようと思えば簡単にできるものだって存在しているのです。しかし、その問題に立ち入ると、われわれは当面の主題から、あまりにもかけはなれてしまいそうです。

「あなたは、啓示を記述している歴史を信じてはいません。それなら、どんな事実も信じてはいけません。というのは、どの事実にしても、それがあなたに伝わるのは、歴史によるほかはないのですから。」だが両者間には、なんという相違が存在していることでしょう。あなたは、物理学と理性とに一致する事実と、物理学と理性とが否認する事実とを、同一種類の事実とみなしています。しかし、私に真の事実と偽りの事実とを識別させてくれるのは、事実が物理学と理性とに合致するか、それとも矛盾するか、という点なのです。私は、歴史家たちの証言にもとづいて、カエサルが実在の人物であったということを信じます。けれども、もし彼らが、カエサルはローマとゴール地方とに同時に存在していたとか、カエサルは月に旅行したとか、そういう種類のことを私にいうとすれば、私は歴史家たちをもう信じないでしょう。ちょうど鉱山において金と鉛とがまぜあわされているように、歴史においては、真実と誤謬とがたえずいりまじっています。そして理性こそが、両者を分離するるつぼなのです。次の二つの命題は、二つとも詭弁です。ユークリッドがアメリカ人でなかったことは、三角形が平行四辺形の二分の一であることが確実であるのとまったく同様に確実だ。これはとんでもないことです。また、エルサレムの聖殿に金の燭台があったことは、わがフランスの教会にランプがあることがまちがいないのとまったく同様にまちがいない。これもまた、とんでもないことです。こんな論理の進めかたでゆけば、あなたと私の意見が一致しないとしても、意外ではありません。

「これらの証言にしても、明白な観念に抵抗しうるどんな力をもっているでしょうか、とあなたは質問されています。これらの証言は、理性をこえた事物が存在していることをわれわれに教える力をもっているのです。」あなたがどういう意見をのべられるにせよ、人間の証言は、二に二を加えると三になるなどということを、理性をそなえた人に信じさせる力をもつことは決してないでしょう。私にむかって、理性をこえた事物が存在しているといってみても、誰も私に不条理を信じさせることはできないでしょう。なるほど、われわれの理性を超越した事物が存在するかもしれません。しかし私は、理性に反する一切のもの、理性にそむく一切のものを断乎として拒否するでしょう。まるで明白な事柄が誤りでありうるかのように、また明白な証拠が真理の誤りないしるしではないかのように、人間たちの証言を明白な証拠の上位におこうとするこういう論証法とは一体なんでしょうか。こういう論拠で他人を満足させようと思っている人たちは、事実自分たち自身もそんな論拠で満足できるのでしょうか。

「道理は、ユダヤ民族が当然絶滅されるべきであるということを明示しています。」道理は逆に、ユダヤ人も結婚し、子どもを生んでいるのですから、ユダヤ民族は存続していくはずだということを明示しています。では今日、カルタゴ人もマケドニア人(28)もはや見られないのは、なにが原因なのだ、とあなたはおっしゃるのでしょう。その理由は、彼らがほかの民族にまざってしまったということです。ところが、ユダヤ人の宗教と、ユダヤ人が寄生していた他民族の宗教とが、ユダヤ人にたいしてこれらの民族と合体することを許さなかったので、彼らは孤立した一民族を形成せざるをえないのです。それに、ユダヤ人は、こんなふうに、各地に散らばって存続している唯一の民族なのではありません。はるか以前から、ゲーブル[29]人やバニヤー[30]族も、これと同じ状況にあります。

「いいえ、神は自分の要求を人間に伝える場合に使った人びとにたいして、彼らの使命を証明する手段を与えていないのです。」では彼らは、どのようにして自分たちの使命を証明したのでしょう。奇蹟によってです。それなら、モーゼのすばらしい[31]奇蹟を目撃したユダヤ人たちが、その奇跡を認めようとしないのは、どういう原因によるのですか。彼らが、たえずモーゼに反抗していたのは、どういう原因によるのですか。彼らは冷酷な心の持ち主だった、とあなたはおっしゃるでしょう。しかしそれなら、モーゼの奇蹟を見たこともなく、彼より五千年も後からこの世に生まれたこの私が、昔のユダヤ人と同じほど冷酷な心をもっているからといって、はたして罪があることになるのでしょうか。

「魂は、礼拝がなければ、必ず無感覚と無感動のうちにおちこんでしまうのです。」礼拝が存在すればよいということ、その点は賛成です。しかし、各人は自分の国の礼拝の仕方に従うがよろしい。そして、ラテン語で神に祈る人[32]たちが、英語やアラビヤ語で神に祈る人たちにむかって、地獄落ちを言い渡したりしないようにしてほしいものです。

「もしあなたが、自分の魂を知らなければ、そしてまた、魂が物質的なものでないということを感じなければ、あなたは一体なにを知りうるでしょう。」魂、物質。われわれは魂について、一体どれほどのことを知っているのでしょう。この無知の暗闇のなかで、誰がわれわれを照らしてくれるのでしょう。私の魂がなんであるかをよく知っているあなた、どうか魂とはなんであるかを、私に説明してください。

私は、はっきりいって次の言葉が、なにひとつ理解できないのです。「ですから、悪はそれ自体としてではなく、ただ神の法に対立するものとしてしか存続しえない消極的存在なのだ、ということを認めなさい。」おそらく、私は、私の理解力のなさだけをとがめるべきなのでしょう。原罪にかんしていえば、リンゴを食べたがゆえに、アダムが罰せられたということは、もちろん非常に正当なことだった、といってもよいでしょう。ですが、そのリンゴに手をふれたこともないあなたや私、およびアダムという名前が発音されるのを聞いたこともない大勢のほかの人たちまでもが、なぜそのリンゴのせいで罰をうけたりするのでしょう。今から六千年前に、一人の男がある庭園で一個のリンゴを食(33)べたからという理由で、あわれな一人のホッテントット人が、この世に生まれると同時に、地獄の業火にひきわたされるように運命づけられているというのは、まったく不幸なことではありませんか。*1

もし正義が、既成の慣習を忠実に守ることでなければ、それは一体なんでしょうか。あなたが正義に与えられている定義は、正義に適合していませんし、また他の徳にも適合していません。事実あなたは、正義以外の徳もまた、正義と同じく、神の意志との一致と規定しておられるのですが。しかしあなたは、こうおっしゃるでしょう。法そのものが正義にもとづいて制定されたものである以上、正義は、慣習または法を遵守することではありえないのだ、と。人間は法を制定する以前に、事実として、正義の観念をもっていたのでしょうか。そして法が制定されたのはこの観念にもとづいてなのでしょうか。この疑問を解決するために、最初の法がどのようにしてつくりだされることになったかを調べてみましょう。最初に法が必要であることを感じさせたのは、労働、あるいは先占者の権利によって獲得された所有なのです。一つの畑にそれぞれ種をまいたり、あるいは一つの地所をそれぞれ溝でかこんで、お互いに「私の穀物、または果実に手をださないでくれ。そうすれば、私だって君のものには手をださないから」といいあった二人の人間は、最初の立法者でした。この取りきめは、その内部に、なんらかの正義の観念を前提しているでしょうか。また彼ら二人は、この取りきめをするに当って、二人に共通な利害の認識以外の認識を必要としたでしょうか。そうは思えません。では彼らは、正義と不正義との観念を、一体どのようにしてえているのでしょう。両者の観念は、彼らの精神において、取りきめの履行および不履行をもとにして形成されたのです。一方は正義の名で指示され、他方は不正義の名でよばれたのです。そしてこの対立関係にある行為が、一方は「正義にかなった」と形容され、他方が「不正義の」と形容されるのです。ですから私はあくまで自説に固執して、こういいたいのです。正義とは、法の遵守以外のものではありえない、と。*2

「宗教のいましめによって社会を教え、宗教を手本として社会を感化するのは、社会を見棄てることではありません。」修道士たちが人を感化する手本になるとは、なんということでしょう。あなたを感化するのは、アンリ三世[34]と、アンリ四世の暗殺であり、また現代に起こったポルトガル王[35]の暗殺なのですか。これら憎むべき連中にたいするどのような好意的先入見が、あなたにこんな発言をさせることになったのでしょう。あなたは、あなたの国の人びとにたいして彼らが行なったすべての悪事を忘れてしまったのですか。すなわち、彼らの狂信的な叫びがひき起こしたカトリック教徒同盟の惨禍、彼らが扇動者であった聖バルテルミーの祝日の新教徒大虐殺[36]、および二百年の宗教戦争の間に彼らがフランスに流させたすべての血の河の悪行です。もし同じ状況がもう一度やってくれれば、彼らは再び血を流させるでしょう。彼らの精神は変っていません。彼らは、啓蒙の光に照らされた世紀を見て悲しんでいるのです。無知の時代が再びあらわれることにでもなれば、あなたには、暗黒が再び彼らの修道院からでてきて、諸国家を支配し、顛覆させるのが見えることでしょう。なんと不可解な分別のなさでもって、人びとは今日にいたるまで、これらの危険な修道会が存続することを放任していたのでしょう。私はここで彼らの風儀について語るつもりは毛頭ありません。しかしそれを親しく見聞することのできたすべての人たちは、彼らが自分たちの住居では、どれほどむちゃくちゃな腐敗と放埒のなかで生活しているかを知っています。この階級に所属する人たちは、今日では昔よりもっといやしくなってしまいました。この階級はもう今では、民衆中の最下層の人びとによってしか構成されていないのです。彼ら最下層民は、どこかの工場において、あるいは一台の鋤を手にして、まじめに生活費をかせぎだそうとはせず、だらしなく、社会の施しに頼って生活することを好んでいるのです。ですから彼らは、社会から労働をとりあげるだけでは満足しません。彼らはなおそのうえ、有用な市民たちから、市民たち自身の労働の結果をもとりあげてしまうのです。現在国政の舵をとっている才能ある人物*3は、今まで国家のために非常な功労を捧げてきました。しかし、この人物が、国家の利益を顧慮されて、国家をむしばみ、人口を減少させているこれら多数の団体を改革するという功労を、さらに以前の功労につけ加えられんことを望んでやみません。各世代ごとに祖国からうばいとられた、八万人以上の市民を祖国に確保することによって、この人物は戦争の勝利や征服によるよりも、もっと祖国にたいして功をつくすことになるでしょう。もしこの人がいなければ、この世に生まれてこなかったであろうような新しい後世代が、自分たちをこの世に生みだしてくれたという理由で、やがてこの人に感謝をこめて祝福を送ることでしょう。こうしてこの人は、現在の世代と未来の諸世代の人びとの恩人となることでしょう。

＊1　これにたいして、人は正当にもこう答える。全人類は、最初の人間一個人のうちに含まれていた。そして、すべての人間は、彼において罪を犯したのであるから、彼とともに罰されるのは正当である、と。こういう推論は、神の正義を傷つけるものであるのか、それともむしろ荒唐無稽なものであるのか、私にはなんともいえない。

＊2　正義を、望みのままの多数の仕方で定義してみられるがよい。本文で与えた定義以外のどんな定義も曖昧で、異論の余地があろう。

＊3　ショワズール公爵(37)。——今までこの作品に与えられていた一七六七年という日付を、われわれに修正させるよう導いたのは、この言及である。ショワズール公爵が、イエズス会の解散命令に署名したのは一七六四年である。したがって、もしディドロが一七六七年に執筆していたのだとすれば、これほど重要な事実は、きっとディドロの願いの表現の形をもっと変えていたにちがいない。第一の対話の最後の節で問題にされている『エミール』が発刊され、焚書にされたのは一七六二年のことである。（アセザ補注）

（中川久定訳）

ダランベールの夢

（一七六九年）

ダランベールとディドロとの対話

ダランベール　白状するがね、どこかに存在しているが空間中のいかなる点にも対応していないある存在物、広さがなくてしかも拡がりを占領しているある存在物、この拡がりの各々の部分の下にことごとくはいっているもの、物質とは本質的に異なっていてしかも物質と一つになっているもの、物質につきまとい、自らは動くことなしに物質を動かすもの、物質に働きかけ、物質のあらゆる変動の作用を受けるもの、僕がそれを思い浮かべようと思っても全然思い浮かべられない存在物、こんな矛盾した性質の存在物は承認し難いね。けれどもこれを拒否するものにとっても別の曖昧さが待ち受けている。なぜかといって、君がその代りに置きかえているあの感性という奴も、もしそれが物質の一般的な本質的な性質だとすると、石も感じなくてはならないではないか。

ディドロ　なぜ石が感じては悪いかね？

ダランベール　それは考えられないじゃないか。

ディドロ　そうだろう、石を切り、刻み、砕き、石の泣くのが聞えない者にとってはね。

ダランベール　人間と立像、大理石と肉との間に、君はいかなる区別を設けているか、聞かせてもらいたいね。

ディドロ　まあ、設けていないだろうな。肉で大理石が造れるし、大理石で肉が造れるからね。

ダランベール　だが一方が他方ではないぜ。

ディドロ　君のいわゆる生きた力という奴が死んだ力でないようなものさ。

ダランベール　わからないな。

ディドロ　説明しよう。一物体の一つの場所から他の場所への移動は運動ではない。それは運動の結果にすぎない。運動は移動された物体の中にも動かない物体の中にも等しく存在する。

ダランベール　そういう見方は初めてだ。

ディドロ　だからといって、ほんとでないとは言えないぜ。動かない物体の位置の移動の妨げとなっている障害を除去したまえ。その物体は移動するだろう。急激な稀薄操作によってこの大きな樫の幹を包んでいる空気をなくして見たまえ。幹の中に含まれている水分が突然爆発して、幹を粉微塵に飛び散らしてしまうだろう。君自身のからだについても同様のことが言える。

ダランベール よろしい。けれども運動と感性の間に何の関係があるのだ？ 生きた力と死んだ力があるように、行動的な感性と生命のない感性を君が認めるのは偶然のことなのかね？ 位置変動によって自らを発見する生きた力、圧力によって現われる死んだ力、動物において、またおそらくは植物においても認め得られるある種の行動によって特徴づけられる能動的な感性、能動的な感性の状態への過渡において確かめられるごとき生命のない感性。

ディドロ 見事、見事。君がみんな言ってしまったよ。

ダランベール そういうわけで、立像は生命のない感性だけしか持っていないし、人間、動物、それにおそらくは植物も、能動的な感性を賦与されているのだね。

ディドロ 大理石の一塊と肉の組織との間にはむろんこの差異はある。けれどもそれが唯一の差でないということはよくわかるだろう。

ダランベール むろんのことだ。人間と立像との外形の間にいかに類似点があろうとも、その内部組織の間には何の関係もない。いかに巧みな彫刻家の鑿《のみ》でも上皮さえも作り得ない。けれども死んだ力を生きた力の状態に移すための非常に簡単な道行きがある。それは一日に何遍となくわれわれの眼の前でくり返されている経験だよ。ところが、生命のない感性の状態からある物体を能動的な感性の状態に移すのはどうしてやるんだか僕にはさっぱりわからない。

ディドロ それは君が見ようとしないからさ。同じくありふれた現象だよ。

ダランベール その同じくありふれた現象というのは、一体何だい、一つ承りたいね？

ディドロ いま言うよ。恥をかきたいというのなら。君が食事をするたびに行なわれているじゃないか。

ダランベール 僕が食事をするたびにだって！

ディドロ そうさ、だって君、食事をしながら、君は何をすると思うかね？ 食物の能動的な感性を妨げている障害を取り除いているのだよ。食物を君自身に同化させているんだよ。食物を肉にしているんじゃないか。食物を動物化しているんだ。食物に感覚を与えているんだ。君が食物に対して実行していることを、やろうと思えば僕は大理石に対して実行するよ。

ダランベール　ではどうしてやるね？

ディドロ　どうしてだって？　大理石を食べられるようにするのさ。

ダランベール　大理石を食べられるようにするって、わけなくできるとは思われないぜ。

ディドロ　その道行きを示すのが僕の役目だがね。ほらそこにあるその立像をとり上げて、臼の中へ入れる、それから力まかせに杵《きね》の数撃を……

ダランベール　おっと、お手柔らかに。ファルコーネの傑作じゃないか。ユエ(1)か誰かの作だったらまだしも……。

ディドロ　ファルコーネにとっては一向にかまわないわけだよ。立像は金が払ってあるんだし、ファルコーネは現代における尊敬などということをあまり問題にしていないし、未来における名声に至っては一向気にかけていないんだからね(2)。

ダランベール　よろしい、では粉微塵にしたまえ。

ディドロ　大理石の塊が指に触ってもわからないくらいの粉末になったなら、それを肥料ないし腐蝕土に混入する。一緒によくこね合せる。混合物に水をかけ、一年ばかり腐らせておく。二年でも、一世紀でもかまわない。時間なんか問題じゃない。全部がほぼ同質の物質に変化した時、すなわち堆肥に変化した時、どうするかわかるかね？

ダランベール　君が堆肥を食べないことだけは確かだよ。

ディドロ　そりゃそうだ。だが堆肥と僕との間の結合、摂取の手段はある。化学者の言うような、媒体がある。

ダランベール　その媒体というのは植物だろう。

ディドロ　いかにも。僕はそこへ豌豆《えんどう》だの空豆だのキャベツだのそのほかの野菜を播く。野菜はその土から養分を摂り、僕はその野菜を食物にする。

ダランベール　ほんとだか嘘だか知らないが、その大理石から堆肥へ、堆肥から植物界へ、植物界から動物界、肉への道行きは気にいった。

ディドロ　そこで僕は、肉、あるいは、僕の娘が言うように、魂を作る。能動的に感覚を持った物質を作るのだ。君の提出した問題を解決しないとしても、少なくとも大いに解決に近づいているわけだ。大理石の一片から感じるものへの距離は、感じるものから考えるものへの距離よりはるかに遠いということを、君は認めるだろうからね。

ダランベール　認めるよ。けれどもいくらそうだからといって、感覚のあるものはまだ考えるものではないね。

ディドロ　一歩先へ進む前に、ヨーロッパ最大の幾何学者の一人の歴史を述べることを許してくれたまえ。この驚くべき人物は一体最初は何だったろう？　無ではないか。

ダランベール　無とは何だ！　無からは何物も生まれない。

ディドロ　君は言葉を文字通りに解釈しすぎるよ。僕の言おうとしているのはこうさ。母親、すなわち、あの美しい罪作りな尼道心タンサン(3)が思春期に達する前、軍人ラ・トゥシュが青年になる前には、わが幾何学者の最初の細胞を構成すべき分子は、この両人の若い脆弱な身体器官の中に散っており、淋巴液とともに浸透し、血液とともに循環していたのだが、最後に、彼らの結盟のために宛てられた貯蔵所、すなわち父と母の睾丸及び卵巣の中に収まったのだ。さあそこにその稀有の胎種が形成された。それからこれは定説だが、ラッパ管を通って子宮に運ばれる。長い茎様のものを出して子宮に付着する。それから次第に成長して胎児の状態に進む。それからこの暗い牢屋から出る時がやってくる。さあ、生まれる。そしてサン‐ジャン‐ル・ロランのお寺の石段の上に捨てられる。これが先生の名前の由来さ。孤児院から拾い上げられ、人の好いガラス屋のお内儀さんマダム・ルソーの乳があてがわれ、乳を吸って、身も心もすこやかに生い立ち、文学者、機械学者、幾何学者となったのだ(4)。ところで、これはどうして行なわれたか？　食物をとること、またその他の純粋に機械的な操作によってではないか。全体の定式を四つの言葉で言い表わせばこうだ。食え、消化せよ、in vasi licito〔天ノ与エタ容物《いれもの》ノ中ニ〕蒔き散らせ、et fiat homo secundum artem〔シカシテ巧ミナル術ヲモッテ人間ヲ作レ〕さ。だから人間ないし動物の形成の進行に関する研究発表を学士院に提出するものは、物質的な能因だけを用いればよい。その順次に展開される結果は、生気のないものから、感覚のあるもの、次は考えるもの、昼夜平分時の歳差(5)の問題を解決するもの、卓絶せる人物、奇蹟的な人間、次第に老境にはいって行くもの、次第に弱り、漸次に死滅し、分解し、腐蝕土に還元されるもの、といった順序だ。

ダランベール　では君は、前もって存在している種というものを信じていないのだね。

ディドロ　信じていないよ。

ダランベール　こいつぁどうも！　見事なことだ！

ディドロ　それは君、実験に反し、道理にも反しているよ。実験はそういう種を卵の中に、またある年齢以前の大多数の動物の中にいくら探しても見つからなかったのだから、実験に反しているし、物質の多様性は、悟性の中においては何らの制限を持っていないが、自然の中においてはある終局を持っていることを道理はわれわれに教えているし、すっかりでき上った象を原子の中にはいっているものと考え、その原子の中にまた他の一匹のすっかりでき上った象を想像し、かくして無限に続けてゆくことを、道理は拒絶するから、道理にも反しているよ。

ダランベール　けれども、そうした前もって存在する種がなくては、動物の最初の出生は考えられないではないか。

ディドロ　卵が牝鶏よりも先か、牝鶏が卵よりも先かの問題が君を悩ますなら、それは君が動物は原始において現在におけると同様であったと仮定しているからだ。愚の骨頂だよ！　どうなるかわからないと同様に、どうであったかもわかるものか。泥の中でもがいている眼に見えない小さい蛆虫も、おそらく大動物の状態に向って進んでいるのかも知れない。その大きさでもってわれわれの胆をつぶすような巨大な動物もおそらくは蛆虫の境涯に向って進んでおり、おそらくはこの地球だけの一時的な特有の産物かも知れない。(6)

ダランベール　どうしてそんなことを言うのかね？

ディドロ　さっき言ったじゃないか……だが、そんなことを言ってちゃ、最初の議論から離れてしまう。

ダランベール　それがどうしたと言うのだ？　初めの議論に戻ってもいいし、戻らなくてもいいではないか。

ディドロ　時間にして何千年か先走っていいかね？

ダランベール　どうして悪い？　時間は自然にとって何ものでもないではないか。

ディドロ　では、われわれの太陽を消すことに同意してくれるね？

ダランベール　太陽を真っ先に消すというのでなかったら、大いに同意するよ。

ディドロ　太陽を消したとしたら、何が起こると思うかね？　植物は滅びるし、動物も滅びるだろう。さあ淋しい物音のしない地上が現出する。太陽をもう一度燃やすのだ。途端に無数の新たな出生に必要な原因を復活することになる。けれどもその間から、幾世紀の後に、今日あるわれわれの植物や動物が再び生まれるか、それとも生まれないか、僕は保証できない。

ダランベール　なぜ、散らばっていた同じ要素が再び結合してきて、同じ結果を生み出さないのかね？

ディドロ　それは自然においては、すべての物が相互に依存しているからだ。新しい現象を仮定したり、あるいは過ぎ去った瞬間を呼び戻したりするものは、実は新しい世界を作り出しているのだ。

ダランベール　それは深い思索家なら否定できない事実だ。ところで話を人間に戻すと、話の順序からそうしなくてはならないんだからね、覚えているかい、君が話の途中で僕をすっぽかしたのは、感覚あるものから考えるものへの過渡のところだぜ。

ディドロ　覚えているさ。

ダランベール　率直に言うと、そこから早く引き出してくれるとありがたい。どうも僕は考えがせっかちでいけない。

ディドロ　僕がやりおおせない時に、抗弁のできない一連の事実に反してどんな結果が起こるというのだ？

ダランベール　何も起こらないね。ただ、われわれがそれっきり立往生してしまうだけさ。

ディドロ　で、先へ進むために、その属性に矛盾を含んだ因子を発明し、意味の空虚な、わけのわからない言葉を発明することが許されるだろうかね？

ダランベール　許されない。

ディドロ　では一つ、一体、自分自身への関係における、感覚のあるものの存在とは何か聞かせてくれたまえ。

ダランベール　それは自分が反省を始めた最初の時から現在に至るまで、自分であったという意識だろう。

ディドロ　で、その意識は、何によって立っているかね？

ダランベール　自己の行為の記憶だ。

ディドロ　では、その記憶がなかったなら？

ダランベール　この記憶がなかったなら、彼は決して自我を持たなかったろう。印象の瞬間においてだけしか自己の存在を感ぜず、自己の生活の歴史というものを持っていないのだからね。彼の生涯は何物によっても結ばれない、間の切れた一連の感覚になるだろう。

ディドロ　至極結構だ、そこで記憶とは何かね？　どこから生まれるのかね？

ダランベール　それはある種の組織から生まれる。その組織は生長し、弱くなり、時にはまったく消えてしまう。

ディドロ　では、もしも感覚があり、その記憶を司る組織を持ったものが、自分の受け入れた印象を連絡させ、この連絡によって自己の生活の歴史である歴史を作り、自我の意識を得るなら、彼は否定し、肯定し、結論をくだし、思考するわけではないか。

ダランベール　どうもそうらしい。難点はあともう一つしか残っていない。

ディドロ　そりゃ違うだろう。まだたくさん残っているぜ。

ダランベール　だが主要な奴が一つあるのだ。つまりわれわれは一度に一つのことしか考えられないように思えるんだがね。そして、何も迂回した道行きにおいて多くの思想を包含しているような巨大な推論の連鎖のことを問題にしているのではないが、一つの単純な命題を作るためにでも、少なくとも二つの物が現存していることが必要だ。すなわち悟性がこれから肯定し、ないし否定する性質を問題としている間に、対象は悟性の眼の前にじっとしているように見えなければならない、と言われるように思えるのだ。

ディドロ　僕もそう思うね。だから、ときどき、われわれの器官の繊維を鋭敏な振動絃に比較したことがあるよ。鋭敏な振動絃は指が弾いた後なお長いこと左右に揺れ、響いている。この振動、この必然的な響きの一種が、悟性が自分に適した性質を問題としている間に、対象を現存状態に保たしめるものなのだ。けれども振動絃はこのほかになおもう一つの特性を持っている。すなわちそれによってほかの絃までも震わせることだ。かくして第一の観念は第二の観念を呼びさまし、この二つが第三のものを呼びさまし、この三つが一緒になって第四のものを、というふうに次々に続いて行き、瞑想に耽り、あるいは静寂と暗黒の中に自らの心の声に耳を傾けている哲学者の、呼びさまされ、鎖のように連なって行く観念に制限を付することはできない。この楽器は驚くべき閃きを持っている。呼びさまされた一つの観念がやがて、理解もできないほど間を置いた和音を震動させるのだ。もしこの現象が、よく響く、けれども生命のない、離れ離れになった絃の間に見出されるとするならば、生きており連絡のある生命の間に、連続した、感覚のある繊維の間にどうして行なわれないと言えるかね？

ダランベール　そいつはほんとでないとしても、少なくとも、非常に気が利いているよ。けれどもどうやら君が君自身避けたがっている不都合の中に知らぬまに落ち込んでいると信じざるを得ないね。

ディドロ　どんな？

ダランベール　君は二つの実質の区別をけしからんと言っているではないか。

ディドロ　それはそうだ。

ダランベール　もう少し厳密にみて見たまえ。君は哲学者の悟性を楽器とはっきり別なものにしている。振動絃に耳をかして、音が合うとか合わないとか言っている音楽家か何かに仕立てているよ。

ディドロ　僕がそうした反対論の余地を与えたかも知れない。けれども、もしも君が哲学者という楽器とクラヴサンという楽器の差異を考えてくれていたら、おそらくそうした異論は立てなかったろう。哲学者という楽器は感覚を持っている。それは同時に音楽家であり、楽器である。感覚を持っているものとして、自分の出す音の一時的意識を持っており、動物としては、その記憶を持っている。この有機的な能力は、自身の中で音を結びつけ、そこに旋律を作り出し、書き留める。クラヴサンに感性と記憶があるものと仮定して見たまえ。そしたら、鍵盤の上に君の弾きこなした曲を楽器(7)が自分でくり返さないだろうかどうかね。われわれは感性と記憶を賦与された楽器だよ。われわれの感覚は、われわれの周囲の自然が弾奏し、時にはまた自分から弾奏する鍵盤のようなものだ。僕の判断によれば、君や僕のような有機的クラヴサンの中で起こるすべてのことは次のようなものだ。楽器の内部あるいは外部に原因を持っている印象がある。この印象から生まれる感覚がある。継続する感覚だ。なぜといって、その感覚が生まれるとすぐに分割もできない短い時間の中に消えてしまうと考えることは不可能だからね。もう一つの印象がそれに続く。それは同じく原因を動物の内部および外部に持っている。それから第二の感覚および自然なもしくは人為的な音によってそれを示す声と。

ダランベール　わかったよ。そういう具合で、もしもその感覚あり生命のあるクラヴサンがさらに滋養分の摂取と生殖の能力を賦与されていたなら、生活を続け、自分で、もしくは雌と一緒になって、小さなクラヴサンを生み、その子供も生きていてボンボン鳴るという寸法なんだろう。

ディドロ　大いにそうだ。君の意見だと、河原ひわ、鶯、音楽家、人間、それと違っているものというのは何かね？　カナリヤ《スラン》と鳥風琴《スリネット》の間にどんなこれ以外の差異を発見するかね？　どうだい、この卵が見えるかい？　この卵一つで神学のあらゆる学派と地上におけるすべての寺院を覆せるのだ。そもそも、この卵は何だろう？　種が導入される前は感覚のない一塊の物質の塊だ。種が導入された後でも何だろう？　やはり感覚のない一塊だ。なぜといって、その種自身も生命のないぶざまな液体にすぎないんだからね。いかにしてこの一塊が別の組織に、感性に、生命に移行するのか？　熱によってである。何が熱を生ずるか？　運動だ。運動によって順次に起こる結果は何だろう？　僕が返事をする代りに坐りたまえ。その結果を眼で刻々に追うことにしようではないか？　まず最初は左右に揺れている一点だ。細い糸が延びてそれに色がつく。肉ができ上る。嘴、ちょっぴり生えた翼、眼、両脚、が現われて来る。黄味を帯びた物質がたぐりこまれ、それが腸を作る。さあもう動物だ。この動物は動き、じたばたし、さえずる。さえずりが殻を透して僕の耳にまで聞えてくる。産毛が一面にはえてくる。眼が見えてくる。頭が重くて揺れるものだから、閉じこめられている牢屋の内壁に嘴が絶えずぶつかる。さあ破れた。這い出し、歩き、羽で飛ぶ。何かに苛立ち、逃げたと思うと、近づき、不平を訴え、苦しみ、愛し、欲望を起し、快感を感じ、まあ人間の持っているすべての愛情、すべての行動を持ち、それを実行する。君は、デカルトとともに、純粋に模倣をこととする機械だと言い張る(8)かね？ けれども子供たちも君を嘲笑し、哲学者は、もしもこれが機械なら、君だってやっぱり別の機械だと答えるだろう。もしも君が動物と君との間には組織上の相違があるにすぎないと認めれば、君は常識と理性を持ち合せていることを示したわけになり、君はまじめにものを言っているということになるが、しかし聞く方では君の本意に反して、ある方法で配置された生気のない物質が他の生気のない物質に浸され、熱と運動を加えられれば、感性と、生命と、記憶と、意識と、情熱と、思想が得られる、と結論するだろう。だから、君にはこの二つの態度のうちどれか一つを採るよりほかに方法はないよ。すなわち卵の生気のない塊の中に、自分の存在を現わすための発展の機を待っていたかくされた要素を想像するか、それともその眼に見えない要素は発展のある特定の時期に、殻を透して忍びこまれたと想像することだ。だがこの要素とは何か？ 空間を占めているか、それとも全然占めていないか？ 自分で動くことなしに、どうして来たのか、あるいはどうして出てきたのか？ どこにいたのか？ どこかで何をしていたのか？ 必要な時に創り出されたのか？ 存在していたのか？ 住居を求めていたのか(9)？ 同質とすれば、物質的なものだったし、異質とすれば、発展以前における無力も、発展した結論の動物の中におけるその力も、理解することができない。自分の言葉によく耳を傾けて見たまえ。自分がかわいそうになるぜ。君はこういうことを感じるだろう。すべてを説明する単純な仮定、すなわち感性を、物質の一般的特質とするか、ないしは有機体の産物とする、この仮定を許容しないためには、君は常識と縁を絶つこととなり、神秘と矛盾と荒唐無稽の深淵の中に落ち込むことになるのだ。

ダランベール　仮定だって！ そう言うのは君の勝手だ。だが、もしそれが本質的に物質と相容れない性質だったらどうだろう？

ディドロ　どうして感性が本質的に物質と相容れないと

いうことが君にわかるのかね？　物質だって、感性だって、何だってその本質を知っていない君にわかるのかね？　運動の本質、一物体の中におけるその存在、一物体から他の物体へのその伝達を、君の方がよく理解しているというのかね？

ダランベール　感性の本質も、物体の本質も考えているわけじゃないが、感性というものは単純な、単一な、不可分な性質で、分割可能の対象ないし基体と相容れないことを知っているよ。

ディドロ　形而上学的・神学的寝言だ。何を言うのだ？　物質の外形をなしているすべての性質、すべての眼に見える形が、本質的に不可分だということを君は見ないのかね？　不可入性に多いだの少ないだのということはないね。丸い物体の半分ということはあるが丸さの半分ということはないからね。運動が多いとか少ないとかいうことはあるが、運動性の多少ということはないからね。思想の半分だの三分の一だの四分の一だのということがないと同様に、頭や耳や指の半分、三分の一、四分の一というものはないよ。もしも世界の他の分子に似た分子が一つもなく、分子内においても他の点に似た一点もないとすれば、原子自身も一の性質、一の不可分の形を賦与されていることを認めたまえ。分割は、形を破壊する以上、形の本質とは相容れないことを認めたまえ。物理学者らしくしたまえ。ある結果の産物ができているのを見たなら、それを認めたまえ。原因の結果への結びつきを説明することはできないだろうが。論理家らしくやりたまえ、実際に存在しておりすべてを説明する原因の代りに、考えられない、結果との結びつきに至ってはさらに考えられないような、無限に多くの困難を生み出し、しかもただ一つの困難も解決しないような原因を置きかえるのはよしたまえ。

ダランベール　だが、もしも僕がその原因を放棄したらどうなるんだ？

ディドロ　世界に、人間の中に、動物の中に、一つの物体が存在するだけだ。鳥風琴は木でできており、人間は肉でできている。カナリヤは肉でできており、音楽家は複雑に組織された肉でできている。けれども、どちらも、同じ起源、同じ形成、同じ作用、同じ目的を持っている。

ダランベール　だが、君のその二つのクラヴサンの間に音についての申し合わせはどうして成立するのかね？

ディドロ　一匹の動物は、他のものとまったく相似の、感覚ある楽器であり、同じ格好を賦与され、同じ絃を張られ、同じやり方で、喜びや、苦しみや、空腹や、渇きや、疝痛や、感嘆の念や、恐怖の念によって弾奏されるのだから、極地と赤道直下において異なった音を出すことはできない。だからすべての死語および現代語の中にほとんど同様の間投詞を発見できるのさ。慣用的な音の起源は必要と親近とに求むべきだ。感覚のある楽器すなわち動物は、しかじかの音を出すと、しかじかの結果が自分自身の外に起こるということ、他の自分と同様な感覚のある楽器すなわち他の相似の動物が近寄り、遠のき、要求し、提供し、傷つけ、愛撫するということを経験したのであり、これらの結果が彼の記憶および他のものの記憶の中においてこれらの音の形成と結びついたのだ。人間同士の交通の中には音と行為があるばかりだという事実に注目してくれたまえ。僕の説に全威力を発揮させるためにさらに次の事実に注目してくれたまえ。バークレー(10)が物体の存在に反対して提出したのと同じ越え難い難関を免れられないのだぜ。感覚を持ったクラヴサン君が、自分が世界中でたった一人のクラヴサンで、世界のすべての調和音が自分の中から起こると考えたりした興奮時があるのだ。

ダランベール　その点に関しては言うべきことがたくさんある。

ディドロ　それはほんとだ。

ダランベール　たとえば、君の説に従えば、いかにしてわれわれが三段論法を構成し、いかにして結論を引き出すかはあまりよくわからないじゃないか。

ディドロ　つまりわれわれが結論なんてものを引き出さないからさ。結論なんてものはことごとく自然によって引き出されるものだよ。われわれは連絡している現象を述べるにすぎない。その結果はある時は必然で、ある時は偶然だ。そうした経験によってわれわれに知られる現象を記述するにすぎない。数学、物理学、その他の厳密科学においては必然であり、道徳、政治、その他の推測科学においては偶然だ。

ダランベール　現象の結合が、ある場合においては他の場合よりも必然でないということがあるだろうか？

ディドロ　そうじゃない。けれども原因があまりに多くの、われわれには認識されない特別な変化を受けるので、続いて起こる結果を誤りなく期待することはできないのだ。気性の激しい男が侮辱されたら腹を立てるだろうということについてわれわれの知っている確かさは、ある物体がそれより小さい物体に突き当れば、それを運動させるという確かさと同じものではないからね。

ダランベール　では類推はどうだ？

ディドロ　類推は、もっとも複雑な場合においても、感覚ある楽器の中に行なわれる比例法にすぎない。もし自然の中で知られているしかじかの現象に続いて、自然において知られている他のも一つの現象が起こるなら、自然によって与えられるか、自然の模倣において想像されるかする第三の現象に続いて起こる第四の現象はどんなものか？　普通の戦士の槍が十ピエ〔三メートル強〕とすれば、アジャックス[11]の槍は長さどれだけか？　僕が重さ四リーヴル[12]〔約二キロ〕の石を投げるとすれば、ディオメデスは一塊の岩を動かすはずである。神々の一股と神々の馬の一跳びの長さは、神々対人間の想像上の割合で決められる。動物が鳴るのを期待しているのは、三つの他の絃に釣り合った第四の調和絃であり、その鳴ることはつねに動物自身の中において起こるが、自然において起こるとは限らない。詩人にとっては、そんなことはどうでもいい。依然として真理なのだから。だが哲学者にとっては、問題がちがう。彼は次に自然に向ってきくことを必要とする。自然は彼が推測したものとしばしばまったく異なった現象を与えるので、そこで哲学者先生、類推が自分を誘惑したことに気づくのさ。

ダランベール　失敬するぜ、君、さようなら、そしてお休み。

ディドロ　冗談言っちゃいけない。だが、君は枕についてからでもこの対話の夢を見るにちがいない。その対話が君の夢の中で支離滅裂だとしても、お気の毒だが仕方がない。だって君は、もっとひどい笑うべき仮説を抱懐することを余儀なくされるよ。

ダランベール　そんなことはない。僕は懐疑主義者として枕につき、懐疑主義者として床を離れる。

ディドロ　懐疑主義者！　へえ、懐疑派なんてことがあるのかね？

ダランベール　これはまた驚き入ったね！　僕が懐疑派じゃないなどと君が決めるのかい？　誰が僕以上によくそのことを知っているというのだ？

ディドロ　ちょっと待ちたまえ。

ダランベール　手っ取り早く頼むよ、眠くてたまらないのだ。

ディドロ　手短かに片づけるよ。賛成および反対の理由の正確に相等しい量をもって論者が対するような議論が一つでもあるだろうか？

ダランベール　ないね。そんなものはビュリダン[13]の驢馬だろう。

ディドロ　そんなら、懐疑派なんてものはないよ。些細な不正確さをも許さない数学の問題を除いては、すべて他の問題には賛成すべき点と反対すべき点があるからね。だから秤は決して平にはならない。そしてわれわれがもっとも真実らしさがあると思う方へ秤が傾かないということはできない。

ダランベール　だが朝には真実らしさが右に見え、午後には左に見えるのだよ。

ディドロ　つまり君が朝は独断的に賛成し、午後には独断的に反対するからさ。

ダランベール　それから、夕方には、自分の判断のこんな目まぐるしい事情を思い出すと、朝のことも、午後のことも、何にも信じないのさ。

ディドロ　つまり、君がどっちにつこうかと動揺していた二つの意見のどちらかが優位を占めていたことを忘れてしまっているのさ。きまった意見をすえるには、その優位があまりに軽すぎるように君には思えるのだ。そして、もうこんなめんどうくさい問題にかかわり合うのはよそう、そんなことの議論はほかの連中に委せてしまおう、もうこれ以上の議論はごめんだ、と君が決めてしまうからだ。

ダランベール　そうかも知れない。

ディドロ　けれども、もし誰かが君を傍に呼び出して、友情づくで質問をし、良心をもって、二つの手段のうちどちらが、まじめにいって君がもっとも難点の少ないものと思うか、ときいたなら、君は困って答えられないだろうか？　そしてビュリダンの驢馬を実行するだろうか？

ダランベール　そんなことはないと思うね。

ディドロ　いいかい、君、そこのところをよく考えて見れば、こういうことがわかるだろうと思うね。何事においても、われわれの真実の意見は、われわれがその中で一度も動揺逡巡しなかった意見ではなく、最も常習的にそこへ立ち帰ってくるような意見だよ。

ダランベール　君の言うことがほんとらしいね。

ディドロ　僕もそう思うぜ。じゃ、失敬する、Memento quia pulvis es, et in pulverem reverteris.〔記憶セヨ、汝ハ塵ナレバ塵ニ帰ルベキナリ。[14]〕

ダランベール　情ない話さ。

ディドロ　しかも必然だよ。人間に、不死を与えるとは言わぬが、ただ二倍だけの命を与えて見たまえ、どんなことが起こるかわかるから。

ダランベール　どんなことが起こると君は言うのかね？　それが僕にどうしたというのだ？　なるようになるがいい。僕は眠い、失敬。

ダランベールの夢

対話の人物
　ダランベール
　ド・レスピナス嬢
　医者ボルドゥ

ボルドゥ　どうしました！　何か変ったことが起こりましたか？　具合が悪いのですか？

レスピナス　じゃないかと思います。こんなに夜うなされたことははじめてです。

ボルドゥ　眼がさめていますか？

レスピナス　まだです。

ボルドゥ　（ダランベールの床に近づき、脈を見、皮膚をたしかめた後で）何でもないでしょう。

レスピナス　確かでしょうか？

ボルドゥ　保証します。脈は正調です[1]……少し弱いが。……汗ばんでいますね。……呼吸は安らかですよ。

レスピナス　何も手当をすることはないでしょうか？

ボルドゥ　ありませんな。

レスピナス　よかったこと、薬は大嫌いなんですもの。

ボルドゥ　私も大嫌いですよ。夕飯に何を食べました？

レスピナス　何もとろうとしませんの。一晩どこで過ごしてきたか知りませんが、浮かぬ顔をして帰って参りました。

ボルドゥ　ちょっとしたのぼせです。あとへひくようなことはありません。

レスピナス　帰るといきなり、部屋着に着かえて、夜帽を被り、肘掛椅子に倒れたと思うと、うたたねをしてしまいました。

ボルドゥ　睡眠はどこでとろうともからだにいいのですが、寝床の中ならもっとよかったわけです。

レスピナス　アントワーヌもそう言ったところが、腹を立てました。寝かせるために小半時もひっぱったり、つついたりしなければなりませんでした。

ボルドゥ　そういうことは私には毎日起こりますよ、しかも私はいたって丈夫ですがね。

レスピナス　床へ入れると、いつものようにおとなしくする代りに、——だっていつもは子供のように眠りますからね——何度も寝返りを打ったり、腕を引っ張って見たり、掛蒲団をはねのけたり、大きな声でものを言ったりし始めました。

ボルドゥ　何を言いました？　幾何の話ですか？

レスピナス　ちがいます。なんだかまるで譫言《うわごと》のようでなんでも初めに、震動する絃と感覚のある繊維がどうとかしたというまるでわけのわからないことでした。あんまり気違いじみて見えましたので、一晩中傍を離れない決心で、何をしてよいかわかりませんので、の小机のところへ行って、あの人の寝言から聞きとれるだけのものを書きつける仕事にかかって見たのです。

ボルドゥ　いかにもあなたらしい名案でしたな。ところでそれを見せていただけますか？

レスピナス　お安い御用です。でも、少しでもおわかりになられたら、首を差し上げますわ。

ボルドゥ　わかるかも知れませんよ。

レスピナス　先生御用意は？

ボルドゥ　よろしい。

レスピナス　いいですか、「生命ある一点……いや、ちがった。最初は無だ。それから生命ある一点……この生命ある一点に他の一点が加わり、さらに他の一点が加わる。この継続的添加から単一な一存在物が生まれる、この私も確かに単一ではないか、これは疑えないさ……。（こう言いながら、方々手探りをしました。）だが、いかにしてこの統一はできたか？（もし、あなたったら！　それがどうしたんですの？　おやすみなさいよ……私がこう言いますと、黙ってしまいました。しばらく黙っていてから、また始めましたが、誰かを相手に話しているようでした。）いいかね、哲学者君、確かに集合体が見えるよ、感覚のある小生命の複合物、いや一個の動物だ！……一個の全一なるものだ！単一な体系だ、そいつは自分自身の統一の自覚を持っているんだからね！　いや、見えはしないよ、見えるものか……」先生、何かおわかりになれることがありまして？

ボルドゥ　大いによくわかります。

レスピナス　まあ仕合わせですわね……。「私の困難はおそらくまちがった観念からきている。」

ボルドゥ　あなたがおっしゃるのですか？

レスピナス　いいえ、うなされている当人です。……自分で自分に呼びかけながら、こうつづけますよ。

つけ加えました。「おい、ダランベール君、気をつけたまえ、君は連続の存在しているところに連接を仮定しているにすぎないよ。……ふん、俺にそう言うくらい奴は狡智に長《た》けているよ……だがこの連続の形成は？　そんなことは何でもないさ……水銀の一滴が他の水銀の一滴にとけ込むのと同じことだ。感覚があり生命のある分子が他の一つの感覚あり生命ある分子の中へとけ込むのさ……初めには二滴あるが、接触の後では一滴しかない……同化作用の前には二個の分子があったが、同化作用の後には一個しかない……感性は、共通になった塊に、共通となる……まったくのところ、どうしてならないわけがあるか？……頭の中ではいくらでも好きなほど動物の繊維を区分することができるさ。だが繊維は切れてはいないし、単一なものだ……そうだ、単一だ……同質の、完全に同質の二つの分子の接触が、連続しているものを作る……これこそ想像し得る限りもっとも完全な場合の、統一、融合、結合、同一性である。……わかったよ、哲学者君、その分子が基本的で単一な場合は。だが集合体の場合、複合体の場合はどうだ？……やはり結合は行なわれるよ、したがって同一性も、連続性も起こる……それからいつもの作用と反作用も……生命のある二つの分子の接触と、生命のない二個の塊の連接とはまったく別問題であることは確かだ……もういいよ、いいよ、君をやり返そうと思えば多分できるだろう。だが僕はそんなことをする気はない。僕は重箱の隅をつつくのは真平だ……ところで前の続きだ。非常に純粋な金の糸、そうだ思い出した、これはあの男が私に向って使った比喩だ、同質の繊維網、その分子群の間に他の分子群が介在して、おそらくはもう一つの同質の繊維網を構成している。感覚のある物質の織物、甲の活動的な感性と乙の不活発な感性とを同化させる接触、これは運動と同じく相互に伝わる。もっともこの場合、あの男がうまく言ったように、感覚のある二つの分子の接触とそうでない二つの分子の接触との間には当然相違があることは勘定にいれていない。そしてこの相違とはそもそもいかなるものであるか？……いつもの作用と反作用だ……この作用と反作用に特別な性質が加わったものだ……すなわち、すべてが動物の中にしか存在しない一種の統一を作り出すように力をあわせている……まったくの話さ、これが真理でないとしても、真理と瓜二つだよ……」笑っていらっしゃいますね、先生、これに何か意味があるとお思いになりまして？

ボルドゥ　大いにありますよ。

レスピナス　じゃ気が狂ったのではありませんね？

ボルドゥ　とんでもない。

レスピナス　こういう前置きの後で、大声で何を言うかと思うと、「マドモワゼル・ド・レスピナス！　マドモワゼル・ド・レスピナス！――何ですか？――あなたは蜜蜂の群が巣分れをするのを見たことがあるか？……世界、すなわち物質の総量は蜂の巣だ……(2)この蜂の群が巣を離れて木の枝の端に、羽のはえた小動物の長い房、みんな肢でたがいに繋り合った房を作るのを見たことがあるか？……この房は一個の存在物であり、個体であり、何かある動物である……だがそういう房は当然皆おたがいに似ているだろう……そうだ、同質の唯一の物質しか仮定しなければだ……見たことがあるかね？――はい、ありますよ。――見たのかね？――はい、そうですよ。はいと言っているじゃありませんか――もしこの蜜蜂の一匹が自分のつながっている相手の蜜蜂を何かの方法でつねる気になったとしたら、どういうことが起こると思うかね？　言ってみなさい。――知りませんよ。――いいから、言ってみなさい……じゃ知らんのだね。だが、哲学者は知っているぜ。あいつは、もしあの男に会ったら、あなたはあの男に会うか会わぬか知らぬが、あの男は私に(3)約束したね。あの男はあなたにこう言うだろう。そのつねられた蜂は次の奴をつねるだろう。房全体にわたって小動物の数と同じだけの感覚が起こるだろう。全体が興奮し動き出し、位置と形を変えるだろう。音がし、小さな叫び声が起るだろう、そういう房ができ上るところを見たことのない者は、五六百の頭を持ち、千枚もしくは千二百枚の羽を持った動物と思いちがいをしかねないだろうし……」いかがです、先生？

ボルドゥ　いかがですって、あなたはこの夢が大変美しいものであり、書き留めておいていいことをしたのをご承知ですか？

レスピナス　あなたも夢を見ていらっしゃるの？

ボルドゥ　どういたしまして。そのつづきを申上げてもいいと思っているくらい気は確かですよ。

レスピナス　できたらお目にかかりますわ。

ボルドゥ　私にできるものかとおっしゃるのですか？

レスピナス　そうです。

ボルドゥ　当ったらどうします？

レスピナス　当ったら、お約束しますわ……あなたに世界一の大気ちがいの折紙をつけてあげることをお約束しますわ。

ボルドゥ　あなたの書いたものをよく見ていて、私の言うことを聞いてください。この房を動物と思う者は誤りである。ですが、マドモワゼル、この人はあなたに話しかけるようにして話を続けたでしょうね。こんなふうに。この男がもっと健全な判断をくだすことを望むのかね？　蜜蜂の巣を唯一の単一な動物に変えることを望むのかね？　たがいにつながり合っている肢をとかすのだ。連接状態であったものを、連続状態にするのさ。この房の新しい状態と前の状態の間には、確かに判然とした区別が存在する。そしてこの区別とは、現在ではそれが一個の全体であり、単一な動物であるが、以前には動物の集合にすぎなかったということでないとすれば、そもそも何であろうか？……人間の諸器官はすべて……

レスピナス　人間の諸器官はすべて？

ボルドゥ　医術の経験があり、いくらかの観察を試みたものにとっては……

レスピナス　それから！

ボルドゥ　それから？　一つ一つ別々な動物にほかならない。連続性の法則が、これを全般的な共感状態、統一状態、同一状態に保っているのである。

レスピナス　降参しましたわ。そのとおりです。ほとんど一字一句符合していますわ、眼の覚めているお医者さんと夢を見ている哲学者の間に何一つ相違のないことを今こそ全世界に向って保証できますわ。

ボルドゥ　そんなところだろうと思っていましたよ。それで全部ですか？

レスピナス　どういたしまして、まだ肝腎のところへはいりませんよ、今のその、あなたのと言ってもあの人のと言っても同じことですが、ちんぷんかんぷんな演説の後で、こう申しました。「マドモワゼル？――何ですか。――こっちへ寄りなさい……もっと……もっと……あなたに一つ提議することがある。――何ですか？――この房を持ちなさい。さあここにある。いいかね、ちゃんとここにあると思うんだよ、[4]これから二人で実験をするのだ。――どんな実験を？――鋏を出しなさい、よく切れるかね？――すばらしくよく切れますよ。――そっと近寄りなさい。そーっとだよ、この蜂群を切り離してもらおう。だが気をつけて塊の真中から切り分けてください。肢でもって同化し合っているちょうどその場所で切ってください。ちっともこわがることはないよ。少しは傷をつけるだろうが、殺しはしないのだから……なかなかうまい、あなたは魔法使いの女に負けないいくらい器用だね……ほら見なさい、みんな銘々の方向へ飛んで行くじゃないか？　一匹ずつ、二匹ずつ、三匹ずつ飛んで行く。こりゃどうだ、いくついるんだ！　私の言うことがよくわかったなら……よくわかったかね？――とてもよくわかりましたよ。――今度はいいかね……

いいかね……」まあ、先生、書いていてもほとんど聞きとれなかったのです。非常に低い声で話していたものですから。わたしの筆記のこの場所はあまりくしゃくしゃになっているので自分にも読めませんわ。

ボルドゥ　私が補いましょう、よかったら。

レスピナス　おできになったら。

ボルドゥ　朝飯前ですよ。いいかね、この蜜蜂が非常に小さいと思うのだよ。非常に小さくて彼らのからだの組織がいつもあなたの鋏の厚い刃から免れると仮定するのだ。一匹も死なせないで、分割をどこまでも好きなほどつづけて行く。そうすればこの最後の全一体は眼に見えない蜂から構成されていて、それこそほんとのポリープ(5)であり、つぶさなければ破壊することはできない。連続せる蜜蜂の房と、連接せる蜜蜂の房との相違は正しく、一般の動物、すなわちたとえばわれわれ人間や、魚と虫、蛇、および腔腸動物との相違である。しかもこの全理論は若干の修正を必要とする……（ここでマドモワゼル・ド・レスピナスは突然立ち上り呼鈴の紐を引きに行く）。静かに、静かに、マドモワゼル、眼をさましますよ、休息させておく必要があるのです。

レスピナス　忘れていましたわ。それほどびっくりさせられたんですもの。（はいって来た下僕に向い）家からは誰が先生の所へうかがったの？

下僕　私でございます、マドモワゼル。

レスピナス　ずっと前かい？

下僕　帰ってからまだ一時間になりません。

レスピナス　何も持って行かなかったかい？

下僕　まいりません。

レスピナス　書いたものなんかも？

下僕　一枚も。

レスピナス　そんならよろしい、あちらへおいで……まだ狐につままれたようだわ。ねえ、先生、家の召使の中の誰かが先生に私の草稿をお渡ししたんじゃないかという疑いを起こしましたわ。

ボルドゥ　そんなことは断じてないことを保証します。

レスピナス　今こそ先生の才能がわかりましたから、これからは社交界で私に大事な援兵になってくださるわね。この人の寝言はそればかりじゃなかったのです。

ボルドゥ　大いに結構ですよ。

レスピナス　ではちっとも困ったものだとはお思いになりませんの？

ボルドゥ　とんでもないことです。

レスピナス　つづけてこう申しました……「いいかね。哲学者君、では君はあらゆる種類のポリープを、人間のポリープさえも考えているんだね？……けれども自然はわれわれにそんなものを提供していないよ。」

ボルドゥ　頭と肩と背中と尻と股の所でくっついていた[6]双子の娘のことを知らなかったのですな。この娘二人はこうしてくっついたまま二十二の歳まで生きていましたが、数分間をおいて前後して死亡したのです。それから？

レスピナス　癲狂院でなければ聞けないようなばかばかしいことを申しました。こう言うのです。「そんなことは過ぎ去ったか、それともこれから先に来るのだろう。のみならず他の天体における事物の状態を誰が知っているものか？」

ボルドゥ　そこまで言わぬ方がよかったでしょうな。

レスピナス「木星や土星に、人間のポリープがあるって！　男性が分解して男性を生み、女性が分解して女性を生む、こいつぁおもしろいや……（ここで、私がびっくりするほど大声で笑い出しました。）男は無限に原子大の男に分解され、それは虫の卵のように紙に包める。繭を織り、しばらくの間蛹の状態でおり、繭を食い破り、蝶になって飛び出す。ただ一つのものの破片からできている人間の社会、その破片が全部にわたって住んでいる一地方、これはまったく頭で考えるにはおもしろいことだ……（それからここでまた大声に笑いました。）もしも人間がどこかで無限の微生物大の人間に分解するとすれば、そういう所では死ぬのがそんなにいやでないにちがいない。一人の人間の死亡なんか容易に償われるから、ほとんど惜しいという気持を起させないにちがいない。」

ボルドゥ　この大ベラボウな仮定こそ実はすべての現存のまた将来の動物の実際の歴史そっくりですよ。人間が無数の人間に分解しないとしても、少なくとも、無数の微生物には分解します。この微生物の転生と将来のそして最後の組織を予見することは不可能である。それが生物の第二代の苗であり、この第二代の生物からは幾世紀とも知れぬ時間と継続的な発達の段階とでへだてられているものであるかも知れないではないか？

レスピナス　先生、何を小声でぶつぶつ言っていらっしゃるの？

ボルドゥ　何でもありません、何でもないのです、私も負けずに夢を見ていたところです。さあ、その先を読んでください。

レスピナス　そのあとにこうつけ加えましたよ。「だが、よく考えて見ると、どうもわれわれの繁殖法の方がいいな。……哲学者君、君はどこに起こっていることでも知っているんだから、聞かせてくれたまえ。いろいろな部分への分解はいろいろな性格の人間を生み出さないかね？　脳髄、心臓、胸部、足、手、睾丸……こいつぁ、すばらしく道徳を簡略にするよ！……成年男子、成年女子が……（先生、ここは、失礼して読まないでおきますよ……）暖かい部屋に、小さなラッパが一面にぶら下げてあって、そのラッパの一つ一つに貼札がしてある。軍人、法官、哲学者、詩人、廷臣のラッパ、娼婦のラッパ、王のラッパ。」

ボルドゥ　そいつは、大いに愉快だが、気ちがいじみていますな。それが夢という奴ですよ。随分奇妙な現象に導いて行く幻影ですよ。

レスピナス　それから今度は、何だか知りませんが、種だとか、肉の切れ端を水に漬けておくとか、いろいろの種属の動物が次々に生まれて死滅して行くのが見えるとか、ぶつぶつ言い始めました。右手で顕微鏡の筒の形をこしらえ、左手で、壺の口、だろうと思いますが、その壺の口をこしらえました。この筒で壺の中をのぞきこみながら、こう言いました。「ヴォルテールがからかいたければ、いくらでもからかうがいい、だがランギアールのほうが正しい（7）ぞ、俺は自分の眼の方を信用する。見える、見える、実にたくさんいるな！　いやあ、あっちへうじょうじょ、こっちへうじょうじょしているぞ！　やあ、跳ねる、跳ねる！……」つかの間の生命が無数にいるのが見えているという壺を、この人は世界にくらべました。一滴の水の中に世界の歴史を見るというのです。この思想はこの人には重大なものに思われたらしいのです。小さな物体の中に大宇宙を研究する立派な哲学と完全に一致すると申しました。こう言いました。「ニーダムの水滴中では、すべてのことが一瞬の間に行なわれ、過ぎ去る。この世界では、同じ現象が少し長くつづく。だが、われわれの世界の持続時間は無窮の時にくらべたら何物だろうか？　今私をとり巻いている無限の空間に比較したら、私が針の先につけた一滴よりも小さいではないか？　醱酵している原子中の微生物の無限の系列、地球と呼ばれている他の一つの原子中における微生物の同様に無限な系列。われわれに先立って存在していた動物の種属を誰が知っているか？　われわれの次にくる動物の種属を誰が知っているか？　万物は変じ、万事は移る。もとのままなのは全部の量のみである。世界は休みなく始まりかつ終っている。刻々が初めであり終りである。そのほかのいかなる時刻をも持たなかったし、また決して持たないであろう。

「この洋々たる物質の大海の中にあって、ただ一つの分子といえども他の分子に似通ってはいない。一瞬といえども自分自身と同一な分子は一つも存在しない。Rerum novus nascitur ordo〔新シキ物ノ継起ガ生ズル〕これこそその永遠の銘だ……」それから溜息をつきながらこうつけ加えました。人間の思想の空しさ！　名誉といい人間の事業という、その貧しさを見よ！　何という惨めさだ！　人間の視野の狭さ！　飲み、食い、生き、愛し、眠る。このほかに確かなものは一つもない……マドモワゼル・ド・レスピナス、どこにいるのか？――ここですよ。」――するとこの人の顔に血の気がさしました。脈をさわって見ようと思いましたが、どこへ隠してしまったものか手が見つかりません。痙攣が起こっているようでした。口が半分開いて、呼吸が忙しげです。深い溜息を吐きました。それからそれより弱いけれどももっと深い溜息を吐きました。枕の上で頭の向きを変えて寝入ってしまいました。じっと注意してこの人を見つめていますと、なぜか知りませんがすっかり興奮して来ました。私の心臓がどきどきして来ましたが、怖ろしいためではありません。しばらくたってから、この人の唇の上にかすかな微笑の影が射すのを見つけました。ごく低い声でこう言いました。「人間が魚類式に殖える遊星においては、男の卵が女の卵の上に射出される……残念に思うことが少なくなるだろう……役に立つものを死なせるのはよくない。マドモワゼル、集めて、ビンに詰めて、朝早くニーダムに送れるものなら……」先生、これでも精神錯乱とおっしゃいませんか？

ボルドゥ　あなたの傍だと、確かにそうですな。

レスピナス　私の傍だろうと、私から離れていようと、同じことですよ。自分でおっしゃってることをご存知ないのですよ。夜それから先は落ついていてくれるといいと思っていたのですよ。

ボルドゥ　通常そういう結果が起こりますな。

レスピナス　一向起こりませんでしたわ。朝の二時に、また例の水滴の話を持ち出しました。そのことを何とか言いましたよ、しょう《ミ》……う《クロ》……

ボルドゥ　小宇宙《ミクロコスモス》ですか。

レスピナス　それ、それ、それでしたわ。この人は古代哲学者の鋭さを愛するなんて言っていましたわ。こう言いました。いや、例の哲学者に言わせたのかも知れません。私にはどちらだかわかりません。「もしもエピクロスが、土が万物の萌芽を含み、動物は醱酵の産物であると確言した時、太初において大きくできていたものの小さくした姿を見せようと提議していたら、人は何と答えたであろうか？……しかも君の眼の前にその姿があるのだが、それは君に何物をも教えない……醱酵とその産物がつきてしまったかどうか誰が知っているか？　動物類の各時代の継続のいかなる瞬間にいまわれわれがいるのか誰が知っていよう？極地の近くでまだ人間と呼んでいる四ピエ〔約一三〇センチ〕足らずの片輪の二足獣、もう少し片輪になれば、やがて人間という名前を失うかも知れないんだが、これが過ぎ行く種属の姿でないかどうか、誰が知っていよう？　動物のあらゆる種属がこれと同じことでないかどうか、誰が知っていよう？　すべてが無気力な動かない一大沈澱に還元される傾向をもっていないとどうして言えるか？　この無力状態の継続期間がどのくらいか、誰が知っているか？いかなる新しい種属が再び感覚あり生命のある点をもった等量の集積から生まれるか誰が知っていよう？　なぜ動物が一匹もできないことがあろう？　象はその原始状態においては何であったか？　おそらくはいまと同じ巨大な動物だったかも知れない。おそらくはまた一原子であったかも知れない。両方の場合とも等しく可能ではないか？　両方とも物質の種々なる特質と運動を仮定するにすぎない……象、この巨大な、有機組織を持った物質量、これが醱酵の突如なる産物である！　どうしてそうでないことがあるか？この大きな四足獣とその子宮内における最初の状態に対する割合は、蛆と蛆を作り出した小麦粉の分子との割合よりも小である。だが蛆は蛆にすぎない……ということは、小さいためにその組織が見えないことがその驚くべき点を奪っているのである……いみじきものは、生命である。感性である。そしてこのいみじきことはもはや……生気のない物質が感覚のある状態に移るのを見た時、何物ももはや私を驚かすはずはない……私の手の平の凹みにのせて醱酵状態におかれている少数の要素と、地球の内部に、表面に、海の中に、無辺際の空気の中に散在しているいろいろな要素の巨大な貯蔵所とを比較するとは何という比較だろう！しかしながら、同一の原因が存在する以上、なぜ結果が中絶したのであろうか？　なぜ、牡牛が角を土に突き差し、大地に脚をふんばって、重い体を起こそうと努めるのを見かけなくなったのであろうか？(8)……現存の動物の種属を過ぎ去らしめよ。生気なき大沈澱物を数百万世紀の間作用せしめよ。種を新たにするためには、おそらく彼らの継続に与えられた時間より十倍も多くの時間が必要であろう。待ちたまえ。そして自然の大事業についてあわてて物を言うのはよしたまえ。諸君の前に二つの大現象がある。生気なき状態から感覚ある状態への過渡、および生命の自然発生。これで十分ではないか。正当な結論を引き出したまえ。大も小もなく、また絶対の継続も絶対の一時的なこともない事態において、かげろうのソフィスムを警戒したまえ……」先生、かげろうのソフィスムというのは一体何でしょうか？

ボルドゥ　一時の生命しかないものが事物の不滅を信じることです。

レスピナス　薔薇の記憶では花作りの死んだのを見たことがないと言った、あのフォントネルの薔薇(9)のことですか？

ボルドゥ　まさしくそれですよ。これは軽妙でしかも深刻ですな。

レスピナス　なぜ哲学者とやらはこうした雅趣を持たせた表現をしないのでしょう？　そうすれば私どもにもわかるのに。

ボルドゥ　率直に言えば、そういう軽薄な調子がまじめな題目に適するかどうかわかりませんな。

レスピナス　何をまじめな題目とおっしゃるのですか？

ボルドゥ　そりゃ、感性一般、感覚ある存在の形成、その統一、動物の起源、その棲息の継続期間、およびこれに関係のあるすべての問題です。

レスピナス　私なら、そういうことを気ちがい沙汰と呼びます。眠っている時ならそんなことを夢に見てもさしつかえないけれど、常識のある男が眼がさめていたなら決して云々すべきことではありません。

ボルドゥ　それはまたどういうわけですか？

レスピナス　だって、そんなことは理由を探すのが無用なほど明らかなものか、さもなければ、これっぱかりもわからない晦渋なものだけじゃありませんか。そして役に立たないことときたら完全無欠です。

ボルドゥ　マドモワゼル、最高の知恵を否定したり認めたりすることがどうでもいいことだと思っていらっしゃるのですか？

レスピナス　いいえ。

ボルドゥ　物質の永遠性とその特質について、二つの実体の区別、人間の本質と動物の発生について、それがどういうことかわかってもいないで、最高の知恵について何らかの断案をくだすことができるとお思いになりますか？

レスピナス　いいえ。

ボルドゥ　では、これらの問題はあなたのおっしゃるほど無益なものでもないでしょう。

レスピナス　でも、私にそれらの問題を明らかにすることができないとすれば、何が私にとってそれを重要なものにするでしょう?

ボルドゥ　問題をあらためて見ようとしないで、どうしてそれがわかりますか? ところで、検討があなたにはよけいなことだと思われるほど明瞭だとあなたのおっしゃるのはどれだか承りたいものですね?

レスピナス　たとえば、私自身の統一の問題、私の自我の問題です。冗談じゃありませんわ。私が私だということ、私がいつでも私だったということ、将来も永久に別の誰かではないだろうということを知るために、そんなに百万陀羅を並べる必要はないように思われますわ。

ボルドゥ　むろん事実は明瞭です。けれども事実の理由は一向明瞭ではありません。中でも、一つの実体しか認めず、人間および動物一般の形成を数個の感覚ある分子の継続的並置によって説明する仮説の場合がそうです。各々の感覚ある分子は差し加えられる以前に各々の自我をもっていました。だがどのようにしてそれを失ったか、また、どのようにしてすべてのこの喪失から一個の全一体の意識が生まれたのでしょうか?

レスピナス　接触だけで十分だと思いますわ。私、百遍も経験したことがありますが……ですが、ちょっとお待ちください……カーテンの中でどうしているか見てこなくてはなりませんから……眠っていますわ……自分の手を自分の腿の上にのせますと、最初は確かに、自分の手が自分の腿ではないことを感じますが、しばらくたって、あたたかみが両方に平均すると、もう区別がわからなくなります、二つの部分の限界が混同し、もはや一つのものでしかなくなります。

ボルドゥ　そうでしょう、誰かが手か腿のどちらかを針か何かでつつくまではね。が、その時は再び区別が現われます。だから、つつかれたものがあなたの手であるか、それともあなたの腿であるかを知らないことはないあるものがあなたの中に存在しているのです。そしてこのあるものこそ、あなたの足でもなければ、またつつかれたあなたの手でさえもない。苦痛を感じているのは手ですが、それを知っているのは別のあるものであり、それは苦痛を感じているものではありません。

レスピナス　そりゃ私の頭だろうじゃありませんか。

ボルドゥ　あなたの頭全部ですか?

レスピナス　いいえ、ねえ、先生、たとえを使って説明してみますわ。たとえは女と詩人の理屈のほとんど全部ですもの。いいですか、蜘蛛が一匹いると……

ダランベール 誰かね、そこにいるのは？……あなたですか、マドモワゼル・ド・レスピナス？

レスピナス 静かに、静かに……（マドモワゼル・ド・レスピナスと医師はしばらくの間沈黙を守る。それからマドモワゼル・ド・レスピナスが小声で言う。）また寝入ったらしいですよ。

ボルドゥ いや、何か聞えるようですよ。

レスピナス ほんと、また夢の続きを始めたのかしら？

ボルドゥ きいてみましょう。

ダランベール なぜ私はこういうものなのだ？ それは私がこういうものでなければならなかったからだ……ここではそうだ。だが別の場所では？ 極地では？ 赤道直下では？ いや土星ではどうだろう？……もし幾千里かの距離が私の種を変えるとするならば、地球直径の数千倍の距離に何ができないだろうか？……そしてもしも、この世界の光景が至るところ示しているように、万物ことごとく流転であるとしたなら、数百万世紀の継続と転変はここまたはかしこに何を生み出さないであろうか？ 土星上の考えたり感じたりする生物がどんなものか誰が知っていよう？……だが土星上に感情や思想があるだろうか？……なぜあってはならないか？……土星上の思考し感覚する生物は私以上の感官を持っているだろうか？……もしそうなら、土星人はかわいそうだな！……感官多ければ、欲望多しだ。

ボルドゥ そりゃもっともだ。器官は欲望を生み出し、逆に欲望は器官を生む。(10)

レスピナス 先生、あなたも譫言《うわごと》を言っていらっしゃるの？

ボルドゥ どうしてそうでないとおっしゃるのです？ 私は二本の手を切断した残りが、しまいに二本の腕になったのを見ましたよ。

レスピナス 嘘をおっしゃい。

ボルドゥ ほんとですよ。なくなった二本の腕の代りに、二枚の肩胛骨が延びて、ピンセット型に動き、二本の不完全な腕の形になったのを見ましたよ。

レスピナス ばかばかしい！

ボルドゥ 事実ですよ、腕のない幾代かが長く続くと仮定してごらんなさい。努力がたえずつづけられるものと仮定してごらんなさい。そうすれば、ごらんなさい、このピンセットの両側がだんだん延びてきます。背中で十文字になって、再び前へ帰ってきます。おそらく先の方が指の形に割れます。そこで再び腕と手ができ上るではありませんか。生来の組織は必要および習慣的動作によって変形し、あるいは完全になります。われわれの歩くことは少なく、働くことも少なく、考えることが多いのですから、人間がついに頭だけになってしまう可能性について私は絶望はしませんよ。(11)

レスピナス　頭だけですって！　頭だけですって！　それだけなら何でもありませんわ。いっそのこと、手綱をしめることを知らない鼻下長ぶりが……あなたのおかげでとてもおかしな考えが浮かんできましたわ。

ボルドゥ　静かに。

ダランベール　そこで私はこういうものである。こういうものでなければならなかったからだ。全体を変えたまえ。必然に私を変えることになる、だが全体はたえず変化している……人間は普通の結果にすぎず、畸形は稀有な結果にほかならない。どちらも等しく自然であり、等しく遍在的・一般的秩序の中にある……これに何の驚くべきことがあるか？……すべての存在は相互に輪廻する。従ってすべての種属も……すべては永遠の流転をつづけている……すべての動物は多少とも人間であり、すべての鉱物は多少とも植物である。またすべての植物は多少とも動物である。自然界には明確に区別されるものは一つもない……カステル師のリボン(12)である。……しかり、カステル師よ、あなたのリボンだ。その他の何物でもない。すべてのものは多少とも何か別のあるものである。多少とも土であり、多少とも水であり、多少とも空気であり、多少とも火である。多少ともある界に属し、または別のある界に属している……だから、何物もある特定な事物の本質からきているものではない……しかり、疑いはない。いかなる事物も一口乗っていない性質というものは一つもないのだから……そしてこの性質を別のある一つの事物を排して、ある一つの事物に帰せしめるものはこの性質の多少ともに大きい割合の存することであるから……個体のことを持ち出すのかね、気の毒な哲学者諸公！　個体論なんかおいて、僕に返答したまえ。厳密に他の一つの原子に相似の原子が自然界に存在するだろうか？……しない……自然界においてはすべてが相関連しており、この鎖の中には間隙が存在し得ないということを諸君は認めないか？　しからば個体とやらをもち出して何を言おうとするのか？　個体なんかは断じて存在しない、しかり、断じて存在しない……ただ一つの偉大な個体が存在するのみである。それはすなわち全一体である。この全一体の中に、機械や、何かの動物の中にあると同じく、甲と呼び乙と呼ぶ部分が存在している。だが全一体のこの部分に個体の名を冠する時は、それは、鳥の翼や、翼の羽毛の一枚に個体なる名称を与えるのと同じくらい誤った概念で呼ぶことになる……本質などと言い出したね、気の毒な哲学者どもだ！　本質論なんか措きたまえ。物質の総量を見たまえ。それとも、それを考えるのに、諸君の想像力があまりに狭隘すぎるというなら、諸君の始源と諸君の最期を見たまえ……おおアルキタスよ！(13)　地球を測量した君は、いま何か？　一握りの冷灰ではないか……存在物とは何ぞ？　若干の傾向の総和である……私は一つの傾向以外の何物かであり得るだろうか？……あり得ない。私は一つの到達点に向って進む……では種属は？……種属とは特有の共通の到達点に向っている傾向にほかならない……そして生命は？……生命とは、一系列の作用と反作用である……生きていれば、私は物質量として作用し、反作用する……死ねば、分子として作用し、反作用する……では私は決して死なないのか？……しかり、疑いもなく、決して死なない。私も、また他の何物も死なないという意味で……生まれ、生活し、死滅する。それは形を変えることである……一の形式と他の形式、どれでもかまわないではないか？　各々の形式は特有の幸福と不幸をもつ。象から木虱に至るまで、木虱から万物の始源である感覚と生命を持つ分子に至るまで、全自然界においてただの一点といえども、苦しみあるいは楽しまないものはない。

レスピナス　おや、何も言わなくなりましたね。

ボルドゥ　言わなくなりましたな。これこそ高級な余談をやりましたな。これこそ高級な哲学です。いまでも体系だっていますが、人知が進歩すれば、ますます真実さがわかってくるだろうと思いますよ。

レスピナス　えーと、私たちはどこまで話していましたっけ？

ボルドゥ　おやおや、思い出せなくなってしまいましたな。きいている間に、あまりいろいろなことを思い出させられたものだから！

レスピナス　ちょっと待ってください、ちょっと、……蜘蛛の話をしていたんですわ。

ボルドゥ　そう、そう。

レスピナス　先生、こっちへお寄りください。蜘蛛が一匹巣の真中にいると思ってください。糸を一本ゆすってごらんなさい、蜘蛛は身軽に駆け寄ってくるでしょう。そこです！　虫が体内から繰り出し、勝手な時に繰り戻す糸が、虫自身の体の感覚ある部分をなしているとしたら？……

ボルドゥ　わかりました。あなたは自分の体内のどこか、頭の一隅、たとえば、脳膜と呼ばれているものの中に、糸の全長にわたってひき起こされた感覚がことごとく集中する一点ないし数個の点を想像していらっしゃるのですね。

レスピナス　そのとおりです。

ボルドゥ　あなたの考えは実にこれほど確かなことはありませんよ。ですが、これはほとんど例の蜂の房と同じことだということに気がつきませんか？

レスピナス　まあほんとですわね！　知らぬ間に散文を作っていたか(14)、ですわね。

ボルドゥ　飛び切り上等の散文ですよ。これから申し上げればわかりますがね。人間を生まれた時に呈している形のもとでしか知っていないものには、人間というものは一向わかっていないわけです。その頭、足、手、その他からだのすべての部分、すべての内臓、すべての器官、鼻、眼、耳、心臓、肺、腸、筋肉、骨、神経、膜は、正確に言えば、形成され、生長し、拡がり、眼に見えない無数の糸をくり出す細胞群のまだ不器用に発達したものにすぎません。

レスピナス　これが私の網とします。すべての糸の出て行く中心点は私の蜘蛛です。

ボルドゥ　結構です。

レスピナス　どこに糸がありますか？　蜘蛛はどこに陣どっていますか？

ボルドゥ　糸は至るところにあります。あなたのからだの表面に糸の達していない点は一つもありません。蜘蛛はあなたの頭の一部分におさまっています。先刻言いましたね、脳膜です。これに触ると必ず機械全体が麻痺状態に襲われます。

レスピナス　けれども、もし一つの原子が蜘蛛の巣の糸の一本を揺り動かせば、蜘蛛は警報を発し、不安になり、逃げるかないし駆け寄ってきます。中央にいて、蜘蛛は自分で壁掛を張った大きな部屋のどんな場所に起こったことについてもすべて報告を受けるのです。なぜ私は私の部屋あるいは世界で起こることを知らないのでしょうか？　私は感覚ある点の糸毬ではありませんか。すべての物が私に圧力を及ぼし、また私もすべての物に対して圧力を及ぼしているのではありませんか？

ボルドゥ　印象が、出発点からの距離が長いために、弱められるからです。

レスピナス　長い垂木の端にごく軽い一撃を加える時、私が耳を一方の端につけていればその音が聞えます。この垂木が一方の端で地球に触れ、他方の端で狼星《シリウス》に触れている時でも、同じ結果が生じるでしょう。すべてが結びつき、連接しているのに、言い換えれば、垂木が現実に存在しているのに、なぜ私には私をとり巻いている巨大な空間に起こっていることが聞えないのでしょうか？　ことに、耳をつけているのに？

ボルドゥ　多少ともそれをあなたがきかないと誰が言いましたか？　しかし、距離があまりに遠いのです。印象があまりに弱いのです。途中で邪魔がはいるのです。あなたはあまりに激しい、あまりに雑多な音にとり巻かれて耳が聾《つんぼ》になっているのです。土星とあなたとの間に連続状態が必要なのに、その代りに連接した物体しかないからです。

レスピナス　つまりませんわね。

ボルドゥ　まったくですよ。もしそうだったら、あなたは神様になりますからね、あなたと自然界のすべての存在物との同一性によって、起こっているすべてのことを知るでしょうし、あなたの記憶のおかげで、過去に起こったすべてのことを知るでしょう。

レスピナス　これからさき起こることはどうでしょう。

ボルドゥ　未来に関しては真実らしい推測を立てるでしょうが、誤りに陥りやすいでしょう。それはちょうど、あなた自身の内部、足の先とか、手の先とかにこれから起ころうとすることを推測しようとするのとまったく同じことです。

レスピナス　この世界もまたその脳膜を持ち、あるいは空間のどこかの隅に糸をあらゆる物に延ばしている巨大なあるいは小さな蜘蛛がいるというようなことはないと誰が言いましたか？

ボルドゥ　誰も言いませんよ。蜘蛛が過去に存在しなかったか、またこれからさき存在しないかどうか、ということならなおさら言いませんよ。

レスピナス　あの神という種属はどうして……

ボルドゥ　考え得る唯一のものは……

レスピナス　存在し得たでしょうか？　ないしこれから生まれ、そして死滅して行くことができるでしょうか？

ボルドゥ　むろんです。神だって宇宙内の物質であり、宇宙の一部であり、有為転変をまぬかれないものである以上、齢もとるでしょうし、死滅もするでしょう。

レスピナス　おや、また別の妄想が浮かんできましたわ。

ボルドゥ　言わなくってもよろしい、私にはわかっています。

レスピナス　それじゃ、何かしら？

ボルドゥ　あなたはきわめて強力な物質の部分と理性を

結合させて、想像し得る限りのあらゆる奇蹟の可能性を見ているのです。ほかにもあなたと同じことを考えた者がいますよ。

レスピナス　当りましたわ。けれどもそのために偉いとは思いませんよ。あなたは気違いになるすばらしい傾向を持っていらっしゃるに相違ありませんわ。

ボルドゥ　賛成です。だがこの考え方のどこに恐ろしいところがあるのです？　善霊と悪霊の伝染病がはやりますよ。自然のもっとも恒久的な法則が自然の因子のために中断されるでしょう。われわれの一般の物理学は一層むずかしくなるでしょうが、奇蹟などは決して起こりませんよ。

レスピナス　ほんとに、断言したり、否定したりするものについては、十分念をいれなくてはなりませんわ。

ボルドゥ　よろしい。こういう種類の現象を語る男は大ほら吹きに見えるでしょう。ですが、まあ、こんな頭で考え出したことは全部おくことにしましょう。むろん無限の網を持っているとかいうあなたの蜘蛛もその仲間ですがね。あなたのからだとその形成のことへ話を戻しましょう。

レスピナス　結構です。

ダランベール　マドモワゼル、誰かあなたのところへ来ているね。そこであなたと話をしているのは誰かね？

レスピナス　先生ですよ。

ダランベール　おはよう、先生、こんなに朝早くから何をしています？

ボルドゥ　いまにわかるから、眠りなさい。

ダランベール　まったくだ、眠いよ。こんな寝苦しい夜は初めてだね。私の起きるまで行かないでくれたまえ。

ボルドゥ　行きませんよ。賭をしてもいいですよ、マドモワゼル、十二の歳にはいまの半分の大きさの女であり、四つの歳にはさらにその半分の大きさの女だったから、胎児の時も小さな女、母親のテスチキュール(15)内で極く小さい女だった、と思っていたのでしょう。いつでもいまそうしているような形の女で、すなわちただ次々にあなたの行った生長だけがあなたとあなたの始源との区別の全部を作り出し、今日あるとおりのあなたを作り出したと考えたのでしょう。

レスピナス　そうですわ。

ボルドゥ　ですが、この考えほど誤ったものはありませんよ。まず第一にあなたは無だったのです。始まりは、眼に見えない一点でした。これはもっと小さい分子からできていて、その分子は父親または母親の血液やリンパ液の中に散在していたのです。この一点が細い糸となり、やがて糸の束になったのです。そこまでは、いまあなたの持っている美しい形の最小の痕跡もありません。あなたの眼、その美しい眼も、アネモネの球根の先がアネモネに似ていないように、眼とは似ても似つかないものだったのです。糸の束の切れ端の一本一本が、ただ栄養摂取と組織の生成によって、特別の器官になったのです。ただし、その中で糸束の切れ端が転身をとげ、かつこれを生み出す器官は、別にして考えなければなりません。糸の束は純粋に感覚を持つだけの組織体です。この形式でいつまでも存在するならば、純粋感覚に関したすべての印象、たとえば寒、暖、柔、粗等を受け得るでしょう。相互に異なりまた各々その強度において異なった、これらの継起的な感覚は、おそらくはそこに、記憶、自覚、極めて限られた自覚を生み出すでしょう。けれどもこの純粋で単純な感性、この触覚は、糸の各々から発展した器官によって分化してきます。耳を形成している糸は、われわれが響とか音とか呼んでいる一種の触覚を生じ、舌を構成している他の一つは、われわれが味と呼んでいる第二の種類の触覚を生み、鼻および鼻粘膜を構成している第三のものは、われわれが臭いと呼んでいる第三の種類の触覚を生じ、眼を構成している第四のものは、われわれが色と呼んでいる第四の種類の触覚を生じます。

レスピナス　ですけれど、あなたのおっしゃったことが私によくわかっているものとすれば、第六感の可能性を、ほんとうの両性兼有者を、否定するものは大ばか者ということになりますわね。われわれに未知な器官を生み出すかも知れないふしぎな糸を含んだ糸の束を、自然が作ることができないなどと誰が彼らに言ったでしょうか？

ボルドゥ　両性を特徴づけるような二本の糸を含んだ、と言ってもいいでしょう。あなたのおっしゃるとおりですよ。あなたと話をしているのは愉快だ。人の言うことがのみこめるばかりじゃない。私をびっくりさせるような正確さを持った結論を引き出すんだからね。

レスピナス　先生、お世辞がお上手ね。

ボルドゥ　なかなかどうして、考えたとおりのことを言っているんですよ。

レスピナス　その糸の束の中の糸のあるものの用途はよくわかりましたが、そのほかのものは、どうなるのですか？

ボルドゥ　あなたよりほかに誰かこの問題を考えついたひとがあるとお思いになりますか？

レスピナス　それはあるに決まっていますわ。

ボルドゥ　あなたはなかなか謙遜ですな。糸屑の残りは、諸器官やからだの各部の間にいろいろ種類がありますが、それだけの数の、他の種類の触覚を作るわけです。

レスピナス　どういう名前でしょう？　まだ聞いたことがありませんわ。

ボルドゥ　名前はありません。

レスピナス　なぜ？

ボルドゥ　他の器官を手段として惹き起こされる感覚の間に相違があるほどには、彼らを手段として惹き起こされる感覚の間に相違がないからです。

レスピナス　足や、手や、腿や、腹や、胃や、胸や、肺や、心臓がそれぞれ特別の感覚を持っている、と大まじめに考えていらっしゃるのですか？

ボルドゥ　考えています。失礼をかまわないならおききするところですよ、この名なしの感覚の中に……

レスピナス　わかりました。それはちがいますよ。その種類のものではこれはたった一つではありませんか。残念なことですわ。男の方が私どもに褒美にくださる、気持がいいというよりむしろ苦しいあのたくさんの感覚については、どんな理由がおありになるのです？

ボルドゥ　理由ですって？　それは大部分われわれが区別できるからです。もしこの触覚の無限の多様が存在しないとすれば、快感を感じているとか、苦痛を感じているとかはわかるでしょうが、どこだか場所を決めることはできないでしょう。視覚の助けを借りなければならないでしょう。それはもはや感覚の問題ではなく、経験ないし観察の問題でしょう。

レスピナス　私が指が痛いと言う時、どうして痛いのが指だということを断言するかと人にきかれたら、それを感じるからと答えるのではなく、痛みを感じ、かつ指が犯されているということを眼が見るからと、答えなければならないのですね。

ボルドゥ　そのとおりですよ。いらっしゃい、接吻してあげましょう。

レスピナス　はい、はい。

ダランベール　先生、マドモワゼルに接吻しているね。あなたのやりそうなことだ。

ボルドゥ　ずいぶん考えましたがね、衝撃の起こった場所と方向だけでは、糸の束の本元のあんなに急速な判断を決定するには足りないように思われましたね。

レスピナス　私にはわかりませんわ。

ボルドゥ　あなたの疑問は結構です。生まれつきの性質を、後天的なそしてほとんどわれわれ自身と同じくらい年数を経た習慣と思いちがいすることはよくあることです。

レスピナス　その逆もありますわ。

ボルドゥ　それはとにかく、動物の最初の形成が問題になっている問題において、着眼と観察をでき上った動物に向けることは、少々遅すぎるということがおわかりになったでしょう。最初の胚芽状態にまでさかのぼらねばならず、あなたの現在の組織を自分からはぎとり、しばらく、あなたがまだ柔らかい、繊維質の、形の定らぬ、蠕虫類の、動物というよりも植物の球根か根により多く似通った物質にすぎなかった状態に帰るのが適当だ、ということがおわかりになったでしょう。

レスピナス　もし真裸で往来を歩くのが世間の習わしなら、私も人なみにその習慣に従うだろうと思いますわ。ですから、いくらでもお好きなように私をしてくださいまし。私はただ、知識が得られればいいのです。束の糸の一本一本が特別の器官を作るとおっしゃいましたね？　そうだということはどうして証明されます？

ボルドゥ　自然が時々やることを頭の中でやってごらんなさい。束から糸の一本を切りとってごらんなさい。たとえば、いまに眼を作るやつを切りとるのです。どんなことが起こると思いますか？

レスピナス　その動物には多分眼がないというのでしょう。

ボルドゥ　額の真中に一つつくだけです。

レスピナス　一つ目入道《キクロプス》(16)ですわね。

ボルドゥ　キクロプスです。

レスピナス　では、キクロプスは十分作り話的な存在でなくなれるわけですわね。

ボルドゥ　そうですとも、お望みならいつでもごらんにいれますよ(17)。

レスピナス　この変化の原因はどうしてわかるでしょう。

ボルドゥ　この怪物を解剖して見て、網膜が一つしか見つからないからです。自然が時々やることを頭の中でやってごらんなさい。束の中の別の糸を一本なくしてごらんなさい。後に鼻を作るはずの糸を。その動物は鼻なしになるでしょう。後に耳を作るはずの糸をなくしてごらんなさい。その動物は耳なしになるでしょう。それとも耳が一つしかないでしょう。解剖学者が解剖してみても嗅覚神経網も聴覚神経網も見つからないか、ないしは聴覚神経網の一方だけしか見つからないでしょう。糸をなくすることをつづけてごらんなさい。その動物は頭なし、足なし、手なしになるでしょう。命は短いでしょうが、生きることは生きるでしょう。

しょう。

レスピナス　そんな例がいくつかございますか？

ボルドゥ　ありますとも。そればかりではありません。その動物は頭束の糸のあるものを倍にしてごらんなさい。眼が四つに、耳が四つ、睾丸が三つ、足が三本、腕が四本、各々の手に指が六本ずつというようなことになるでしょう。束の糸の場所を動かしてごらんなさい。器官がみんな妙な場所につくでしょう。頭が胸の真中を占めたり、肺が二つとも左へ片寄ったり、心臓が右へ行ったりするでしょう。二本の糸を一緒にくっつけてごらんなさい。器官は融合してしまうでしょう。腕が体にくっついてしまうでしょう。腿や、脛や、足が一緒になってしまうでしょう。想像し得る限りのあらゆる種類の片輪ができ上りますよ。

レスピナス　ですけれど、動物のような複雑な機械、一点から生まれる機械、動揺している液体から、おそらくは偶然混合した二つの液体から生まれる機械、というのはその時は何をしているのか当事者にもわからないのですから、継起的な無限の発達によって完成の域に進む機械、規則的なないし不規則な形成が、細い、鋭敏な、柔軟性に富んだ糸の一束、どんな小さな切れ端が壊れたり、切れたり、場所が狂ったり、欠けたりしても、きっと全体のためにおもしろくない結果が起こるような、そんな糸束に依存しているような機械は、私の糸巻機械の上で絹糸がもつれるよりももっとたびたびその形作られる場所で、結ばれたり、もつれたりするはずだという気がしますわ。

ボルドゥ　だから人が考えるよりもずっとそのために損害を受けるのです。解剖がまだ十分に行なわれていません。この形成についての思想は真理からははるかに遠いものです。

レスピナス　生まれつきの片輪の著しい例[18]があるでしょうか？　傴僂《せむし》や跛《びっこ》以外のもので、遺伝的な悪行か何かにその呪われた状態を帰することができるようなのが？

ボルドゥ　無数にありますよ。ごく最近にも、パリの慈善病院で、ジャン＝バチスト・マセというトロワ生まれの大工が二十五歳を一期として、肺炎のために死にましたが、胸と腹の内側動脈が逆の位置にあり、心臓は普通の人では左にあるちょうどその同じ位置で右側にあり、肝臓は左に、胃と、脾臓と膵臓は右側腹腔にあり、肝臓大動脈は元来右側にあるべきものが左側につき、あの長い腸管にも同じ位置の転倒が起こっていました。腎臓は腰椎の上におたがいに重なりあい馬蹄型をなしています。これでも窮極の目的とか何とか文句を言えたら言ってもらいたいものですな！

レスピナス　変っていますわね。

ボルドゥ　もしジャン＝バチスト・マセが結婚していて子供があったとしたら……

レスピナス　早くおっしゃいよ、先生、その子どもは……

ボルドゥ　一般の組織に従うでしょうが、その子供らの子供の子供の中には、百年くらい後のことでしょうが、というのはこうした不規則現象は飛ぶものですから、祖先の風変りな組織に帰るのが出てくるでしょう。(19)

レスピナス　その飛ぶというのはどこからくるのでしょう？

ボルドゥ　わかるものですか。ご承知のとおり、子どもを作るには当事者は二人ですからね。おそらく要素の一方が他方の欠陥を補うのでしょう。そして変態の糸束は片輪の血を引いたものが優勢となり糸束の構成を支配する時初めて再び現われるものでしょう。糸の束がすべての種類の動物の元のそして最初の相違を構成するのです。

（長い沈黙の後、マドモワゼル・ド・レスピナスは夢想よりさめ、次の質問をもって同じく夢想に耽っていたドクトルを呼びさます。）

レスピナス　とてもばからしいことを考えつきましたわ。

ボルドゥ　何ですか？

レスピナス　男って、きっと女の片輪なんですわ。それとも女が男の片輪なんでしょう。

ボルドゥ　その考えはもっと早く浮かんでいたはずですよ。女が男のからだのすべての部分を持っていること、唯一の差はただ袋が外に下っているか内側にはいっているかの差であること、女の胎児は、男の胎児と間違えるくらい、よく似ていること、時に間違いを起こす部分は女の胎児にあっては内側の袋が大きくなるに従って縮小するけれども、最初の形を失うほどには決して消失しないで、この形を縮小した規模において保有していること、同じような運動を起しやすく、同じく快感の動機であること、やはりそれだけの亀頭や包皮を持っていること、その先端に、いまは閉じてしまった尿道の口だったと思われる一点を認め得ること、また男には、肛門から陰嚢に至る間に、会陰と呼ぶ隙間があり、陰嚢から男根の先端まで、縫目ようのものがあり、これは縫い合わされた膣の継ぎ目らしいということ、また普通以上の陰核を持っている婦人には髯があり、去勢された男には髯がなく、彼らの腿は太くなり、腰は開き、膝は丸味を帯びること、一方の性の特徴をなす器官を失うことによって、他方の性の特徴をなす組織へ帰るように見えるということ、以上のことをご存知だったらその考えはもっと早く浮かんでいたはずです。アラビヤ人の中には乗馬の習慣が睾丸を抜かせたために、髯をなくし、肝高い声を出し、女の着物を着、車に女と並んで乗り、小用を足す時にしゃがみ、女の風俗や習慣を真似るものがあります……ところで本題とは随分かけ離れてしまいましたな。例の生気があり生命のある繊維の話へ戻りましょう。

ダランベール　マドモワゼル・ド・レスピナスに向って口にすべからざることを言っているようだね。

ボルドゥ　科学の話をする時には、専門的な言葉を使わなくてはなりませんよ。

ダランベール　もっともだ。その時には、普通ならそれをいかがわしいものにしてしまう付随的な観念のつきものをなくすからね。つづけてくれたまえ、先生。それであなたはマドモワゼルに向って、子宮は陰嚢が外から内側へ裏返しにされたものにほかならないと言ったんだね。そしてこの裏返しにする運動において睾丸はそれを包んでいた嚢の外へ投げ出され、体腔内の右と左へ振り分けられたというのだね。それから陰核は男性生殖器を小型にしたものであり、この女性における男性生殖器はたえず縮小して行き、それは子宮すなわち裏返しにされた陰嚢が延長するのに比例する、それから……

レスピナス　わかっていますわ、そのとおりですよ。静かにしていらっしゃい。私たちの話にかかわりあわないでください。

ボルドゥ　おわかりになったでしょう。マドモワゼル、われわれの感覚一般の問題において、われわれの感覚とは、要するにどれも分化した触覚にほかならないのですから、糸の束が次々にとって行く形式は問題とせず、糸の束のみを考慮に入れなければならないのです。

レスピナス　感覚ある糸の束の各々の糸はその全長にわたって傷つけられたりないしくすぐられたりすることができるわけですわね。快感もしくは苦痛がどこかに起こる。例の蜘蛛の長い脚のどこかある場所に起こる。（私はいつでも蜘蛛を持ち出しますよ）、それは蜘蛛がすべての脚の共通の起源であり、自分では経験せずに苦痛もしくは快感をしかじかの場所のものと断定するからでしょう。

ボルドゥ　この共通の起源におけるすべての印象の恒常的な不変の関係が動物の統一を構成しているということになりますよ。

レスピナス　動物各自にとってはその生涯と自我の歴史をなすものはすべてのこうした継起的な印象の記憶という

ことになりますね。

ボルドゥ　思考と推理力を作るものはこうしたすべての印象に必然的に続いて起こる比較と記憶であるということになりますよ。

レスピナス　それでは、その比較はどこで行なわれるのでしょう？

ボルドゥ　糸の束の源です。

レスピナス　では、その糸の束は？

ボルドゥ　でき始めには自分自身の感覚などというものは一つも持っていません。見えもせず、聞えもせず、苦痛も感じません。作られ、栄養も与えられるだけです。柔らかい、無感覚な生気のない物質から発生し、その物質はその台座の役目を果たします。その上に納まり、聞き、判断し、宣告するのです。

レスピナス　苦痛を感じないのですね。

ボルドゥ　感じません。どんな軽微な印象でもその聴覚を中断し、動物は死の状態に陥ります。印象を中止させてごらんなさい、自分の作用をとり戻し、動物は生き返ります。

レスピナス　どうしてそれがおわかりになりますの？　いままで勝手に人間を生き返らせたり死なせたりしたことがあるのでしょうか？

ボルドゥ　ありますよ。

レスピナス　それはまたどうしてやったものでしょう？

ボルドゥ　いまお話しましょう。好奇心をそそる事実[20]で、すよ。多分ご存知かも知れませんが、あのラ・ペイロニが頭に激しい打僕傷を受けた病人のもとへ呼ばれました。病人はそこがずきずきうずくと言うのです。外科医は、脳に膿瘍ができたにちがいないと思い、一刻も猶予ができないと考えました。病人の頭を剃り、穿孔手術を施しました。機械の先端がちょうど膿瘍の真中に当りました。膿汁が溜っていました。膿汁を排泄し、スポイトで膿瘍を掃除しました。注入液を膿瘍の中へ押し込むと、病人は眼を閉じ、手足は動かなくなり、さっぱり生きている様子がなくなります。注入したものを再び吸い上げて、つまり糸束の源を注入された液の重みと圧迫から解放してやると、病人は再び眼を開き、動き、話し、感じ、生まれかわり、生きてくるのです。

レスピナス　不思議ですわね、その病人はなおったでしょうか？

ボルドゥ　なおりましたよ。なおった時、彼は反省し、考え、理屈を言いました。かなりの分量の脳味噌を減らされても、前と変らぬ頭の働きを、同じ常識、同じ洞察力をもっていたのです。

レスピナス　頭という裁判官は実に奇妙なものですわね。

ボルドゥ　時には、これで、間違いをやりますよ。習慣から来る先入主に陥りやすいのです。もうなくなった手足の一つに痛みを感じたりすることがありますからね。やろうと思えばだますこともできます。二本の指を重ねて交叉してごらんなさい、それで小さな球に触れるのです。裁判官君は球が二つあると言うでしょうよ。

レスピナス　この世のすべての裁判官と同じことなんですわね。経験が必要なんですわ。それがなければ氷の感じを火の感じだと思うかも知れませんわ。

ボルドゥ　もっとほかのこともしますよ。個体にほとんど無限の体積を与えるかと思うと、またほとんど一点内に収縮してしまいます。

レスピナス　おっしゃることがわかりませんわ。

ボルドゥ　あなたの現実の拡がりを、あなたの感性の真実の領域を、限定するものは何ですか？

レスピナス　私の視覚と触覚ですわ。

ボルドゥ　昼間はそうです。けれども夜は、くらやみの中では、ことに何か抽象的なことを夢みている時はどうでしょう？　昼間でも、あなたの心が何かで一杯にされている時はどうでしょう？

レスピナス　無になりますわ。ちょうど一点の中に存在するような具合になります。物質であることをほとんどやめてしまいます。自分の思想だけしか感じなくなりますわ。場所も、運動も、物体も、距離も、空間も何もかも私にとっては存在しなくなり、世界は私には無に等しく、世界に対しても私はゼロです。

ボルドゥ　これがあなたの存在を集中した形式の最後の到達点です。けれどもこれを観念に増大して行くことは無限であり得るはずです。自分のからだを自分自身に近づけることによって、自分自身の中に集中することによって、あるいは外へ拡げて行くことによって、とにかくあなたの感性の真実の限界が越えられた時、それから先どうなるか知れたものではありません。

レスピナス　先生、先生のおっしゃることはもっともですわ。何だか夢の中でいくども……

ボルドゥ　卒中にやられた時の病人だって……

レスピナス　何だか自分がすてきに大きくなりましたわ。

ボルドゥ　足が寝床から空へ着くような気がするでしょう。

レスピナス　腕や脚が際限もなく延びましたわ、からだの他の部分もそれに釣り合った大きさになりました。話にあるエンケラドスもこれにくらべたら、ピグミーくらいのところですわ。オヴィディウスのアンフィトリーテ、その長い腕が大きな帯のように地球に巻きついたというアンフィトリーテ(21)も、私にくらべれば小人の女にすぎません。自分が天に上り、両半球を抱いているような気がしましたわ。

ボルドゥ　まったくそうでしょう。私の方は、それと正反対の現象の起こった婦人にぶつかったことがあります。

レスピナス　何ですって！　だんだん小さくなって、自分自身の中へ帰ってしまったのですか？

ボルドゥ　しまいに針ほどに小さくなったような気がしたのです。眼も見えるし、耳も聞える。理屈も確かだし、判断もするのですが、自分がなくなってしまうと思うと死ぬほど恐ろしいというのです。どんな小さな物が近づいても恐ろしさに慄えました。自分のいる場所から動こうとしないのです。

レスピナス　それは不思議な夢ですわね。とてもありがたくない困った夢ですわ。

ボルドゥ　どうして、夢を見ていたのではありませんよ。月経閉止に伴う現象の一つだったのです。

レスピナス　で、そうした小さい、あるかなしの小人女の形でいつまでもいたのでしょうか？

ボルドゥ　一時間か二時間くらいです。それが過ぎると、すぐにいつもの大きさに戻るのです。

レスピナス　その奇妙な感覚の理由は？

ボルドゥ　自然な平静な状態においては、例の糸束の糸はある程度の張度、調子、およそ一定のエネルギーをもっており、これが身体の実在のある想像の拡がりを決定しているのです。いま実在のあるいは想像のと言いましたが、それはこの張度、調子、エネルギーが変化し得るものであり、われわれの身体は常に同一の体積を持っているものではないからです。

レスピナス　だから、生理上でも精神上でも、実際より大きいと信じやすいのでしょう？

ボルドゥ　寒さはわれわれを小さくし、暑さは膨張させます。ある個人は生涯自分の実際よりも小さくもしくは大きく自分を想像していることもあり得るわけです。万一糸束の塊りが激しい興奮状態にはいることが起こったり、糸が勃起したり、無限に多数の糸の先がいつもの限界を越えてもつれるようなことが起こると、その時には、頭とか足、その他の五体、体の表面のあらゆる点が無限に遠い距離へもって行かれ、その個人は自分を巨大だと感じるのです。無感覚状態、無意識状態、生気のない状態が糸の端を犯し、しだいに糸束の本元に向って進めば、これと正反対の現象が起こるでしょう。

レスピナス　この拡がって行く方はどこまで拡がるか見当がつかないということはわかりますわ。それから、その糸の先端の無感覚状態、無意識状態、生気のない状態、その無活動状態がある程度まで進んだあとで、定着したり、とまったりすることができるということは……

ボルドゥ　ラ・コンダミーヌ(22)の場合がそれです。その時には患者は両足で一つずつ風船を踏んでいるように感じるのです。

レスピナス　自分の感性の限界の外に存在しているわけですね。そしてもし四方八方からその無活動状態に包まれていたなら、死んだ男の下に生きた小さな男を見せたことでしょうね。

ボルドゥ　そこからこういう結論が出るじゃありませんか。その起源においては一点にすぎなかった動物は、いまなお自分が実際それ以上の何物であるかを知らないのです。だが話を戻しましょう？

レスピナス　どこへ？

ボルドゥ　どこへって、ラ・ペイロニの穿孔手術を受けた患者です……代る代る死んだり生きたりした男の例を見せろとおっしゃったが、これはまさしくお望みどおりだと思いますがね……だがもっといいのがあります。

レスピナス　一体何でしょう？

ボルドゥ　カストールとポリュックス(23)の話を実際にしたようなものですな、二人の子どもですがね、一人の生活がもう一人の死亡に続いて始まり、後者の生活はまた前者の死亡にすぐつづいて始まったのです。

レスピナス　まあ！　上乗の作り話ですわね。そしてそれは長く続いたでしょうか？

ボルドゥ　こうした状態の継続期間は二日間でしたが、二人の子供はこれを平等に交代に分割して生活したのです。すなわち銘々が自分の分として一日分の生命と一日だけの死亡状態をもったわけです。

レスピナス　先生、私をだましやすいと思って少しいい気になっていらっしゃるのではありませんか？　ご用心あそばせ。一度おだましになったら、もう信用しませんから。

ボルドゥ　《ガゼット・ド・フランス》をお読みになることがありますか？

レスピナス　一度も読みません。二人の才人の傑作だと

はうかがっていますけれど。(24)

ボルドゥ　この九月四日の号を借りてごらんなさい。アルビの教区のラバスタンスで、背中合わせの双生児の娘が生まれたと書いてあります。最後の腰椎と、臀部、下腹部で一緒にくっついているのです。片方を立たせておくにはもう一方が頭を下にしていなければなりません。寝ると、向き合うわけですが、二人の腿は二人の胴と高く上げた脚の間へ曲り込んでいました。下腹部で二人を結びつけている共通の円の中央に性器が認められます。一人の右腿、これは姉妹の左腿と向き合っているのですが、その間の凹みに小さな肛門があり、そこから排泄が行なわれるのです。

レスピナス　これはまた風変りなものですわね。

ボルドゥ　二人は匙にいれて与えた乳を飲みましたが、先刻申し上げたように十二時間だけ生きていました。一人が気絶すると一人が息を吹き返し、一人が生きている間は片方が死んでいるのです。一人の最初の気絶ともう一人の最初の生存は四時間でした。その後交互に起こった気絶と生命の復帰の継続時間はもっと短いものでした。二人とも同時刻に息が絶えました。二人の臍も同じく交互に出臍になったり引込んだりする運動をすることが認められました。気絶する方はひっ込み、生き返った方は飛び出したのです。

レスピナス　この生と死の交代をどう解釈なさいます。

ボルドゥ　多分何の値打もないかも知れません。けれども人は自分の思想の眼鏡を透してすべてを眺めるものですし、私も規則に例外を設けたくありませんから、これはラ・ペイロニの穿孔手術の現象が二人の接合した人間に重なって起こったものだと解釈します。この二人の子供の例の糸の束が完全に融合しているので、相互に作用と反作用を及ぼし、一方の糸束の本元が優勢になると、他方の糸束を引き寄せ、これは一時気絶するのです。共通の組織体を支配するのが後者の糸束だった場合には、その反対になるのです。ラ・ペイロニの穿孔手術においては、圧迫は上から下へ液体の重さで行なわれましたが、ラバスタンスの双生児の娘にあっては、下から上へ糸束の中の何本かの糸の牽引によって行なわれたのです。臍が交互に出たり引込んだりすること、生き返った方では飛び出し、死んだ方では引込むという事実に依拠した推測なのですが。

レスピナス　二つの塊が結びついているわけですわね。

ボルドゥ　二個の感覚と二個の意識の原動力をもった一個の動物ですよ。

レスピナス　けれども同一の時間には一方だけしか享有していないわけですわね。でももしこの動物が生きつづけたとしたらどんなことが起こったかわからないでしょう？

ボルドゥ　生涯のあらゆる瞬間の経験、想像し得る限り最も強烈な習慣が、この二個の脳の間にどういう種類の交通を開いたでしょうか？

レスピナス　二重の感覚、二重の記憶、二重の想像、二重の注意、一人の人間の半分が観察し、読書し、思索している時、他の半分は休息し、この半分はまた相棒が疲れた頃、同じ作用を再び開始する。二重にされた人間の二重生活ですわね。

ボルドゥ　これは可能でしょう。どうですか？　自然は時とともにすべての可能なものをもたらすものですから、何か変った複合物を作り出すでしょう。

レスピナス　そんなふうな人間にくらべたら私たちは貧弱ですわね！(25)

ボルドゥ　それはまたなぜです？　たった一つの悟性の中にさえありあまるほどの不確かさ、矛盾、気ちがいじみたことがあるんですからね。悟性が二つになった日にはどんなことになるか見当がつきませんよ……ところでもう十時半ですよ、私を呼んでいる病人の声が郊外からここまで聞えます。

レスピナス　あなたが診ておやりにならなければ、その病人に危険なことがあるんですか？

ボルドゥ　診てやるよりも危険が少ないかも知れませんな。私がいなくて自然だけにまかせておいてはできないとしても、自然と一緒に仕事をすることは相当困難ですし、むろんのこと自然の手を借りなければ私には仕事はできません。(26)

レスピナス　では、ここにいらっしゃいまし。

ダランベール　先生、もうひとことだけ。それがすめば患者の所へ行かせてあげるよ。私の生存期間中に受けたすべての有為転変を通ってきて、おそらく生まれる時に持っていた分子を今では一つも持っていないだろうが、どうして他人に対しても自分自身に対しても自分として存在してきたのだろうね？

ボルドゥ　夢を見ながらそのことを僕たちに教えてくれたじゃありませんか。

ダランベール　私が夢を見ていたって？

レスピナス　夜どおしですよ。まるで譫言のようだったので、先生をむかえに走らせたのです。

ダランベール　して、それが自分から動くとかいう蜘蛛を活発にさせておき、動物にしゃべらせるという蜘蛛の脚のためかね？　動物は、何と言ったね？

ボルドゥ　他人にとっても自分にとっても自分であるというのは記憶のためだと言いましたよ。私ならもう一つそのほかに有為転変の緩慢さのためだと言いますな。もしあなたが一瞬間に青年時代から老年時代に移ったなら、生まれ初めの時と同じようにこの世界へ投げ出されるわけです。あなたはもはや他人にとってもまたあなた自身にとってもあなたではなくなり、その他人もあなたにとっては少しも彼らではなかったわけです。すべての関係が無に帰し、私にとってのあなたの生涯の全歴史、あなたにとっての私の生涯の全歴史は混乱してしまいます。腰を曲げて杖に縋り、眼の光はあせ、体を引きずるようにしてやっと歩いている男、外見よりも内的にはさらに自分自身と異なっている男が、昨日まであのように身も軽やかに歩み、かなり重い荷物をやすやすと動かし、深遠きわまりない瞑想に耽ったり、限りなく楽しく、限りなく激しい運動に身を委せることができたりした男と同じ男だとはどうして判断がつきましょう？　自分自身の書いたものさえわからなくなっているでしょう。自分自身にさえ見覚えがなくなっているでしょう。誰にも見覚えがなくなっているでしょう。誰もあなただと見わけがつかないでしょう。世界の全舞台は変っているでしょう。生まれた時のあなたと青年時代のあなたの間には、青年時代のあなたと突如として老人になったあなたとの間よりも差異が少ないだろうということを考えてください。あなたの誕生はあなたの青年時代と中絶することのない感覚の連続で結びついてはいるけれども、あなたの生存の最初の三年間は決してあなたの全生涯の歴史中にはいらないということを考えてください。しからばあなたの老年期と何物によっても結びつけられていないようなあなたの青年時代の時間があなたにとって何物だというのですか？　老人となったダランベールは青年ダランベールについてはこればかしの記憶ももっていないでしょう。

レスピナス　蜜蜂の房の中なら、団体精神を獲得する時間のあるものなんか一匹もいないことになりますわね。

ダランベール　何を言っているのだね？

レスピナス　僧院の精神は僧院が少しずつ作り足されているために維持されている、と申しているのですよ。新しい僧侶がはいってくると、古参の者が百人もいて、その連中が新参者を彼らと同じように考えたり感じたりするように引張るのですからね。蜜蜂が一匹逃げて行くと、巣の中には一匹あとつぎができ、それはまもなく全体の動作に従います。

ダランベール　勝手にしたまえ。坊主だとか、蜜蜂だとか、蜂の巣だとか、僧院だとか、勝手に寝言を並べている。

ボルドゥ　あなたの思うほど寝言じゃありませんよ。動物の中には一個の意識しかないとしても、意志は無限にあります。一つ一つの器官が自分の意志をもっているのですからね。

ダランベール　何と言ったのかね？

ボルドゥ　胃は食物を欲し、舌は食物を欲していないと言ったのです。舌および胃と動物全体の異なるところは、動物は自分の欲望を感じていることを知っているが、胃と舌は知らないで欲望を感じていると言ったのです。それは胃ないし舌はたがいにいわばまあ人間と野獣のようなものだからです。蜜蜂は彼らの意識を失っても食欲ないし意志を保有しているのです。繊維は単純な動物ですが、人間は複雑な動物です。だがこの点は別の機会までとっておきましょう。人間から自己意識をとり去るためには老衰などよりもっともっと小さい事件で十分ですよ。瀕死の病人は深くも敬虔な気持で臨終の秘蹟を受けますね。自分の犯した過ちについて自分を責め、妻に許しを求め、子供に接吻を与え、友だちを呼びますな。それから医者に話をし、召使どもに命令を与え、遺言を筆記させます。自分の仕事の始末をつけます。しかもこの上もなく健全な判断と、完全この上もなく頭を働かせて、すべてこれらのことをやりおおせます。ところが、病気がなおりますな。さあ、回復期になると、病中に言ったりしたりしたことを少しも覚えていない。この期間は、時にずいぶん長いことがあるのですが、それが彼の生涯から消え失せてしまったわけです。突然の病気の発作が中断した会話や動作を再び続けた人びとの例さえあります。

ダランベール　僕も思い出した。ある公開の演習の席で、ある学校側の衒学者が、学問でふくれ上っている男だがね、自分の軽蔑していた托鉢坊主のために、いわゆる袋の中へ追い込まれたことがある。その男が、袋の中へ追い込まれたのだ！　誰のために？　相手は一介の托鉢坊主ではないか！　どんな問題についてだ？　将来起こりうる偶発事という問題についてではないか！　彼が生涯熟考してきた神による予知に関してではないか！　そしてどんな場合だというのだ？　多数の集まりの前ではないか！　自分の学生の面前ではないか！　さあ面目は丸つぶれさ。これらのことをあまり考えすぎたため、昏睡状態に陥ってしまい、それがいままでに得たすべての知識をその男から奪ってしまったのさ。

レスピナス　でも、それはかえって幸いでしたわ。

ダランベール　こりゃ、ごもっとも千万だ。良識だけは残っていたんだが、何もかも忘れてしまったのさ。もう一度話したり読んだりすることを教え直したのだがね、どうにかこうにかぽつりぽつり句切って物を言い始めるようになった頃死んでしまったよ。この男は決してばかではなく、相当の雄弁家だなどと言っていた人もあるくらいだ。

レスピナス　あなたの作り話も聞いていてくださらなくてはいけませんよ。十八か二十くらいの青年で、名前は忘れましたが……

ボルドゥ　ド・シュランベール・ド・ヴィンテルトゥール氏でしょう、せいぜい十五か六でしたよ。

レスピナス　この青年が高いところから落ちたのですが、その拍子に激しい脳震盪を起こしました。

ボルドゥ　激しい脳震盪というのは何をおっしゃるのですか？　その男は納屋のてっぺんから落ち、頭を割り、六週間人事不省に陥っていたのです。

レスピナス　それはとにかく、このできごとの結果がどんなことになったかご存知ですか？　先刻の衒学者とやらと同じことが起こったのです。知っていたことを全部忘れてしまったのです。三つ四つくらいの年頃に帰ったのですね。幼年時代を二度迎えたわけで、これがつづいたのです。物を恐れるようになり、気が弱く、玩具で遊びました。悪いことをして叱られると、隅っこへ行って隠れたりするのです。大きい塔に小さい塔をこしらえてくれと言いました。家の者が読み書きを教えました。申上げるのを忘れていましたが、歩くことを教え直さなければならなかったのです(27)。再び大人になり、しかもなかなか利巧な男になりました。博物学の著述を一冊残しています。

ボルドゥ　画集ですよ。リンネの方式による、ズルツェル氏の昆虫図譜です。私もこの事実を知っていました。スイスのチューリッヒ県で起こったことです。同じような例がたくさんありますよ。例の糸束の源をかき回してごらんなさい、動物は変ってしまいますから。どうやらそこに動物の全部があるのですね。ある時は枝葉を支配し、ある時は枝葉に支配されているのです。

レスピナス　それで動物は専制のもとにおかれたり無政府状態に支配されたりするのですね。

ボルドゥ　専制のもととは、うまく言いましたな。糸束の源が命令を出し、他はことごとく服従するのです。動物は自己の主人、**mentis compos** です。

レスピナス　無政府状態のもとでは、網の糸のことごとくが頭目に対して一揆を起こしており、最高の権威というものはもうないわけですわね。

ボルドゥ　いかにもそのとおりです。情熱の激しい発作に際して、精神錯乱状態において、危険の急迫に際し、もしも主人が家来の全勢力を一点に集めるならば、どんな弱い動物でも信じられないほどの力を現わします。

レスピナス　頭が変になる時はそうですわ。これは私たちにはまったく特有な無政府状態ですけれど。

ボルドゥ　各人が主人としての権威をお手盛にしている弱い政治支配の模型のようなものですな。治療法を私は一つしか知りません。なかなかむずかしい。けれども確実は確実です。つまり、神経網の源、自我を構成しているこの部分が自分の権威を回復すべき強烈な動機で動かされることがあればよいのです。

レスピナス　そしてどういうことになりますの?

ボルドゥ　実際それを回復するということになります。でなければ、その動物が死滅することになります。時間があれば、この点に関して奇妙な事実を二つお話するんですが。

レスピナス　だって、先生、往診の時間は過ぎたじゃありませんか。病人はもう待ってはいませんよ。

ボルドゥ　ここへくるのは他に何もすることのない時でなければいけない、離してもらえないんだからな。

レスピナス　これはまた殊勝な風の吹き回しですこと。ところで、あなたのお話というのは?

ボルドゥ　今日のところはこれだけで満足していてください。ある婦人がお産の後で、自分にはその気がなくて、とても恐ろしい精神錯乱状態に陥ったのです。涙が出たり、笑ったりします。むせる、痙攣を起こす、喉が腫れ上り、陰気に黙りこくったかと思うと、金切り声を出します。ありとあらゆるありがたくないことが起こったのです。それが数年つづきました。激しい恋をしていましたが、男が女の病気にあきはてて、離れ始めたらしいと思い込んでしまったものですから、そこでなおるか死ぬかしてやろうと決心したのです。彼女の中に一種の内乱が起こり、その戦争において、ある時は主人側が勝ちを占め、ある時は家来の方が優勢になるという状態でした。神経網の作用が本元の反作用と相等しくなると、その女は死んだようになるのです。寝床へ運ぶと、幾時間もぶっとおしに身動きもせず、ほとんど生きた様子もなくじっとしています。時には疲労のために駄目になってしまうこともありました。からだ全体に力が抜けてしまい、これが最後にちがいないと思われるような気力喪失状態に陥るのです。この戦闘状態で六ヵ月持ちこたえました。反抗はいつも網の方から起こりました。くるなということがその女にはわかりました。最初の兆候が見えるとすぐに、その女は起き上って、走り、激烈きわまる運動にかかります。階段を昇ったり、駆け下りたりしました。材木を挽いたり、畠を鋤いたりしました。彼女の意志の器官、糸束の本元は緊張してきます。女は独り言を言うのです。征服するか、死ぬか。無数の勝利と敗北の後、頭は主権を保ち、家来はまったく服従してしまって、その後あらゆる家事上の苦痛をなめ、いろいろの病気にもかかりましたが、ついぞ精神錯乱などということは起こらなくなったのです。

レスピナス　感心ですわね。けれども私だってそれくらいのことはできると思いますわ。

ボルドゥ　というのは、恋をする時には大いに恋をし[28]、頑強だというわけですな。

レスピナス　わかりますわ。頑強というのは、習慣ないし体質上糸束の本元が網を支配している時で、その反対に、支配されている時は弱いのでしょう。

ボルドゥ　そこから出てくる結論ならまだほかにいくらもありますよ。

レスピナス　だけど、もう一つのお話をうかがいましょう。結論はそのあとからにしてください。

ボルドゥ　ある若い女が少々過ちをやっていました。ある日ぴったりとその楽しみをやめてしまおうと決心しました。さあ、たったひとりぼっちになると、沈み切ってしまい、なんだかぼうっとしています。私に往診を求めました。私はその婦人に百姓女の着物を着て、一日土地を耕し、藁の上に寝、固いパンを食べるように勧めました。この処方はその婦人の気にいりませんでした。では旅行をなさるがよい、こう私は申しました。ヨーロッパを一周しましたが、街道で再び健康を見つけたというようなわけです。

レスピナス　あなたのおっしゃろうとしたのはそんなことではないでしょう。でも何だってかまいませんわ。さああなたの結論を聞かせてちょうだい。

ボルドゥ　やり始めたらきりがありませんよ。

レスピナス　結構ですわ。さあおっしゃい。

ボルドゥ　どうも勇気がありませんな。

レスピナス　それはまたなぜ？

ボルドゥ　というのは、道々あらゆる問題にふれ、しかも少しも問題を掘り下げないからです。

レスピナス　かまわないじゃありませんか？　本を作るの

じゃあるまいし、話をするんですから。

ボルドゥ　たとえばですな、糸束の本元がすべての勢力を自分の方へ呼び戻す時には、すなわち全組織がいわば逆に動き出す時には、これは深く瞑想に耽る人間には起ることだと思いますが、それから天国の門が開いているのを見る狂信者にも、火焰の真只中で唄を歌う未開人にも、また陶酔状態においても、意識的または無意識的狂気状態においても……

レスピナス　それで？

ボルドゥ　それで、動物は無感覚状態になるのです。一点としてしか存在しないのです。(29) アウグスティヌスの語っている、あのカラームの坊さん。燃えさかっている炭火に触っても感じないほどに変態になった坊さんを見たことはありません。(30) また火の框の中から、敵に向って、笑って見せ、罵り、自分らをいま苦しませているよりもっとひどい拷問が待っているぞとほのめかす野蛮人を見たこともありません。闘技場の中で息を引き取りながら鍛錬の妙味と教訓を数え上げたという闘技者を見たことはありません。けれども私はこれらの事実を信じますな。というのは、これらの事実のどれにも劣らないほどの努力を、しかも自分の眼で実際に、見たからです。

レスピナス　先生、それを一つお聞かせくださいな。私はまるで子どもと同じことですの。ふしぎなことが大好きですわ。そのふしぎな事実が人類の名誉になることなら、ほんとか嘘かなどと文句をつけることはめったにありませんわ。

ボルドゥ　ラングルというシャンパーニュの小さな町に、人のいい坊さんがおりました。ル・モニとかド・モニとかいう名前ですが、お宗旨にまことに浸り切った坊さんでした。膀胱結石ができたのですが、切開しなくてはなりません。日取りが決まって、外科医と、助手連、それに私が、その坊さんの所へ出かけて行きました。晴やかな顔をしてわれわれを迎え、着物を脱ぎ、横になりました。縛ろうとすると、いやだと言います。「ただ具合のいいように私を寝かせてください」と言います。寝かせました。すると、その坊さんは寝台の足下にあった大きな十字架を貸してくれと言いました。それを渡すと、両腕にしっかりと抱きしめて、唇をぴったりとつけました。手術が始まりました。身動きもしません、涙も溜息ももれません。結石は取り除かれましたが、坊さんは知らないでいたのです。

レスピナス　美しい話ですわね。これでも石で肋骨を折られた人が天国の門の開くのを見たことを疑えたら疑うがいいわ。

ボルドゥ　耳の痛さがどんなものかご存知ですか？

レスピナス　いいえ。

ボルドゥ　そいつぁ仕合わせですよ。病気という病気の中でいちばん残酷な奴ですな。

レスピナス　歯の痛さよりひどいでしょうか？　ありがたくないことにこの痛さはおなじみなんですけれど。

ボルドゥ　くらべものになりませんよ。あなたのお友だちのある哲学者[31]が二週間ほど前からそれで苦しんでいたのですが、ある朝細君に言うことには、一日中ではとても我慢も何もならない……唯一の手段は人工的に苦痛をまぎらすことだと考えたのです。少しずつ先生は形而上学だか幾何学だか知りませんが、ある問題に没頭して、とうとう耳を忘れたのです。食事を運びますと、上の空で口に運びました。苦しみを感じないうちに寝る時刻になるというわけです。恐ろしい痛みは精神の緊張が中絶する時でなければ起りません。もっとも、その時は、疲労が病気を嵩じさせるためか、それとも体の弱りが前以上に痛みをたえがたくするためか知りませんが、前代未聞の激しさで襲ってくるのですが。

レスピナス　そんな状態から出た時は、実際疲れてへとへとになるはずですわ。そこにいるその人にもときどき起こるんですよ。

ボルドゥ　危険ですな。本人が気をつける必要がありますよ。

レスピナス　いつだってそう言っているんですけれど、ちっとも気にかけないのです。

ボルドゥ　そんな気ままを言っていられませんよ、命にかかわることですからね。そのために命を落とさなくてはなりませんよ。

レスピナス　そんな宣告をうかがうとこわいわ。

ボルドゥ　この精根のつきた状態、この疲労状態は何を証明しているでしょうか？　末梢神経が暇な状態になるということ、全神経系統にわたって共通の中心へ向っての強烈な緊張が行なわれていることを証明しているのです。

レスピナス　もしも、この緊張あるいは強烈な引力の状態がつづいたなら、そして習慣的になったらどうでしょう？

ボルドゥ　そうなれば神経網の本元の痙攣です、動物は気ちがいになります、しかもほとんど術の施しようのない気ちがいです。

レスピナス　それはまたなぜ？

ボルドゥ　本元の痙攣は末梢神経のどれか一つの痙攣などとは話がちがうからです。頭は足に命令を伝えることができますが、足が頭に命令を発することはできません。本元が末梢神経のどれかに命令を出すことができても、末梢神経が頭にというわけにはいきません。

レスピナス　どうしてその相違があるのか、教えていただきたいわ。ほんとに、なぜ私はからだ中どこででも考えないのでしょう？　もっと早く気がつかなければならなかった問題だわ。

ボルドゥ　意識は一個所にしかないからですよ。

レスピナス　そんなことならすぐ言えますわ。

ボルドゥ　一個所にしかあり得ないからですよ。すべての感覚の共通の中心にあるのです。記憶が存在し、比較が行なわれるのと同じ場所です。各々の末梢神経はある限られた数の印象しか受けいれることができません。継続的なまたは孤立した感覚を感じますが、記憶は伴いません。本元はすべてを受け入れることができます。すべてのものの記録書です。記憶ないし継続的感覚を書きとめるのです。動物はできた最初からそこへ自我の中心をおき、そこに自らの全部を定着せしめ、いわばそこに存在するような傾向を帯びているのです。

レスピナス　で、もし私の指が記憶を持つことができたとしたら？

ボルドゥ　あなたの指は思考するでしょう。

レスピナス　では記憶とは何でしょうか？

ボルドゥ　中心部の持っている特性です。神経網の本元の持っている特別な感覚です。視覚が眼の特性であるのと同じことですな。記憶が眼の中にないのは、視覚が耳の中にないこと以上に、驚くべきことではありません。

レスピナス　先生、私の質問を満足させないで、はぐらかしておしまいになるじゃありませんか。

ボルドゥ　何もはぐらかしはしませんよ。知っていることを申上げているのです。神経網の本元の組織が末梢神経の組織と同じくらいによく私にわかっており、それを観察するのが同じように容易にできさえすれば、もっとたくさん知っているはずなのですがね。けれども特殊の現象に関して私の力が不足でも、その代り、一般的な現象に関してなら私のものですよ。

レスピナス　その一般的な現象というのは？

ボルドゥ　理性、判断力、想像力、狂気、低能、狂暴性、本能といったようなものですな。

レスピナス　わかりました。すべてこれらの性質は、生得のないし習慣によって獲得された神経網の本元の枝葉に対する関係の結果にほかならないのですね。

ボルドゥ　いかにもそのとおりです。根元ないし幹が枝にくらべて強すぎたらどうでしょう？　そこから、詩人や、芸術家や、空想家や、臆病な男や、熱中家や、気ちがいが出てくるのです。弱すぎたとしたら？　その時はわれわれが野獣、猛獣と呼んでいる奴ができてくるわけです。神経系統全体が弛緩し、弾力がなく、力がない時は？　その時は低能児です。神経系統全体が力強く、十分協調がとれ、十分秩序立っている時は？　その時は立派な思索家、哲学者、賢人ができ上ります。

レスピナス　そしてどの部分の枝が支配的な地位を占めて暴威をふるうかによって、動物にあっては本能の分化が行なわれ、人間にあっては天分の分化が行なわれるわけですわね。犬は嗅覚、魚は聴覚、鷲は視覚というふうに、ダランベールは幾何学者ですし、ヴォーカンソン[32]は機械学者、グレトリは音楽家、ヴォルテールは詩人というわけですわね。彼らの中にある神経網の末梢の一つが他のどれよりも強く、また同種の生物の中における同一の末梢よりも強くできていることのいろいろな結果なのですね。

ボルドウ　それから習慣という奴がなかなか勢力がありますからね。老人でも女を可愛がる奴があり、ヴォルテールは相変らず悲劇を作っていますからね。

（ここで医師は瞑想に耽り出すのでマドモワゼル・ド・レスピナスがこう言う。）

レスピナス　先生、考えこんでいらっしゃいますね。

ボルドゥ　いかにもそうです。

レスピナス　何を考えていらっしゃるの？

ボルドゥ　ヴォルテールのことです。

レスピナス　それから？

ボルドゥ　偉人のでき上る方法を考えているのです。

レスピナス　どういうふうにしてでき上りますの？

ボルドゥ　いかにして感性が……

レスピナス　感性が？

ボルドゥ　あるいは、こう言ってもいいでしょう。ある末梢神経が極度に影響を受けやすいことが凡庸な人間の支配的特質なのです。

レスピナス　まあ！　先生、何という神を無にした言い草でしょう。

ボルドゥ　そうおっしゃるだろうと思っていました。ですが、感じやすい人間とは何ぞやです。横隔膜の意のままに支配される人間のことではありませんか。ほろりとさせるような言葉が耳を打ち、変った現象が眼を打ちます。するとたちまち体内に混乱が湧き起こり、末梢神経のことごとくが興奮し、身震いが全身に走り、恐怖に捉えられ、涙が流れ、溜息が喉を詰らせ、声が途切れ、神経網の本元は自分でもどうなるのかわけがわからず、落ちつき、理性、判断、本能(33)、精神力は失われてしまいます。

レスピナス　私にも覚えがございますわ。

ボルドゥ　偉人は、不幸にしてこうした生まれつきの性向をもっている時には、うまず休まずそれを弱め、支配することに努めるでしょう。この性質の運動を支配し、神経網の本元に全権力を保育するように努めるでしょう。そうなれば、どんな大きな危険の真只中にいても泰然と身を持し、冷酷な、けれども健全な判断をくだすでしょう。彼の目標に役立ち得るもの、目的に協働し得るものはどれ一つとして、彼の眼から見逃されないでしょう。この男をびっくりさせようと思ってもむずかしいでしょう。四十五にでもなってごらんなさい。大王、大宰相、大政治家、大芸術家、わけても、一代の名優、大哲学者、大詩人、名医となるでしょうし、自分自身ならびに彼をとり巻くものことごとくに君臨するでしょう。彼は死を恐れないでしょう。この死の恐怖は、例の禁欲主義者がいみじくも言ったように、弱者を思いのままにどこへでもひき回すために強者の捉える把手《とって》ですが、彼はこの把手を打折り、同時にこの世界のあらゆる圧制から自分を解放するでしょう。感じやすい人間や狂人は舞台にいるが、彼は平土間にいるのです(34)。賢明なのは彼です。

レスピナス　そんな賢人とのつき合いは真平ですわ。

ボルドゥ　あなたが激しい苦痛をなめたかと思うと、強烈な快楽を味わい、一生涯を笑うことと泣くことで過し、永久に一人の子供にすぎなくなる。みんなこの賢人に似ようと努めないとそうなりますよ。

レスピナス　でもそう決めていますわ。

ボルドゥ　そのために一層幸福になれると思っていらっしゃいますか?

レスピナス　そんなこと知りません。

ボルドゥ　マドモワゼル、その大変尊重されている性質は、少しも偉大な結果になりはしないのですが、強く行なおうと思えばほとんど絶対に苦痛を伴わぬわけには行かぬし、弱く行なえば必ず退屈を伴うのです。あくびをするか、それでなければ酔っていなければならぬのです。あなたは妙なる音楽の与える(35)感覚に節度もなく没入し、感傷的な舞台の魅力にただもう曳きずられて行きます。横隔膜が収縮し、快感は消え、あとに残るものは一晩中つづく呼吸困難だけですよ。

レスピナス　でもこの条件でなければ私には妙なる音楽も人を感動させる舞台も楽しむことができないとしたら？

ボルドゥ　考えちがいですよ。私も楽しむことを知っており、嘆賞することも知っていますが、苦しみはしませんからね。もっとも疝痛の場合は格別ですが。私は純粋の快感を味わうのです。私の批評はそのために普通よりずっと厳格であり、私の賞讃は相手を喜ばせるものであると同時に、またよく考え抜いた揚句のものです。あなたの魂のような影響を受けやすい魂にとって、駄作の悲劇などというものがあるでしょうか？　芝居を読む場合、舞台で見た時に感じた夢中の気持を思い出して顔を赤くしたこと、またその逆の場合は幾度もおありになるでしょう？

レスピナッス　そういうことはありましたわ。

ボルドゥ　だから、それはほんとうだとか、これはいいとか、これは美しい……とか言う権利のあるものは、あなたのような感じやすい人ではなく、私のような静かな冷たい人間ですよ。神経網の本元を強くしましょう。それがわれわれのなし得る最良のことです。それが命に関係のあることをご存知ですか？

レスピナス　命に！　先生、それは一大事ですわ。

ボルドゥ　そうです、命に関係がありますよ。誰だってたまには生きているのが厭になることがありますからね。たった一つの事件でもこの感じを無意識的な習慣的なものにするには十分ですからね。そうなると、気晴らしになることや、さまざまの慰めや、友人の忠告、また自分自身の努力にもかかわらず、末梢神経は執拗に不吉な振動を神経網の本元へ運びます。かわいそうな男はいくらじたばたしてもだめです。彼に相対する世界の様相は黒く塗られて行きます。彼は不吉な一連の思想を伴につれて歩きます。この伴は金輪際彼を離れません。とどのつまりが自分を自分自身から解放するのです。

レスピナス　先生、こわいじゃありませんか。

ダランベール　（立ち上る、部屋着姿で、夜帽をかぶっている。）

それから睡眠だが、先生、どう思うかね、あなたは。いいものだがね。

ボルドゥ　睡眠というのは、疲労ないし習慣によって、全神経網が弛緩し、じっとしている状態ですが、また病気の時などは、神経網の繊維の一つ一つが興奮し、動揺し、共通の本元に向って、しばしば分散した、連絡のない、混乱したたくさんの感覚を伝送し、時にはまた非常に密接に結び、連絡のとれた、よく秩序の立った感覚を送り、眼のさめている人間だってそれ以上の理性、雄弁、想像力を持っていないこともあります。また時には、非常に激しい、強い感覚を送り、眼のさめている人間の方がかえってことの実相について不確かでいるというようなこともありますな……

レスピナス　さあさあ、睡眠というのは？

ボルドゥ　全体の一致協同が存在しなくなった動物の一状態です。すべての協和、すべての従属関係が中絶します。主人は家来どもの思うままに、それから自分自身の活動の制御するもののない力に身を委ねているのです。視神経が興奮したとしますと？　神経網の本元は視覚を起こします。もしも聴覚神経が刺激を寄こすと聴覚を起こすのです。作用と反作用だけが彼らの間に存在する唯一のものです。これは中央部の特性、継続性と習慣の法則の結果です。自然が愛の快楽と種の伝播のためにあてておく例の快感を司る神経から活動が始まるとすると、愛の対象の呼び覚まされた影像が神経網の本元における反作用の結果でしょう。反対に、もしもこの影像が最初に神経網の本元において呼びさまされるならば、精液の沸騰と射出が反作用の結果として起こるでしょう。

ダランベール　そこで上昇型の夢と下降型の夢があるんだね。今夜僕もそのうちのどっちか一つを見たんだが、どっちの道をとったかは、僕にはわからない。

ボルドゥ　覚醒時においては、神経網は外界の事物の印象にしたがいます。睡眠中において、身体の中に起こるすべてのものが出てくるのは、彼自身の感性の活動のためです。夢の中では気を散らすものが一つもありません。そこからその猛烈な活動力が生まれてくるのです。それはほとんど常に神経の興奮の結果であり、病気の一時的な発作です。神経網の本元は夢の中では無数の様式で交互に能動的になったり受動的になったりします。そこからその支離滅裂ぶりが生まれるのです。夢の中での概念は、時には自然の光景と面と向き合った動物における概念と変らぬくらい連絡がとれ、判然としていることがあります。それはこの自然の光景の写し絵が再び刺激されたものにほかならないのです。そこからその真実さが、覚醒状態と睡眠を区別することの不可能という事実が生じるのです。この二つの状態のうちのどちらが一方より真実らしいか、それは言えません。実験以外には誤謬を認識する方法はありません。

レスピナス　そして実験はいつでもできるでしょうか？

ボルドゥ　ちがいます。

レスピナス　もしも、夢が私のなくした人の面影を提供してくれるなら、しかもその人が今ここにいるのと変らないくらい真実な姿で提供してくれるなら、その人が私に話しかけ、その声が私に聞えるなら、私がその人に触れ、私の手の上に硬さの感覚が残るならば、そしてもしも、眼がさめた時に、私の心はなつかしさと悲しみでみたされ、眼に涙が一杯溜っており、私の両腕がその人が私に現われた場所の方へまだ差し延べられているならば、私はその人を実際に見たのではない、聞きもしなかったし、触りもしなかったということを何が証明してくれるでしょう？

ボルドゥ　その人のいないということです。ところで、覚醒時と睡眠を区別することが不可能であるとしても、睡眠の継続時間を測定するものは何でしょう。平静な時は、就床時から起床時に至る間の圧殺された時間です。興奮している時は、幾年も続くことさえあります。第一の場合には、少なくとも、自我の意識は完全に中断します。一度も見なかったような、またこれから先も決して見ないような夢を、どんなものだか言えますか？

レスピナス　言えます。それは人間が別になるからです。

ダランベール　そして第二の場合では、自我の意識を持たないばかりで、自分の意志や自由の意識は持っている。この夢を見ている男の自由とか意志というのはどんなものだろう？

ボルドゥ　どんなものだと言うんですか？　眼をさましている男のものと同じことですよ。欲望および嫌悪の最後の衝動です。生まれた時から現在に至るまでの自己の全存在の総決算です。どんな聡明な人だってそこに最小の区別でも認めることができたらお目にかかりますよ。

ダランベール　ほんとにそう思うかね？

ボルドゥ　驚いたね、あなたがそんなことをきくんですか？　深遠な考察に耽り、眼を開いて夢を見ることに、意志をもたずに行動することに、しかり、意志をもたずにです、夢の中よりももっていませんよ、それに一生の三分の二を過したあなたがですか！　夢の中であなたは指揮し、命令をくだします。命令されたものはあなたに服従します。あなたは不満だったり、満足したり、矛盾を感じたり、(36)障害を発見したり、癇癪を起こしたり、愛したり、憎んだり、行ったり来たりしたわけです。瞑想に耽っている最中においては。朝眼が開くが早いか、昨晩あなたの心を占領していた考えが再びあなたをとらえ、着物を着、机に坐り、熟考したり、作図をし、計算をやり、食卓につき、再び組み合わせの問題を始め、時にはそれを確かめるために食卓を離れ、ほかの者に話しかけ、召使の者に命令を与え、夜食を食べ、寝床にはいり、眠りますが、しかもこればかりも意志の働きはありません。あなたは一点にすぎなかったのです。あなたは行動したけれど、意志したのではありません。人は自分から意欲するものでしょうか？　意志というものは常に何らかの内的あるいは外的の動機から生まれるものです。何か現在の印象、何か過去の記憶、何かの情熱、何か未来における計画から生まれるものです。こういうことがわかった以上、自由に関してはただひとことを申上げるだけです。われわれの行動のどんな取るに足らぬものでも、単一の原因の必然的結果です。原因とはすなわちわれわれという、非常に複雑であるが、一つの統一体であるものです。

レスピナス　必然的ですって？

ボルドゥ　むろんです。行動の主体が同一であるとして、別の行動の結果を一つ考えてごらんなさい。

レスピナス　そうだわ。私はこういうふうに行動しているんだから、これと別な行動をすることのできるものはもはや私ではないわけだわ。私が一つのことをしたり言ったりしている時に、別のことを言ったりしたりできるというのは、私が自分でしかも別の誰かだということだわ。けれども、先生、悪行と徳行とはどうでしょう？　徳行、どんな国語においても気高い意味を帯びているこの言葉、どんな国民においても神聖視されているこの思想は！

ボルドゥ　善をなす傾向（bienfaisance）、という言葉に置きかえ、その反対を悪をなす傾向（malfaisance）という言葉に置きかえる必要があります。人は幸福に生まれつくか、不幸に生まれつくかしています。一般的な流れによって不可抗的にひきずられ、これがある者を光栄に導き、ある者を汚辱に導くのです。

レスピナス　それから自尊心、羞恥、後悔は？

ボルドゥ　どうにもならない一瞬時の功績ないし不始末を自分に帰する人間の無知と虚栄心の上に打ち建てられた児戯ですよ。

レスピナス　それでは褒美や刑罰は？

ボルドゥ　悪人と呼ばれている修正可能の人間を矯正し、善人と呼ばれているものを奨励するための手段です。

レスピナス　でもそんな理論は危険ではありませんか？

ボルドゥ　この理論はほんとですか、それともうそですか？

レスピナス　ほんとだと思いますわ。

ボルドゥ　ということはすなわち、あなたは、虚偽も便利なことがあり、真理も不便なことがあると思っていらっしゃるのです。

レスピナス　だろうと思いますわ。

ボルドゥ　私もそう思いますな。だが虚偽の効用は一時的のものであり、真理の効用は永久的です。けれども真理のありがたくない結果は、あったとしても、すみやかに消失します。虚偽が消えなければなくなりません。人間の頭の中の嘘の効果と人間の行動の中の嘘の効果を検討してごらんなさい。頭の中では、虚偽が真実とどうにかこうにか結びついていて、頭が誤られているか、それでなければ、真実が十分に首尾一貫して虚偽と結びつき、頭が間違っているかどっちかです。ところで、推理が首尾一貫しないか、ないしは誤謬において首尾一貫している頭脳からどんな行動を期待することができますか？

レスピナス　あとの方の悪は、そんなに軽蔑できませんが、おそらく初めの方より恐ろしいでしょう。

ダランベール　結構だ。そこで、何もかも感性、記憶、有機的運動に帰せられるわけだね。僕にもかなり気にいった。だが想像力は？　抽象力はどうだ？

ボルドゥ　想像力は……

レスピナス　ちょっと、先生、しめくくりをしておきましょう。あなたの説によれば、どうやら、純粋に機械的な操作を行なっただけで、地上における第一の天才を非有機体の一塊の肉に還元することが私にもできそうですわね。この肉塊には一時の感性しか残されていないのですわ。それから想像し得る限りのもっとも度しがたい愚鈍状態からこの無形の塊を天才の条件にまで戻すことができるようですね。この二つの現象の中の一つは、神経の中のある数のものの始源の束を破壊し、他のものを十分に混乱させておくことでしょうね。その逆の現象は、神経網に切り離した神経を復帰させてやり、全部を順調な発展に放任しておくことでしょう。たとえば、ニュートンから両方の聴覚神経を除去します。すると音の感覚はなくなります。嗅覚神経をとれば、臭の感覚はなくなります。視覚神経を除けば色の感覚はなくなります。味覚神経をとれば、味の感覚はなくなります。その他の神経を破壊するなり混乱させるなりすると、脳の組織、記憶、判断力、欲望、嫌悪の感情、情熱、意志、自我の意識は跡形もなくなります。生命と感性だけを保有した無形の塊だけがあとに残るのです。

ボルドゥ　二つの性質はほとんど同じものです。生命は集合したものの性質、感性は要素の性質です。

レスピナス　この塊をとりあげて、嗅覚神経を復活させるとしますと、鼻がきくようになってきますね。聴覚神経を復活させると、耳が聞えます。視覚神経を与えると眼が見えるようになり、味覚神経を復活させると、味がわかります。神経網のその他の部分のもつれをといて、他の神経が発達するのを許してやると、記憶、比較作用、判断力、理性、欲望、嫌悪の感情、情熱、本然の能力、才能が再び生まれてくるのが見えます。天才人の姿が再び現われてくるわけです。しかもそれは何らの異質的な人間に感じられない媒体の介在なしに行なわれるのです。

ボルドゥ　いかにもそのとおりです。そこまでにしておおきなさい。そのほかのことはちんぷんかんぷんですよ……ところで抽象力は、想像力は？　という質問でしたね。想像力というのは形と色彩の記憶ですよ。ある場面、ある対象の光景が、必然的に何らかの方法で感覚器官を刺激します。それはひとりでに自己興奮を起こすことがあり、あるいは外界の原因によって力を与えられます。すると内部に向って振動したり、あるいは外部に向って反響します。受けた印象を黙って記録したり、あるいは然るべき音によって外部に発表したりします。

ダランベール　だが誇張しているぜ。条件を省略したり、追加したりしている。事実を曲げたり、ないし美化している。相接している感覚器官は確かに反響している器官の印象である印象を受けいれるだろうが、過ぎ去った事物の印象を受けいれるのではない。

ボルドゥ　まったくです、話というものは歴史的であるか詩的であるかのどちらかだ。

ダランベール　だがその詩や嘘はどうして話の中へはいってくるのかね？

ボルドゥ　おたがいに覚醒し合う思想によってです。そしてその思想は常に結びついているために覚醒し合うのです。あなたは大胆に動物をクラヴサンに比較なさったから、私が詩人の物語を歌に比較するのを許してくれるでしょうな。

ダランベール　いかにももっともだ。

ボルドゥ　どんな歌にも音階というものがあります。この音階はそれぞれの差を持っています。絃の一本一本がその和音を持っています。和音はそれぞれの和音を持っています。こういう具合にして旋律の中に楽句の変化がはいってき、歌が豊富になり、拡がるのです。事実はそれぞれの音楽家が自分流に感じる与えられた主題です。

レスピナス　そんな比喩を使った文体で、なぜ問題を複雑にさせるのです？　私ならこう申しますわ。各人が自分の眼を持っているから、見ることもちがうし別のことを話しもするのです。各々の思想が別の思想を呼びさまし、その頭の調子ないし性格に従って、厳格に事実を表現している思想を捉えたり、または呼びさまされた思想を導入したりするのだ、と私なら申しますわ。これらの思想の間には選択が行なわれるでしょう。それから……この問題だけを徹底的に取り扱えば本一冊の内容がありますわ。(37)

ダランベール　それはもっともだ。でも僕は先生にあえてこう質問するよ。どんなものにも似ていないある形は、決して想像の中に生まれてこないし、また話の中にも出てこないと、確かに信じているのか、どうかね？

ボルドゥ　そう思いますね。この能力をことごとく興奮させたところでその全混乱は結局あの山師どもの知恵くらいのところに落ちつきますよ。何匹もの動物を小さく切ったのをはぎ合わせて、自然界には決して見られないようなものを作り上げるのですからね。

ダランベール　それから抽象力は？

ボルドゥ　そんなものはありませんよ。あるのは習慣的な言い落としだけです。命題を一層一般的にし、言葉をより急速に適切にする省略法があるだけです。抽象科学を生み出したものは言葉の記号です。多数の行為に共通の一つの性質が悪行とか徳とかいう言葉を生み出したのです。多数の存在物に共通な一性質が醜とか美とかいう言葉を生み出したのです。初めは一人の人間、一匹の馬、二匹の動物、と言ったのです。それから、一、二、三と言うようになり、数の科学はすべてこうして生まれたのです。人は抽象的な言葉については何らの観念を持っていません。すべての物体の中に三つの次元、すなわち長さ、幅、高さを認めたのです。この三次元の一つ一つを研究して見、そこからすべて数学が誕生したのです。すべての抽象は観念という内容を空にした記号にすぎません。(38)記号を物理的な対象から分離させることによって観念を排除したものです。記号を物理的対象に再び結びつけることによってのみ初めて、科学は再び観念の科学となるのです。会話の際や、書物に書く場合にたびたび起こることですが、実例を援用するという必要はここに由来しているのです。長い記号の組み合わせの後で、あなたが実例を要求する時は、話している相手に向って、相手の言葉の抑揚がのべつ幕なしに立てている音響に対して、実際経験された感覚を適用することによって、姿、形、実在性、観念を与えることを要求しているものにほかならないのです。

ダランベール　あなたには十分はっきりしているかね、マドモワゼル？

レスピナス　無限にというわけにはまいりませんわ。けれども先生が今説明なさるでしょう。

ボルドゥ　ごもっともですよ。私の申上げたことに何か修正すべきこと、多くの追加すべきことがないというのではありません。ところでもう十一時半です。正午にはマレー地区に回って診察をしなければならぬのです。

ダランベール　より急速で適切な言葉だって！　先生、一体人間は理解し合えるものだろうか？　他人にわかってもらえたと言えるものだろうか？

ボルドゥ　会話というものはほとんどすべて報告書の……ええとステッキはどこだったっけな……頭の中に一向観念をはっきりさせておかないのさ……それから帽子と……それに理性という点だけでも誰一人ほかの人間に完全に似ているものはないから、われわれは決して正確に理解しないし、また決して正確に理解されることもないのです。万事によけいなものが加わるか、肝心のものが不足しているかどちらかです。われわれの話というものはつねに感覚の手前にあるかそれを立ち越えているかどちらかです。判断の中には多くの差異が認められます。人の認めない、そして幸いにして人には認めることのできない差異はその千倍もあるのです……失礼しました、さようなら。

レスピナス　ちょっともうひとこと、お願いです。

ボルドゥ　早く言ってください。

レスピナス　私にお話になった突然変化のことを覚えていらっしゃる？

ボルドゥ　覚えていますよ。

レスピナス　ばかや頭の働きの鋭い人の子孫の中にその突然変化が起こるとお思いになりますか？

ボルドゥ　どうして起こらないことがあります？

レスピナス　それなら私たちの甥姪の子どもたちの代にとって祝福すべきことですわ。多分アンリ四世[39]か何かが再来するでしょうよ。

ボルドゥ　多分もう再来しているかも知れません。

レスピナス　先生、食事にはきっと来てくださらなくてはいけませんよ。

ボルドゥ　できるだけまいれるように致しましょう。お約束はしませんよ。来たらお仲間に入れてください。

レスピナッス　二時までお待ちしていますわ。

ボルドゥ　承知しました。

対話のつづき(40)

二時頃医師が再びやってくる。ダランベールはよそへ食事に出かけ、医師はマドモワゼル・ド・レスピナスと差し向いになった。食事が運ばれた。二人は食後の果物の時まではかなり大した意味のない話を交わしていたが、召使どもが遠のいてしまった時、マドモワゼル・ド・レスピナスは医師に向って次のように語り始めた。

レスピナス　さあ、先生、マラガ酒を一杯いかがです。それから私の質問に答えてください。それは百度も私の頭の中に起こった疑問ですが、あなたでなければ申上げる勇気がないのです。

ボルドゥ　このマラガはすばらしい…… あなたの疑問というのは？

レスピナス　種の混血ということをどうお考えになりまして？

ボルドゥ　こりゃ、なかなかいい質問ですな。人間は生殖作用に非常に重きをおいてきたように思いますが、まったく正しいことだと思いますよ。けれども私は人間の俗界の法律にも宗教界の法律にも不満です。

レスピナス　ではどんな反対理由がおありになるのですか？

ボルドゥ　事物の本性や公共の利益ということを少しも考えずに、無目的に、不公平に作った点です。

レスピナス　どうぞ説明してください。

ボルドゥ　私もそのつもりですよ……だが待ってください……(時計を見る。)まだたっぷり一時間あなたのために使っていい時間があります。急行でやりましょう。そうすれば十分です。二人だけですし、あなたは淑女振るような方ではないから、私がことさらにあなたへの当然の礼を失した行ないをするつもりだなどとはお思いにならないでしょう。で、私の思想に対してどんな判断をくだされようとも、私の私行上の品位を疑うような結論をなさらないように私の方では期待しています。

レスピナス　大丈夫ですとも。けれどもそんな言い出し方をなさると心配ですわ。

ボルドゥ　そんなら話を変えましょう。

レスピナス　いけません、いけません。お始めになったことをつづけてください。私たち、私と姉と妹とに、夫を探してくださったあなたのお友だちの方は、妹には空気の精を、姉にはお告げの天使をくださり、私にはディオゲネス(41)の弟子をくださいましたわ。私たち三人をよく識っていらっしゃいましたのですわ。でも、ねえ先生、ぼかしが、少しはぼかしが、必要じゃありませんか。

ボルドゥ　それはむろんのことです。問題と私の職業が許し得る限り必要ですよ。

レスピナス　でもそれはあなたにご迷惑をかけませんわ……さあコーヒーが参りました……コーヒーを召し上ってください。

ボルドゥ　（コーヒーを飲んでから）あなたの質問は理学の問題でもあり、道徳の問題でもあり、詩の問題でもあります。

レスピナス　詩の問題ですって！

ボルドゥ　むろんです。すでに存在しているものにならって、まだ存在していないものを創り出す術は、正真正銘の詩に属するものですよ。今度は、ヒポクラテスの代りにホラティウスを引用するのを許してください。この詩人は、いや、大ほらふきでもかまいませんが、どこかでこう言っています。Omne tulit punctum, qui miscuit utile dulci(42)最高の勲は有用なるものに快きことを併せたることなり、というのです。完全というのはこの二点を調和せしめることに存しているのです。審美の秩序においては快くしかも有用な行為が第一位を占めるべきです。第二位を有用なものに与えることを拒むことはできません。第三位は快いものに与えられるでしょう。快楽も利益も与えないようなものは最低の順位に追いやることですな。

レスピナス　そこまでは別に顔をあかくせずにあなたのご意見に賛成することができますわ。でも、それがどういうことになるのでしょうかしら。

ボルドゥ　今にわかりますよ。マドモワゼル、貞潔と宗教的な節欲がそれを実行している個人に、ないしは社会にどんな利益を、あるいはどんな快楽を与えるか、一つ教えていただきたいものですな？

レスピナス　そりゃ、一つもありませんわ。

ボルドゥ　では、狂信主義がふんだんにまき散らしているすばらしい讃辞にもかかわらず、またそれを保護している俗界の法律にもかかわらず、この二つを道徳の表の中から消すことにしようではありませんか。そして積極的な害悪を別にしても、この二つの稀なる美徳ほどに子供らしい、滑稽な、馬鹿馬鹿しい、有害な、軽蔑すべき、邪悪なものはない、ということを認めましょう……

レスピナス　それは認めてもよろしゅうございますわ。

ボルドゥ　ご用心なさる方がよろしいですよ。今から申上げておきますが、じきに退却なさるから。

レスピナス　私たちは断じて退却しませんわ。

ボルドゥ　では独りでやる行為はどうでしょう？

レスピナス　どうでしょう？

ボルドゥ　どうでしょうって、少なくとも個人に快感を与えます。われわれの原理が偽りであるか、それとも……

レスピナス　何ですって、先生！……

ボルドゥ　そうですとも、マドモワゼル、そうですよ。そういう行為が同様に無害であり、かつそれほど無益なものでないという理由のためです。それは一種の欲望です。欲望によって誘引されない場合でも、とにかく心地よいものです。私は人が健康であることを望みます。絶対に望みます。わかりますね？　私は何事につけても過度をいけないと申します。けれども現在のごとき社会の状態においては、一つの場合につき百の理屈の通った言いわけが存在しています。体質と厳格な節欲の芳ばしからぬ結果を計算にいれないとしてもそうです。とくに若い人びとにとってそうです。艶福の機会の少ないこと、男にあっては強烈な後悔を伴うという心配、婦人にあっては名誉を失うという恐怖、これは不幸な婦人を駆って心身の疲労と苦悩のために身を滅ぼさせ、かわいそうな男は誰に話しかけてよいかわからないものだから、犬儒派の哲学者のように身を殺してしまうのです。娼婦のもとにまさにはいろうとしていた青年に向って、「さあ、しっかりやれ……」と言葉をかけたカトーは、今日生きていたとしたら同じ言葉を吐いたでしょうか？　むしろ反対に、独りでやっている現場を見つけたなら、こうつけ加えたのではないでしょうか？　他人の女房を堕落させたり、自分の名誉と健康を危険にさらすよりはましだとね。……何ということです！　想像し得る最大の幸福、私の感覚を、私の心臓が自分に選ぶ相手の感覚と、私の陶酔を相手の陶酔と、私の心臓を相手の心臓と溶け合わさせるという幸福、自分を相手の中に相手ととももに再生産するという幸福を、外部の事情のために妨げられているからといって、私が有用性の捺印で私の行為を神聖にすることができないからといって、必要な無上の幸福の一瞬間を自ら禁じるというのですか！　多血症の時は血を取らせます。過剰な液の性質、色彩、その処分方法のいかんは問題にならないではありませんか？　そういう病気のどちらの場合においても液は必要以上にあるのです。で、もし、その貯蔵所から再び汲み出されて、機械全体に配分され、より長い、より苦しくかつ危険な道を通って外へ出たとしたら、そのために失われたという事実が否定されるでしょうか？　自然は無用な物を許しません。自然がもっとも分明な徴候によって私の助力を呼んでいる時、それを助けたからといって、私に罪があるでしょうか？　自然をこちらから刺激するのはいけません。けれども場合によっては手を貸してやるべきです。拒絶と拱手傍観は私の眼から見れば愚劣な行為、快楽のつかみ損ねにすぎません。飲食を節した生活をしたまえ。へとへとになるほど働け。人はあるいはこう言うでしょう。それはわかります。一つの快楽を禁ずるのでしょう。それからもう一つ別の快楽を遠ざけるためにわざわざ苦しみをするのでしょう。なかなかうまく考えたものですよ！

レスピナス　とても子どもたちに言って聞かせられない説ですわ。

ボルドゥ　ほかの者にだって聞かせられませんよ。ところで一つ仮定をすることを許してくださいますか？　あなたに一人のおとなしい、むしろおとなしすぎる、罪のない、むしろ罪のなさすぎる一人の娘があるのです。その娘さんはからだの組織がこれから伸びようとする年頃です。娘さんの頭が何だか変です。自然は一向助けにきません。あなたは私を呼びに寄こします。私はいきなり、あなたを仰天させた徴候がことごとく粘液の過剰と抑制から生まれるということを認めます。私はあなたに向って、娘さんは一種の精神病[43]になる危険があるが、予防は容易である。これは時には治療不可能になることがあると警告し、処方を示すとします。あなたはどうなさいますか？

レスピナス　ほんとのことを申上げると、私には……だってそんな場合は決して起こりませんわ……

ボルドゥ　そんな誤解はすみやかに改めてください。そんな場合は珍しくないのですよ。この国の風俗の頽廃が予防の役を勤めていなければ、頻発していたかも知れません……それはとにかく、この原理を世間にひろめることは、すべての礼儀を足下に蹂躙し、もっとも忌わしい疑いを一身に引き受け、社会冒瀆の罪を犯すことになりますよ。ほかのことを考えていますね。

レスピナス　ええ、あなたがそんな立入った話を母親たちになさるようなことがほんとに起こったのかどうかおききしようかどうしようかと考えていましたの。

ボルドゥ　確かですとも。

レスピナス　ではその母親たちはどんな方策をとったでしょう？

ボルドゥ　みんな、一人の例外なしに、上乗の方策、健全な方策をとりました……私の説を実行しているという嫌疑のかかっている男に往来で逢ったって、私は帽子をとらないでしょう。人がその男を破廉恥漢と呼ぶだけで十分です。けれども私たちは今誰もほかに聞いているものなしに話しているのですし別に影響を及ぼすことはありません。真っ裸のディオゲネスがこれから相手に取って力を競おうとしている若いうぶなアテナイ人に向って、「こら、若いの、何も恐れることはない。わが輩はここにあるこれほどに腹黒ではないぞ」と言ったことを私の哲学についても申しましょう。

レスピナス　(44)先生、そろそろ始まりましたね。私賭をいたしますわ……

ボルドゥ　私は賭けませんよ。あなたの勝になるでしょうからね。そうですよ、マドモワゼル、これが私の持論です。

レスピナス　何ですって！　自分の同族という囲いの中にとじこもろうとも、それから抜け出しても、とおっしゃるのですか？

ボルドゥ　ちがいありません。

レスピナス　なんて恐ろしい方でしょ。

ボルドゥ　私が恐ろしいんじゃありませんよ。自然が悪いか社会が悪いかです。よく聞いていただきたいのです、マドモワゼル、私は言葉におどかされはしません。自分が一点曇りなく、自分の品行の純正さはどこからも尻尾をつかまれることがないだけに、私は思う存分説明をいたします。そこでおききいたしますが、等しく快楽を特徴とする二つの行為、もっともこの快楽というのは有用性をもたない快感を与えるにすぎませんが、しかし一方は当人にだけしか快感を与えず他方は雄ないし雌の同類と快感をわかつものです。なぜ雄ないし雌などと申すかと言いますと、この場合、性ということ、また性の使用ということも何らの重要性をもたないのです。で、この二つのうちのどちらに常識は味方するでしょうか？

レスピナス　そんな質問は、私にはあまり高尚すぎますわ。

ボルドゥ　駄目ですな！　四分間男だったと思うと、もうありきたりのご婦人に戻っていますね。結構です、よろしい！　ではそういう方としてあなたを取り扱う必要がある……まあそうなったら仕方がない……デュ・バリ夫人[45]のことを誰も一言も言わなくなりましたが……ごらんなさい、万事うまく片がつくものですよ。世間では王宮がひっくり返るものと思っていましたがね。ご主人が常識のある人として腕をふるったのです。Omne tulit punctum ですよ。自分に快楽を与える女と自分の役に立つ大臣を傍に残したのです……おっと、私の話を聞いていませんね……何を考えているんです？

レスピナス　私には全部自然に反しているように思われる掛け合わせのことを考えているのです。

ボルドゥ　存在するものはことごとく自然に反することも自然の外に出ていることもできません。私はこの中から自ら進んでやる節欲や貞潔さえも例外としてとりのけはしません。しかも自然に反して罪を犯すことができるとすれば、こういうものこそ自然に反した第一の罪でしょうし、また狂信と偏見の秤でない別の秤にかけて人間の行動をはかる国においては、社会の法則に反した第一の罪でしょう。

レスピナス　あなたの忌々しい三段論法にもどりましょう。そこには中庸というものがないじゃありませんか。すべてを否定するか、すべてを認めるか、どちらかにしなければならないのですからね。……ところで、ねえ、先生、いちばんまともなそしていちばんの近道は、そんな泥の上を跳び越えて私の最初の問題に返ることですわ。種の混血ということをどうお考えになりまして？

ボルドゥ　そのために跳び越えることなんかありませんよ。ちゃんとそこにいたんですからね。あなたの質問は理学に関したことですか道徳の領分の方ですか？

レスピナス　理学の方に願いますわ、理学の方に。

ボルドゥ　そりゃありがたい。道徳の問題が先に出ていたんですからね。そしてあなたがそれをきめるのだから。そこでと……

レスピナス　よろしいわかりました。……むろんそれが先決問題ですわ。けれども私のしていただきたいことは……原因と結果を切り離していただきたいのです。その汚らしい原因をわきへ除けましょうよ。

ボルドゥ　それは私に終りから始めろと命令するようなものですね。しかし、たってそうおっしゃるのですから、こう申上げましょう。われわれの臆病、われわれの毛嫌い、われわれの法律、われわれの偏見のおかげで、今までになされた経験(46)はごくわずかなのです。それでまったく実を結ばない交合がどういう場合かはまだわかっていないのです。有用ということが快いということに結びつく場合、種々な継続的な企てからいかなる種類の種属を約束し得るか、半獣神が実在のものであるかそれとも作り話のものか、騾馬の種属を多くの変った方法で殖やすことができないかどうか、現在われわれの知っている種属がほんとうに子を産めないものかどうかはわかっていないのです。けれどもここに不思議な事実があります。教育のある無数の人びとが真実だと言って証明するでしょうが、実は嘘です。それというのは、オーストリア太公の養鶏場に一匹の恥知らずな兎がいて二十羽ばかりの恥知らずの牝鶏のために牡鶏の役目を勤め、牝鶏もそれで結構満足していたのを見たというのですが、おまけにこの浅ましい交合から生まれたという、毛の一杯はえた雛を見せられたというのです。まあ一杯食わされたのですな。

レスピナス　ところで継続的な企てというのはどういう意味でおっしゃるのですか？

ボルドゥ　生物の交替は順を追うて段階的であり、生物の同化は準備を要求するというつもりなのです。それから、こうした種類の実験に成功するには、早くから取りかかり、まず手初めとして似たような仕組みのところから、動物同士を近づけて行くようにしなければならない、というつもりなのです。

レスピナス　人間を草を食うまでにさせるには骨が折れるというわけですか。

ボルドゥ　けれどもたびたび山羊の乳を飲むようにするには骨は折れません。それから山羊がパンを食べて生きて行けるようにするのは容易なことです。もっとも山羊を選んだのは、私には特別のいわくがあるからなんですが。

レスピナス　どんないわくですの？

ボルドゥ　なかなか大胆に切り込んできますな！　つまり何ですよ……つまり強い、賢い、疲れることを知らない、敏捷な種属を作ろうというのです。すばらしい下男どもに仕立て上げようというのですよ。

レスピナス　大変結構ですわ、先生、何だかあなたの患家の侯爵夫人たちの車のうしろに、山羊の足をした大男の横着者が五、六人控えているありさまが眼に見えるような気がしますわ。とてもおもしろいわ。

ボルドゥ　つまりわれわれの同胞を彼らにもわれわれに

もふさわしくない役割に隷属させて堕落させることをもうやめよう、というのです。

レスピナス　ますます結構ですわ。

ボルドゥ　人間をわれわれの植民地において駄獣の位置にまで引き下げていることをやめようというのです。

レスピナス　先生、早く、早く、仕事にかかってください。そして山羊足の人間を作っていただきたいわ。

ボルドゥ　懸念なしに許してくださいますか？

レスピナス　だけど、ちょっと待ってください。一つ心配ができてきましたわ。そのあなたの山羊足の人間は手のつけようのない不品行者でしょう。

ボルドゥ　ひどく道徳堅固だという折紙はつけられませんな。

レスピナス　まともな女にとって安全ということがなくなりますわ。その男たちは際限もなく殖えて行くでしょう。しまいにはその男たちを打殺すかこっちが服従するか、どっちかにしなければならなくなりますわ。いやです、いやです。何にもしないでいてください。

ボルドゥ　（帰りかけながら）それから、先生たちの洗礼の問題はどうですかな？

レスピナス　ソルボンヌですてきな大騒ぎをするでしょうよ。

ボルドゥ　王室動物園の、ガラスの檻の中に、砂漠で説教をしている聖ヨハネのような様子をした猩々がいるのを見たことがありますか？

レスピナス　ええ、見ましたわ。

ボルドゥ　ポリニヤック大僧正(47)がある日そいつに向ってこう申しました。「ものを言え、その時はお前に洗礼を施してやる。」

レスピナス　ではさようなら、先生、先刻もなさったように、幾世紀も私たちをおいてけぼりにしてはいやですよ。ときどきは私があなたを気が狂うほど愛していることを考えていてちょうだい。あなたが私に話してくださった恐ろしいことをすっかり人が知っていたらどうでしょう？

ボルドゥ　あなたがおしゃべりをしないことを確信していますよ。

レスピナス　あまり信用なさってはいけませんよ。私はもう一度言うのが楽しみで聞いているんですからね。ところでもうひとこと、それでもう一生この問題には触れませんん。

ボルドゥ　何ですか？

レスピナス　あの忌まわしい趣味〔同性愛〕は、どこからきますの？

ボルドゥ　どこでも、青年にあっては器官の未熟さから、老人にあっては頭が汚れていることからきています。アテネにおいては美の誘惑から、ローマにおいては女の欠乏から、パリにおいては梅毒の恐怖からです。失礼します、さようなら。

（杉　捷夫訳）

物質と運動に関する哲学的諸原理（一七七〇年）

私は、どういう意味で哲学者たちが、物質は運動や静止に無関係であると仮定したのかわからない。確かなことは、すべての物体は相互に引き合っているということであり、物体のすべての粒子は相互に引き合っているということであり、この宇宙においてすべては転位または潜在力《ニスス》〔今日の用語でいう潜勢力〕のうちにあるか、あるいは同時に転位と潜在力のうちにあるということである。

哲学者たちのこの仮定はおそらく、なんらの延長も持たない点や、幅も深さもない線や、厚さのない面を仮定している幾何学者に似たものである。あるいはおそらく彼らは一つの集塊の他の集塊にたいする相対的静止を云々しているのであろう。嵐に襲われている船の中ですべてのものは相対的静止状態にある。そこにおいては絶対的静止状態にあるものは一つもない。船の集合した分子も、その船に乗っている物体の集合した分子も、絶対的静止状態にはない。

彼らがなんらかの物体において、運動のことを考えない以上に静止への傾向のことを考えないとしたら、それは明らかに彼らが物質を同質のものと見ているからであり、物質に本質的なすべての性質を捨象しているからであり、彼らが物質をば彼らの思弁のほとんど不可分な瞬間においては不変なものとして考えているからであり、彼らが一つの集合体の他の集合体にたいする相対的静止を議論しているからであり、彼らが物体と運動または静止との無関係を論じている時、大理石の塊は分解に向って進んでいることを忘れているからであり、彼らは、すべての物体を動かしている全般的運動をも、すべての物体を破壊している一つの物体の他の物体にたいする個別的な作用をも、思惟によってないものとしているからであり、この無関係性〔物質の運動および静止にたいする〕は、それ自体においてはまちがったものであっても、一時的なもので、運動法則を誤ったものにはしないだろうからである。

「若干の哲学者によれば物体はそれ自身では作用も力もないものである。」これはちゃんとした全物理学、ちゃんとした全化学に反する恐るべき誤謬である。それ自体において、その本質的諸性質の本性によって、物体はそれを分子として考察しても、集合した分子として考察しても、作用と力にみちている。

「運動を心に思い描くためには」と彼らはつけ加える、「存在する物質のほかに、それに働きかける一つの力を考えなければならない。」そうではない。自己の本性に固有なある性質を賦与された分子はそれ自体作用する力である。分子は他の分子に作用し、その分子は彼に作用する。こうしたすべての妄論は、物質を同質的であるとする誤った仮定から生じる。静止状態にある物質をはっきり想像する君は、静止状態にある火を想像できるだろうか？　自然にあって一切は、君が「火」と呼んでいる分子の集積のように、各種の作用を持っている。君が「火」と呼んでいるこの集積において、各分子はその本性を、その作用を持っている。

静止と運動との真実の相違はつぎのとおりである。絶対的静止は自然の中には存在しない抽象的観念である。運動は、長さ、幅、奥行きと同様に、現実的な一つの性質である。君の頭の中で起こっていることはどうでもいい。君が物質を同質的なものと見ようが、異質的なものと見ようが、どうでもよい。物質の諸性質を捨象し去り、その存在だけを考えて、君がそれを静止状態において見ようとかまわない。したがって君がそれを外から動かす原因を探求しようがかまわない。君は幾何学と形而上学とを君の好きなだけ駆使するがよい。しかし物理学者であり化学者である私、物体を自然において捉え、自分の頭脳において捉えない私は、物体をば存在し、多種多様で、さまざまの性質と作用とを持ち、硝石と炭素と硫黄の結合した三つの分子のそばに火花をおけば、そこから必然的に爆発が起こらずにはいないところの実験室の中におけると同様、宇宙の中を自ら動いてまわるものと見る。

重力は静止への傾向ではない。それは場所的運動への一傾向である。

「物質が動かされるためには」と人はなおいう、「一つの作用、一つの力が必要である」と。しかり。分子にとって外部的なものであれ、分子に固有で本質的で、内在的で、分子の火性、水性、硝石性、アルカリ性、硫黄性の性質（この性質がどのようなものであろうと）を構成するものであれ、自己の作用の外から来た作用、その分子にたいする他の諸分子の作用が必要である。

分子に作用する力は消耗する。分子に内在する力は消耗しない。それは不変で、永遠である。この二つの力は二種の潜在力を生むことができる。第一は止む潜在力であり、第二はけっして止むことのない潜在力である。だから物質は運動にたいして実際的な反対力を持っていると言うのはバカげたことである。

力の量は自然にあって一定している。しかし潜在力の和と転位の和は可変である。潜在力の和が大きければ大きいほど、転位の和は小さい。反対に転位の和が大きければ大きいほど、潜在力の和は小さい。一都市の火災は転位の驚くべき量を一挙に増大させる。

一つの原子が世界を動かす。これ以上真実なことはない。それは世界によって動かされる原子と同様に真実である。なんとなれば原子は自己に固有の力を持ち、その力は結果なしでいることはできないから。

物理学者である場合には、「物体としての物体」とけっして言ってはいけない。というのは、それでは物理学はもはや用がなくなるから。それは無に導く抽象をすることである。

作用を質量と混同してはならない。大きな質量で、作用が小さいこともありうる。小さな質量で作用が大きいこともありうる。空気の一分子が鉄塊を爆発させる。四粒の火薬は巌を割るに十分である。

然り、一つの同質的な集合体を同じ同質的な他の集合体に比較する場合、この二つの集合体の作用と反作用について云々する場合には、疑いもなくそうである。それらの集合体の相関的エネルギーは質量に正比例している。しかし異質の集合体、異質の分子が問題である場合には、もはや同一の法則はあてはまらない。これらの物体の基本的な、それを構成している各分子に固有で内在的な力が多種多様であるのに応じて、それだけの異なった法則がある。

「物体は水平運動に抵抗する。」それは何を意味するか？われわれの住んでいる地球のすべての分子に普遍的で共通なある力、それを地球の表面にたいして垂直の方向、あるいはほとんど垂直の方向に推す力があることは周知のとおりである。しかしこの普遍的で共通な力は、他の幾多の力によって反対を受ける。熱せられたガラス管は金箔を飛散させる。暴風は空気を埃で一杯にする。熱は水を蒸発させる。蒸発させられた水は自分といっしょに塩の分子を連れ去る。あの青銅の塊は地球を圧しているが、空気は地球に作用し、そのいちばん上の表面を金属性の石灰(1)にし、この物体の破壊を開始する。私がもろもろの集塊について言ったことは、分子についても同様と解されなければならない。

すべての分子は現在三種の力によって動かされていると考えられなければならない。それは重力または落下の作用、分子の水、火、空気、硫黄性の性質に内在するそれ自体の作用、すべての他の諸分子のその分子にたいする作用がこれである。この三つの作用は集中的でも分散的でもありうる。集中的な場合、分子は自分に賦与されることのできる最大限の力を有する。この可能な限り大きな作用の観念を持つためには、いわば一群の不条理な仮定をして、一つの分子をまったく形而上学的な状態に置いてみなければならないだろう。

どういう意味で、ある物体の質量が大きければ大きいほど、その物体は運動に抵抗するということができるのか？　それは、その質量が大きければ大きいほど、障害にたいするその圧力が弱いという意味においてではない。それと反対のことを知っていない人夫はいない。それは単にその圧力に反対の方向にだけ関係して言えることである。この方向において、質量が大きければ大きいほど、物体がそれだけ多く運動に抵抗することは確かである。重力の方向においてはその圧力、または力、または運動への傾向は質量に比例して増大することは、それに劣らず確かである。それらすべてのことは何を意味するか？　何ものをも意味しない。

物体が落下するのを見ても、私は驚きはしない。それは、焔が上に上るのを見、水があらゆる方向に動き、その高さと底に応じて重味がかかり、従ってほんのわずかばかりの量の液体でもって私はもっとも硬い器を破壊することができるほどであるのを見、膨張する気体がパパンの機械[2]の中でもっとも硬い物体を溶かし、火で動かす機械[3]の中ではもっとも重いものを持ち上げるのを見ても驚かないのと同じである。しかし私は物体の全体的集積に眼をとめ、一切が作用と反作用の中にあり、ある形態のもとでは互いに破壊し合い、他の形態のもとでは互いに再組織し合うのを見、蒸発、溶解、あらゆる種類の結合は、物質の同質性とは両立しない現象であり、そこから私は物質は異質的であると結論し、自然には無数の異なった要素が存在し、これらの要素の各々はその多様性によって、自己に特有で、本源的で、不変で、永遠で、破壊しえない力を持ち、物質に内的なこれらの力は物体外にその作用を及ぼし、そこから運動、というよりはむしろ宇宙全体の醱酵が生じるのを見る。

ここで私がその誤謬と妄論とを反駁している哲学者たちは何をしているか？　彼らは唯一で、単一で、おそらく物質のすべての分子に共通の力という観念に固執している。私は「おそらく」と言う。なんとなれば私は自然の中には、他の分子と結合して、その結果、より軽い混合物を生むような分子が存在していても驚きはしないだろうから[4]。毎日実験室で人びとは活動力のない物体を活動力のない物体で蒸散させている。重力が宇宙に存在している作用の全部だと考えて、それから物質の静止および運動にたいする無関係性、否むしろ物質の静止への傾向を結論した人たちは、問題を解決したと信じている時、じつは単に問題の表面をかすめたにすぎなかったのである。

物体を多かれ少なかれ抵抗するものと見、しかも重味のかかるもの、重力の中心に向うものとしてではなしに、そう考える時、人はすでに物体に一つの力、それに固有で内的な作用を認めているのである。しかしそのほかにもいろいろな力があり、そのうちの一部はあらゆる方向に作用し、他のものは特殊な方向に作用している。

物質的宇宙の外部に置かれたなんらかの存在という仮定は不可能である。けっしてこのような仮定をしてはいけない。なんとなればそれからはなに一つ結論することはできないから。

運動または速度の増大の不可能性について言われているすべてのことは、同質的な物質という仮説に真正面から矛盾している。しかしそれは物質の異質性から物質内における運動を引き出す人びとになんの役に立っているか？　同質的な物質という仮定は、その他いろいろな不条理なことの原因になる。

頑固に頭の中で事物を考えることをしないで、宇宙の中でそれらを考えるならば、現象の多様性によって、基本物質の多様性、力の多様性、作用と反作用の多様性、運動の必然性が確信されるだろう。そしてこれらの真理が認容されるならば、人はもはや、私は物質を存在するものと見るとか、それをまず静止状態において見るとか言わなくなるだろう。なんとなれば、それはそこからなに一つ結論できない抽象をすることだということを感じるであろうから。存在するということは、静止をも運動をも引き出してくるものではないが、存在は物体の唯一の性質ではない。

物質は運動または静止にたいして中立であると仮定する物理学者たちは、抵抗について明白な観念を持っていないのである。彼らが抵抗から何ものかを結論しうるためには、この性質があらゆる方向に無差別に作用し、そのエネルギーはあらゆる方向にそうて同一でなければならないであろう。すると、それはすべての分子の力のような内的な力であろう。しかるにこの抵抗は物体が押されることのできる方向と同じ数だけ変化するものであり、それは垂直の方向において水平の方向におけるより大きい。

重力と惰力との相違は重力はあらゆる方向にそうて同一に抵抗しないのに引きかえ、惰力はあらゆる方向にそうて同一に抵抗するということである。

それから、なぜ惰力は物体をその静止の状態なり、運動の状態に止めておくという効果を及ぼさないことがあろうか？　それも物質の量に比例した抵抗という概念だけで右の効果を及ぼすのである。純粋な抵抗の概念は静止にも運動にも等しく適用される。物体が運動している場合には静止に、物体が静止している時には運動に適用される。この抵抗がなければ運動に先立つ衝撃も、衝撃の後の停止もありえないだろう。なんとなれば、それでは物体は無ということになるだろうから。

糸で吊された球の実験においては、重力は破壊されている。球は糸が球を引くのと同じだけ糸を引いている。それゆえ物体の抵抗は惰力からだけくるのである。

もし糸が重力以上に球を引くならば、球は上るであろう。もし球が糸によって引かれる以上に重力によって引かれるならば、それは降下するであろう、等々。

（小場瀬卓三訳）

ブーガンヴィール旅行記補遺（一七七二年）

あるいは、倫理的観念を含まないある種の生理的行為に、倫理的観念を結びつけることの不都合なことについてのAとBとの対話

サレド汝ガ事物ヲ賢明ニ処理シ、マタ、求ムベキモノト避クベキモノトヲ混同セザラントセバ
豊カナル力ヲ蔵セル自然ノ指シ示ス道ノ、イカニ善キコトヨ！　背馳スルコトノ、イカニ悪シキコトヨ！
汝ノ苦悩ノ、汝自身ノ過チニ帰セラルベキ場合ニモ、環境ニ帰セラルベキ場合ニモ、ソノ間ニ、何ノ相違モナキモノト信ズルヤ？

ホラティウス『諷刺詩』第一巻「諷刺詩」七十三行以下

I　ブーガンヴィール(1)の旅行記にたいする意見

A　ぼくらは、きのう、この青空の下に戻ってきたわけだが、ぼくらに好天気を保証しているように思えた(2)このすばらしい青空は、どうも約束を反古《ほご》にしたようだ。

B　そんなことが、君にわかるのかい？

A　だって、すぐそばの木が見えないほど霧が濃いもの。

B　それはそうだ。しかしね、大気が十分湿気をふくんでいるからというだけで、大気の下の部分にとどまっているこの霧が、再び地上に落ちてくるかしら？

A　だがね、反対に海綿上の大気を通過して上昇し、空気のもっと稀薄な上空に到達してそして化学者が言うような飽和状態にならないでいられるかしら？

B　それはしばらく待たなければならない。

A　ではそれまで、君は何をする？

B　本を読むよ。

A　相変らずあのブーガンヴィールの旅行記かい？

B　そうだ、相変らずだ。

A　ぼくには、あの男のことがさっぱりわからない。あの男は、若い時代を、当然書斎生活の要求される数学の研究ですごしていたろう。それが突然、思索状態、隠遁状態から旅行家という活動的な、苦難の多い、奔放不羈な仕事に移ったんだからね。

B　全然そんなことはないよ。船というものが、揺れ動く家にすぎないとすれば、また船乗りは、狭い囲いの中で窮屈で身動きもできない状態で広大な空間を航行するものだということを考えるならば、君にも、あの男が板に乗って地球一周をしていることがわかるはずだよ、ちょうど君とぼくが、はめぎの床の上で、宇宙一周をやるようにね。

A　それに、はっきり奇妙だとわかることがもう一つある。それはね、この男の性格とその計画とが相反していることだ。ブーガンヴィールは、社交界の楽しみに趣味をもっている。女も好きだし、観劇も、おいしい食事も好きだ。で、社交界の渦にいい気持で身を委ねているのと同じように、自分がその上で揺すぶられている海の不安定性にも、いい気持で、身を委ねているんだな。あれは愛すべき男、陽気な男だ。つまり、あの男は、一方の舷側には微分・積分論を積みこみ、他の舷側には地球周航旅行を積みこんでいる、まぎれもないフランス人ということなんだよ。

B ブーガンヴィールは、みんなと同じことをやっているのさ。仕事に打ちこんだあとで、気晴しをやり、気晴しをやったあとで仕事に打ちこんでいるだけのことさ。

A で、彼の『旅行記』のことをどう思う？

B かなり表面的な読み方をしただけだが、それに基づいて判断するかぎりでは、次の三つの主要な点を、その長所として指摘できるように思う。すなわち、ぼくらの旧い住居とそこに住んでいた人間にたいするさらに深い認識、測鉛を手にして航行した海洋にたいする安全性の増大、ぼくらの地図の修正の三点だ。ブーガンヴィールは出発するとき、必要不可欠な知識と、それに哲学、勇気、真実追求というものに固有の美点ももっていた。そのうえ、事物を即座にとらえ、観察時間を短くすることのできる眼、それに慎重さと忍耐力、見よう、理解しよう、自分の身につけようという欲望、更に、算数、力学、幾何学、天文学の素養もあったし、それから博物学もかなりかじっていたんだ。

A そして、その文体は？

B 全然気取ったところがない。そのままの調子。とくにこちらが船員用語を知っている場合には、実に簡明だよ。

A その航行距離は長かったのかい？

B ぼくは、それを地球儀に書いておいた。この赤い点線がわかるかい？

A ナントからはじまっている？

B そう、そして、それからマジェラン海峡まで行って、太平洋に入り、フィリピンからニュー・オランダ〔旧蘭領東南アジア、ほぼ現在のインドネシヤにあたる〕に広がり、大列島を形成している島々の間を蛇行し、マダガスカル、喜望峰をかすめて、大西洋に伸び、アフリカの海岸に沿って走り、その端が乗船したときの一方の端と出会っている点線さ。

A ブーガンヴィールのやつ、ずいぶん苦労したんだろうね？

B 船乗りはだれでも、空気、火、土、水〔古代人はこの四つを万物を形成する四大要素と考えていた〕の危険に身をさらすものだし、また、身をさらす覚悟をしているものだよ。しかしね、海と空のあいだ、死と生のあいだを何カ月もさまよってから嵐と闘い、難破、疾病、パンと水の欠乏のために身を終ろうという危険におびやかされてから、その船も打ちくだかれた不幸な人間が、疲労と苦悩に息もたえだえになって、冷酷無残な人間の足許に倒れかかってくる。しかも冷酷なやつは、不幸な人間の頼みを拒否するか、あるいはもっとも緊急を要する援助を、情容赦もなく、待たせっぱなしにしておくというような場合、それは実に苛酷なもんだよ。(3)

A　それは刑罰に値する犯罪だ。

B　それは、探険家も予想していなかった災厄だったのだ。

A　いや、予想すべきことではなかった。ぼくはね、ヨーロッパの列強が、海外領土の指揮官には、誠実な人、親切な人、人間性にあふれ、同情心に富む臣下だけしか送りこまないものと思っていたんだがね……。

B　それこそ、諸列強が気にしている点なんだ。

A　ブーガンヴィールの旅行記のなかには、いくつか変ったことがあるね。

B　うん、たくさんある。

A　人間に親しむことの危険を知らないうちは、野獣も人間のそばにくるし、鳥は人間の身体の上にとまるとかいうことを言っているだろう？

B　そのことなら、ブーガンヴィール以前に、何人も他のものが言っていた。

A　ブーガンヴィールは、大陸からおそろしく離れた島島に、ある種の動物の棲息していることをどう説明している？　誰が、狼や狐や犬や鹿や蛇を、そこへ持っていったのだろう？

B　彼は説明は何もしていない。事実を述べているだけだ。

A　では、君は？　君はそのことをどう説明する？

B　ぼくらの地球の原初の歴史を知っているものがいるだろうか？　現在孤立している地球上のどれほどの土地が、昔は、大陸と陸続きだったのだろう？　何らかの推測の手がかりとなりそうな唯一の現象は、そういう島々を切り離している海の流れの方向だね。

A　どうしてそうなんだい？

B　地すべりの一般的法則によってさ。(4)　そのうち、もし君がよければ、ふたりでこの実験をやってみよう。でも、さしあたっては、「ランシエ」(5)と呼ばれているこの島がわかるかい？　地球上でこの島の占めている場所をよく検査してみると、一体誰がこんなところに人を棲まわせたのだろう？　この島の住人と他の人類とは、昔、どんな連絡手段で結びつけられていたのだろう？　わずか一平方里〔約一五平方キロメートル〕の面積しかないこの土地に、人間が殖えていったら、ここの住民はどうなるのだろうという疑問を抱かないものはいないよ。

A　彼らは殺しあったり、食いあったりしているのさ。おそらく島の土人の食人の風習の自然な、非常に古い起源というのもそんなところからきているのかもしれないよ。

B　さもなければ、何か迷信的な掟によって、人口増殖が制限されているんだよ。女司祭の足もとに踏みたおされた母親の胎内で、子供が押しつぶされるという具合いにね(6)。

A　さもなければ、咽喉を切られた男は、司祭の剣の下で息をひきとるとかね、あるいは男性の去勢に援助を求める……。

B　あるいは、女性の陰部閉鎖に助けを求めるとかね。必然的ではあるが奇妙な、あの残忍な風習、こんにちでは、その源が時の闇のなかに埋まってしまって、哲学者の頭を悩ませているあの数々の残忍な風習はそんなところに由来しているかもしれない。一つのかなり変らずに守られていることは、超自然的な、神聖な諸制度が、時がたつにつれ、市民的、国民的な法に姿を変えることによって強化され、永続するということ、そして、この市民的、国民的な制度が、こんどは神聖化されて、超自然的、神的な戒律というものに退化していくということだ。

A　それは、もっとも忌むべき悪循環というやつだな。

B　ぼくらをしめつけている手かせ、足かせに、ちょっとばかり余分なものがつけ加えられているだけだよ。

A　ブーガンヴィール(7)は、ジェズイット派追放のときパラグァイにいたんだろう？

B　うん、いた。

A　そのことについて、なんて言ってる？

B　あんまりそのことは語っていない。しかしね、黒い服をまとった苛酷なスパルタ人たちが〔ジェズイットの僧侶のこと〕ちょうどスパルタ人がその奴隷たちを扱ったように、原地人奴隷を遇していたこと、奴隷を休まず仕事に駆り立てていたこと、奴隷の汗にゆうゆうとひたっていたこと、奴隷にはいかなる所有権も認めなかったこと、つねに奴隷を迷信という痴呆状態にしておいたこと、それによって、あくまで自分たちを尊崇させるように強要したこと、奴隷たちのなかを歩くとき、いつも鞭を手にしていたこと、そして、年齢も、男女の差別もなしにたたいたこと、そういうことをぼくらに知らせるに足るだけのことは言っているよ。もう一世紀、そうすると、ジェズイット派僧侶の追放は不可能になっていたか、さもなければ彼らのためにその権威が少しずつ揺れ動かされていた君主と、彼らジェズイット僧侶とのあいだの長期にわたる戦争の動機となっていたことだろうよ。

A　では、マティ博士とアカデミー会員のラ・コンダミーヌ(8)が大騒ぎをしたあのパタゴニヤ人(9)については？

B　パタゴニヤ人たちは相手のところへ来て、「シャウーア」と叫びながら、相手を抱擁する善良な民族だ。強くて、たくましいが、身長は一メートル六四、五センチを越えるものはめったにいない。巨大なのは、大きな頭と部厚な四肢をそなえたその肥った体格だけなんだ。生まれつき非凡なものにたいする好奇心が強く、自分の周囲のすべてのものを誇張するくせのある探険家が、まあ言ってみれば自分のたどった道を、そして、驚嘆すべきものを遠いところまで見に行くためにはらった苦労を正当化しなければならないような場合、どうして事物に正当なつり合いを付与することができよう？

A　で、ブーガンヴィールは野蛮人についてはどう考えているね？

B　人びとがよく野蛮人の性格だとしているあの残忍な性格というものは、野獣にたいする日々の防御から由来するもののようだね。野蛮人というものは、その安息と平和が乱されないところでは、無邪気でおとなしいものなのだ。あらゆる戦争は、同じものを双方が所有権を主張するところから生まれる。文明人は、他の文明人と境界の接している土地の所有権にたいして、双方その権利を主張する。そして、その土地が両者の紛争の種になる。

A　そして、虎は野蛮人にたいして、森の所有についてその権利を主張する。で、これが権利主張の第一の形であり、もっとも古い戦争の原因なのだ……。君は、ブーガンヴィールが船に乗せて、この国へ連れてきたタヒチ人に会ったかい？

B　うん、会った。その男の名前は、アオトゥルー(10)というんだ。アオトゥルーは、航海中、最初に認めた土地を、船の船員たちの祖国だと思った、それは航海の長さについて、みながかねてこの野蛮人に嘘をついていたためか、それとも自分の住んでいた海岸と天が地平線とつらなる場所との見かけの上の距離の短かさに彼自身だまされて、地球の本当の広さを知らなかったせいかはわからない。それから女を共有するという習慣が、その心のなかですっかり身についていたので、アオトゥルーは、一番最初に出会ったヨーロッパの婦人にとびつき、その婦人に、真剣にタヒチ流の礼儀作法で慇懃を示そうとしたものだ。ところが、アオトゥルーは、ぼくらフランス人の中にいるのにうんざりしてきた。タヒチのアルファベットには、bもcもdも、fもgもqも、yもçもzもないので、この野蛮人は、その柔軟ならざる発声器官に、耳にしたことのない発音や新奇な音声を課するフランス語の会話をおぼえることは、どうしてもできなかった。彼は、たえずその国を恋したってやまなかった。ぼくは、それも無理からぬことだと思っている。ブーガンヴィールの旅行記は、自分にフランス以外の国に興味をおぼえさせてくれた唯一の本だ。この本を読むまでは、ぼくは、だれでもその国にいるのが一番良いと思っていたものだ。それは地球上のどこの住民にとっても同じだと信じていた結果だし、土地のもつ魅力の当然の帰結、現に人びとが享受している便利さ、しかもその土地以外では見つけ出せそうもない便利さに付随する魅力の当然の帰結だと信じていたからなのだ。

A　なんだって！　では君は、パリに住んでいる連中が、小麦の穂が、ボース〔パリの西南方に広がるフランスの穀倉地帯〕の畠でもローマの原野でも同じように生育していると信じきっているとは思わないのかい？

B　ああ、思わないね。で、ブーガンヴィールは、アオトゥルー(11)に費用を支給し、帰還の安全を保証して、本国に送還したよ。

A　おお、アオトゥルー！　おまえは、父や母や兄弟姉妹、恋人に再会してどんなに喜んでることだろう！　おまえは、親兄弟たちに、おれたちフランス人のことをなんというつもりだい？

B　ほんの少ししか言わないだろうな。それに、アオトゥルーの親兄弟たちは、そのわずかな言葉も信じないことだろう。

A　どうして少ししか言わないんだい？

B　少ししか考えなかったからだ、そして、アオトゥルーは自分たちの国語のなかに、そのわずかに考えることのできた事象に応ずる言葉を見つけだせないだろうからだ。

A　では、アオトゥルーの親兄弟たちは、どうして、アオトゥルーの言うことを信じないんだい？

B　それはね、自分の風習とフランスの風習を比較して、フランス人がそれほどばかげていると信じるよりも、アオトゥルーを嘘つきだと思うほうがましだと思うからだ。

A　ほんとうにそう思うかい？

B　そう信じて疑わないね。つまりね、野蛮人の生活は非常に簡素だ、そしてぼくらの社会は、ひどく複雑な機械なんだ。タヒチ人は世界の起源に接しているのにたいし、ヨーロッパ人は世界の老化期に接している。タヒチ人とヨーロッパ人をへだてている間隔は、生まれたばかりの子どもと耄碌したお爺さんとの距離よりも大きい。タヒチ人には、ぼくらの習慣、ぼくらの法律については何もわからない、さもなければ、そこに、いろいろな形式に変装している手桎足桎しか認めない、自由にたいする感情が心のなかで、もっとも根強い感情であるような人間に、怒りと軽蔑の念を起させるにすぎない手桎足桎だけしかね。

A　君はタヒチのお伽話のなかにはいりこむつもりかい？

B　いいや、これは断じてお伽話なんかじゃない。もし君がブーガンヴィールの旅行記の『補遺』を知れば、ブーガンヴィールの真摯さに何の疑念ももたなくなるよ。

A　で、その『補遺』というのは、どこにあるんだい？

B　そこだよ、そのテーブルの上だよ。

A　これをぼくに貸してくれないかね？

B　だめだ、だけどね、もし君がよければ、二人でいっしょに読んでもいいよ。

A　もちろん、そうしてもらいたい。ほら、霧が晴れて、青空が見えはじめたよ。どうもぼくのくじは、ささいなことにいたるまで、君にたいしてまちがっているらしい。ぼくは、君がいつも、自分に優越していることを認める素直さがなければいけないんだ。

B　さあさあ、読んでごらん、意味のないこんな「まえがき」などとばして。そして、すぐに、ひとりのヨーロッパ人の旅行者にたいする島の長《おさ》の別れの言葉を読むんだ。そうすれば、君にも、こうした人たちの雄弁について、なんらかの観念が得られるはずだ。

A　どうしてブーガンヴィールは、自分の知らない言葉で話されたこの別れの言葉がわかったんだい？

A　それは、あとでわかるよ。話しているのはひとりの老人なのだ。

II　老人の別れの言葉

話しているのは、ひとりの老人なのだ(12)。彼は多人数の家族の家長だった。ヨーロッパ人が到着したとき、彼は嫌悪の眼差しを投げかけ、驚きも、恐れも、好奇心も見せなかった。ヨーロッパ人たちが彼に話しかけた。老人は背中をむけて、自分の小屋にしりぞいた。その沈黙と苦悩は、非常にはっきりと彼の考えを表わしていた。彼は祖国のいまはなき美しき日、美しきことを思って、心のなかで呻き悲しんだのだ。ブーガンヴィールの出発のさい、住民たちが群をなして海岸に馳せより、ブーガンヴィールの服にしがみつき、ヨーロッパ人たちを腕に抱きしめ、声をあげて泣いたとき、この老人はきびしい態度で前へやってきて言った。

「泣くがいい、情ないタヒチ人たちよ！　泣くがいい。しかし、泣くのは、野心を隠した心のよこしまなヨーロッパ人の到着のときであるべきで、その出発のときであってはならないのだ。いつかおまえたちにも、ヨーロッパ人というものがもっとよくわかるだろう。いつか、この連中は、ここにいるものの帯につけている木片〔船隊付司祭の帯に下げたキリスト十字架像のこと〕を手にし、あちらにいるものの脇にぶら下がっている鉄〔腰にさげた剣のこと〕をもう一方の手に持って、おまえたちを縛り、おまえたちの首をしめ、さもなければ、あの連中の途方もない習慣や悪徳に従わせようと、再びやってくるだろう。いつかおまえたちはこの連中と同じように堕落した、下劣な、さもしいものになって、あの連中に奉仕するようになることだろう。だが、わしは自分ではなくさめている。わしは生涯の終りに近い。それで、いまおまえたちに告げた災難も、わしは決してこの眼で見ることはないだろうからな。おお、タヒチ人たちよ！　わが友よ！　おまえたちには、未来の不幸をのがれる方法もないわけではない。だが、わしはそれについての忠告をするよりも、死ぬほうがいい。あの連中は、ここから遠く離れて行って、そして生活するがいいんだ。」

それからブーガンヴィールにむかって、こう言った。

「山賊どもの首領よ！　すみやかにこの岸から船を遠ざけるがいい。わしらタヒチ人は無垢だ、わしらは幸せだ、そして、おまえにできることといったら、わしらの幸福をそこなうことだけだ。わしらは自然の本能だけに従っている。それなのにおまえは、わしらの魂からその特徴を消し去ろうとした。ここでは、すべての物が万人のものだ。それをおまえは、わしらに、「おまえのもの」とか「おれのもの」とかいう何だか区別のはっきりしないことを教えこんだ。わしらには女も娘も共有なのだ。(13) おまえは、この特権をわしらとわかちあった。するとおまえは、女房や娘たちの心に、いままでは知らなかった激しい感情を燃えあがらせた。女たちは、おまえの腕に抱かれて狂暴になった。女たちはたがいに憎みあうようになった。おまえたちは女のために首をしめあった。そして女たちがわしらのもとに戻って来たときには、おまえたちの血に染まっていた。

「わしらは自由だ、それなのにおまえは、この土のなかに、わしらが将来奴隷になるという証書をこっそりと埋めた。おまえは神でもなければ、悪魔でもない。奴隷をつくろうとするとは、一体おまえは何者なんだ？　この連中の言葉のわかるオルーよ！　この金属の板に書かれていることとを、わしに話してくれたが[14]、それをみんなに伝えてくれ、〈この国はわれらのものなり〉と書かれていることを。この国がおまえのものだと？　それは一体どうしてなのだ？　おまえがこの国に足を踏み入れたからだというのか？　もしいつの日か、タヒチ人がひとりおまえたちの国の岸に上陸して、おまえの国の石か、木の皮に〈この国はタヒチの住民に所属するものなり〉と彫ったとすると、おまえはどう思う？　それは確かにタヒチ人よりおまえのほうが強い。だが、それが何だというのだ？　おまえの船にはくだらないがらくたがいっぱい積みこまれているが、そのがらくたの一つでも盗られると[15]、おまえはわめきたて、復讐をした。そしてそれと同時に、おまえは心の底で、この国全部を盗ってやろうとくわだてたのだ！　おまえは奴隷ではない。おまえは奴隷になるよりも、むしろ死を選ぶことだろう。それなのに、おまえはわしらを奴隷にしようと思っているのだ！　では、おまえはタヒチ人が自由を守ることができない、死ぬことができないとでも思っているのか？　おまえが畜生でも捕獲するように捕獲したタヒチ人も、おまえの兄弟なのだ。そのタヒチ人とおまえとは、自然のなかの二人の兄弟なのだ。そのタヒチ人がおまえにたいしてもたないどんな権利を、おまえは彼にたいしてもっているのか？　おまえはここにやってきた。それでわしらは、おまえの身体におそいかかっただろうか？　おまえの船を略奪したろうか？　おまえを捕えて、わしらの敵の矢をふせぐ盾にしただろうか？　わしらの畑で、家畜と同じ仕事をさせただろうか？　わしらは、わしらの姿をおまえのなかにみとめたのだ。

「わしらタヒチ人の風習をそのままにしておいてくれ。それはおまえの国の風習よりも、賢明で、誠実なものだ。タヒチ人は、おまえが無知と呼んでいるものと、何の役にも立たぬおまえたちの知識とかいうものとを交換したくはない。わしらに必要で良いものは、みんな所有している。わしらがよけいな無駄な欲求をもたなかったからといって、軽蔑に値するものだろうか？　タヒチ人は、腹のへったとき、食べるものは持っている。寒いときには、着るものを持っている。わしらの小屋に入ったとき、おまえの考えによると、何か欠けているものがあったか？　おまえたちは、その生活の便利な道具と呼んでいるものを、好きなだけ追いかけるがよい。だが、分別のある人たちにとって、その連続的な、苦しい努力から得られるものが、架空の財産だけだという場合には、どうかそういう分別のある人たちには、そんな追跡は中止することを許してもらいたいものだな。もしおまえから、狭い欲望の限界を乗り越えるべきだと、わしらタヒチ人に思いこませられた場合には、わしらタヒチ人は、一体いつ仕事が終わるんだ？　いつ、遊べるんだ？　わしらは毎年毎年の疲労、毎日毎日の疲労をできるだけ少なくするようにしてきた、わしらには、休息ほど好ましいものはないからな。

「おまえの国へ行って、好きなだけ動き回り、心を悩ますがいい。だが、わしらには休息を残しておいてくれ、そしておまえたちのまがいものの必要品とか、絵空事の美徳とかいうもので、タヒチ人の頭を乱さないでほしい。さあ、この男たちを見るがよい。みな姿勢が正しく、健康で、たくましいだろう。この女たちを見るがよい。みな、姿勢が正しく、健康で、みずみずしくて、美しいだろう。(16)この弓を手に取ってみなさい。これはわしの弓だ。応援に、仲間のうちから一人、二人、三人、四人を呼びなさい。そして、五人でその弓をひいてみなさい。どうじゃ、わしは独りでその弓をひくんだぞ。わしは土を耕し、山へよじ登り、一時間かからずに平地一里を走ることができる。おまえの若い仲間の連中は、わしのあとについて来るのがやっとだった。しかもわしは、九十をすぎているんだぞ。この島はなんと不幸なんじゃろう！　おまえがやってきた日からの、現在のタヒチ人、これから将来のタヒチ人は、なんと不幸なんじゃろう！　わしらは、病気というものはたった一つしか知らなかった。それは人間も、動物も、植物ものがれることのできない、老衰という病気だけだ。おまえはもう一つ病気をもってきた。おまえはわしらの血に、病毒を感染させたのだ。おそらく、わしらの娘たち、妻たち、子どもたちを、わしら自身の手で根絶しなければならなくなるだろう。おまえたちの国の女たちに接した男どもとか、おまえたちの国の男たちに接した女どもとかな。わが国の田畑は、おまえたちの血管からタヒチ人の血管へと流れこんだ不潔な血でひたされることだろう。おまえたちが父親や母親にうつした病気を育て、永続させる運命をになった子どもたちは、永久に病気をその子孫たちに伝えることだろう。情けないやつらよ！　おまえたちの仲間の忌わしい愛撫のあとで猛威をふるう病害も、あるいは、その病毒をとどめるためにわしらが犯す殺戮も、みなおまえの罪だぞ。

おまえは、それなのに、罪ということを口にしている。おまえの罪より重い罪を考えることができるか？　おまえの国では、その隣人を殺したものはどんな刑罰になるんだ？　剣による死刑だろう。隣人を毒殺した卑怯者は、どんな刑罰に処せられるんだ？　火あぶりの刑だろう。毒殺とおまえの大罪とをくらべてみるがいい。そして一国民の毒殺者よ、おまえにはどんな処罰がふさわしいか言えるかな？

「ほんの少しまえまでは、タヒチの若い娘は、タヒチの青年の熱狂と抱擁に身をゆだねていた。娘は結婚適齢期に達したと認められて、母親からその面紗《ヴェール》をとってもらい、胸をむき出しにしてもらうのを、待ちかねていた。娘は未知の青年や、親戚や、兄弟たちの欲情を駆り立てることを、またそういう男たちの恋心をこめた眼差しをひきとめることを得意にしていた。娘は、わしらの面前で、無邪気なタヒチ人たちの集まっている輪の中で、笛の音の聞えるなかで、ダンスのあいだで、その若い心、その官能のひそやかな声で選んだ青年の愛撫を恐れることもなければ、羞かしがることもしないで受けいれているのだ。罪の観念と病気の危険が、おまえといっしょに、わしらの中にはいって来た。昔はなごやかだったわしらの享楽に、後悔と恐れがはいりこむようになった。おまえのそばにいる、そしていま、わしの話を聞いているその黒衣の男がタヒチの青年たちに何か言ったことがある。タヒチの娘たちにも何か言ったが、何と言ったのかは知らない。しかし、その言葉を聞いて、タヒチの青年は、ためらうようになったし、娘たちは顔を赤らめるようになった。

「おまえがそうしたいのなら、おまえの快楽の相手のよこしまな女といっしょに、暗い森の奥にはいりこむがいい。だが、善良で、単純なタヒチの若者たちにたいしては、青天井の下で、真ッ昼間に、何も羞かしがらないで、繁殖行為を行なうことを認めなさい。一体おまえに、わしらが若者たちの心に生じさせ、元気づけている感情のかわりに、それ以上誠実な、それ以上に大きな感情を与えることができるだろうか？　若者たちは、国民と家族をひとりの新しい市民の誕生で豊かにする時が来たものと思い、それを誇りにしているのだ。食べるのは生きるため、成長するためなのだ。成長するのは繁殖するためなのだ。〔『聖書』創世紀、I、二十二に、Croissez et multipliez「生《うめ》よ、繁殖《ふや》せよ」とある〕そして、そのことに何らの悪徳も羞恥も認めない。

「さあ、おまえの犯した大罪のそのつづきを聞くがよい。おまえたちが、タヒチの青年のあいだに姿を見せるや否や青年たちは泥棒になった。おまえたちがわしらの土地に足をふみこむや否や、この土地は血をふき出すようになった。おまえを迎えに走ってゆき、おまえを歓迎し、〈タイオ！トモダチ、トモダチ〉と叫びながらおまえを迎えたあのタヒチ人を、おまえたちは殺したな。しかもどうしてあの男を殺したんだ？ あの男がおまえが持っていた蛇の小さな卵〔模造真珠の頸環のこと〕の美しさに魅了されたためだけじゃないか。あの男はおまえに果物を与えた。その妻も娘も提供した、その小屋も譲ってやった。それなのにおまえは、おまえに黙ってひと握りの蛇の卵を取ったということで、あの男を殺した。それで、この男の部族のものたちはどうしたろう？ おまえの人殺しの武器の音を聞いて、みんな恐怖にとらえられた。そして、山の中へ逃げこんだ(17)。だがな、部族のものがまもなく山から降りてくるはずだったことを疑ってはならない。そして、もしわしがいなければ、おまえたちがみな殺しの目に会うはずだったことを疑ってはならない。ああ！ なぜわしはあのものたちをとり鎮めたのだろう？ なぜ、わしはおしとどめたのだろう？ なぜ、いまもなお、おしとどめているのだろう？ それは自分にもわからない。というのは、おまえはいかなる憐憫の情にも値しないからだ。憐憫などいう気持をついぞ感じたことのない邪悪な魂しかもっていないからだ。おまえとおまえの仲間は、わしらの島の中を散歩した。おまえは尊敬された。すべてを楽しむことができた。おまえの歩く道には柵もうけられなかったし、おまえは通行を禁止されることもなかった。島のものはおまえを招待した。それでおまえは席についた。島のものはおまえの前に島の山海の珍味をならべた。

「おまえは、若い娘を望んだな？ まだその顔と胸とをひとに見せる特権のない娘たちを除いて、母親たちは、他の娘たちをすっかり裸体にしておまえに提出した。それで、おまえは客の歓待を義務とする娘、そういう犠牲の所有者となっているではないか。島のものは、その娘とおまえのために地面に木の葉や花をまきちらした。楽士は楽器を奏でた。そのかぐわしさを乱すものとて何もなかったし、おまえの愛撫、娘の愛撫を邪魔するものもなかった。みなは讃歌、おまえが立派な男であることを祈願し、わしらの娘が立派な女、愛嬌(18)のある、情の深い女であることを祈願する讃歌を唱った。みなはおまえたちの寝床のまわりで踊った。そしておまえが女の兄弟、友、父かも知れないあの男を殺したのは、女の胸の中で甘美な陶酔を味わったあとで、女の腕から出たときだったのだ。おまえはもっと悪いことをした。あそこを見ろ。あの弓の矢のならんでいる囲いを見てみろ。かつてはただわしらの敵を脅かしていただけのあの武器、あの武器がいまはわしら自身の同胞に向けられているのを見ろ。わが島の男たちの快楽の相手だったあの憐れな女たちを見てみろ。あの女たちの悲しんでいる様を見ろ。女たちの父親の苦悩を見ろ。母親たちの絶望を見ろ。あの女たちは、わしらの手で殺されるか、おまえたちからもらった病気で死ぬか、そのどちらかという羽目におちいっているからなのだ。おまえの残忍な眼も死の光景を見たくないのならば、すぐ立ち去れ。さあ、立ち去れ。そして航海中、おまえを大目に見て来た罪深い海が、その罪の償いをせんことを！　そして帰り着かないうちに、この男を呑みこんで、わしらの復讐をせんことを！　それから、おまえたちタヒチのものよ、おまえたちの小屋に帰りなさい。さあ、みんな帰りなさい。この卑劣な外国人どもが、出発に際してたけり立つ波の音しか聞けないようにするために。そして人気のない海岸に白く泡立つ波頭しか見えないようにするためにな。」

老人の言葉が終ると、住民の群は姿を消した。島中がすっかり深い静けさに支配された。聞えるものは、風のヒューヒューと鳴る鋭い音、長い岸辺を洗う波の鈍い音だけだった。それはまるで空気も海も老人の言葉に感応して、その言葉に従っているようだった。

B　どうだい！　どう思う？

A　ぼくには、老人の言葉は熱気にあふれているように思える。しかしね、なにかよくはわからないが、その激越なものを通して、ぼくには、ヨーロッパ的な考え、ヨーロッパ的な言い回しが見られるような気がするんだがね。

B　いいかい、これは例のタヒチ人がスペイン語に翻訳したものなのだ。そしてそのスペイン語からフランス語に翻訳したんだ。老人は、前の晩にオルーの家を訪れたのだ。そしてオルーにいろいろきいた。オルーの家にはスペイン語(19)の使用が、ずっとずっと昔から保存されてきたからだ。オルーは、老人の演説を、スペイン語に翻訳して書いておいたのだ。それで、ブーガンヴィールは、そのスペイン語訳のコピーを手にしていたのだし、タヒチの老人はそれを口頭でしゃべったのだ。

A　ぼくには、いまになって、ブーガンヴィールが旅行記の中で、なぜこの断章を省いたのかその理由がわかりすぎるほどわかるよ。しかし、このことだけじゃない。爾余のことについても、ぼくは少なからぬ好奇心をもっているんだ。

B　このあとのことは、おそらくそれほど君の興味を惹かないだろうと思うよ。

A　そんなことはどうでもいい。

B　それはね、船団付司祭とひとりの島民との会話なのだ。

A　島民というのは、オルーかい？

B　まさにそのとおり。ブーガンヴィールの船がタヒチに近づいたとき、無数の丸木舟が海におろされた。またたくまに、ブーガンヴィールの船はそれに取り囲まれた。どっちに眼をやっても見えるものは驚愕と歓迎を示す小舟の群だった。島民は食べものを投げ入れた。ブーガンヴィールに手をさしのばした。みなロープに身体をくくりつけ、板によじ登った。ランチはあふれるほどの人だった。ランチの連中は岸にむかって叫んだ。岸からも叫び声がそれに応じた。島の連中は走り寄ってきた。みな上陸したのだ。すると島民は船団の一行を捕え、一行のものを分け合った。そしてめいめい、自分がつかまえたヨーロッパ人を、めいめいの小屋に連れていった。そして男たちは、その客の身体を抱擁したし、女たちは頰をその手で軽く愛撫したんだよ。その場に居合わせた気になってみたまえ。心のなかでこの歓待風景に立ちあったつもりになってみたまえ。で、君は人類というものをどう思う？

A　非常に美しいと思うよ。

B　だがぼくはどうも、ひとつの奇妙な出来事を話すのを忘れていたようだ。この厚情と人間性にみちた場面が、突然、救いを求める人の叫び声でかき乱された。それはブーガンヴィールの部下の士官の召使だった。若いタヒチ人たちがその召使に跳びかかり、地面にねかせ、服を脱がせ、そしてその召使に敬意を示そうとしたのだ。

A　なんだって、あの純真なタヒチ島民がかい？　あの心のやさしい、誠実な野蛮人がかい？……

B　君は考えちがいをしている。その召使というのは、男に変装した女だったのだ。長い航海のあいだじゅう、船の一行はだれもそのことを知らなかったのだが、タヒチ人は、ひと目で女であることを見抜いたのだ。女はブールゴーニュの生まれで、バレ[20]という名前だ。年は二十六で、美人ではなかったが、さればと言って醜いというほどでもなかった。女はその村から一歩も外に出たことがなかった。それで、その第一の旅行の希望は、世界一周をすることだった。そこで女は知恵と勇気を見せたのだ。

A　女という、かよわい機械は、よくその中に強靱な魂を蔵しているものだよ。

Ⅲ　船団付司祭とオルーとの会話

B　ブーガンヴィールの船隊の一行を島民たちは分け合ったわけだが、船団付司祭は、オルーのところに割りあてられた。司祭とこのタヒチ人とは、ほとんど同い年で、三十五、六歳だった。オルーには、当時、妻とアスト、パリ、チヤと呼ばれる三人の娘がいるだけだった。女たちは、司祭の服を脱がせ、その顔、手足を洗ってやり、それから簡素で健康な食事を供した。司祭が床に就こうとしたとき、それまで妻子とともにその場をはずしていたオルーはまた姿を現わして、こんどは、裸体の妻と三人の娘を司祭に紹介して言った。

――あなたは晩飯を食べた。あなたは若くて、健康だ。もし独りで寝ると、よく眠れないことだろう。男は、夜、そのそばに女の伴侶を必要とするものなのだ。これは妻だ。こちらは、娘たちだ。しかし、もしわたしを喜ばせようと思うなら、まだ子どもを持ったことのないいちばん末の娘を選んでくれ。

すると、母親が口をそえた。

――ああ、あたしは、そのことをとやかく言いはしないよ。かわいそうに、チヤ！　それは決しておまえのせいじゃないんだからね。

司祭は自分の宗教、自分の身分、善良な風俗、それに節制が、その申し出を受けることを許さない旨を答えた。

オルーはこれにたいして言った。

――わたしには、あなたが宗教と呼んでいるものがどんなものかわからない。しかし、わたしは宗教というものを悪く考えないわけにはいかない。それは、至高の主である自然がわれら人間すべてに勧めている罪のない楽しみを味わうことをあなたに禁じているからだ。あなたの同胞であるひとりの人間に生命を与えることを、父や母や子どもたちが君に求めている勤めを果たすことを、あなたを歓待している宿の主人にたいしてその責任を果たすことを、さらに臣民をもうひとり殖やすことによって、一国民を豊富にすることを禁じているからだ。わたしには、あなたが身分と呼んでいるものが何だかもわからない。しかし、あなたの第一の義務は、人間であることと、感謝することを知るということだ。わたしは、このオルーの風習を、あなたの国に持ちこむように言っているわけではない。あなたの宿の主人であり、あなたの友であるオルーは、あなたにタヒチの風習に適応してほしいと頼んでいるだけだ。タヒチの風習は、あなたの国の風習より良いものだろうか？　それとも、悪いものだろうか？　その決定をするのはやさしい。あなたの生まれた土地には、その土地が養い得る以上の人間がいるのだろうか？　もしそうだとすると、あなたの国の風習はわたしの国の風習より、良くもなければ悪くもないということになる。それとも、その人口を養う以上のものをもっているのだろうか？　そうすれば、わたしたちの風習のほうが、あなたの国のより良いということになる。あなたがわたしに反対の根拠として挙げている節制ということについては、あなたの言うことはわかる。わたしは、自分がまちがっていたことを率直に認める。それで、それについては謝罪する。わたしはあなたが健康を害うことまでは強要しない。もし疲れているのなら、休養しなければならない。しかしわたしは、あなたがいつまでもわたしたちを深い悲しみのなかにうち捨てておくことはないと思っている。この女たちの顔に現われた心配そうな表情を見ていただきたい。女たちは、自分たちのなかに、あなたに嫌われるような何か欠点でも、あなたが見つけ出したのではなかろうかと心配している。もしそうであるにしても、その友だちや、姉妹たちのあいだから、わたしの娘のひとりを選ぶということ、良い行為をするということ、そういう人を喜ばせることが、あなたには楽しいことではないのか？　もっと寛い心をもってもらいたいものだ！

司祭　いいや、そうではない。奥さんも娘さんも、四人ともみな美しい。しかし、ぼくの宗教が！　ぼくの身分が！

オルー　妻も娘もわたしのものだ。そしてそのわたしが、あなたに提供しているのだ。妻も娘たちも、めいめい自分の意思を持っている。そして妻たちは、あなたに自分から自分の身を委ねているのだ。だから「宗教」というものや「身分」というものが命じている良心の純潔さというものがどんなものであるにしても、あなたはなんの懸念もなしに受け容れられるはずだ。わたしが、人間の権利というものをよく知っていること、そしてそれを尊重しているものであることを信じてほしい。

ここで、真の聖職者であるこの司祭は、いまだかつて摂理が自分をこれほどの誘惑にさらしたもうたことはなかった、と告白している。司祭は若かった。心は動揺し、煩悶した。哀願している美女の姿からその視線をそむけた、そして再びその美女の上に視線をもどした。司祭は手を挙げ、眼を天にむけた。いちばん年下のチャは、司祭の膝を抱いて言った。

――外国の人、どうか父を苦しめないで。母を苦しめないで。わたしを苦しめないで！　どうか小屋の中で、それから家族の中で、あたしに面目をほどこさせて。いつもあたしをばかにしている姉たちの高さまで、あたしを高めて。上の姉のアストには、子ども、すでに三人いるよ。次の姉のパリに二人いるよ、そしてこのチャには一人もいない。外国の人！　正直な外国の人！　どうかあたしをしりぞけないで！　あたしを母にしてください。あたしに子どもをつくってください。いつかいっしょに手をつないで、タヒチの島の中、散歩できるような子どもを。タヒチの人たちもあたしのお胎の中に九ヵ月宿っていたこと、ちゃんと知っていて、あたしも、それ、誇りにすることのできる子どもを。父の小屋からほかの小屋に移るとき、持参金になるような子どもを。あたし、おそらく、島の若いタヒチの人たちとよりも、あなたと子どもをつくるほう、きっと幸せになるよ。もしそういう恩恵を与えてくれれば、あなたのこと忘れない。あたし、一生涯、あなたを祝福するよ。あなたの名前、あたしの腕と子どもの腕に書くよ。あたしと子ども、いつもいつも、喜んで、その名前言うよ。そしてあたしの祈り、あなた、あなたの国に着くまで、海の上、ずっとあなたについていくよ。

率直な司祭は次のように言っている。娘は自分の手をしっかりと握りしめた。情に富んだ、いじらしい眼差しを、自分の眼の上にじっと据えていた、娘は涙を流していた。娘の父も母も姉たちも、もうその場にはいなかった。自分は娘とたった二人きりだった。それで、心のなかで「しかし、宗教が、身分が」と繰り返していたが、翌日、自分がこの若い娘とならんで寝ていることに気がついた。娘は惜しみない愛撫で圧倒した。そして、父と母と姉たちが翌朝、ふたりの寝床のそばへ来たときには、どうか両親たちにも感謝をしてくれるように頼んだ。

その場から出て行った姉のアストとパリは、やがてこの国の料理、飲物、果物をもって戻って来た。ふたりの姉は妹に接吻し、妹の幸福を祈った。みなそろっていっしょに食事をした。それからあとで司祭と二人っきりになると、オルーは司祭に言った。

――わたしには、娘があなたに満足していることがよくわかる。それで、あなたにお礼を言う。しかし、あなたが何度も何度も、そして、あれほど苦しそうに繰り返して言っていた「宗教」という言葉は、一体どういうものなのかを教えてもらえるだろうか?

船団付司祭は、ちょっと考えてから答えた。

――君の小屋と小屋に付属しているいろんな道具をつくったのは誰だい?

オルー それはわたしだ。

司祭 ではいいね、わたしたちは、この世界とこの世界の中に含まれているものは、ひとりの作者の作品だと信じている。

オルー では、その作者というのは、足や、手や、頭を持っているのか?

司祭 いいや、持っていない。

オルー どこに住んでいるのだ?

司祭 どこにでもいる。

オルー ここにもか!

司祭 ここにもだ。

オルー わたしたちは、ついぞ見たことがない。

司祭 それは見えない。

オルー ひどく冷淡な父親だな! その創造者とかは、ずいぶん年をとっているにちがいない。だって、少なくとも、その作ったものと同じくらいの年になっているはずだからな。

司祭 創造者は、絶対に年をとらない。創造者は、われらの祖先に話をしてきかせた。われらの祖先に法律を与えた。自分を祭る法式を規定した。われらの祖先に、善いものとしてかくかくの行為を命じ、悪いものとしてかくかくの行為を禁止した。

オルー それでわかった。その創造者とかいうものがあなたの祖先に、悪いものとして禁止した行為の一つが、妻となった女や娘といっしょに寝ることなのだな? では一体、その創造者は、どうして男と女をつくったのだ?

司祭 結合するためだ。しかし、あるいくつかの必要な条件をそなえ、あらかじめなすべき若干の儀式を行なった後でだ。そして、その諸儀式の結果として、ひとりの男は、ひとりの女に所属し、しかもただその女だけに所属する。ひとりの女は、ひとりの男に所属し、しかもただその男だけに所属するのだ。

オルー 一生涯か?

司祭 一生涯だ。

オルー それでは、もしひとりの女がその夫以外の男と寝るようなことがあるとすると、あるいはひとりの男がその妻以外の女と寝るようなことがあるとすると……。いや、そんなことは起こるはずはないんだな。だって、創造者がそこにいるのだし、それにそういうことは創造者には気に入らないことなのだから。創造者は、男や女にそんなことをさせないようにすることができるわけだからな。

司祭　いいや、そうではない。創造者は人間に自由に行動させるのだ。それで人間は、神（わたしたちはこの偉大な創造者をそう呼んでいる）の掟に、国の掟にそむいてあやまちをおかすものなのだ。つまり、人間は罪を犯すのだ。

オルー　こんなことを言って、あなたを怒らせることになるかもしれないが、でも、もし許してもらえるなら、自分の考えを述べたいんだが。

司祭　言ってみなさい。

オルー　わたしは、そういう教説は自然に反し、理性と矛盾していると思う。そして罪を倍加させ、手も頭も道具もなしに万物をつくったというその年とった創造者を、たえず怒らせるためにできているように思う。その創造者というのは、どこにでもいて誰にも見えないのだな。今日も明日も生き続けながら、だといって一日分余計に年をとる訳でもないのだな。命令はしても、命令が守られないのだな。やめさせる力を持ちながら、やめさせないのだな。自然に反しているというのは、その教説はものを考え、感じ、そして自由な存在である人間が創造者自身と同じような特性を持ち得ると想定しているからだ。どんな根拠にもとづいて、そのような権利が打ち立てられるのだ？　あなたがたの国では、感性も、思考力も、欲望も、意志ももたないもの、つまり捨てることも、取ることも、保存しておくことも自由にでき、交換したからといって、文句も言わなければ、不平も言わないものと、勝手に交換したり、手に入れたりできないもの、自由であり、意志をもち、欲望をもち、一時的に身を委ねることも、あるいは拒否することもできれば、永久に身を委ねることも、あるいは拒否することもできるもの、文句も言うし、不平も言うし、その性格を無視し、自然にそむくのでなければ、取引きの対象にはなし得ないものとを混同しているとは思わないか？　それから、諸存在の一般的法則とも矛盾している。実際、わたしたち人間のうちにある変化というものを禁止する教説ほどばかげたものはないと思わないか？　不変性というわたしたちのなかには存在し得ないものを命じ、雄と雌との自由を、永久に両者を結びつけることによって、侵害する教説ほどばかげたものがあるだろうか？　同じ個人にたいして、享楽の中でももっとも気まぐれな享楽を制限する貞節とか、つねに変化している大空の下で、いつ廃墟となってしまうかわからない洞窟の下で、いつかは崩れて粉となってしまう巌のもとで、枯れてひび割れてしまう木の陰で、あるいはたえず揺れ動く石の下で、たがいに交わす肉体をそなえた二つの存在の不変の誓いほど、ばかげたものがあるだろうか？(21) わたしの言うことを信じてほしい、あなたがたは人間の状態を動物の状態よりも悪いものにしてしまったのだ。

わたしは、あなたのその偉大な創造者というものがどんなものかは知らない。しかしわたしは、その創造者が、わたしたちの先祖に語りかけなかったことを喜んでいる。そして、わたしたちの子孫たちにも語りかけないでほしいと願っている。と言うのは、もしその創造者とかいうものが、ひょっとしてわたしたちの子孫に、いまみたいなばかなことを言うようなことがあるかもしれないし、子孫のものもそれを信ずるようなばかなことを仕でかすかもしれないからだ。昨日、晩飯のときに、あなたはわたしたちに法官と司祭の話をした。わたしは、その権威があなたがたの行動を規制するという、あなたが「法官」とか「司祭」とか呼んでいる人物がどんなものかは知らない。しかし、どうか話してもらいたい。その人たちが、善と悪を支配しているのか？　その人たちは正を不正にし、不正を正にすることができるのか？　有害な行ないを善に結びつけるのも、罪のない、あるいは為になる行ないを悪に結びつけるのも、その人たちしだいなのか？　あなたにも、そう考えることはできないはずだ。というのは、そういうふうに考えると、この世には真もなければ虚偽もないし、善もなければ悪もないし、美もなければ醜もないということになる。少なくとも、そうはっきりと宣言することが、あなたの偉大な創造者、法官、それに、司祭にとっては好ましいと思われるものだろうよ。すると、そのときどきで、あなたは考えと行為を変えざるをえなくなるはずだ。ある日、あなたの三人の支配者、つまり創造者、法官、司祭のうちの一人から、「殺せ」と言われたとする。するとあなたは、良心に従って、殺すことを余儀なくさせられるだろう。また、別の日に「盗め」と言われると、こんどは盗まざるを得なくなるだろう。あるいは、「この果物を食べるな」と言われる。するとあなたは、あえてその果物を食べようとはしなくなるだろう。「この野菜、この動物を禁ずる」と言われれば、あなたはそれに手を触れないようにするだろう。どんな善いことでも、あなたに禁ずることができるし、どんな悪いことでも、あなたに命ずることができるわけだ。それであなたの支配者三人の間で意見が一致しないで、同じ事柄をあるものは許可し、あるものは厳命し、またあるものは禁止する――そういうことはよく起こることだと思うんだが――という場合、あなたは果たしてどんな羽目におちいるだろう？　そうした場合、司祭に気に入るためには、法官と仲たがいをしなければならなくなるだろう。法官を満足させるためには、偉大な創造者の不満をかわなければならなくなるだろう。創造者に良く思われるためには、自然を放棄しなければならなくなるだろう。それでどういうことになるか、わかるか？　その結果、あなたはその三者を軽んずることになるだろう。あなたは人間でもなければ、市民でもなく、信仰家でもなくなるだろう。あなたは何ものでもなくなるだろう。あらゆる権威と仲たがいすることだろう。なによりあなた自身と仲たがいすることだろう。自分の心に苦しめられ、ばかげた支配者からは迫害され、みじめになることだろう、そして、昨日の晩、わたしが三人の娘と妻を連れて行ったとき、そしてあなたが「しかし、わたしの宗教が！　わたしの身分が！」と叫んだときのように情ないことになるだろう。あなたは、すべての時、すべての場所において善であり、悪であることを知りたいとは思わないか？　それには、あなたを、事物の本性、ひとの働きの本性に結びつけるがいい。あなたをあなたと同胞との関係に結びつけるがいい。あなたを、あなた自身の個人的利益と、一般的な福祉にたいするあなたの行動の影響力というものに結びつけるがいい。もしも天上であれ、地上であれ、この世界のうちに自然の法則に増補を加えたり、削除をしたりするものが何かあると信じているとすれば、それはあなたの妄想というものだ。その法則の永遠の意志は悪よりも善を尊重し、個人的な善よりも一般的な善を尊重するということだ。あなたが自然の法則に反する命令をくだすとしよう。しかし、その命令は守られないだろう。恐怖、処罰、悔恨というもので、悪人や不幸な人間を倍加させるだけだろう。良心を堕落させることになるだろう。精神を害うことになるだろう。それで彼らは、罪のない状態にあっても不安を感じ、罪を犯しても平然としているというふうになり、道しるべとなる北極星を見失ってしまうことになるだろう。さあ率直な返事をしてくれ、その三人の立法者の特別な命令があるにもかかわらず、あなたの国では、若い男がその立法者の許可をも得ないで若い娘と寝ることはないか？

司祭　もしないと断言すれば、嘘を言うことになるだろう。

オルー その夫にだけしか所属しないと誓った妻が、他の男に身をまかせることはないか？

司祭 それは、ごくありふれたことだ。

オルー それでは、その立法者たちはひどい弾圧を加えているか、何もしないか、どちらかだろう。もし弾圧しているとすれば、自然と争う凶悪な獣だ、もし何もしないとすれば、何の役にも立たない禁止をすることで、自分らの権威を軽蔑の対象に供したばかものどもだ。

司祭 法の厳しさからのがれた罪人たちは、一般の人びとの非難で罰せられる。

オルー ということは、つまり、裁きが常識の欠如した全国民によって行なわれるということだろう。法を補うものは気ちがいじみた世論だということだろう。

司祭 名誉を汚した娘は、もう夫を見つけることはできない。

オルー 名誉を汚した？ そして、それはなぜだ？

司祭 不貞な女は、多かれ少なかれ軽蔑されるからだ。

オルー 軽蔑される！ またそれはどういうわけだ？

司祭 また、そういう若い男は卑劣な女たらしと呼ばれるのだ。

オルー 卑劣！ 女たらし！ またそれはどうしてだ？

司祭 父も母も子どもも悲嘆にくれるからだ。浮気な夫は放蕩者と言われる。妻に裏切られた夫は、その不名誉を妻とわかちあうことになる。

オルー いまあなたが述べたことは何という途方もない無茶のかたまりだろう！ それに、あなたはまだ、全部を語ってはいないようだ。と言うのは、裁きとか所有とかいうものの観念が自分勝手に処理されることが許されるとなると、事物に勝手な性格を与えたり、事物から勝手にその性格を取り除いたりすることが許されるとなると、あるいはただ気まぐれだけをたよりに、ものの働きに善悪を結びつけたり、善悪を切り離したりすることが許されるとなると、人びとは非難しあったり、罪をなすりつけあったり、たがいに疑ったり、たがいに相手を圧服しあったりすることになるものだ。そして、羨望したり、嫉妬したり、瞞《だま》しあったり、苦しめあったり、かくしだてをしたり、偽ったり、こっそり探りあったり、たがいに相手の不意をおそったり、喧嘩したり、嘘をついたりするものだ。娘たちは、その両親を瞞し、夫は妻を瞞し、妻は夫を瞞す。娘たちはわたしは信じて疑わない。娘たちは自分の子どもを押し殺してしまうことだろう。自分の子どもに疑念を持つ父親は、その子どもを嫌悪するか、なおざりにすることだろう。母親は子どもを自分からひきはなし、運命の手に委ねることだろう。放埓《ほうらつ》と罪があらゆる形をとって現われることだろう。わたしには、まるで自分があなたがたのあいだで生活していたみたいに、そういうことがすべてわかる。それは、当然そうであるべきはずだから、そうだと言うんだ。それで、あなたがたの首領がその立派な秩序を誇っているあなたがたの社会は、法律の足下にこっそり群がっている偽善者か、自分ら自身忍従することによって、自分らの責苦の道具になっている惨めなものどものか、偏見のために、まったく自然の声を逼息せしめられた馬鹿者どもか、さもなければ、そのうちにある自然が、みずからの権利を要求することをしない「できそこない」の連中の集まりにすぎないだろう。

司祭　まあそれに近いな。だがしかし、君たちは結婚しないのかい？

オルー　結婚はする。

司祭　君たちの結婚というのは、一体どんなものなんだい？

オルー　同じ小屋に住み、同じ寝床に寝ることに同意することだ、ふたりの仲が巧くいっているかぎりね。

司祭　で、ふたりの仲がまずくなったときには？

オルー　別れる。

司祭　で、ふたりのあいだの子どもはどうなるんだい？

オルー　ああ、外国の人よ、その最後の質問こそ、あなたの国の惨めさがどれほど深刻なものであるかを、完全に暴露しているものだ。いいかね、この国では、子どもの誕生は常に幸福を意味するものであり、その死は、哀惜と涙の種だということを知ってほしい。子どもは、一人前の人間になるべきはずのものだから、貴重な宝なのだ。だからわたしたちは、わたしたちの植物や動物にたいする場合とはちがった心遣いをする。生まれた子どもは家族の喜びであると同時に島全体の喜びとなるのだ。それは、家族にとっては財産が一つ増えたことであり、国民にとっては力が一つ増えたことになるからだ。それは、タヒチの島に腕と手がそれだけ多くなるということなのだ。わたしたちは、子どもの中に、将来の農夫、漁夫、猟師、兵士、夫、父を見るのだ。妻は夫の小屋からその両親の小屋へ再び移るときに、子どもたちを——それが結局持参金となったわけだが——いっしょに連れて行く。そこで、同棲中に生まれた子どもを分けるのだ。その際、できるだけ男と女を均等にするようにする。その結果、めいめいのもとには、女の子と男の子の数がほとんど同じくらい残るということになる。

司祭　だが、子どもというものは、役に立つようになるまでに、長いこと負担となるものだ。

オルー　わたしたちは、国の全収穫の六分の一を、子どもたちの養育と老人たちの食料にあてている。この年貢の分は、島のどこへ行っても子どもや老人たちにはついて来るものなのだ。だから、家族の数が多ければ多いほど裕福になるということがあなたにもわかるはずだ。

司祭　六分の一の税だって！

オルー　そうだ。それは人口を増殖させ、老人にたいする敬意、子どもの保持に関心を払わせる確かな方法なのだ。

司祭　君の国の夫たちは、ときどき結婚をやり直すのかい？

オルー　そう、何度でもやる。だが、結婚の期間のもっとも短い場合でも、月経から月経の期間だ。

司祭　女が妊娠しないかぎりはだな。妊娠した場合には、少なくとも九ヵ月ということになるね？

オルー　あなたは考えちがいをしている。父であるものは、さきの六分の一税と同じように、どこへ行こうとその子どもになくなることはないのだ。

司祭　君はさっき、女は子どもをその夫への持参金として持って行くと言ったじゃないか。

オルー　そのとおりだ。いいか、わたしのいちばん上の娘には三人の子どもがいる。三人とも歩けるし、健康で美しい。三人とも将来たくましくなる見込みが十分ある。それで、娘に結婚しようという気持が起こった場合、娘は三人の子どもを連れて行くことだろう。三人は娘のものなのだから。娘の夫になる男は、大喜びでその子どもたちを受け取るだろう。そして娘がもし第四番目の子どもを胎に宿していれば、より一層その夫を喜ばせることになるのだ。

司祭　その男のか？

オルー　その男のであろうと、ほかの男のであろうとかまわない。わたしたちの国の娘は、子どもを多く持っていれば持っているほど、求婚者がますます多くなる。若者は、精力旺盛で、たくましければたくましいほど、すばらしい結婚相手なのだ。だから、わたしたちは十分受胎能力をそなえるまでは、娘たちが男に近づかないように、また十分授精能力をそなえるまでは、若者が女と交渉を持たないように注意する。それだけに、若者たちが十分授精能力をそなえ、娘たちが受胎力をそなえた場合には、わたしたちの若者や娘たちに、子どもをつくることを望む願望も強いわけだ。だから、もしあなたが娘のチヤに子どもをつくったとしたら、娘にたいしてどれほど貢献してくれたことになるか、その貢献の重大さは、おそらくあなたにはわからないだろう。そうなれば、母親ももうチヤにむかって、「ねえチヤ、おまえは一体何を考えているの？　おまえにはちっとも子どもができないじゃないの。おまえももう十九になるんだよ。もうふたりは子どもがあっていい年だよ。それなのにひとりもいないなんて、どんな男がおまえをお嫁にもらってくれると思う？　そうして若い時代をすごしてしまったら、年とってからどうするつもりなの？　チヤ、おまえには男を近づけない何か欠点があるにちがいない。ねえ、早くそれをお直し。だってあたしなんか、おまえの年には三度も母親になったものだよ」などということもなくなるだろう。

司祭　君たちは、娘や若ものたちに童貞を守らせておくためにどういう手段を講じているんだい？

オルー　それは、家庭教育の主要目的であり、公の風俗のもっとも重要な点なのだ。若者たちは二十二歳になるまで、つまり授精力をそなえて二、三年たつまでは、長い寛衣をまとい、腰には小さい鎖を巻きつける。娘たちは適齢になるまでは、白いヴェールをかぶらないで外へ出るようなことはしない。若者がその鎖を取りはずしたり、娘がヴェールを脱いだりすることは罪になるのだが、わたしたちは、早くからそれがいかに忌むべきことであるかを教えているので、そういう罪を犯すことはめったにない。男がすっかり体力をそなえ、男性的徴候がほんものとなり、さかんな射精も、その質もじゅうぶんわたしたちに安心感を与えるようになったときには、一方若い娘がその少女の香も失せ、娘であることにうんざりし、情欲を覚え、また情欲を感じさせ、そして有効にその情欲を満足させるにふさわしい程度に成熟したときには、父親はその息子の鎖を解いてやり、右手の中指の爪を切ってやる。そして母親は、その娘のヴェールを取り除いてやるのだ。そうなると若者は、女を誘うこともできるし、女から誘われることもできる。一方、娘は公然と顔をむき出しにし、胸をあらわして散歩し、男の愛撫を受けることも、拒むこともできるようになる。それで、若者の場合には、その若者の好きになりそうな娘たち何人かが、娘の場合にはその娘の好きになりそうな若者何人かが、前もって選ばれる。娘の、あるいは若者の成年式というのは、まさに大祭典なのだ。娘の場合だと、そのまえの晩、若者たちが娘の小屋のまわりに群をなして集まり、一晩中、歌声と楽器の音が響きわたる。朝になると、娘は父と母に連れられて、若者たちが踊ったり、跳躍、闘技、競争を演じている囲いの中へ行く。で、最後に選ばれた男に、裸体で、娘のまえで、あらゆる面からあらゆる姿態をとらせる。若者の場合には、その若者のまえで、祭典の祝意、催しを行なうのは娘たちであり、選ばれた娘は、若者の視線に何らの遠慮も、何のかくしだてもしない、全裸の姿をさらすのだ。式はそのあと、あなたがわたしたちのところへきたときに見たように、木の葉のベッドの上で完了する。日が暮れると、娘は両親の小屋に帰るか、自分の選んだ若者の小屋に行き、その小屋には好きなだけいていいわけだ。

司祭　では、その式は、結婚の日になることもあれば、そうでないこともあるわけだね？

オルー　そのとおりだ……。

A　欄外にあるのは何だい？

B　これは注だよ。この注のなかで、この船隊付司祭さんは、若者と娘たちの選択についての両親の教えは、良識と実に行きとどいた有用な観察に満ちているけれども、われわれヨーロッパ人のように堕落し、浅薄な人間には、許しがたい猥褻さと見えるかもしれないので、その「公教要理《カテシスム》」は省略したと言っている。だが、第一に、つねに重要な事柄に関心をもつ国民が、生理学や解剖学の助けを借りないで、どこまでそうした研究を行ない得るものか、第二に、一時的な快楽を基準に、姿、形を比較照合するような国における美の観念と、姿、形がもっと恒常的な有用性にしたがって評価される国民の美の観念との相違を教えてくれるはずの詳細を割愛せざるを得なかったことは、残念なことであったとつけ加えている。つまり、ヨーロッパでは、美人であるためには、つややかな肌の色、広い額、大きい眼、繊細な輪郭、軽やかな胴体、小さい口、小さい手、小さい足……などが要求される。ところが、ここタヒチでは、これらの要素はほとんど勘定にはいらない。ひとの視線が惹きつけられ、欲望の対象となる女は、たくさんの子どもを生む見こみのある（ドッサ枢機卿(22)の妻のように）、しかも活発で、頭が良く、勇気があり、健康でたくましい子どもを生む見込みのある女なのだ。だから、アテナイのヴィーナスとタヒチのヴィーナスの間には、ほとんど共通なものはない、一方は優雅なヴィーナスだし、一方は多産なヴィーナスなのだ。あるタヒチの女が、ある日、同じ国のほかの女を軽蔑して、こんなことを言っていた。「あんたは美しい。でも、あんたのつくる子どもたちは醜い。あたしは醜い。でもあたしのつくる子どもたちはみんな美しい、だから男たちに好かれるのは、あたしのほうよ」と。

船隊付司祭のこの註のあとに、オルーの言葉がつづく。(23)

A　そのオルーの言葉のつづきのまえに、ぼくは君に頼みが一つある。それはニュー・イングランドで起こった事件を、もう一度話してもらいたいということだ。

B　その事件というのはこうだ。五回目の妊娠をしたミス・ポリー・ベーカーは、ボストンの近くのコネティカットの裁判所に召喚された。法律では、母親という肩書をただ淫蕩の結果からだけ得ているすべての女性を罰金刑、あるいはもし罰金の払えない場合には、体刑に処することになっている。ミス・ポリーは、裁判官の集まっている部屋に入ると、裁判官にむかって次のように述べた。

「裁判官のみなさん、私に一言みなさんに申し述べることをお許しください。私は、不幸な貧しい娘です。私には、弁護をしてもらうために弁護士にお金を払う手だてはありません。ですから、みなさんを長いことおひきとめすることはありません。私は、これからくだそうとしてらっしゃる判決で、みなさんに法律を曲げさせようなどと期待してはおりません。私があえて望むことは、みなさんに、私のために政府の好意を懇願していただきたいということと、罰金の免除をお願いしたいということであります。私が同じ問題でみなさんのまえに出頭したのは、これで五回目です。二度は重い罰金を払いました。二度は罰金が払えなかったので、公開の、恥ずかしい刑罰を受けました。それは法律に合っているのかもしれません。私は決してそのことに抗議はいたしません。ですが、時には不当な法律があることがあります。すると、その法律は廃止されます。またあまりきびしすぎる法律というのもあります。当局は、そういう法律の実施を免除することができます。私は、私を断罪する法律がそれ自体不当なものであると同時に、自分にたいしてきびしすぎるものだということを、あえて申し上げたいと思います。私は、自分の生活している場所で、いかなる人にも損害を与えたことはありませんし、もし私に何人かの敵がいるとしましたら、その敵にむかって、私が男にでも、女にでも、あるいは子どもにでも少しでもまちがったことをしたことがあるということを証明できるものなら、証明してごらんなさい、と言ってやります。私に、ちょっと法律の存在を忘れることをお許しください。そうすると、私には自分が一体どんな罪を犯しているのかわかりません。私は、自分の生命の危険を冒して、五人のかわいらしい子どもを生みました。私は、自分の乳でその子どもたちを育みました。自分で働いて育てました。そして、私から、あり金を奪ってしまったあの罰金を払わなかったならば、子どもたちのためにもっとよくしてやれたことでしょう。人口の不足しているこの新しい国で、陛下の臣民をふやすということは、罪なのでしょうか？　私は妻から夫を奪ったこともありませんし、青年を堕落させたこともありません。だれも、私が今言ったような罪深い行ないをしたと言って、私を責めたものはありません。もしだれか、私について不満を懐くものがいるとすれば、それは牧師さんでしょう。と申しますのは、私は牧師さんに結婚税を払ったことがないからです。ですけれど、それが私のせいでしょうか？　みなさん、私はみなさんに訴えます。私が、自分が現在まで生きてきたような恥ずかしい状態よりも、妻という立派な身分のほうが好きだと思うだけの良識を持っていることは、みなさんにもきっとお考えいただけることと存じます。私は、結婚したいといつも思っていましたし、いまでもそう思っています。そしてもし妻になれば、素行も正しく、こうして子どもをたくさん生めるように、妻としてふさわしい勤勉さと家計をやりくりしてゆく能力があるということを、はばかりなく申し上げることができます。私が妻という身分に拘束されるのを嫌がったのだというものがあれば、それがどんな人間であろうと、私は反論してやります。現に私は、自分にたいしてなされた最初の、そしてただ一回の結婚の申し出に同意いたしました。そのころ、私はまだ処女でした。私は、自分の名誉を、名誉など何とも思わない男に委ねるほど単純な娘でした。男は、私に最初の子どもをつくっておいて、私を捨てました。みなさんは、どなたもその男をご存じです。その男は、現在裁判官で、みなさんと席をならべて坐っております。私は、その男がきょう法廷に出廷して、私が有利になるように、ただその男のためにだけで不幸になったひとりの女が有利になるように、みなさんに協力を求めてくれるだろう、と思っておりました。そうすれば、私にしても、私たち二人のあいだに起こったことを思い出させて、その人に顔を赤らめさせるような目にあわせることもなかったことでしょう。私がきょう、法律が不当だといって不満を言うのはまちがっているでしょうか？　私のまちがいの最初の原因であり、私を瞞した男は、私の不幸を鞭と恥辱で処罰しているこの同じ政府の手によって、権力の座に、名誉の座に昇っています。人びとは、私は宗教の教えにそむいたのだと答えることでしょう。もし私の罪が神にたいするものであれば、その罪にたいする罰は神の御心にお委ねください。あなたがたは、すでに私を教会から排除なさいました。それで十分なのではないでしょうか？　みなさんがあの世で私を待ち受けているにちがいないと信じてらっしゃる地獄の責苦の上に、なぜこの世でさらに罰金や鞭の刑をつけ加えようとなさるんです？　みなさん、どうか私のこうした理屈をお赦しください。私は神学のことは何も存じません、ですが、神から不滅の魂をさずけられ、神をあがめているかわいらしい子どもたちを生んだということが、自分にとって大きな罪であるとはどうしても信じられません。もしあなたがたが、行為の性質を変え、その行為を罪悪とみなす法律をつくるのなら、そういう法律は独身者に対してこそおつくりなさい。独身者たちは、日毎にふえつづけ、方方の家庭にとって誘惑や侮辱の種となっているのです。あの人たちは、かつての私のような若い娘たちをだまし、現在の私のような恥しい状態で、彼女たちを無理やりに、自分を排斥し軽蔑する社会の直中に生活させているのです。社会の安寧を乱しているのはあの人たちです。それこそ私の罪以上に法律の咎めを受けるにふさわしい罪です。」

この風変りな演説は、ミス・ベーカーの期待以上の効果を生んだ。裁判官たちは罰金刑もそれに代る体刑も猶予した。過去のいきさつを知ったミス・ベーカーを誘惑した男は、自分の昔の行為を後悔した。その罪の償いをしようと思った。で、それから二日後、男はミス・ベーカーと結婚した。そして五年まえに、自分が娼婦にした女を操正しい女にしたのだ。

A　で、それは君の創作した話じゃないのかい？

B　いいや、つくり話ではない。

A　それを聞いてうれしく思うよ。

B　ぼくは、レーナル師が、この事実とこの演説をその『両インド史』(24)の中で述べているかどうかは知らない。

A　『両インド史』は、以前の著作とは非常に調子の違った優秀な著書なので、レーナル師は、この著書では他の人の手をわずらわしたのではないかという疑いをもたれている。

B　それは、不当だよ。

A　不当でなければ悪意からだ。人びとは、偉大な人の頭にかぶせられている月桂冠を細かく分解するものだ、そしてあまり細かく分解するものだから、結局、残るものは葉っぱ一枚ということになってしまうんだ。

B　しかしね、「時」というものは、その散らばった葉を再び集めて、月桂冠をつくりなおすよ。

A　でもねえ、人間は死んでしまったんだ。その人間は同時代人から受けた侮辱に悩まされたのだ。死後に獲得された名誉回復は、死んでしまった彼には感じられやしない。

Ⅳ　続　船隊付司祭とタヒチの住民との会話

オルー　娘の妊娠が確かめられたときこそ、娘にとっても両親にとっても幸福な瞬間なのだ！　娘は立ちあがって、走りよって行く。そして母親と父親の首にその腕をまきつける。娘が両親にそのことを告げるとき、両親がそれを知るとき、それこそ双方とも歓喜の極みのときである。「お母ちゃん！　お父ちゃん！　あたしに接吻して。あたし赤ちゃんができたの。——それはほんとうかい？　——ほんとうですとも。——で、どの男の子どもなのだい？　——某《だれだれ》さんの子なの……」というようにだ。

司祭　どうして娘さんにその子どもの父親の名前が言えるんだい？

オルー　どうして娘にそれがわからないなどと思うんだ。結婚の期間と同じように、愛の期間というものがある。愛の期間は、少なくとも月経から次の月経のあいだだ。

司祭　それにたいして細心綿密に気がくばられているのかい？

オルー　それはあなたに判断してもらいたい。第一に、月経と月経のあいだは長くはない。しかし、二人が父親だと言って、子どもの受胎にたいして十分根拠のある主張をした場合には、子どもはもうその母親のものではなくなる。

司祭　では、誰のものになるんだい？

オルー　二人のうち、娘がその子どもをやりたいと思う男のものになるのだ。それが、その男の特権なのだ。子どもはそれ自体、利益と富の対象なのだから、わたしたちのあいだでは淫蕩な女というのはめったにいないことも、若者たちがそういう女からは離れていくことも、あなたにはよくわかるはずだと思う。

司祭　それでは、あなたの国にも淫蕩な女はいるのだな。それを聞いて安心した。

オルー　この国には、淫蕩な女にも種類がいくつかある。しかし、その話はいまの主題から離れることになる。この国の娘が身ごもった場合、子どもの父親が美青年で、身体も立派だし、勇敢で、頭も良く、勤勉だという場合、子どもがその父のそういう美点を受け継ぐにちがいないという希望のために、喜びはさらに倍加するのだ。悪い選択以外子どもの恥になるものはない。わたしたちが、健康、美、力、勤勉、勇気というものにどれほどの価値を付与しているかはあなたにもわかるはずだ。わたしたちが別に口を出さないでも、わが国の血の純潔が永く保たれるにちがいないということがわかるはずだ。いろいろな国を回ってきたあなたに訊きたいが、どこかタヒチほど美しい男、美しい女がたくさんいるところを見たことがあるかどうか言ってくれ。それからわたしを見てもらいたい。あなたはわたしをどう思う？　いいかな、ここにはわたしよりも大きいもの、わたしに匹敵するほどたくましいものは一万人もいる。しかし、わたしほど勇敢なものはいない。だから母親たちはその娘たちにさかんにわたしを当てがうのだ。

司祭　しかし、君の家以外でつくった子どものうち、どれだけが君のものになるんだい？

オルー　男の子にしろ、女の子にしろ、第四番目の子どもだ。わたしたちのあいだではあらゆる年齢層だの、あらゆる職能の男、女、子どもを順番に配るのだ。あなたがたヨーロッパ人は職能によって生産されたものにすぎない商品の流通を重要視しているが、そうした流通はそれに劣らず重要なものなのだ。

司祭　それはわかる。ときに、ぼくはときどき、黒いヴェール(25)に出会ったが、あれは何だい？

オルー　生まれつきにしろ、年をとった結果にしろ、不妊のしるしなのだ。このヴェールを脱いで男と交わる女は淫蕩な女だし、そのヴェールをまくり上げて、不妊の女に接する男は淫蕩な男なのだ。

司祭　それでは、灰色のヴェールは？

オルー　定期的な病〔月経〕にかかっているしるしだ。そのヴェールを脱いで男と交わる女は淫蕩な女だし、そのヴェールをまくり上げて、その患者と接する男は淫蕩な男なのだ。

司祭　そういう淫蕩な行為にたいする罰はあるのかい？

オルー　非難のほかは何もない。

司祭　父親がその娘と、母親がその息子と、兄がその妹と、夫がほかの男の妻と寝てもいいのかい？

オルー　どうしていけないのだ？

司祭　たんなる姦淫なら、まあまあ赦せる。しかし近親相姦とは！　他人の妻との姦通とは！

オルー　いま言った「姦淫」とか、「近親相姦」とか、「姦通」とかいう言葉はどういう意味なんだ？

司祭　罪だ。非常に重い罪だ。ぼくの国では、その一つでも犯せば焚き殺される。

オルー　あなたの国で焚き殺されようと、焚き殺されまいと、そんなことはどうでもいいことだ。だが、タヒチの風俗でヨーロッパの風習を悪く言わないように、ヨーロッパの風習でタヒチの風俗の悪口も言わないでもらいたい。というのは、わたしたちはお互により確実な一つの規則が必要なのだ。で、その規則とはどんな規則だというのか？一般の福祉と個人的利益というもの以外に規則というものがあるか？　あなたの言う「近親相姦」の罪というのに、わたしたちの行為の二つの目的に相反するものがあるか？いいかね、もしあなたがひとたび一つの法律が公にされ、一つの屈辱的な言葉がつくられ、刑罰が発せられれば、それで万事かたがついたものと信じているとしたら、それはまちがいだ。さあ、返事をしてくれ、「近親相姦」というのは、どういう意味なんだ？

司祭　だが、「近親相姦」は……。

オルー　「近親相姦」は？……。あなたの言う例の頭もなければ、手もなければ、道具も持たない偉大な創造者が世界をつくったのは、古いことか？

司祭　いいや。

オルー　その創造者は、全人類を同時につくったのか？

司祭　いや、ちがう。はじめはただひとりの女とひとりの男をつくっただけだ。

オルー　その二人には子どもがあったのか？

司祭　もちろんだ。

オルー　では、その最初の両親が、女の子だけしか持たないで、子どもたちの母がさきに死んだとしよう。あるいは男の子だけしかいないで、妻が夫をなくしたとしよう。

司祭　困った質問をするね。だがいくら君が言っても無駄だよ。「近親相姦」は憎むべき罪だ。で、ほかのことを話することにしよう。

オルー　冗談を言ってはいけない。あなたが「近親相姦」がどうして憎むべき罪なのかを言ってくれないかぎり、もう口をきかない。

司祭　ではね、君に同意して「近親相姦」が何も自然を害うものではないということにしよう。しかしね、政治的秩序を脅かす力があるのではないだろうか？　もしも何百万人もの全国民が、わずか五十人ほどの家長の周囲に集まるとしたら、国の首領の安全、国家の安寧はどうなることだろう？

オルー　最悪の場合でも、一つの大きな集団しかないところに、五十の小さな集団があるだけのことだろうし、そうすればそれだけ幸福は多くなるだろうし、罪は少なくなることだろう。

司祭　しかしね、この島にあってさえ、息子がその母親といっしょに寝るということはめったにないことだと思っているよ。

オルー　息子が母親に非常な尊敬の念を持たないかぎりとか、年齢の不釣合いを忘れさせたり、十九の娘よりも五十の女のほうを好きにならせるというような愛情でも懐かないかぎりはね。

司祭　では、父親とその娘との交渉は？

オルー　これもめったにないことだ。娘が醜くて、どんな男も相手にしてくれないという場合を除いてはね。もし父親がその娘と関係するとすれば、娘に持参金の子どもをつくってやろうという親心からだ。

司祭　そういうことを聞くと、タヒチでは自然の恩恵を受けなかった女の運命は不幸なものに違いないと想像しないわけにはいかないよ。

オルー　いまの言葉で、あなたが、わたしたちの国の若者たちの女にたいする寛大さを買いかぶっていないということがよくわかる。

司祭　ぼくは、ここでは兄弟と姉妹の結合がかなり当りまえのことになっていると信じているよ。

オルー　それに、それは文句なしに認められている。

司祭　君の言うことを聞いていると、われわれヨーロッパの国々で、あれほどの罪悪を生んでいるあの情欲というものが、ここではまったく罪のないものらしいね。

オルー　外国の人よ！　あなたには判断力と記憶力が欠けている。なぜ判断力がないかと言えば、禁止というものがあるところでは、人は禁じられたことをしたいという誘惑に駆られないわけにはいかないし、そういうことをしないではいられなくなるからだ。なぜ記憶力がないかと言えば、あなたは、わたしがさっき言ったことをもう憶えていないからだ。わたしたちの国には、年とった淫奔女もいる。つまり、夜、黒いヴェールをつけずに外出し、男と交渉があっても全然不毛なのにもかかわらず、男を迎え容れる女たちだ。もしそういう女が黒ヴェールの女であることがわかったり、現場を見つけられたりした場合、その罰は島の北部へ追放されるか、あるいは奴隷にされるかだ。両親の知らないまに、その白いヴェールを脱いでしまう早熟な娘もいる。（そして、わたしたちの小屋にはそういう娘たちのための密室がある。）自然により、法で規定された時期がこないうちにその鎖をはずしてしまう若者もいる。（この場合、わたしたちはその男の両親を譴責する。） その懐妊期間を長すぎると思うような女、その灰色のヴェールをつけているべきなのに、それを無視する女たちなどもいる。しかしほんとうのところ、わたしたちはそういった過失を重大視してはいない。つねに頭の中で、個人の富、あるいは公共の富という観念と国民という観念とを結びつけていることが、この点で、どれほどわたしたちの風習を純化しているかはとてもあなたには考えおよばないだろう。

司祭　ひとりの同じ女にたいする二人の男の情欲とか、ひとりの同じ男にたいする二人の女、あるいは二人の娘の恋が混乱を惹き起こすことはないのかい？

オルー　わたしは、まだそういう例を四つとは見ていない。女の選択、男の選択、それで万事は終るのだ。男の暴行ということは重大な罪になるものだ。しかしそのためには告訴が必要だ。ところが、娘、あるいは女からそういう訴えがあったということは、ほとんど聞いたことがない。ただ一つ、わたしが気がついたことは、わが国の若者たちは、優美な所のない女に大して同情しないが、女たちは、醜い男にそれ以上に同情しないということだ。だが、わたしたちは、別にそれを残念なことだとは思っていない。

司祭　ぼくの見るところでは、君の国の人たちは、嫉妬というものをほとんど知らないようだね。しかしね、夫の愛情、母親の愛情、こういう二つの強力な、しかも美しい感情がもしこの国でも知られていないものでないとしても、どうもかなり稀薄なのにちがいない。

オルー　わたしたちは、別の意味で、一般的な、力強い、持続性のある一つの感情、つまり利害という感情でそれを補ってきたのだ。胸に手を当てて良心の声を聞くがいい。あなたの仲間の口の端に絶えずのぼりはするが、心の奥にはない美徳というあの空虚なほらを捨てるがいい。どんな国でもいい、自分の子どもをなくすくらいなら、全財産、生涯の安楽をなくすほうがましだ、妻を失うくらいなら、全財産、生涯の安楽を失うほうがましだ、と羞かしげもなく言える父親や、夫が実際にいるかどうか教えてもらいたいものだ。人間が、自分の寝台、健康、休息、家、収穫物、田畑に結びつけられているのと同じように、自分の同胞に結びつけられているようなところでは、人間は同胞のためにできるだけのことをするだろう。それで、ここでは、苦しんでいる子どもの褥がほんとうの涙でぬらされるのだ。ここでは、病気の母親たちが、ほんとうに看とられるのだ、ここでは、子どもをたくさん産む女、童貞の娘と若者がほんとうに尊重されるのだ。ここでは、この人たちのための施設が真剣に考えられているのだ。それは、この人たちの保全はつねに富の増加であり、この人たちを失うことはつねに富の減少となるからだ。

司祭　残念ながら、どうもこのタヒチ人の言うことが正しいと思わないわけにいかないようだ。わが国の貧しい百姓は、馬をいたわるために妻を酷使するし、子どもはろくに看病もしないで死なせているのに牛のためには医者を呼ぶというふうだからね。

オルー　わたしには、あなたのいま言ったことがよくわからない。しかし、文明開化のあなたの祖国に帰ったら、あなたは、あなたの国にもこの方法を導入するように努めるがいい。そうすれば、そのときこそ生まれてくる子どもの値打や、人口が大切だということがわかるようになるはずだ。ここで秘密を一つ明かしてやろうか？　しかし、これは他人にもらさないように気をつけてくれ。

あなたがたは、ここへやってきた。わたしたちは、あなたがたの手に妻や娘たちを委ねた。あなたがたは驚いた。それで、それにたいして感謝の意を表明した。それには、わたしたちは笑わないではいられなかった。わたしたちが、あなたとあなたの仲間たちに租税のうちでも一番重い租税を課したのに、あなたがたが礼を言ったからだ。わたしたちはあなたに金を求めはしなかった、あなたの商品に跳びかかるようなこともしなかった、わたしたちは品物は軽蔑していたからだ。だが、わたしたちの国の妻や娘たちが、あなたがたの血管の血液をしぼり取りにやってきたのだ。島を離れるとき、あなたがたは、わたしたちに子どもを残していくことになるだろう。あなたという人間、あなたの言葉に従えば、あなたという実体から徴収したこの貢物がほかの貢物ほどの値うちがないと思うか？　もしこの朝貢物の価値を知りたければ、ここには二百里《リユー》〔約八百キロ〕にわたる海岸があるわけだが、二〇マイル〔約三二キロ〕ごとに、あなたはこうした貢物を要求されるということを考えてみるがいい。わたしたちには、広大な未開墾地がある。わたしたちには人手がない。それで、あなたがたにそれを求めたのだ。わたしたちは、流行病の災害を回復しなければならない。それで、その災害の残してゆく空隙を償うためにあなたがたを使ったのだ。わたしたちは近隣の敵とたたかわなければならない。ところが兵隊が欠乏している。それで、あなたがたにそれを作ることを頼んだのだ。女や娘の数のほうが、男の数よりずっと多いからだ。それで、わたしたちの仕事にあなたがたを参加させたのだ。わたしたちの国の妻や娘たちの中には、わたしたちでは子どもをつくらせることのできなかったものがいる。それで、わたしたちが、最初にあなたがたの愛撫に委ねたのはそういう女たちだったのだ。わたしたちは、隣国の圧制者に年貢を人間で支払わなければならない。その年貢を支弁してくれるのはあなたとあなたの仲間たちなのだ。五、六年後に、あなたがたのつくった子どもたちが、もしわたしたちの子どもほど価値がなければ、その子どもたちを圧制者のもとに送ることになるだろう。あなたがたよりも健康で、たくましい体格をしているわたしたちは、やがてあなたがたが、知恵においては、わたしたちを凌駕していることに気がついた。すると早速、わたしたちの国の一番美しい妻や娘のうちの何人かをわたしたちよりももっと良い種属の種を受けるのに当てた。それが、わたしたちがやってみた試みであり、この試みはきっと成功することだろう。わたしたちは、あなたとあなたの仲間から利用し得るただ一つのものを利用したのだ。それで、わたしたちがいかに未開だとは言っても、わたしたちにも計算することができるということを信じてほしい。あなたはどこでも好きなところへ行くがいい。そうすれば、あなたはあなたと同じように抜け目のない人間に出会うことだろう。人間は、自分にはあまり役に立たないものだけしかあなたに与えないだろう。そしてつねに自分に役立つものを要求することだろう。もし彼がひとかたまりの鉄のかわりにひとかたまりの金を提供するとすれば、それは彼がひとかたまりの金など何とも思わず、鉄のほうを尊重するからだ。ところで、あなたはどうして他の人たちとはちがった身なりをしているのだ？ その頭から足の先までくるんでいる外套はどういう意味なのだ？ 肩の上まで垂れさがり、耳まですっぽりかくしているそのとんがった袋はどういう意味なんだ？

司祭 それは、君も知っているように、ぼくはぼくの国で修道士と呼ばれている集団に所属しているからなんだ。修道士の誓いのうちでももっとも神聖な誓いは、女に近づかないこと、それと子どもをつくらないことだ。

オルー では、あなたたちは、一体、何をするんだ？

司祭 何もしない。

オルー それで、あなたの法官は、怠惰のうちでも一番悪質な、そうした種類の怠惰を許しているのか？

司祭 許すどころではない。ぼくらの法官はそれを尊重し、また人にも尊重させるのだ。

オルー わたしは、最初は、生まれつきか何か不慮の事故か、あるいは残酷な手術で、あなたがたは同胞を産みだす能力を奪われたものと思っていた。そしてあなたの国の人は憐憫の気持から、あなたたちを殺すよりも、生かしておくほうがましだと考えたのだなと思っていた。だが、修道士よ、わたしの娘は、あなたは立派に男だ、タヒチの男に匹敵するほどたくましい男だ、それにあなたたから何度か与えられた愛撫は、実りのない愛撫ではないと思っている、と言っていた。いまこそ、わたしにはあなたが昨日の晩、「しかし、わたしの宗教が！　わたしの身分が！」と叫んだわけがわかったしだいだが、法官たちは何故あなたがたに特別な恩恵を与え、尊敬をはらうのか、その動機を教えてもらえないだろうか？

司祭　ぼくにもそれはわからない。

オルー　あなたには、少なくとも自分が男でありながら、どういう理由で自ら進んで自分自身を男でないような羽目におちいらせたのかはわかっているはずだな？

司祭　それを君に説明するとなると、それは長くなりすぎるし、むずかしすぎる。

オルー　それで、修道士は、その生殖不能の誓いに忠実に従っているのか？

司祭　いいや。

オルー　わたしもそう思っていた。女の修道士もいるのか？

司祭　いる。

オルー　従順さは、男の修道士と同じくらいか？

司祭　男よりもっと制限されている。女の修道士は、苦しみで干からび、悩みで死んでしまう。

オルー　自然にたいする侮辱は、その復讐を受けるのだ。ああ、醜い国よ！　あなたの国で、もしすべてがあなたが話してくれたように処理されているとしたら、あなたがたはわたしたちよりもずっと野蛮だ。

その船隊付司祭さんは、その日の昼間はそのあと島をほうぼう歩きまわり、ほうぼうの小屋を見てまわったと語っている。そしてその晩、晩飯のあと、両親が二番目の娘のパリといっしょに寝てくれと自分に頼んだので、パリは、末娘のチャと同じように裸でやってきたこと、そして夜のあいだ何度も何度も「しかしわたしの宗教が！　わたしの身分が！」と叫んだこと、三日目の夜は、一番上の娘のアストを相手に同じような悔恨に悩まされたこと、そして四日目の夜は、良心に何ら恥ずることもなく、宿の主人の妻に、その夜をゆるし与えたことを語っている。

V　AとBの対話のつづき

A　ぼくは、この船隊付司祭さんは、あくがぬけていると思うよ。

B　ぼくはね、タヒチ人の風習とオルーの話のほうがもっと、あくがぬけてると思うよ。

A　少しヨーロッパ風のところがあるけれどね。

B　ぼくもそうは思うけどね。

——ここで、船隊付司祭さんは、自分のタヒチ滞在の短いことを嘆いている。そしてこういう民族、つまり自ら凡庸の域を出ようとしないでそこにとどまっているほど賢明な民族、良い気候——その豊穣さが長いこと、のんびりとした生活を保証してきた——そうした気候のところに住むことで十分幸福な民族、生活の絶対的窮乏から免れてきた程度には活動力のある民族、自分らの無知、休息、幸福というものは、どんな知識の進歩も恐るるに足りないと思っているほど呑気な民族、こういう民族をそれ以上理解することがどれほどむずかしいかということを嘆いている。実際、この民族は、その天然自然の悪というものをべつにすれば、世論や、法律制度で悪いとされるものはなにもなかったのである。土木工事も収穫も共同で行なわれている。「所有権」という概念も、そこではきわめて狭い意味しかもたない。恋愛の情熱も、そこではたんなる生理的欲望というものに還元されていて、われわれのうちに見られるような混乱は何一つ起こさない。島全体が、ただ一つの多人数家族の観を呈している。そして一つ一つの小屋がヨーロッパの大きな家のいろいろな部屋というふうである。船隊付司祭さんは、ついにこれらのタヒチ人たちは永久に自分の記憶から消えないであろう、自分は船の中で着ている衣服を投げ捨て、余生を彼らのあいだですごしたいという誘惑に駆られた、そして、そうしなかったことを何度となく後悔するのではなかろうか、それが心配だ、と言明しているよ。

A　そんなに褒めたたえるけれど、未開民族の風俗や習慣から、どんな有効な結果が抽き出せるというんだい？

B　ぼくには、何か物理的な原因が、たとえば収穫のあがらない土地をなんとか克服しなければならないと言ったた必要性から、人間が猿知恵をはたらかせると、とたんにその作用は人間を必要以上のところまで導いていくものだと思っているし、必要な時期がすぎても、人は空想の涯しない大洋――もうそこからは引き返すことのできない――の中に連れ去られていくものだと思っている。願わくば幸福なタヒチ人が現在の地点にとどまっていられますように！ぼくには、地球のこの辺鄙な地域以外には道義はなかったし、おそらく今後もどこにも道義はないだろうと思っている。

A　君が言う道義というのはどういう意味なんだい？

B　良い法にしろ、悪い法にしろ、法への一般的な服従と法に一致した行為という意味だ。もし法が良ければ道義も良い。もし法が悪ければ道義も悪い。もし良い法にしろ、悪い法にしろ、法が守られなければ、それは社会の一番悪い状態なのだが、そこには道義は全然ないんだ。ところで、法がたがいに矛盾しあっている場合、いかにして法が守られると思う？(26)　では、諸世紀の歴史と、古代にしろ、近代にしろ、諸国民の歴史に眼をとおして見たまえ。そうすれば、君にも人びとが三つの法典、つまり自然の法典、市民の法典、宗教の法典に服従させられ、しかも、相互に一致しないこれら三つの法典のどれかに、交る交るに違反せざるを得なかったことがわかるはずだ。オルーが見抜いたように、ヨーロッパのいかなる国にも、「人間」もいなければ、「市民」もいなければ、「宗教人」もいないという結果になったのはそこからくるのだ。

A　おそらく君は、そこから道徳を人間のあいだに存在する永遠の関係に立脚させることによって、宗教上の法は無用なものになる、また市民の法はたんに自然の法をそのまま成文化したものであるべきだと結論するつもりなんだろう。

B　そしてそれに違反すれば善人をつくるかわりに悪人をふやすという罰を受ける、とね。

A　あるいは、もし、それら三つの法を保持することが必要だと判断したら、あとの二つ、つまり、市民の法と宗教上の法とは、われわれの心の奥底に刻みこまれ、三つのうちで一番強力な第一のもの、つまり自然の法のそっくりそのままの敷き写しでなければならないとね。

B　いや、それでは正確さを欠いている。われわれは、生まれてくるときにはただ他のものと相似た素質だけしかもってこない。つまり同じ欲求をもち、同じ快楽のほうに惹かれ、同じ苦しみにたいしてはひとしく嫌悪の気持を持つというふうにね。それこそ、あるがままの人間を構成しているものであり、それだからこそ、人間に適したモラルを創造しなければならないのだ。

A　それは容易なことじゃない。

B　そう、それは非常にむずかしいことなので、ぼくは、地球上でいちばん未開の民族であるタヒチが、自然の法を細心に守り、いかなる文明人よりもずっと良き法律の近くにいるということをすすんで信じたいね。

A　われわれヨーロッパ人が後戻りをしてわれわれの行きすぎをただすよりも、タヒチ人がその、現に持っている野性味を脱却することのほうがやさしいからね。

B　とくに男と女の結合に関するものはね。

A　それはそうかもしれない。だけどね、初めから始めることにしよう。十分に、自然に問いかけることにしよう。そして、自然がその点について答えてくれることを偏見なしに聞くことにしよう。

B　それは結構だ。

A　では、結婚というものは自然の中にあるのかい？

B　もし君がいう結婚という意味が、一つの雌が他のいかなる雄よりも一つの雄を好む、あるいは一つの雄が他のいかなる雌よりも一つの雌を好むこと、つまり雄と雌相互が好み合い、その結果として多かれ少なかれ永続的な結合が形づくられ、その結合による個体の生殖で種属を永続させるということであれば、結婚は自然の中に存在するよ。

A　ぼくも君と同じように考える。というのは、そういった雌、雄の好みというものは、たんに人類の中に認められるだけでなく、他の種類の動物の中にもやっぱり認められるからだ。春になると野原で雌を追いかける雄の群を見かけるが、そのうちの一つだけが夫の肩書を得るというのがその証拠だ。では、異性にたいするギャラントリーは？

B　君のいうギャラントリーという意味が、快楽のうちでもっとも甘美な、もっとも重要な、もっとも普遍的な快楽へ通じるあの「異性への好み」を獲得するために、情欲が――雄、または雌にたいして――惹き起こす、あの多種多様な、力強い、あるいは繊細な方法のことであるとすると、ギャラントリーは、自然の中に存在する。

A　ぼくも君と同じように考える。雌に気に入られようとして雄の行なう、あるいは雄の情欲をかき立てたり、雄の好みを自分に定着させようとして雌が行なう、あの多種多様な気をそそる行為は、その証拠だ。では、コケットリーは？

B　コケットリーというのは、自分が感じてもいない情欲をかき立て、自分が好んでいるように見せかける――結局、自分でもその好みを認めることはないんだが——一つの嘘なのだ。それで、コケットな雄は雌をだまし、コケットな雌は雄を瞞すのだ。それは、ときには忌わしい結末に導くことのある不実な遊戯なのだ。瞞した者も、瞞された者も、その罰として、もっとも貴重な時を無駄にしてしまうことになるばかばかしい小細工なのだ。

A　すると君によれば、コケットリーというものは、自然の中には存在しないんだね？

B　ぼくは別にそうは言わないよ。

A　では、不変の愛というものは？

B　ぼくは、そのことについては、オルーが船隊付司祭に言ったこと以上には何も言わないよ。それはね、たがいに何も知らない若い男女のはかない虚栄心さ！　自分たちを取り巻くうつろいやすい森羅万象の上で、つかのまの陶酔のために盲目となった若い男女のはかない虚栄心さ！

A　では、貞節ということについては？　このきわめて稀な現象については？

B　それはまあいつでもヨーロッパの国々の紳士、淑女の頑固さと責苦というところだね。タヒチでは夢物語さ。

A　では嫉妬は？

B　なくなりはしないかと心配する困窮した欲ばりな動物の情熱だよ。人間では不当な感情だよ。誤った風習の結果だよ。所有権を、感じ、考え、意思し、そして本来自由なものの上にまで拡張した結果だよ。

A　そうすると、君によると嫉妬というものは自然の中にはないんだね？

B　ぼくは別にそうは言わないよ。美徳も悪徳も、すべて自然の中には同じように存在するんだ。

A　嫉妬は陰鬱なものだね。

B　そう、暴君のようにね。だって、暴君もそれを意識してるからね。

A　では羞恥心は？

B　君はそんなことを言って、ぼくを「恋愛道徳教程」みたいなものの中へ引っぱりこむんだね。人間はね、その快楽のさなかに心を乱されたり、邪魔されたりするのを嫌うもんだ。ところが恋の快楽のあとには、ある種の弱さがついてくるもので、その弱さのために、敵の意のままになってしまうおそれがある。羞恥心というものの中にある自然なものと言ったらそれだけだ。あとのものは、あとからおそわった人為的なものだ。

——船隊付司祭は、まだ君には読んでやらなかった第三の断章の中で次のように述べている。すなわちタヒチ人は、妻のそばにいるとき、娘たちのあいだにいるときに、われにもあらず自分のなかに起こってくるあの性的衝動に顔を赤らめることはないし、女たちはそれを目撃して、時に興奮することはあっても、決して当惑することはない、とね。ところが、女が男の所有物となると、娘との人目をしのぶ享楽が盗賊行為と見なされるようになったとき、そこに「羞恥」とか「慎み」とか「礼節」とかいう言葉が生まれたのだ。つまり、架空の美徳、架空の悪徳というものが生まれたのだ。一口で言えば、男女のあいだに柵を立てようとしたのだ。その柵は、男女に課した法を破らないようにさせるものだったが、実際は想像力を刺激し、情欲をかき立てることによって、反対の効果を生む場合が多かった。ぼくはね、宮殿の周囲に植えられている樹木や、女の胸を半分隠し、半分顕わしている服装を見ると、なんだかそこに森への復帰、われわれの祖先の住居の原初の自由な状態への回帰、そんなものを認めるような気がするよ。タヒチ人は、おそらく、ぼくらヨーロッパ人にむかってこう言うことだろう。「どうしてあなたは、自分の身体を隠したりするんだ？　何を羞かしがってるんだ？　自然のもっとも厳かな情欲に従がう場合、あなたは悪いことをしていることになるのか？　男よ、もしあなたがその気になったら、率直に自分の気持を表明するがいい。女よ、もしその男があなたに適当であれば、同じような率直さで、その男を受け容れるがいい」とね。

A　まあまあ、そう興奮しないで。われわれが最初、文明人として登場したとなると、終りにタヒチ人のような未開人でひきさがるということはむずかしいよ。

B　そうなんだ。因襲的な約束事にもとづくそういう予備的観念が、天才の生涯の半分を消耗させてしまうんだ。

A　ぼくもそれには同意する。だがね、もし人間精神のよこしまな情念の激発が――それにたいして君は、いま憤然として怒鳴っていたわけなんだが――それによって弱められれば、それも大したことじゃないんじゃないだろうか？　現代のある哲学者が、なぜ男が女を口説いて、女が男を口説かないのかと訊かれたとき、つねに同意しうる立場にある者にそれを要求するのが自然だからだ、と答えたということだよ。

B　その理由は、いつもぼくには、確固たる根拠にもとづくというよりも、思いつきの理由のように思えたんだ。自然はね、君がそう思いたいんなら自然を下品なものだと思ってもいいけれど、男、女の区別なく、異性のほうへ駆りたてるんだ。それでね、自然のままの、動物的な人間の状態では、もっともそういう人間は観念的には考えられるけれど、現実にはおそらくどこにも存在しないだろうが……。

A　タヒチにもいないかい？

B　ああ、いない……。そういう状態にあれば、男と女をへだてている間隔は、男にしろ女にしろ、より惚れこんでいる側によって踏み越えられるはずだ。男と女がたがいに相手の出てくるのを期待したり、逃げあったり、追っかけあったり、避けあったり、攻撃しあったり、警戒しあったりすることがあるにしても、それは情熱の進行のテンポが等しくないために、情熱が男と女に同じ強度ではたらかないからなのだ。一方は情欲が燃えあがり、燃えつくし、そして消えてしまうとき、一方の情欲がようやく高まりはじめるというのも、その結果双方とも悲しい状態におちいるというのも、そこに由来するのだ。これが自由な完全に汚れを知らない若い二人の男女のあいだで起こることの忠実な描写だ。しかし、女が経験から、あるいは教育の結果、甘美な瞬間のあとにくる、多かれ少なかれ惨めな結末を知った場合には、その女の心は男に近づくとふるえるようになるのだ[27]。男の心は決してふるえるようなことはない。男の官能は命令する。すると、男はそれに従がう。女の官能は、その姿が明らかになると、女はその官能の声を聴くのを恐れる。女のそうした恐怖感を取りのぞき、女を酔わせ、魅惑するのは男の役目なのだ。男はつねに女に惹かれる自然の衝動を全的に保持している。ところが、女の男に惹かれる自然の衝動は、幾何学者なら、情欲に正比例し、恐怖感に反比例すると言うだろう。そうなる理由には、われわれの社会のうちにある数多くの種々雑多な要素が含まれているし、それらの要素は、ほとんどすべて女の臆病さを助長し、男の執拗な追求を助長するのに協力していると言っていい。それは、一種の戦略戦術のようなもので、そこでは防御の術と攻撃の方法とが同一線上を歩いてきた。で、女の抵抗は尊重され、男の暴力は、不名誉なものとされてきた。つまり、男の暴力は、タヒチでは単なる軽い不法行為にすぎないが、われわれヨーロッパの都市では犯罪となるのだ。

A　しかしね、その目的が厳粛であり、自然がもっとも強力な魅力を付与してわれわれ人間を誘っている行為、快楽のうちで一番大きな、一番甘美な、一番無邪気な快楽が、われわれの堕落、われわれの悪のもっとも豊かな源泉となったということは一体どうして起きたのだろう？

B　そのことは、オルーが十回も船隊付司祭に言ってきかせたことだよ。もう一度オルーの言葉を聞きたまえ。そして、それをしっかり心にとめて忘れないようにしたまえ。それは、女の占有を所有権に変えた男の横暴によるものだ。

次に、婚姻に過度な条件を負わせすぎた風俗と慣習によるものだ。

結婚を無数の形式に従わせた市民の法律によるものだ。財産や身分によって釣合いが取れているとか、不釣合いだとかいうことを作り出したわれわれの社会自体の性質によるものだ。

国家国民からすれば、つねに富の増加と見なされるべき子どもの誕生が、大概の場合、しかも大体まちがいなく、一家の貧困の増加となるという奇妙な、しかし現在のあらゆる社会に共通した矛盾によるものだ。

すべてを自分らの利益と安泰とに向けた君主らの政策によるものだ。

さらに、道徳性など受け容れる余地のない行為に、悪徳とか美徳とかいう名前をつけた宗教制度によるものだ。

われわれは、何と自然から、幸福から離れたところにいるのだろう！　自然の力を破壊することはできない。障害をもうけて、その力に逆らってみても無駄だ。自然の力は永続するだろう。ぼくに賢人マルクス・アウレリウス(28)の金言を役立てるようにするために、君は青銅の板に「二つの肉体の器官の官能的磨擦は罪なり」と好きなだけ彫りつけるがいい。人間の心は、こうした銘文と自然のやみがたい性向との間にあって苦しむことだろう。しかも、なかなか言うことをきかない人間の心というものは、たえず自分の欲望を主張しつづけてやまないだろう。で、生涯のうち百回も、その恐ろしい文字はわれわれの眼の前から姿を消すことだろう。大理石の上に、君は「汝、イクシオンもグリフォン(29)も食らうなかれ。汝の妻のほか、女を知るなかれ。汝の姉妹の夫となるなかれ」と刻みつけてみたまえ。だが、君のその禁止事項が奇妙なものであればあるほど、受刑者の数をふやすことになるということを忘れないでほしい。すると、君はますます残虐になることだろう。それでも、君は絶対にぼくから自然を取り除くことはできないだろう。

A　もし諸国民の法を厳密に自然の法と合致させれば、その法律はどんなに短くなることだろう！　どれほど人間に誤りや悪徳を犯させずにすむことだろう！

B　われわれ人間の悲惨さをほとんど余すことなく物語っている短い寓話をしてやろうか？　その話はこうだ。ひとりの自然のままの人間がいた。人びとは、この人間の内部に「人工的」人間を導き入れた。すると、内部に内乱がもちあがり、それは生涯つづいた。あるときは自然人のほうが有勢だった。あるときは世俗的、人工的人間に打ち負かされた。いずれの場合にあってもこの哀れな怪物は双方から引き裂かれ、双方の板ばさみとなり、苦しめられ、まるで車刑〔大きな車に縛りつけて死ぬまでほうっておく刑罰〕に処せられているようなものだった。あるいは、栄光にたいする空しい熱望に夢中になり、陶酔し、あるいは、まちがった不名誉という観念に屈服したり、打ち負かされたりして、絶えず呻き苦しみ、絶えず不幸だった。それでもつねに人間を原初の単純さに引き戻そうとするぎりぎりの状況というものがあるものだ。

A　極度の貧窮と病気、これこそ二つの大きな悪魔ばらいだ。

B　悪魔ばらいとは巧い言い方だね。実際、そうした場合、因襲的な美徳なんてものはどうなる？　極度の貧窮にあっては、人間は良心の苛責なんぞ感じやしない。病気のときには、女は羞恥心なぞ持ちゃしないよ。

A　ぼくもそのことには気がついていた。

B　だがもう一つ、これもおそらく君が見逃さなかったことだろうが、それは病気で自然人に帰った人間が、病気の状態から回復期へ、回復期から健康状態へと推移するに従って、人工的な、世俗的な人間へと復帰することだ。病状が消えた時こそ、内戦の再開される時なのだ。そして、この再開されたばかりの戦いでは、ほとんどつねにあとからの侵入者のほうが劣勢だ。

A　そうだ、そのとおりだ。ぼく自身、回復期にあっては、自然人が人工的・世俗的人間を圧倒する力を持っているということを経験したよ。だがね、要するに、君は人間を文明に導かなければならないと思っているのか、それともその本能のままに委ねておくべきだと思ってるのか、どっちなんだい？

B　それをはっきり答えなければいけないのかい？

A　そのとおり。

B　もし君が暴君になりたいと思うのなら、人間を文明に導きたまえ。できるだけ自然に反するモラルで人間を毒したまえ。あらゆる種類の手枷足枷をはめるがいい。人間の自然感情をたくさんの障害物で塞ぐがいい。人間をおびやかすような幻想を懐かせるがいい。心の中の内乱を永遠につづけさせるがいい。そして、自然の人間がいつも世俗的な人間の足下に鎖でつながれるようにしておくことだね。それとも君は、人間が幸福で自由なことを望むかい？　それなら人間の問題に干渉してはいけない。思いがけない偶発事から人間を知識と堕落のほうへ追いやることがあるからね。そしてね、あの賢い立法者たちが現在のような君を作りあげ、こねあげたのは、君のためではなく、彼らのためであるとあくまで信じていたまえ。ぼくのほうは、あらゆる政治制度、市民制度、宗教制度に従うことにする。君はそれらの制度を仔細に点検してみたまえ。そうすると、ぼくはひどいまちがいをしていることになるし、君はそこにひと握りの詐欺師どもが人類に課そうとたくらんだくびきに、何世紀にもわたって人類がつながれてきていることを見ることだろう。秩序立てようとする人物には警戒したまえ。秩序立てるということは、つねに他の人びとの自由を束縛することによって、他の人びとを支配することなのだ。で、カラブリヤ人〔カラブリヤはイタリア半島最南部の地方〕は、立法者たちの甘言に乗らなかったほとんど唯一の国民だ。

A それで、君はあのカラブリヤのアナーキー状態が好きなのかい？

B それは実際の経験に委ねることにするよ。それでね、ぼくはカラブリヤ人の野性は、ぼくらの都会性よりも害悪は少ないと信じている。実際ここでは、どれほど多くの小さい悪辣な行為が、かの地の大評判になったいくつかの残虐な大罪を帳消しにしてなおあまりあるほど、起こっていることだろう！　ぼくは、未開の人びとをばらばらに散らばった各々孤立した潜在的動力《エネルギー》の集まりと見なしている。おそらく、これらのエネルギーのいくつかがぶつかり合うということが起これば、いずれか一方が、あるいは双方がこわれてしまうことだろう。こうした不都合を防止するため、非常に賢明な、すぐれた才能をもったある個人がこれらのエネルギーを結集して、一つの機械を構成した。そして、社会と呼ばれるこの機械の中では、すべてのエネルギーがたがいに作用、反作用と逆にはたらき、たえず消耗された。そして法律の制定された状態のもとでは、自然のアナーキーの状態で一年に消費される以上のエネルギーが一日で消費されたのだ。だが、これらの巨大な機械の二つ、三つ、あるいは四つが、激しく衝突するに至ったときには、何というすさまじい騒ぎだろう！　何という猛威をふるうことだろう！　小さいエネルギーの何という巨大な破壊が行なわれることだろう！

A それでは君は、粗野な野蛮な自然の状態のほうが好きなんだね？

B ぼくはね、ぼくはあえてそう断定する気はないよ。だけどね、都会の人間が裸体になって、森に帰るのはときどき見かけたことはあったけれど、森の人間が衣裳をまとって、都会に住居を求めにきたのをついぞ見たことがない、ということは知っている。[30]

A　ぼくは、よくこんなことを考えたものだ、善と悪の総量は、各個人にとっては可変性のものであろう。しかし、どんな動物でもいい、ある動物の種《しゅ》全体という点からみると、その幸福と不幸には限界があり、それを越えることはできない。そしておそらく、われわれの努力は、最終的には、われわれに便宜をもたらすと同時に同じ分量の不都合をもたらしているのかもしれない。だからわれわれは永遠に、また必然的に相等しい方程式の左辺と右辺の双方の絶対値を多くするために苦労しているのだというふうにね。でもね、ぼくは文明人の平均寿命が未開人の平均寿命より長いということは疑っていないよ。[31]

B　ではね、一つの機械の持続期間が、その機械の疲労度の多い少ないを計る正しい尺度でないとすると、君はそこからどんな結論を出すつもりなんだい？

A　結局のところね、君の考えは、人間は文明化すれば文明化するほど悪くなり、不幸になるという考えに傾いているように思うよ。

B　ぼくは世界中の全部の国を旅行したわけではない。しかしね、ただ、人間の幸福な状況はタヒチにだけしかない、まあまあと言える状況でさえ、ヨーロッパのほんの一隅にしかないということは言えると思う。そこでは、猜疑心の強い、自分らの安泰にいつも危惧の念を懐いている支配者たちは、その地を君が動物状態と呼んでいる状態にしておくことに専念してきた。

A　それは、おそらく、ヴェネツィアのことだろう？

B　どうしてヴェネツィア[32]じゃいけないんだ？　君も、少なくとも他のどこでもヴェネツィアほど、あとから教えこまれた知識や不自然なモラルがあまりなく、ばかばかしい美徳とか悪徳とかいうものの少ないところはないということは否定しないだろうね。

A　ぼくはあの政府が称讃されようとは予期しなかったよ。

B　だから、ぼくは称讃はしていないさ。ただ旅行者たちがこぞって感じとり、褒めたたえた一種の隷属状態にたいする埋め合わせを指摘しているだけだ。

A　悲しい埋め合わせだ！

B　そうかもしれない[33]。ギリシャ人は、メルクリウスの竪琴に絃を付け加えたものを追放の刑に処した。

A　そして、そうした禁令は、ギリシャの最初の立法者たちの血なまぐさい諷刺詩だ。断ち切ってしまわなければならなかったのは最初の絃だ。

B 君はぼくの言うことをわかってくれたね。自然の欲望について屁理屈が言われているかぎりは、悪い女たちが出てくるだろう。

A ラ・レイメール[34]のようにね。

B それから、残忍な男たちもね。

A ガルディーユ[35]のようにね。

B それから、つまらないことで不幸になっているひとたちもね。

A タニエ[36]とかマドモワゼル・ド・ラ・ショー[37]とか、シュバリエ・ド・デローシュ[38]とか、マダム・ド・ラ・カルリエール[39]のようにね。

最初の二人のような堕落の例、最後の三人のような不幸の例を、タヒチで捜しても見つからないということは確かなことだ。そこで、ぼくらは、どうするだろう？　自然に帰るんだろうか？　法律に従うんだろうか？

B ぼくらは、口ではナンセンスな法律にたいして、それが改正されるまで反対なことを言うだろう。そしてそれまでは、その法律に従うことだろう。自分の私的な権威で悪い法律に違反するものは、他のすべてのものに良い法律に違反してもいいということを認めることになる[40]。気違いたちといっしょに気違いでいるほうが、ただ独り正常でいるよりも、不都合さは少ないものだからね。人びとがそれ自身では罪のない行為に、不名誉とか、刑罰とか、汚辱とかいうものを付与してきたのだ、とぼくら自身、心の中で言うことにしよう。そして、たえずそのことを叫ぶことにしよう。しかし、そういう行為は犯さないようにしよう。だって、不名誉も刑罰も汚辱もすべての不幸のうちで最大のものだからね。フランスでは修道士、タヒチでは未開人だったあの船隊付司祭さんの真似をすることにしよう。

A 郷に入れば郷に従い、故郷では故郷の服を身につけることだね。

B とくに、われわれの社会のもっとも貴重な特権を断念しなければわれわれの幸福をつくることのできない、か弱い存在《にんげん》にたいして、細心なまでに誠実で、真摯であることだね。ときに、あの厚い霧はどうなった？

A もうなくなったよ。

B すると、きょうの晩餐後、外へ出ようと、部屋にいようと自由というわけだね？

A それは、ぼくらの意志よりも少しばかりご婦人がたの意向によることになると思うね。

B　相変らずご婦人がたか！　だれもその道の途中でご婦人がたに出会わないでは一歩も歩けないってわけか。

A　もしぼくらが、船隊付司祭とオルーとの会話をご婦人がたに話したとしたら？

B　君の考えによれば、ご婦人がたはあれについてどう言うと思う？

A　ぼくには、まるでわからないね。

B　では、どう考えると思う？

A　おそらく、口で言うこととは反対のことを考えるだろうね。

（佐藤文樹訳）

女性について

（一七七二年）

私はトマ[1]が好きだ。彼の高潔な魂と、広量な人柄を尊敬している。才知豊かな人であり、廉直の士でもあるから、凡庸な人ではない。その『女性論』[2]によって判断すると、トマは、情念《パッション》というものを十分に感じたことがないようだが、その情念《パッション》こそは、われわれに快楽を与えてくれるからというより、苦痛を慰めてくれるがゆえに、私が尊重するところのものである。彼は大そう考えはしたが、十分感じなかったのだ。頭脳は煩悶しても、心臓は平静なままである。私ならば、これほどの公平さと、分別をもっては書かなかったかもしれないが、しかし、もっと多くの同情と情熱をこめて、愛情にたいしては愛情を報い、われわれを幸福にすることによって、自分も幸せになる、自然のなかの唯一の存在と取り組んだことであろう。熱気あふれた五、六ページが、彼の作品に散りばめられていたら、きめ細かな考察の連続は絶ち切られても、魅力ある作品となったことであろう。しかし、彼は、自分の本が男女いずれの性の著作にもならないように望んだのであり、そして不幸にして、その点ではあまりにもうまく成功してしまったのである。それは、男の力強さも、女の柔かさももたぬ雌雄同体動物である。とはいえ、今日の作家のなかで、これほどの博学、理性、繊細、文体、調和のみとめられる仕事のできる者はあまりいないだろう。しかしそれでも、強さと弱さにおいて極端な存在、つまり鼠か蜘蛛を見て、気を失うかと思うと、世にもっともおぞましいことをも平然とやってのけられもする存在の、無限の多様性に対処しうるだけの変化と柔軟さは不足しているのである。女性が、クロップシュトック[3]の熾天使のように美しく、ミルトンの悪魔のように恐ろしい姿で人を驚かすことがあるが、それはとりわけ、恋の熱狂、嫉妬の発作、母性愛の忘我、神がかりの瞬間、疫病のような民心の動揺にまきこまれていくありさまにおいてである。女性においては、恋や、嫉妬や、迷信や、怒りが男性の未だかつて経験したことのない程度にまで達するのを私は見たことがある。激しい感情の動きと優しい顔立ちとの対照が女性をひどく見苦しいものにする。彼女らは、そのために一段と醜くなるのである。忙しい、多事多難な生活にまぎれて、われわれ男性の情念はこま切れになってしまう。女性は情念を胸中にあたためる。それは一つの定点であり、閑で、大した仕事もない女性の関心はたえずその点にじっと注がれたままである。その点が度外れに拡張する。すると、情念にとりつかれた女性が狂気になるには、彼女が探し求める完全な孤独が手に入りさえすればもう十分であろう。

気に染まぬ主人への服従は、彼女にとって拷問にも等しいものだ。私は、ある貞淑な婦人が、夫が近寄ると嫌悪のあまり身を震わせるのを見たことがある。私は、彼女が湯槽につかって、いくら洗っても、おつとめの穢れが、体から落ちないと思いこんでいるのを見た。この種の嫌悪は、われわれにはほとんど経験されぬものである。われわれの器官はもっと大ざっぱである。官能の喜びの極致を知らずに死ぬ女性も多い。私はこういう気分を、好んで一時的てんかんと見なすことにしているが、この気分は女性にはまれなものであっても、やはりわれわれが呼び寄せてやれば必ず訪れるものである。無上の幸福感も、熱愛する男の腕に抱かれているうちに消え失せてしまう。われわれ男性は、気に入らない色女のかたわらでもその幸福感を味わうのだ。女性はわれわれほど官能を統御することができないので、官能のもたらす報いも、男性の場合ほど速やかでも確実でもないのだ。彼女らの期待は無数に裏切られる。女性は体の仕組みがわれわれとは正反対であり、心のなかに官能の喜びをそそりたてる原動力はあまりに微妙であり、その源泉もあまりにはるかなので、喜びが全然訪れないのも、中途でどこかへ消えてしまうのも驚くにはあたらない。もし、女が恋のことを悪しざまに罵り、文学者が公衆の評価を軽んずるのを耳にしたら、女については、彼女の色香は失せてしまったと、文学者については才能が枯渇したのだと言うがよい。

デルポイの神殿(4)では、聖なる三脚床机の上に男が坐ることとは決してなかった。ピュティア〔アポロンの巫女〕の役目は女にしか向かなかったのだ。ひたすら神の接近を予感し、熱狂し、髪を振り乱し、口から泡を吹いて、「感じました、感じました、神様を。ほら、すぐそこに神様がおいでになった」と絶叫し、神のお告げを見出すほど神がかりになれるのは、女の頭脳だけである。思想においても、言葉においても熱烈な、ある隠者(5)は、同時代の異端の主唱者たちに向ってこう言ったものだ。「女どもに訴えよ。彼女らは無知なるがゆえにすみやかに受け入れ、浮薄なるがゆえにやすやすとひろめ、頑迷なるがゆえに長くその教えを守る。」

人を欺くときは本心計り知れず、復讐をするときには残忍で、もくろみの遂行にあたっては不撓不屈、成功の手段にかけては何のはばかりもなく、男の専横に対する秘かな深い憎しみに燃えているので、あたかも女性のあいだには、支配のための自由自在な陰謀があるかのようである。すべての国の僧侶たちのあいだに存在するような、一種の盟約があるかのようである。彼女らは、別に教えあわなくとも、その盟約の諸条項を心得ているのだ。生まれつき好奇心が強いので、利用するためであろうと、すべてを悪用するためであろうと、知りたがるのである。革命の時代には、好奇心から、党派の指導者たちを相手に操を売ることがある。彼女らの正体を見抜いた者は不倶戴天の敵となる。もし、諸君が彼女らを愛そうものなら、彼女らは諸君を破滅させ、自らも破滅するだろう。もし、彼女らの野心的なもくろみを邪魔しようものなら、彼女らは詩人がかつてロクサーヌに言わせたことを、心の奥底で思うのである。

私がどんなに愛していようとも、もし、きょう中に正式の結婚で私たちを結びつけてくださらぬなら、もしいやな掟をおしつけたり、これほどまでにつくす私に何もしてくださらないのなら、そのときには愛しいることなどどうでもいい、私が破滅しようがかまいません。恩知らずからは手を引きましょう。私が救い出したあの逆境にまた落してやりましょう。

（ラシーヌ『バジャゼ』第一幕、第三場）(6)

すべての女性は、ラシーヌほど典雅ではない、もう一人の詩人(7)が、女性の一人に向けて言っていることに耳を傾けなければならない。

このようにいつも錯乱のとりこになって、あなたがた女性は、その支配力を保つことができたのです。あなたは決して愛したこともなく、あなたの尊大な心は、愛することより恋人を屈服させることを目指すのです。あなたを奉ってさえいれば、あなたには万事正しく思えることでしょう。しかし、どんなに尊い恋人でも、あなたの眼差しの意のままに、名誉も、義務も、正義も、神々も、犠牲に奉げなければ、あなたはその恋人を軽蔑することでしょう。

女性は、もし諸君を欺すことが大きな利益になれば、情欲の陶酔を装うであろうが、実際に陶酔を味わっても、打算を忘れはしないのだ。女性が計画にすべてを打ち込む瞬間は、時に自己放棄の瞬間ともなろう。女性は、自分の気の向くことに関しては、われわれより巧みに自己欺瞞をする。傲慢は、われわれ男性の悪徳である以上に女性の悪徳である。

短剣片手に、裸身で舞をまう、サモイエッド人(8)の若い女があった。彼女はいまにも短剣で、われとわが身を突き刺してしまうのではないかと思われた。ところが、まことに異様な速さで自分の体に向かって振りかざす短剣をかわすので、彼女は神が自分を不死身にしたのだと同胞に信じ込ませていたのである。それで彼女自身が神聖化されていた。何人かのヨーロッパ人の旅行者が、この宗教的な舞踏を見物した。そして、この女が非常に上手な軽業師にすぎないことがはっきりわかっていても、かれらの目は彼女の動作のす速やさに欺かれたのであった。翌日、ヨーロッパ人の旅人は、彼女にもう一度踊って見せるようにと懇願した。

「いけません」と彼女は言った。「踊るわけには参りません。神様がお望みにならないのです。私は怪我をしてしまいますわ。」

人びとはなおも執拗に頼んだ。土地の人びともヨーロッパ人といっしょになって頼みこんだ。彼女は踊った。彼女の仮面ははがれた。彼女はそれに気がついた。そして、その瞬間、身に帯びた短剣を腹に突き刺して地面に倒れた。

「こうなることは、はっきり申し上げてあったでしょう」と、介抱してくれる人びとに言った。「神様は踊るのをお望みにならないし、私は怪我をしてしまいます、とね。」

私が驚くのは、彼女が恥辱よりも死を選んだことではなくて、治療されるがままになっていたということである。

ところで、きょうでも、丸い子供帽をかぶって教会の子の役割を演ずるあの女たちを、われわれは見なかったであろうか。あの女たちの一人は手足を十字架の上に釘づけにされ、脇腹を槍で貫かれ、苦痛の痙攣のさなかにありながら四肢には冷たい汗を流し、目も死のヴェールにかすむなかで、なおも自分の役柄の口調を忘れずに、狂信者の集団の指導者に向かって「長老さま、眠とうございます」と、苦しい声で言うのではなく、「パパ、ねんねしたいの」と子どものような声で言ったではないか(9)。これだけの気力と沈着さを示すことのできるものは、男一人にたいして、女なら百人はいる。それとおなじ女か、あるいは彼女と同宗の女は、若きデュドワイエ(10)が、彼女の両足に打ちつけてあった釘を釘抜きで引き抜いているとき、彼をやさしく見つめながら言った。

「私たちに奇蹟を起こす力をお授けになった神様も、聖性をお授けくださるとは限りません。」

スタール夫人が、主人のデュ・メーヌ公爵夫人といっしょにバスチーユの監獄に入れられた(11)。スタール夫人は、デュ・メーヌ公爵夫人がすっかり白状したことに気づいた。そのとたん彼女は泣いて床をころげまわり、こう叫んだ。

「あっ、おかわいそうに、ご主人は気が狂われた！」

こういうことは、男からは一切期待せぬがよい。女性は、その内部におそるべき痙攣を起しやすい器官を持っており、それが女性を支配して、想像力のなかにあらゆる種類の幻想をつくり出す。女性が過去にもどったり、未来に飛び移ったり、あらゆる時間が彼女の前に現われたりするのは、ヒステリーの妄想状態のなかにおいてである。一切の途方もない観念が生まれ出るのは、女性に特有の肉体器官からである。青春時代にヒステリックな女は、高齢になると信心家になる。高齢に達してもいくらかのエネルギーが残っている女は、若いときにはヒステリックであったのだ。官能が沈黙しても、頭脳はまだ官能の言葉を語る。法悦、見神、予言、啓示、熱烈な詩情、それにヒステリー状態、こういったものほど、たがいに近しいものはない。プロシャ女のカルシュは、稲妻に燃える大空を仰いでいるとき、雲の中に神の姿を見た。神が黒い着物の裾を払うと、不信心女の頭めがけて稲妻がとび出すのであった。不信心女の頭も見えた。一方、房のなかの女の陰者は、自分が空に昇ってゆくのを感じる。彼女の魂は神の胸のなかに染み透る。彼女の本質は神の本質と交り合う。気が遠くなり、瀕死の状態となる。彼女の胸は激しく上下する。仲間の修道女たちはまわりに集まって、彼女の体を締めつけている衣服のひもを切ってやる。夜になる。天使たちの合唱が聞える。彼女の声もその合唱に唱和する。それから彼女は地上へ下り、言い知れぬ喜びを語る。人びとは彼女の声に聞き入る。彼女は確信に満ちており、人をも信じさせる。ヒステリーに支配されている女は、何かしら悪魔のようなもの、あるいは天使のようなものを体験するようだ。ときどき私は、そういう女に身の毛もよだつ思いをしたことがある。女性には猛獣のようなところがあるものだが、まさに彼女が猛獣のようにたけり狂っているさなかに、私は彼女の姿を見、声を聞いたのである。何という感じ方！　何という表現を彼女はしたことか！　彼女の言ったことは、生ま身の人間のものとは思われなかった。ラ・ギュイヨン夫人(12)は、その著書、『激流』の中で、比類のないほど雄弁な数行を書いている。悪魔について、こう言ったのは聖女テレサ(13)である。

「悪魔は何んて不幸なんでしょう！　悪魔は少しも愛さないのですから。」

静寂主義《キュイエティスム》は、邪悪な男の偽善であるが、また心やさしい女の真の宗教である。実直な人柄と飾り気のない日常という点で、まことに類まれな男がいた。その男のかたわらで、可愛らしい女がわれを忘れて、神に心を打ち明けても、何の物議もかもさなかったほどである。しかし、そのような男は二人といないほどである。しかし、その男はまたとない人物であった。名をフェヌロンと呼ばれた。

アレクサンドリアの町の中を、はだしで、髪を振り乱し、片手にたいまつを、片手に水差しを持って歩きまわっては、こう言っていたのも女であった。

「このたいまつで天を焼き、この水で地獄の火を消してやるのだ。人間が神そのもののために神を愛することができるように[14]。」

こういう役柄は女性にしか似合わない。しかし、この熱狂的な想像力、まるで手もつけられないような精神力も、それを鎮めるには、たった一言で十分なのである。おそるべき憂鬱症に悩まされていたボルドーの女たちに、ある医者がてんかんになるおそれがあると言った[15]。すると、憂鬱症はすぐになおってしまった。ある医者が[16]、てんかん病みの一群の若い娘たちの目の前で、真赤に焼けた鉄を振りまわしてみせた。すると、てんかんは治ってしまった。あるミレートスの司法官は、今後自殺した婦人は、何人といえども公共の広場に裸でさらされるであろう、というお布令を出した。すると、ミレートスの女たちは、人生と和解したのである。女性は疫病のように人びとのあいだに伝わってゆく狂暴性に染まりやすい。ただ一人の女が例を示すと多数の女がそれにひきずられる。犯罪者は最初に手を下した女だけで、他の女たちは病人である。ああ女性よ、あなたがたはまったく不思議な子どもであることよ！

いま少しの苦悩と感受性をもって（ああ、トマ氏よ、なぜあなたにも無縁ではない、この二つの資質に身を委ねなかったのか）次のような女性の姿をえがいていたら、どんなにか感動を与えてくれたことだろう。つまり女性は、子どものときには、われわれとおなじように病弱に縛られ、束縛だけ強くて、なおざりな教育をされ、男より不安定な魂と微妙な肉体器官を持ちながら、男と変らぬ運命のいたずらにもて遊ばれ、しかもその運命のいたずらに対する備えとして、われわれには先天的、または後天的にそなわっている力強さには少しも恵まれていない。成年に達すれば沈黙を強いられ、妻や母となる準備として不快を背負わされる。そのころになると、娘の健康ばかりでなく、性格についても気を配る両親のかたわらで、悲しい、不安な、憂鬱な日を送る。それというのも、女が聡明になるか、愚鈍になるか、陰気になるか、快活になるか、善良になるか、よこしまになるか、母親の希望が裏切られるか、かなえられるか、そういう女の一生はまさにこの危機的な時期に定まるからである。長い年月にわたって、毎月毎月おなじ不快がめぐってくる。両親の圧制から解放される時がきた。彼女の想像力は、はかない空想でいっぱいの未来に向って開かれる。彼女の心は、ひそかな喜びのなかを漂う。存分に喜びを味わっておくがよい、不幸なる者よ。いまおまえが離れて行く圧制は、時とともにたえず弱くなる一方なのに、おまえがこれから甘受しようとしている圧制は、時とともにたえず強くなるばかりなのだ。彼女のために夫が選ばれる。彼女は母親になる。妊娠の状態は、ほとんどすべての女性にとって苦痛である。苦痛のなかで、生命を危険にさらし、容色を犠牲にし、また多くは健康とひきかえに、幾人もの子どもを生む。子どもの初めての住み家であり、その養分の二つの貯蔵所でもある、女性を特徴づける器官〔乳房〕は、二つの不治の病にかかりやすい。初めての子どもを見る母親の喜びに比較しうる喜びはおそらくあるまい。しかし、その瞬間は大変高くつくことになろう。父親は男の子の世話を雇人任せにして、その負担を免れるが、母親の方は、娘の監督の重荷を負わされたままである。年をとる。色香は失せていく。夫から見捨てられた孤独と不機嫌と倦怠の年月が訪れる。自然はあの不快によって母親となる準備をさせる一方、今度は長い危険な病気によって、母親となる力を奪い去るのである。そのとき女性はどうなるだろうか。夫からは無視され、子どもからは見捨てられ、社交界では誰にも相手にされないので、信心が唯一にして最後の頼みの綱となる。ほとんどすべての国で、残酷な民法が、女性に反対して、残酷な自然と手を結んできた。女性は低能児のように扱われてきたのである。文明国民のあいだでは、男性がどんな種類の虐待を女性にたいして加えても、罰を受けることはない。それにたいして、女性の意志しだいでできる唯一の報復は、家庭の不和をともない、国民の風儀の良し悪しに従ってその程度の差こそあれ、目にあまる侮辱で罰せられるのである。未開人は妻にたいしてありとあらゆる種類の虐待をおこなう。都会で不幸な女性は、森の奥ではいっそう不幸である。オリノコ川の岸辺に住むあるインディアンの女の話に耳を傾けて見たまえ。感動なしにその話が聞けようか。イエズス会の宣教師グミリアは、そのインディアンの女が生み落した娘を、へその緒をわざと短く切って殺したのをとがめた。(17)

「ああ神父さま」、とインディアンの女は言った。「母が私を生んだときに、私に愛情と憐れみを十分に抱いて、これまでの私の辛抱、これから臨終の日までの辛抱の一切合財を、しなくてもすむようにしてくれたほうがよかったのです。私が生まれたときに、母が私の息の根を止めてくれていたら、私は死んでいるでしょうが、死んだことも分らなかったでしょうし、この上もなく惨めな暮らしをしないですんだでしょうに。どんなにか私は苦しんだことでしょう。これから先、死ぬまでどれだけ苦しまねばならないのでしょうか。想像してもごらんなさい、あのインディアンの男たちのあいだで暮らす一人のインディアンの女が、どんなに苦労しなければならないかを。男たちは弓矢を持って、野良まで私たちについて来ます。私たちは一人の子どもに乳房をふくませ、もう一人の子どもを籠に入れて、野良へ行くのです。男は一羽の鳥を仕留めに行くか、一匹の魚をとりに行くのです。私たちは土を鋤きます。畑仕事のあらゆる苦労を辛抱したあとで、とり入れの苦労も辛抱するのです。男は重い物はなに一つ持たずに帰ります。私たちのほうは、男の食べ物となる根菜や、飲料をつくるためのとうもろこしなどを持って帰るのです。家に帰ると、男は友だちとおしゃべりに出かけ、私たちは晩ご飯の支度をするために薪と水を探しに出かけます。男は、食べてしまうと眠ってしまいます。私たちのほうは、一晩中、とうもろこしを挽いたり、男のためにシカ酒をつくったりしてすごすのです。そして、その夜なべの報酬は一体何でしょうか。男はシカ酒を飲んで酔っぱらいます。そして酔いがまわると、髪の毛を握んで私たちをひきずりまわしては、足で踏みつけたりするのです。ああ、神父さま、生まれたとき母が私の息をとめてくれればよかったのです。神父さまだって、私たちの嘆きが当然かどうかおわかりでしょう。私が申し上げていることは、神父さまも毎日ごらんになっていることです。けれども、私たちの最大の不幸が何か、おわかりにはなりますまい。野良では汗にまみれ、家では一息つくことも許されずに、奴隷のように亭主に仕えるのはつらいことですが、何といっても恐しいのは、二十年もすると、亭主がずっと若くて、何の分別もない女をもう一人妻にするのを見ることです。亭主はその女に首ったけになります。その女は私たちをたたきます。私たちに命令を下し、女中のように扱います。それに私たちが少しでも不平をこぼそうものなら、木の枝を振り上げて……。ああ、神父さま、私たちはどうしてこんな状態を辛抱しなければいけないのでしょうか。インディアンの女には、子どもたちが死よりも千倍もみじめな屈従の一生を生きなくてもすむようにしてやること以上にましなことが何かできるでしょうか。神父さま、繰り返して申しますが、私が生まれたとき、私を葬ってくれるくらいに、母が私を愛していてくれればよかったのです。そうしてくれていたら、私の心はこんなに苦しまなくてもすんだでしょうし、私の目はこれほど泣かなくてすんだでしょう。」

女性よ、どんなにか私はあなたがたを気の毒に思うことか！　あなたがたの不幸の埋め合わせはただ一つしかなかった。もし私が立法者だったら、あなたがたはその償いを得たであろうに。いかなる隷従からも解放されていたならば、あなたがたがどんな場所にあらわれようとも、神聖なものとして畏敬されていたであろう。人びとが女性について書くときには、筆を虹に浸し、文字の上に蝶の羽の粉をまかねばならない。ちょうど巡礼の小犬のように、前足を動かすたびに、その前足から真珠がこぼれ落ちなければならない。ところが、トマ氏の前足からは、真珠などは一向に落ちてこない。女性について語るだけでは十分ではない。トマ氏よ、私の眼前に女性の姿を彷彿とさせていただきたいものである。風儀や習慣のどんなささいな変遷をも写し出す寒暖計のように、女性の姿をはっきりと眼前に示していただきたいものである。できうる限り公平に、男女それぞれの特権を定めて欲しいものである。ただし次のようなことを忘れてはならない。つまり、女性は反省と信念とを欠いているから、女性の悟性においては、なにごともある程度以上の深い確信にまで到達できないということを。また正義、美徳、悪徳、善意、悪意といった観念も、女性の魂の表層に漂うだけであるということ。そして女性は、自尊心と個人的利害とを生得の力の一切をあげて守りとおしてきたということ。それから外面的にはわれわれより文明化しているが、内面においては依然として真の未開人のままであり、程度の差こそあれ、みなマキァヴェリストであるということ等を忘れてはならない。女性一般の象徴は、黙示録の、額に神秘《ミステール》の文字の記されているあの女性である[18]。われわれにとって難攻不落の城壁も、女性にとっては蜘蛛の巣でしかないことがよくある。女性が友情に向いているかどうかが問われることがある。男のような女もいれば、女のような男もいる。正直な話、私はそういう、おとこ＝おんなは決して友人にはしたくない。われわれは女性よりも理性豊かだとしても、女性はわれわれよりもはるかに豊かな本能をそなえている。

女性が教えこまれてきた唯一のことは、最初の先祖〔イヴ〕から受け継いだいちじくの葉を、大事に身につけておかねばならないということである。十八、九年ものあいだ、繰り返し彼女に言われることは、次のような言葉に要約される。

「娘よ、いちじくの葉を大切にしなさい。おまえのいちじくの葉は元気だ。おまえのいちじくの葉は元気がない。」

色好みの国民において、一番真心のこもっていないものは、愛の告白である。男も女も、そこに快楽の交換しか見ない。それにしても、あのまことに軽はずみに口にされ、まことに浅薄に受け入れられる「私はあなたを愛します」という言葉は、一体何を意味しているのだろうか。それは、実際には「もしあなたが私のために純潔と品性とを犠牲にしてくださるなら、またあなたが自分自身にたいして抱いている尊敬を、他人から受けている尊敬を失うことをお望みなら、少なくともふしだらな習慣によって、すっかり鉄面皮になるまでは、世の中を目を伏せて歩くことをお望みなら、まともな暮らしを一切あきらめるのをお望みなら、そして私に一ときの快楽を与えてくださるのならばほんとうにありがたいのですけれども。(19)」

世の母親のかたがたよ、あなたがたの娘御にこの数行を読んで聞かせるがよい。これは、要するに娘御に人が並べたてるにちがいない、ありとあらゆるお世辞の注釈である。これをどんなに早くから教えこんでおいても早すぎることはない。世間では色事をあまりにも重視しているので、この一線を踏み越えた女には、一片の徳操も残っていないかのように見える。それはまるで、不信心をほとんど堕落の印だと決めこんでいるえせ信心家や生臭さ坊主のようなものである。一たん大罪を犯してしまうと、もはや何事もはばからなくなるのである。われわれが書物のなかに読みとることを、女性は世間という巨大な書物のなかから読みとる。だから、女性は無知なるがゆえに、かえって真理を示されると、すばやくその真理を受け入れるのである。いかなる権威も、彼女らを束縛したことはなかった。それにひきかえ、われわれ男性の頭脳の入口には、プラトン、アリストテレス、エピクロス、ゼノンといったやからが、真理を追い払うために、槍で武装して歩哨に立っているのを真理は見出すのである。女性が体系的な精神の持主であることはまれで、つねにその時々の気分に従う。トマは、文学者にとって女性との交際が有益であるということについては、一言も述べていない。彼は恩知らずである。女性の魂はわれわれよりも高潔であるというわけではないが、慎み深いので、われわれとおなじように率直に自分の意見を述べることができないけれども、繊細なおしゃべりを身につけてきた。その繊細なおしゃべりのおかげで、鳥籠のなかでさえずり方を仕込まれていさえすれば、思うことを何でも礼儀正しく言うようになるのだ。さもなければ、女性は黙りこんでしまうか、自分が実際に言っていることまでもおいそれと口にできないようなふりをすることが多い。ジャン＝ジャック〔ルソー〕が、女の膝元で、多くの時を無駄にしたということも、マルモンテル[20]が女に抱かれてたくさんの時間を費やしたことも容易に察しがつく。トマやダランベールは、ちと分別がありすぎたのではないかと考えたくもなろう。女性のおかげで、われわれは、無味乾燥で、むずかしい問題にも、魅力と明晰さとを与える習慣がついたのである。人はたえず女性に言葉をかけ、女性に話を聞いてもらいたがるものである。それで女性をうんざりさせたり、退屈させたりしないように心がける。そしてやすやすと自分の考えを述べる特別な能力が身につき、その能力が会話から文章へと及んでゆくのである。女性が天才をもつとき、その天才はわれわれよりもっと独創的な刻印をおびるであろうと、私は信じている。

（原　宏訳）

哲学者とある元帥夫人との対話

（一七七六年）

×××元帥と何か話をつけなければならぬことがあり、筆者はある朝元帥邸を訪ねた。不在だったので、夫人に刺を通じた。なかなか立派な婦人である。天使のごとく美しく信心深い。優しさが顔一杯にあふれ、それから、声の調子、言うこととの天真爛漫さ、ことごとく容貌と調和している。お化粧の最中であった。肘掛椅子をすすめられたので、腰をおろし、雑談をかわすことにした。筆者の二言三言言ったことにたいして、これは夫人を啓発するとともに驚かせたものであるが（夫人は至高至聖の三位一体を否定するものは袋に入れて綱で縛らるべき人間であり、ついには絞首台の上で相果てるもの、という意見であった）、夫人はこう言われた。

あなたはクリュデリ(1)さんではありませんか？

クリュデリ　さようです。

元帥夫人　少しも信心をなさらない方というのは、では、あなたでしたか？

クリュデリ　かく申す私です。

元帥夫人　でもあなたの道徳論は信者のものですわね。

クリュデリ　どこがふしぎなんでしょう？　まともな人間ならかまわないではありませんか？

元帥夫人　して、その道徳論を、実行なさっていらっしゃいますか？

クリュデリ　大いに努めていますよ。

元帥夫人　何ですって！　盗みもしない、人殺しもしない、追剝もはたらかないとおっしゃるのですか？

クリュデリ　まず、いたしませんな。

元帥夫人　ではうかがいますが、信心をしないでいて何の得があるのです？

クリュデリ　何にもありません。何か得になることがあるというので人は信心をするものでしょうか？

元帥夫人　存じませんわ。けれども利害という理由はこの世のことにも来世のことにも別にじゃまになりませんわ。

クリュデリ　(2)かわいそうな人類のために少々遺憾ですな。そのためにわれわれの値打が増しはしませんからな。

元帥夫人　ほんとにまあ！　断じて盗みをなさらないのですか！

クリュデリ　いたしません。誓って。

元帥夫人　では、盗人でも人殺しでもないとしても、少なくとも言行一致の人ではないとおっしゃい。

クリュデリ　それはまたなぜです？

元帥夫人　私がこの世からいなくなる時に、希望もなければ恐ろしいこともないというのなら、いまこうしている間に、いろいろおもしろい目を遠慮[3]するんじゃないと思うことがたくさんあるからですわ。打ち開けて申せば、神様に高利の貸つけをしているのです。

クリュデリ　そんなことを空想していらっしゃるのですか？

元帥夫人　空想ではありませんよ。事実です。

クリュデリ　ところでもし無信仰者だったら、思い切ってやってみたいとおっしゃることが何か、うかがいたいものですな。

元帥夫人　それはいけません、ごめんください。私の告解の題目ですわ。

クリュデリ　私のほうは、金を預けるとしたら元金放棄の終身年金ですな。

元帥夫人　それは貧乏人のやることです。

クリュデリ　私が高利貸ならまだいいとおっしゃるのですか。

元帥夫人　そうですとも。神様を相手ならいくらでも高利が貸せますわ。破産させる心配がありませんもの。あまりかんばしくないことは知っています。でもかまわないじゃありませんか？　目標は天国を射止めることなんですから。駆け引きか力づくか、とにかく一つ残らず勘定に入れ、どんな利息もゆるがせにしないようにしなくてはなりませんわ。でもね！　いくらやっても駄目ですわ！　私たちの下ろす資本は私達の期待している回収にくらべたらいつもお話にならないのですもの。あなたは、何にも期待していらっしゃらないのですか？

クリュデリ　いません。

元帥夫人　それはお気の毒ですわね。ではひどく心がよこしまかそれとも気違いか、どっちかにちがいないわ！

クリュデリ　そんなことはありませんよ。全くのところ。

元帥夫人　気違いでないとすれば不信心者が立派な行いをするどういう動機があるでしょう？　それが承りたいわ。

クリュデリ　いま申し上げましょう。

元帥夫人　そうしてくだされればありがたいわ。

クリュデリ　善を行なうのに非常な喜びを見出すほど幸福に生まれつくことができるとお考えになりませんか？

元帥夫人　それは考えます。

クリュデリ　立派な教育を受け、それが善行に対する生来の傾向を強めることがあるとはお考えになりませんか？

元帥夫人　考えますとも。

クリュデリ　そして、もっと年をとってから、結局のところ、この世における自分の幸福のためには悪事を働くよりまともな人間でいるほうがいいということを、経験によって確信させられるとはお思いになりませんか？

元帥夫人　そうですとも。ですけれど、悪い主義が悪へひきずろうとする情念といっしょになる時、どうしてまともな人間でいられましょう？

クリュデリ　人間は言行不一致なものですよ。言行不一致ほどありふれたものがほかにあるでしょうか?!

元帥夫人　ほんとにね！　情ないことですけれどそうですわ。信心をしていて、しかも毎日信心をしていないもののような行ないをしていますからねえ。

クリュデリ　信心をしないでいて、信心をしているのとほとんど変らない行ないをいたしますよ。

元帥夫人　それはそうですわ。けれど、善を行なうのに信心という理由が一つよけいにあったとしても、また悪を行なうのに、不信心という理由は一つ少なかったとしても、どんな不都合があるでしょうか？

クリュデリ　一つもありませんな。信心が善を行なう一つの動機であり、不信心が悪を行なう一つの動機だったとしても。

元帥夫人　この点に何か疑いがあるでしょうか？　信心の心がこの腐敗した忌わしい人間の本性(4)を妨げてくれるものではないでしょうか？　そして不信心の心は、人間の本性を恐怖の感情から解放して、悪い傾向のままにまかせてしまうのではないでしょうか？

クリュデリ　元帥夫人、これは長い議論にはいることになりますよ。

元帥夫人　それがどうしまして？　元帥はそんなに早くは帰っては参りませんわ。それに人様の悪口を申すより、道理にかなった話をしているほうが立派でございますわ。

クリュデリ　少し高い見地から議論をし直さなくてはなりますまい。

元帥夫人　いくらでもお好きなほど高いところからやっていただきましょう。あなたのおっしゃることがわかりさえすれば。

クリュデリ　申し上げることがおわかりにならなければ、それは私の罪です。

元帥夫人　ご親切ですわ。けれども、読んだものと言えばご祈禱書だけですし、福音書の教えを守ることと、子どもを造ることのほかには何もしたことがないのですから、それをご承知願わなくてはなりません。

クリュデリ　その二つの義務だけは十分にお果たしになりましたですな。

元帥夫人　子どものことは確かにそうです。ごらんのとおり私のまわりには六人おりましたでしょう。また幾日かたてばもう一人膝の上に載せているのをお目にかけることができます。(5)それはそうとお始めください。

クリュデリ　この世界に何か不都合を伴わない善いことがあるでしょうか？

元帥夫人　一つもございません。

クリュデリ　何か利益を伴わない悪いことがあるでしょうか？

元帥夫人　ございません。

クリュデリ　では、何を悪と呼び善とお呼びになりますか？

元帥夫人　悪というのは、利益よりも不都合をよけいに伴うもの、善とは、その反対に、不都合よりも利益を多く持つもの、でございましょう。

クリュデリ　善と悪とに関するご自分の定義をきっと覚えていてくださいますでしょうね？

元帥夫人　覚えていましょう。ときに定義とおっしゃいましたね。

クリュデリ　そうです。

元帥夫人　では、これが哲学でございますか？

クリュデリ　立派なものですよ。

元帥夫人　じゃ私、哲学をやっているんだわ！

クリュデリ　そうしますと、信心は不都合より利益のほうをよけい持っていると確信していらっしゃるし、そのために信心を善であるとおっしゃるのですな？

元帥夫人　そうでございます。

クリュデリ　私と致しましても、お宅の執事がお祭の翌日よりも、復活祭の前日のほうにちょろまかす額がいくらか少ないということは、断じて疑いをはさまないところですし、信心がたくさんの小さな悪事を妨げ、数多くの小さな善を生み出すことを疑いはしません。

元帥夫人　塵も積もれば山となる、でございますわ。

クリュデリ　けれども、過去においてひき起こし、また将来もひき起こすかも知れない恐しい惨禍が、そんなわずかな利益で十分に帳消しされるとでも思っていらっしゃいますか？　諸国民の間に未曽有の敵対関係を生み出し、これを永久に絶えぬものとしていることをお考えください。キリスト教徒を皆殺しにすることによって、神と聖なる予言者とに気に入る行ないをしていると思っていない回教徒は一人もありません。キリスト教徒はキリスト教徒で、寛大でないことにかけては大して変りはないのです。同じ地方に血を流さずには滅多に終りを告げたことのないような分裂を作り出し、これを永久に絶えないものとしていることをお考えください。この国の歴史を繰ってみてもあまりに近い、あまりに痛ましい実例ばかりではありませんか？同一社会の成員の間に、家庭にあっては近親同士の間に、類のない強烈な、恒久的な憎悪を生み出し、永久に絶えないものとしていることをお考えください。キリストは夫を妻より離し、母を子らより離し、兄を妹より離し、友を友より離すために来たれるなりと言っているではありませんか。キリストの予言はあまりに忠実に成し遂げられたわけですな。

元帥夫人　それは濫用というものですわ。それは本質ではありません。

クリュデリ　本質ですよ。濫用と言ったって、切り離すことができませんからな。

元帥夫人　信心の濫用と信心が、切り離せないということをどうして証明なさいますか？(6)

クリュデリ　雑作もないことです。いいですか、ここに一人の厭世家がいて人類の不幸を造り出してやろうと計画した場合、人間同士の意見が決して一致することのないような、また人間が自分らの命よりも大事にするようなえたいの知れない存在物への信仰を発明するほどおあつらえ向きのことがあるでしょうか？(7)ところで、神の概念と、もっとも深い不可解およびもっとも大なる重要性の概念とを分離することができるでしょうか？

元帥夫人　できません。

クリュデリ　では結論をして見てください。

元帥夫人　ええ結論しますとも、気違いの頭の中では通用しないこともない思想ですわ。

クリュデリ　こうつけ加えていただきたいですな。気違いは過去において常に数が一番多かったし、将来も多いだろうと。そして一番危険なのは信心の生む気違いです。社会に事を好む徒輩は機会さえあればこれを利用する術を知っていたのです。

元帥夫人　でも法の厳罰を逃れる悪行に対しては、人間を恐れさせる何かがなくてはなりませんわ。もし宗教を破壊なさるというなら、何を代りになさるおつもりですか？

クリュデリ　何にも代りにするものがないとしても、とにかく恐るべき偏見が一つ少なくなることは確かです。どんな時代またどんな国においても、宗教上の見解が国の風習の土台として役に立つことはなかったということは勘定に入れていないのですがね。昔のギリシャ人やローマ人はこの地上におけるもっとも愛すべき連中ですが、彼らの礼拝した神々は、破戒無慚の不徳漢でした。ジュピターとは何者ですか。生きながら火炙《あぶ》り(8)に処すべき男ではありませんか。ヴィーナスとはオピタルに押し込めるべき女であり、メルキュールとはビセートルに投げこんで然るべきものです。

元帥夫人　で、あなたは、私どもがキリスト教徒であろうと異教徒であろうと、まったく意に介することはないと考えていらっしゃるのですか？　異教徒だとしても、私どもの値打が減るわけのものではなく、キリスト教徒だとしても値打が増すものではないと考えていらっしゃるのですか？

クリュデリ　それは、確信しておりますな。もっとも異教徒だったらもう少し陽気になるでしょうが。

元帥夫人　そんなことあるはずがありません。

クリュデリ　けれども、元帥夫人、一体キリスト教徒というものがいるでしょうか？　一人もお目にかかったことがありませんな。

元帥夫人　私にそれをおっしゃるのですか？　この私に？

クリュデリ　そうではありません、奥さん、あなたに申し上げているのではありませんよ。あなたと同じくらい正直で信心深い近所に住む婦人の一人に申しているのです。その婦人は、あなたが信じていらっしゃると同じように、世にも無邪気に自分をキリスト教徒だと信じているのです。

元帥夫人　それで、その婦人のまちがっていることを見せておやりになったのですか？

クリュデリ　立ちどころに見せてやりました。

元帥夫人　どういうふうにおやりになりました？

クリュデリ　私は新約を開きました。ひどく擦り切れていたところを見ると、その婦人が随分使ったものと見えます。山上の垂訓を読んでやりました。そして一節毎にこうきいてやったのです。「これを実行なさいますか？　これをなさるのですか？」「これもなさるのですか？」私はだんだん進めて行きました。その婦人は美しい人です。そして非常に賢く(9)、信心深いのですが、自分の美しいことを知らぬわけではありません。七難隠すほどの肌をしています。このはかない美しさを重要視するわけではありませんが、ひとが褒めれば悪い気持はしないのです。およそ美しい胸をしています。そして非常に慎み深い人ではありますが、人がそれに気がついてくれるのはうれしいのです。

元帥夫人　その婦人と夫が知っているだけならいいではありませんか。

クリュデリ　夫が別の男よりもよく知っているとは思います。けれども、堂々たるキリスト教を鼻にかけている婦人としては、それだけでは足りません。私はこう言ってやりました。「福音書に書いてあるではありませんか？　すべて色情をいだきて女を見るものは心のうち姦淫したるなり(10)」と。

元帥夫人　その婦人ははいと答えましたか？

クリュデリ　私はさらにこう言ってやりました。「心中に犯せる姦淫は条件のそろった姦淫と同じくらいまちがいなく地獄行きではありませんか？」

元帥夫人　はい(11)と答えたのですね？

クリュデリ　またこう言ってやりました。「もしも、男が心中に犯した姦淫のために地獄へ落とされるとすれば、自分に近づくあらゆる男をこの罪を犯すように仕向ける婦人は一体どんな目にあうでしょう？」この最後の質問には弱っていましたよ。

元帥夫人　わかりました。およそ美しいというその胸を十分きちんと隠していなかったのですね？

クリュデリ　確かにそうです。その婦人はそれは習慣ですからと答えました。信者と自称して信者でないことほど習慣になっていることがないと白状せぬばかりです。物笑いになるような着物の着方をしてはいけないというのです。とるに足らぬ小さな物笑いの種と自分と自分の隣人とが永遠に地獄へ落とされることとの間に何か比較になるものがあるかのようです。着物は裁縫師に任せておきますと答えました。信心をあきらめるよりも裁縫師をとりかえるほうがよくないといった口振りです。夫の好みだからと申しました。身だしなみと慎みの忘却を夫が妻に要求するほど無考えであり、ほんとの信者の婦人は唐変木の夫への服従を、自分の神様の意志を犠牲にし、神の子の警告の声をないがしろにしてまでも、押し進めるべきだ、と言わぬばかりです！

元帥夫人　そんなばかばかしいことは初めからわかっていましたわ。私だって多分ご近所の女の方とやらと同じことを申したでしょう。でもその方も私も二人ともふまじめだということになりますわ。ときにその方はあなたに非難されたあとでどうすることにお決めになりまして？

クリュデリ　この会話をとりかわした翌日（お祭の日でしたが）、私はうちへ帰る途中、例の信心深い美しい近所の婦人はミサに行くために家から出るところでした。

元帥夫人　いつものとおりの着物を着ていらっしたのでしょう？

クリュデリ　いつものとおりの着物を着ていました。私が苦笑すると、その婦人も苦笑しました。二人は言葉をかわさずに行き過ぎました。元帥夫人、これが立派な婦人、信者、信心深い女です！　この例があります。それからほかに幾十万の同じ種類の例があります。どうして宗教が風俗の上に真実の影響を及ぼすと言えましょう？　ほとんど皆無です。もっとも、かえってありがたいのですが。

元帥夫人　どうしてかえってありがたいのです？

クリュデリ　そうですとも、奥さん、もしもパリの町の二万の人びとが自分たちの行動を山上の垂訓に一致させようというような気紛れを起こしたとしたら……。

元帥夫人　そうしたら！　美しい胸がいくつかよけい着物で隠されるでしょうよ。

クリュデリ　狂人の山です。警視総監も手がつけられないでしょう。この町の癲狂院では足りませんからな。宗教書の中には二種類の道徳が含まれています。一つは一般的で、すべての国民、すべての宗教に共通であり、ほぼ実行されています。他の一つは、それぞれの国民、それぞれの宗教に特有であり、それは信仰され、お寺で説教され、家庭で奨励されてはいるが、一向実行されてはいません。

元帥夫人　そういうおかしいことはどこから由来しているのでしょう？

クリュデリ　数人の憂鬱な男にだけ適した、その連中が自分たちの性格に合わせて作った法則に一国民を服従させることが不可能であるというところから由来しています。宗教も僧院制度と同じことです。どちらも時とともに弛緩いたします。それは自然の絶え間ない衝動に逆らって押し通して行くことのできない気違い沙汰です。自然は自分の法則のもとへわれわれを連れもどすのです。個人の利益を一般利益と密接に結びつけ、社会の一成員が自らに害を与えることなしには社会に害を与えることがほとんどできないくらいにすべきです。悪行に対して刑罰を保証なさったごとく、徳行に対しても報酬を保証すべきです。宗教の区別なく、また表彰に価する行為がいかなる身分のもののやったことかを問わず、ただちに国家の重要な地位に通じるようにすべきです。そうすればもう、何ものも矯正することのできない邪悪な本性のために悪徳に向ってひきずられて行くごく少数の人間を除いては、悪人を警戒する必要がなくなります。元帥夫人、誘惑はあまりに近く、地獄はあまりに遠いのです。子どもにだけしか睨みの利かないふしぎな見解の体系、贖罪の手軽さによって犯罪を奨励し、罪を犯した者を人間に加えられた不正について神様に謝りに行かせ、架空的な義務の体系に従属させることによって、自然なまた道徳的な義務の体系の値打を落とすような制度から、賢明な立法者が魂を打ち込むだけの甲斐のある何ものをも期待なさってはいけません。

元帥夫人　おっしゃることがわかりません。

クリュデリ　説明いたしましょう。けれど元帥の馬車が着いたようではありませんか。ちょうどいいところへ帰ってきてくださったわけです。ばかなことを申し上げずにすみますから。

元帥夫人　話してください、あなたのばかなことという のを話してください。私は聞きませんから。私は自分の気に入ることとしか聞かない癖がついていますから。

クリュデリ　(夫人の耳へ顔を近づけ小声でこう言ってやった)元帥夫人、お宅の教区の司祭にきいてごらんなさい。祭壇の壺の中に小便をすることと、まともな婦人の名誉をけがすことと、この二つの罪のうち、どちらが恐ろしいかときいてごらんなさい。第一の罪と聞いては恐ろしさで慄え上るでしょう。瀆聖だと言って喚き立てるでしょう。しかも地上の法律は、瀆聖を火刑をもって罰しながら、名誉毀損をほとんど審理しません。結局観念を混乱させ人間精神を腐敗させてしまうのです。

元帥夫人　金曜日に肉を食べたりすることのないように気をつけている婦人を一人ならず存じておりますが、しかもその人たちは……おや、私もばかなことを言おうとしましたわ。さあその先を話してください。

クリュデリ　ですが、奥さん、どうしても元帥にお話ししなければならんのです。

元帥夫人　ほんのちょっとです。それから一緒にあちらへ参って会いましょう。あなたのおっしゃることを言い返すことはできませんけれど、どうも納得はできませんわ。

クリュデリ　あなたを納得させようというつもりはありません。宗教も結婚と同じことです。多くの他の人びとには不幸の種となった結婚も、あなたと元帥とには幸福の種となりました。お二人とも結婚してよいことをなさったのです。宗教は、多くの悪人を過去においてつくり、現在もつくり、また未来においてもつくるでしょうが、あなたという人を一層よい人間にしたのですし、あなたは宗教をお捨てにならないでよろしいのです。あなたの傍に、あなたの頭の上に、偉大な力の強いあるものがいて、あなたが地上を歩いているのを眺めていると考えることはあなたにとって心地よいことであり、この考えはあなたの足どりをしっかりしたものにします。どうか奥さん、あなたの思想の権威あるつっかい棒、この見物人、あなたの行動のこの最高の規範を、いつまでも享有なさるがよろしい。

元帥夫人　お見受けしたところ、新米の改宗者の狂信は持っていらっしゃらないようですわね。

クリュデリ　いませんとも。

元帥夫人　よけいご立派に思いますわ。

クリュデリ　私は誰にでもその人の流儀に考えさせておきます。私に私の流儀で考えさせておいてくれればです。それに、こうした偏見から解放されるようにできている人は、人から説教される必要はほとんどありません。

元帥夫人　人間は迷信なしに生きて行けるとお思いになりまして？

クリュデリ　思いませんな。無知で恐ろしがっている間はだめです。

元帥夫人　それじゃあ、迷信のために必要な迷信。私どもの迷信も同じことでしょう。

クリュデリ　そうは思いません。

元帥夫人　ほんとのことをお話しください。自分の死んだあとで無になると思ってもちっとも恐ろしい気がなさいませんの？

クリュデリ　そりゃ存在していたいと思います。もっとも、理由なく私を不幸にすることのできたあるものが、同じことをやってもう一度楽しみはしないかということはわかりかねますがね。

元帥夫人　もしそんな不都合なことがあっても、来世の希望があなたに慰安となり楽しいように思えたら、なぜそれを私どもから取り上げようとなさるのです？

クリュデリ　そういう希望はもっておりませんよ。あってほしいという気持が決してその希望の空しさを私にかくし(12)はしませんからな。けれども誰からもその希望を奪おうというつもりはありません。眼がなくなっても見え、耳がなくなっても聞え、頭がなくなっても考え、心臓がなくなっても愛し、感覚がなくなっても感じ、どこにもいなくとも存在し、拡がりも場所も持たぬ何ものかになるだろうと、信じることができるなら、私はそれに同意致します。

元帥夫人　けれどもこの世界は、誰がこれをつくったのでしょう？

クリュデリ　こちらからおききいたしますよ。

元帥夫人　神です。

クリュデリ　神とは何です？
元帥夫人　精神です。
クリュデリ　精神が物質をつくるなら、なぜ物質も精神をつくらないでしょうか？
元帥夫人　ではなぜつくるのでしょうか？
クリュデリ　毎日つくっているのが見えますからね。動物が魂をもっているとお思いになりますか？
元帥夫人　もちろん思いますわ。
クリュデリ　ではペルーの蛇が、煙突の中へ吊るされて、一、二年ぶっ続けに煙にさらされて、乾し固められている間に、蛇の魂はどうなるかおっしゃっていただけますか？
元帥夫人　勝手になるがようございますわ。それが私にどうしたとおっしゃるの？
クリュデリ　それはこういうことになりますよ。元帥夫人は、その、いぶして、乾し固められた蛇が息を吹き返して生まれ代るということをご存じないということに。
元帥夫人　そんなこと信用しませんわ。
クリュデリ　でも、それを保証しているのは、練達の士ですよ。ブーゲール(13)です。
元帥夫人　その練達の士とやらが嘘をついたのでしょう。
クリュデリ　ほんとを言ったとしたら？
元帥夫人　動物が機械だと思えばそれでいいでしょう。
クリュデリ　ところで他のものよりほんの少し完全な動物にすぎない人間は……。ですが、元帥閣下が……。
元帥夫人　もう一つだけおききしたいことがあります、それでお終いですわ。不信心のくせにちゃんと落ちついていられますか？
クリュデリ　これ以上泰然としていることは誰にだってできないでしょうな。
元帥夫人　でもあなたがまちがっていたとしたら？
クリュデリ　私がまちがっていた時にはどうするとおっしゃるのですか？
元帥夫人　あなたが誤りだと思っていたことがことごとくほんとうになり、あなたは地獄へ落とされるでしょうよ。地獄へ落とされるということは恐ろしいことですわ。永久に火炙りにされるのですもの。随分長い話ですよ。
クリュデリ　ラ・フォンテーヌは、その時は魚が水の中にいるようなものだろうと信じていましたよ。
元帥夫人　そう、そう。けれども、そのラ・フォンテーヌは臨終には大変まじめになりましたわ。あなたがどうなさるかその時を待ちましょう。
クリュデリ　頭が利かなくなった時のことは保証できま

せんが、もし臨終の人間に全理性を残してくれるような病気のうちのどれか一つで命を終るとすれば、あなたが私を待っていてくださるという瞬間においても、こうしてお目にかかっている瞬間と同じく取り乱してはいないつもりです。

元帥夫人　どうしましょう。なんという気の強いことでしょう。

クリュデリ　もっとも正しい人間も、戦々兢々として軽すぎることを恐れなければ、傲慢のために消されてしまうような秤を持って、われわれの底の底の考えまで秤にかける厳格な裁判官を信じる瀕死の病人のほうがよっぽど気が強いと思いますね。もしこの瀕死の病人がその時、消えてなくなるか、それともこの裁判所へ出頭するか、二つに一つを選択するものとした場合、聖ブルーノー(14)の相棒よりも気違いじみているか、ボホラ以上に自分の功績に酔いしれているなら格別、そうでなくて、第一の決心のほうを決めるのに躊躇するとすれば、これはまたその気の強さにひどく面喰わされるではありませんか。

元帥夫人　聖ブルーノーのお仲間の話は読んだことがありますが、ボホラとやらの話は一度も聞いたことがございません。

クリュデリ　リトワニアのピンスクの学校のイエズス会派の伝道師です。臨終に金を一杯容れた小箱に、自分で書いて署名した手紙をつけて残した男です。

元帥夫人　して、その手紙というのは？

クリュデリ　こういう言葉で書かれていました。「この小箱の保管人たる親愛なる同僚に、予が奇蹟を行ないたる折、この小箱を開くこと頼み参らせ候。在中の金子は予が聖者の位に列するための具進の費と相成るべく候。予が徳行の確証のため、また予が一代記綴らむと発心さるる諸士のためいみじく役に立たむものと、正真正銘の回想録二三差し加えおき候。」

元帥夫人　噴飯ものではありませんか。

クリュデリ　私にとってはそうです、元帥夫人。けれども、あなたにとっては、あなたの神様は嘲笑を許さないではありませんか。

元帥夫人　おっしゃるとおりです。

クリュデリ　元帥夫人、あなたの神様の法律に逆らって重い罪を犯すことは非常に容易です。

元帥夫人　私もそうだと思います。

クリュデリ　あなたの運命を決する裁判は非常に厳重です。

元帥夫人　いかにもそうです。

クリュデリ　もしも選ばれたるものの数についてのあなたのお宗旨の予言を信用なさっていらっしゃるなら、大変少人数ではありませんか。

元帥夫人　いいえ！　私はジャンセニストではありません。私は慰めになる側からだけしかメダルを眺めませんわ。キリストの血は私の眼には広大な面積を蔽っています。息子を死の世界へ売った悪魔がそれでもこよなき幸いを得たなら、ふしぎでたまらぬでしょう。

クリュデリ　ソクラテス、フォキオン、アリスティドス(15)、カトー、トラヤヌス、マルクス・アウレリウスの徒を地獄へ落ちるものとなさいますか？

元帥夫人　よしてください！　そんなことを考えられるのは野獣だけですわ。聖パウロも、人はその識れる掟に従いて裁かれむ(16)と言っていらっしゃるではありませんか。そして聖パウロのお言葉は道理です。

クリュデリ　では、不信者はどんな掟で裁かれるでしょう？

元帥夫人　あなたの場合は少しちがいますわ。あなたたなどはコロザインやベザイダ(17)の呪われたる住民の部ですわ。照している光に眼を閉じ、話しかける真理の声を聞かぬために耳をふさぐ徒輩ですわ。

クリュデリ　元帥夫人、そのコロザインとベザイダの人びとこそ古今独歩の人びとではありませんか。信ずるか信じないかを自分の意志で決めたとすれば。

元帥夫人　もしもツロやシドン(18)で行なわれたとすれば、どんな悪漢でもわれがちに荒布を着、灰の中で悔い改めずにいられないほどの激しい後悔を感じたに相違ない奇蹟を彼らは見たのですからね。

クリュデリ　それは、ツロとシドンの住民が頭のいい連中であり、コロザインとベザイダの住民がばかばかりだったということになりますよ。けれどもばかをつくったものが、ばかだったという理由でそのばかを罰するでしょうか？　先刻は実話を申し上げましたが、今度は作り話をお話したい気がして参りました。ある若いメキシコ人が……。ですが元帥は？

元帥夫人　面会ができるかどうか、いまうかがわせにやります。そのメキシコ人とやらがどうしましたの？

クリュデリ　仕事に疲れて、ある日海岸を歩いておりました。一方の端は波に浸り、もう一方の端は岸の上に載っている一枚の板を見つけました。この板の上に腰を下ろし、そこから、自分の前に拡がっている広大な水と空とにはるかに視線を投げて、こう独りごとを言いました。ちがいないや。何者か正体のわからない人びとが、いつの頃か、この場所へ、どこからか知らぬが、この国の海の向うのどこかの国から、船を乗りつけたという話を、おばあさんが繰り返し話してくれたが、あれはまったくでたらめだ。常識のない話だ。どうだ、海が空とつながっているじゃないか？ 自分の五感の証言を無視して、年代もわからない古い作り話を信用できるだろうか？ 誰でも自分勝手に作り変える作り話、ばかばかしいいくつかの状況の織り交ぜにすぎない作り話じゃないか？ そのばかばかしい状況のことで、彼らはつかみ合いの激論をやっているのだから恐れ入る。こういうぐあいに理屈を言っている間に、波が板の上の彼をよい気持に揺すぶるものだから、つい眠りこんでしまいました。眠っている間に、風が起り、波がその男の寝ている板を持ち上げ、ここにわが青年論客は海へ出てしまったのです。(19)

元帥夫人　ほんとにね！ それがまったく私たちの姿ですわ。みんな一人ずつ板の上に乗っています。風が吹き、波が私どもを運んで行くのです。

クリュデリ　眼がさめた時にはもう陸から遠く離れていました。海の真中に出ているのを見て大いに驚いた者は誰でしょう？ それはわがメキシコ人でした。さらに、ついさっきまで歩いていた岸が見えなくなって海が四方八方空とつながって見えた時一層の驚きを喫したものは誰でしょうか？ それもまたこの男でした。その時彼は、確かに自分がまちがっていたかも知れない、そして、もしも風が同じ方向に吹きつづければ、多分岸へ運ばれ、お祖母さんがあんなにたびたび話してくれた人びとのところへ着くかも知れない、と考えました。

元帥夫人　その男の心配についてはひとこともおっしゃいませんね。

クリュデリ　心配なんかしませんでしたよ。彼はこう自分に言いました。これがどうしたというのだ？ 岸に着きさえすればいいではないか？ 軽率な男として理屈をこねていたさ。それはそれでよろしい。だが私は自分に対してまじめだった。それが他人が私に要求し得る全部だ。頭のあることが徳行ではないとすれば、ないことだって罪ではない。そう言っている間も風は吹きつづけ、人間と板とは航海をつづけ、見知らぬ岸が見え始めました。岸に着きます。さあ上陸しました。

元帥夫人　クリュデリさん、そこまでにしてまたいつかお目にかかりましょう。

クリュデリ　元帥夫人、私こそお願いいたします。どんな場所ででも、奥さんのご機嫌をうかがうことは私にとってはなはだ愉快なことです。板からおりて砂に足をつけるが早いか、その男は自分の傍に人品卑しからぬ一人の老人が立っているのを認めました。ここはどこで、失礼ながらご老人はどなたですか、ときいてみました。「私はこの国の君主である」と老人が答えました。〔即座に若者は額を地にすりつけました。「起き上るがいい。」おまえは私の存在を否定したな？　――いかにもさようでございます。――私の帝国の存在も否定したろう？　――いかにもちがいございません。――許してつかわす。私は心の底を見抜くものだ。おまえの心の底に、おまえのまじめだったことが読めた。だがそのほかのおまえの思想や行動は同じように罪のないものではないぞ(20)」それから老人は、青年の耳を引っ張って、一生の間に犯した誤ちを全部数え上げました。一件ごとに、若いメキシコ人は頭を下げ、胸を打って、許しを請いました……さて、ここでちょっとの間、老人の身になってごらんください。一つあなたならどうなさるかお話くださいませんか？　この大ばかの青二才の髪をつかんで、未来永劫に岸の上を引っ張り回すほうがお気に召すでしょうか？

元帥夫人　まあ、そんなことがあるものですか。

クリュデリ　もしも、そうしてお膝元にいらっしゃる六人の美しいお子さんたちの一人が、親の家を逃げ出して散散ばかな真似をしたあげく、大に悔い改めて帰っておいでになったとしたら？

元帥夫人　私なら、飛んで迎えに出ますわ。両腕に抱きしめて、涙のありったけをそそいでやります。けれども父親の元帥はそんなにやさしく事件を取り扱わないでしょう。

クリュデリ　元帥閣下だって虎のような方ではありません。

元帥夫人　虎には大分間があります。

クリュデリ　多分、少々ひどくこずかれるでしょう。けれどもお許しになるでしょう。

元帥夫人　それはそうでしょう。

クリュデリ　ことに、もし、この子に生を与える前に、その全生涯がわかっており、そしてその過ちを罰することは自分自身にも、また過ちを犯した子にも、またその兄弟たちにも、何の役にも立たないとお考えになる場合はです。

元帥夫人　老人と元帥はいっしょになりませんよ。

クリュデリ　元帥が老人より善人だとおっしゃるのですか？

元帥夫人　とんでもない！　私の法律が元帥の法律でないとすれば、元帥の法律も老人の法律でなくったってさしつかえないと申し上げているのです。

クリュデリ　いや、それは、奥さん、そのお答の結果がどうなるか、感じていらっしゃらないのです。一般的定義があなたにも、元帥閣下にも、私にも、若いメキシコ人にも、それから老人にも等しく適用されるか、それとも何が何やらわけがわからず、どうすればこの老人に気に入るのかいらないのかわからないということになるのです。

そこまで話した時、元帥が待っているという知らせがきた。元帥夫人に手を差しのべたら、こう言った。「頭が変になる話ですわねえ！[21]」

クリュデリ　それはまたなぜです？　頭がしっかりしていれば大丈夫ですよ。

元帥夫人　何はともあれ、その老人が存在しているように振舞っているのが一番ですわ。

クリュデリ　信じていない時でもですな。

元帥夫人　そして信じている時でも、老人の親切[22]を当てにしないことですわ。

クリュデリ　いちばん礼儀正しいやり方ではないとしても、少なくともいちばん確実なやり方ですな。

元帥夫人　ときに、もしもあなたの主義を裁判官の前に言い開きをしなければならぬ時には、正直に認めておしまいになりますか？

クリュデリ　恐ろしい行為をせずにすませてやるためには、できるだけのことをしますよ。

元帥夫人　なんて卑怯な方でしょう！　では、もしも臨終という時には[23]、お宗旨の儀式に服従なさいますか？

クリュデリ　しないようなことはありますまいな。

元帥夫人　なんということを！　汚らしい偽善者！

（杉　捷夫訳）

訳注

哲学断想（追補をふくむ）

（1）キリスト教の修道苦行者の開祖（二九二頃—三四六）。ナイル河右岸のタベンニシに信徒の共同体を作り、修道院制度の基礎をきずいた。

（2）苦行の一種として柱の上で暮したキリスト教徒。シリアで布教したシメオン（三九〇頃—四五九頃）がもっとも有名。柱頭苦行者はアナトール・フランスの小説『タイス』の主題となっている。

（3）ジューリオ・チェーザレ・ヴァニーニ（一五八五—一六一九）。イタリアの自然哲学者。パドヴァ派の流れをくむ汎神論的な形而上学をとなえて宗教の迷妄を攻撃したため、フランスのトゥールーズで火刑に処せられた。十七、八世紀にかけて、彼の名は無神論者の代名詞とされていた。

（4）ピエール・ニコル（一六二五—九五）。ジャンセニストの神学者。アルノーの協力者としてイエズス会士や新教徒とかずかずの論争を行なったが、現在ではむしろ、大部の『道徳論』を著わしたモラリストとして知られている。

（5）レイフ・カドワース（一六一七—八八）。ケンブリッジ・プラトン派を代表するイギリスの哲学者。唯物論、機械論に反対して、宇宙に造型的なある力を認め、宗教的な目的論を説いた。

（6）アンソニー・アシュリー・クーパー、シャフツベリー伯爵（一六七一—一七一三）。イギリスの哲学者。直観的、美的倫理観を説いた道徳哲学者で、後世の倫理学、美学、哲学に多大の影響を与えた。ディドロの『哲学断想』にも、シャフツベリーの影響が顕著である。

（7）アントワーヌ・ウダール・ド・ラモット（一六七二—一七三一）。批評家で劇作家。〈新旧論争〉の立役者の一人。

（8）アントワーヌ・アルノー（一六一二—九四）。ジャンセニスムのもっとも指導的な神学者。

（9）イザーク・ルメートル、通称ルメートル・ド・サシ（一六一三—八四）。ジャンセニスムの精神的指導者の一人。

（10）ローマ皇帝クラウディウスの子（四一—五五）。父の後妻アグリッピナの連れ子であったネロに嫉視され、遂に毒殺された。ラシーヌの悲劇『ブリタニキュス』の主人公。

（11）メニッポスは前三世紀の犬儒派の哲学者だが、ここはデイドロの間違いで、正しくはキュニスコス。このユピテルとの対話は、ギリシャの諷刺詩人ルキアノスの『ゼウス言葉につまる』にある。

(12) モリエールの一幕喜劇『強制結婚』中の一場面(第五場)をいうのであろう。スガナレルは、ピロニアンの哲学者マルフリウスに結婚の相談をしようとするが、相手が懐疑論をふりまわして応じないので、業をにやしてマルフリウスをなぐりつける。哲学者は怒るが、スガナレルは、懐疑論の立場からすれば、私があなたをなぐったとは断定できないはずだ、と言って、相手をやりこめてしまう。

(13) ルイ＝ドミニック・ブルギニョン、通称カルトゥシュ(一六九三—一七二一)。有名な盗賊。一味とともにパリ近郊を荒しまわり、多くの殺人、強盗を犯したが、逮捕、処刑された。巷間ではしばしば〈義賊〉とされた。

(14) ニコラ・マールブランシュ(一六三八—一七一五)。フランスの哲学者。デカルト哲学とキリスト教信仰との結合を企てた。機会原因論の主唱者の一人。

(15) マルチェロ・マルピーギ(一六二八—九四)。イタリアの解剖学者。顕微鏡による解剖学研究を創始し、肺の構造やこれに関連する毛細管の発見など、多くの業績をあげた。ここでいう観察とは、鶏の雛が孵化以前の卵や無精卵の中にすらすでに形作られていることを〈発見〉したもので、生物発生にかんするいわゆる〈既成説〉(当時の理論内容に即していえば〈胚種先在説〉。発生はあらかじめ神によって形作られた胚種が開展したにすぎないとする説)の有力な根拠になった。この説は、無神論、唯物論と結合しやすい〈自然発生説〉に対立するものとして、当時の理神論者たちに愛好されたもの。

(16) ピーテル・ファン・ミュッセンブルーク(一六九二—一七六一)。ニュートンの弟子であるオランダの物理学者。高温計を発明し、ライデン瓶の発明に寄与した。その『物理学論』は一七三九年に仏訳されている。

(17) ニコラス・ハルトゥスケル(一六五六—一七二五)。オランダの物理学者、医学者。顕微鏡、望遠鏡の改良で知られる。彼が精虫の発見者であるという点については論議があるが、いずれにせよ、彼自身はその発見者と称しており、またこの〈発見〉にもとづいて、胚種先在説を主張した。

(18) ベルンハルト・ニーウェンタイト(一六五四—一七一八)。オランダの数学者、医学者。その著『宇宙の観照の真の用法』(一七一五年、仏訳一七二五年)は、自然科学の成果をキリスト教弁証論に利用しようとする十八世紀前半の有力な傾向(いわゆる〈物理神学〉)にひとつの大きな刺激を与えた。

(19) ここでは、〈神即自然〉というスピノザの汎神論が意識されている。なお、スピノザは当時、無神論の代表的存在と目されていた。

(20) いわゆる〈胚種先在説〉のこと。注(15)を参照。

(21) le développement 当時の生物学者の用語。胚種先在説にもとづき、あらかじめ完全に形作られた胚種がただ肥大化するだけで、生物の発生に至ることをいう。

(22)　生物が腐敗物から自然発生するというファン・ヘルモント流の考えかたが批判されている。ここでいう〈観察〉とは、主として、うじが腐敗そのものから生まれるのではなく、はえが腐敗物中に生みつけた卵から発生することを発見したイタリア人フランチェスコ・レーディの実験や、昆虫の変態にかんするスヴァンメルダム、レーウェンフクらの研究をさす。

(23)　これは、アリマキの単為生殖を発見したスイス人シャルル・ボネの有名な研究を暗示している。ボネは胚種先在説の熱心な信奉者で、この発見もそれを裏付けるものと考えた。ディドロもそう考えている。

(24)　ここで言われているのは、生物の発生が先在する胚種によるのではなく、両性の粒子（種）の結合によるとする〈個体新生説〉のこと。近世においてはデカルト及びデカルト学派が主としてこれを唱えたが、十七世紀末から、宗教的な弁証と結合した胚種先在説の圧倒的な流行によって、この説は時代遅れとみなされるようになった。ディドロもここでは、人間についても下等な生物についても、固体新生説を否認して、神により永遠の昔から作られた胚種が発生の源であるとしている。

(25)　『哲学断想』の注解者ニクローズによると、これは同時代の唯物論者ラ・メトリであろうという。ラ・メトリは『哲学断想』出版の前年にその『霊魂論』を発表している。

(26)　パスカルの有名な〈二つの無限〉にかんする断章（ブランシュヴィク版、断章七十二）にも、これと似た意味でだにが引き合いに出されている。また、あとに出てくる「全宇宙の重み」という表現も、パスカルの別な断章（同、断章三百四十七）にある。

(27)　これは、ディドロが習ったボーヴェ学院の哲学教授D・F・リヴァールをさす、というのが定説である。

(28)　モンテーニュ。以下の文は、『随想録』第三巻第十一章「跛者について」の引用であるが、この引用はやや不正確で、たとえば、最後の「十五歳で…」は、モンテーニュの原文では「十歳で…」となっている。

(29)　子ども相手の教理問答では、神の問題がまず第一に出てくる。

(30)　先人の次の言葉を参照。「おお、無知と無頓着は、出来のよい頭を休めるには、なんと快く、やわらかい、健康な枕であろう」（モンテーニュ『随想録』、第三巻第十三章）。「無知と無頓着は、出来のよい頭にとっては快い二つの枕である」（パスカル『サシとの対話』）。

(31)　le dogmatique 懐疑論で用いられる言葉。懐疑論者のように判断を留保するのではなく、物事を断定する人間の総称。

(32)　ヴォルテールのこと。その『哲学書簡』第二十五信は、パスカルの『パンセ』を揶揄して、「いっそ、四本の足と二枚の羽がないことに絶望すべきだろう」と言っている。ディドロの引用はやや不正確。

(33) ギリシャの哲学者ピュロンの教えを奉じる懐疑論の一派。すべての問題について賛否の理由が同じ重さであるという前提から、判断を停止し、それによって〈無憂〉(アパテイア)と〈不動心〉(アタラクシア)を得るべきであるとする。十七、八世紀にかけて、〈ピロニアン〉と〈懐疑論者〉はしばしば同義に用いられた。ここでは、〈懐疑論者〉のかなり積極的な定義によって、この二つを区別している。

(34) デカルト『省察』にある以下の言葉を参照。「神についてここで言われた全部が虚構であるとしておこう。」

(35) これは、十七世紀末の宗教家、哲学者ピエール＝ダニエル・ユエのことをいうのであろう。ユエは死後に発表されたその著『人間精神の無力にかんする哲学論』(一七二三)の中で、人間は感覚によっても理性によっても真理に到達できないという懐疑論的な立場から、唯一の確実な道である信仰にのみ依り頼むべきであると説いて、懐疑論を宗教的弁証に利用した。

(36) 新教徒がカトリック教徒に与えた蔑称。

(37) カルヴァンの流れを汲む改革派系の新教徒にカトリック教徒が与えた蔑称。

(38) パリのサン＝ジャック街にはイエズス会の牙城であるルイ＝ル＝グラン学院があった。イエズス会とジャンセニストは十七、八世紀にかけて激しい敵対関係にあった。

(39) パリのフォーブール・サン＝マルセルにあるサン＝メダール墓地のフランソワ・ド・パーリス助祭(ジャンセニト)の墓の上で、病人の治癒など数々の奇蹟が行なわれるという噂が、一七二九年初めからパリ市中に流れ、たちまちここはジャンセニストの聖地になった。ここを訪れる信徒たちは異常な痙攣におそわれたことから、史上〈痙攣派〉と呼ばれたが、この騒ぎは墓地が強制閉鎖される一七三二年まで続いた。

(40) 恩寵と自由意志の調停をはかったスペインの神学者モリナの名からくるが、モリナ説がイエズス会に広く受けいれられたところから、〈モリニスト〉は〈イエズス会士〉と同義語になった。

(41) アルメニアの人で、キリスト教の殉教者(?—一二五〇頃)。ローマ軍の士官だったがキリスト教に改宗し、異教の偶像を祭の日にくつがえして処刑された。コルネイユは彼を主人公として、悲劇『ポリュクト』を書いている。

(42) ヨナは旧約聖書中の「ヨナ書」の主人公で、小予言者の一人。エホバの命でニネベの町へ行き、四十日後に町が滅びることを予言して、人びとに悔い改めを説いた。

(43) 前九世紀のイスラエルの予言者。旧約聖書によると、最後は火の車に乗って天へ昇ったと言われるが、その再来への期待は古来根強く、十八世紀初頭の〈痙攣派〉〔注(39)参照〕の間でも、その再来の予言がなされていた。

(44) ローマ皇帝(三三一—六三)。はじめキリスト教徒だったが、異教に改宗し、その復興を宣言したので、〈背教者〉として、後世にいたるまでキリスト教徒の憎悪の的となった。

(45)　正確には勅令ではなく、三六二年八月一日にアンティオキアから出した書簡である。

(46)　ローマ皇帝コンスタンティウス二世。この皇帝はキリスト教徒であったが、アリウス説を信じ、正系を迫害した。正系の指導者アタナシウスらも追放に処せられている。ここで言う〈異端者〉とはこの正系のキリスト教徒のこと。

(47)　五四〇頃―六〇四。五九〇年にローマ法王に選ばれ、のちの法王領の基礎をきずくとともに、外に対してはフランク族、アングロ・サクソン族等の間で広く布教活動を行ない、また教会の綱紀を粛正し、多くの面で教会の権威を高めるのに貢献した。

(48)　アエリウス・ドナトゥス。四世紀中頃のラテン文法学者。大・小二つの文法書がある。

(49)　ローマの歴史家（前五九―後一七）。『ローマ建国史』一四二巻を著わし、その流麗な文章はラテン文学黄金時代の白眉とされる。

(50)　ローマの歴史家、政治家（前八六―前三四頃）。『カティリナ戦記』、『ユグルタ戦記』、『歴史』を著わした。

(51)　ユリウス・カエサル（前一〇二―四四）。ローマの大政治家。著作には有名な『ガリア戦記』や『内乱記』がある。

(52)　フラヴィウス・ヨセフス（三七―一〇〇頃）。ユダヤの歴史家。エルサレムに生まれ、ローマに住んだ。その著『ユダヤ戦記』、『ユダヤ古史』などは、ユダヤ史のもっとも重要な資料とされる。

(53)　ジョゼフ＝イザーク・ベリュイエ（一六八一―一七五八）。フランスの歴史家で、ユダヤ民族史『神の民の歴史』（一七二八）全八巻を著わした。この本は旧約聖書にもとづいたユダヤ民族の歴史を通俗小説風に語ったもので、いかがわしい記述も多く、教会により禁止されたが、すさまじい売れゆきを示したといわれる。

(54)　ユスタッシュ・ル・シュウール（一六一七―五五）。フランスの画家。パリの小修道院のために描いた『聖ブルーノの事蹟』二十二点などが代表作とされる。

(55)　シャルル・ルブラン（一六一九―九〇）。フランスの画家。ルイ十四世時代の宮廷首席画家として絶大な権勢をふるった。ヴェルサイユ宮やルーヴル宮の装飾を担当している。

(56)　イエス時代のユダヤ総督。彼のユダヤ人迫害は有名である。イエスの無罪を認めたが、民衆の強迫に屈して死を宣告した。のちローマに召還され、自殺したといわれる。

(57)　これが書かれた頃は、オーストリア王位継承戦争がまだ続いており、フランスはイギリス、オランダ、オーストリア等の連合軍と戦っていた。

(58)　パリの西郊。現在は市内であるが。

(59)　ルキウス・タルクイニウス・プリスタクス。伝承によるローマ第四代の王。前六―七世紀。

(60)　ローマの伝説的な建設者。

(61)　ローマの初代皇帝（前六三―後一四）。

(62) 三—四世紀のキリスト教弁証論者。コンスタンティヌス大帝に招かれ、その長男の教育係をした。この鳥占師の話は、彼の主著『神学提要』中に出てくる。

(63) ギリシャの歴史家(?—前八頃)。ローマに出て、修辞学、文学を教えた。主著は、ローマ建国から第一ポエニ戦争初期までを扱った『古ローマ史』で、この鳥占師の話もその本に出てくる。

(64) クイントゥス・トゥリウス・キケロ(前六五—一七頃)。有名なキケロの弟で、やはり政治家だった。文筆もよくしたらしいが、作品はほとんど残っていない。なお、この節に引かれるキケロの文章は、占いを信じるクイントゥスの言葉をキケロが反駁するという形をとった『占いについて』からの引用である。

(65) ここまでは、『占いについて』第二部第十一章。

(66) 以下、この引用文の終りまでは、『占いについて』第二部第三十八章。

(67) キケロの原文では、先の「タメシテミルコトニアルノダ」のあと、数行にわたって、鳥占術の規則のばかばかしさを指摘した文章があり、さらに、「ソレニマタ、コレラノ規則ハイツ、ダレガ発明シタノカ」とあって、「モットモ、エトルリア人ハ……」と続いている。したがって、ここの「ソレラ」とは、ディドロの引用部分には出てこない〈鳥占術の規則〉のこと。

(68) キケロの原文では、このあと、「シカシ、伝承ニヨルト、ソレヨリ何年モ前ニ、ロムルストレムスガ二人トモ鳥占イヲシテイタトイワレル。ソレノ発見者ハシチリア人、フリギア人、ピシディア人ダト言ウベキナノカ」とあって、以下の「トスルト……」に続く。したがって、次の文章にある〈無知ナ住民タチ〉とは、このシチリア人等のこと。

(69) この短い引用文は、『占いについて』第二部第三十九章の冒頭部分。「オマエデモ、大衆ノ判断ニイチイチ従ウカ」というのは、クイントゥスの奉じるストア派の道徳観が所詮大衆のものではないという、ディドロの引用では省略された次の文章に続いている。

(70) 「神デアリ神ノ子デアル」というのは明らかにイエス・キリストにひっかけたもので、キリストの〈神性〉という教義への揶揄である。また、ロムルスが天へ昇ったという話も、〈キリストの昇天〉を念頭におきながら書いたものに相違ない。

(71) ティトゥス・リヴィウス『ローマ建国史』第一部第十六章より。ただし、引用はかなり不正確である。

(72) カラマは現在ではゲルマといい、アルジェリアに属している。この僧の名前は、アウグスティヌスによるとレスティトゥートゥス。ただし、ディドロの直接の出典はアウグスティヌスではなく、アウグスティヌスの同じ文章を引用している『ポール・ロワイヤル論理学』第一部第九章であろう。

(73) 助祭パーリスの墓の上で奇蹟が起こったという〈痙攣派〉の騒ぎが念頭におかれている。注(39)参照。

(74) 〈痙攣派〉の熱心な信徒だったパリ高等法院の評定官ルイ＝バチスト・カレ・ド・モンジュロンが著わした『パーリス氏

その他のとりなしによって起こった奇蹟の真実性を証明し、サンスの大司教に反駁す』という本で、〈痙攣派〉の〈奇蹟〉の記録を集めたもの。一七三七年八月、著者はこの書の第一巻をたずさえてヴェルサイユ宮殿にしのびこみ、国王ルイ十五世に捧呈したため、不敬罪でバスチーユに投獄された。この本は一七四一年に第二巻が、四七年に第三巻が、いずれも国外で出版されている。

(75)　法王クレメンス十一世が一七一三年九月八日に発した〈ウニゲニトゥス教書〉の支持者のこと。この教書は、ジャンセニストのケネルの著書『新約聖書にかんする道徳的考察』の内にある百一の命題を異端あるいは異端の疑いありとして断罪したもので、教書を受けいれるべきか否かをめぐって、フランスの宗教界には長期にわたるすさまじい対立が現出した。

(76)　ジャンセニストのアントワーヌ・アルノーとピエール・ニコルのこと。彼らが著わした『論理学、または思考術』は普通『ポール＝ロワイヤル論理学』と言われ、一六六二年に匿名で出版されて以来、十八世紀まで無数の版を重ねた。この節でとりあげた問題は、その第四部「方法について」の第一章でのべられている。

(77)　〈痙攣派〉騒ぎの舞台になったサン＝メダール墓地のあるパリのフォーブール・サン＝マルセルのこと。ディドロもこの近くに住んでいた。

(78)　ベシュラン・ド・ラモットという僧侶。左足が完全になえていたが、パーリス助祭の墓の上でものすごい痙攣におそわれたあとは、足が動くようになるといわれ、サン＝メダール墓地へ日参していた。〈痙攣派〉のスターだったようである。

(79)　注(74)にあげたカレ・ド・モンジュロンの本のこと。

〈元老院〉とは、パリの高等法院をさす。

(80)　カレ・ド・モンジュロンは、はじめ放蕩な不信者だったが、一七三一年九月七日、パーリス助祭の墓の前で奇蹟的な回心をしたとみずから語っている。

(81)　アフリカのカルタゴ教会で司教をつとめたキリスト教の弁証論者（一六〇頃―二二二以後）。『弁証論』その他の著作があるが、のちモンタヌス派異端に接近した。

(82)　アレクサンドリアの司教（二九六頃―三七三）。ニカイア公会議でアリウス派とたたかい、正統的な〈三位一体〉説の確立に多大の貢献をした。

(83)　ギリシャ教父の代表的人物（三五四頃―四〇七）。コンスタンチノープルの総大主教だったが、のち小アジアへ流され、殉教した。

(84)　ラテン教父の一人（二〇〇頃―二五八）で、その教会論によりローマ教会の権威確立に寄与した。カルタゴの司教だったが、ヴァレリアヌス帝の迫害により殉教した。

(85)　アウグスティヌス『神の国』の言葉だが、直接の出典は、これを引用している『ポール＝ロワイヤル論理学』第三部第二十章第五節であろう。

(86)　ピエール・ベール（一六四七―一七〇六）。フランスの哲学者。新教徒で、迫害を避けてオランダへ移ったが、亡命地でも新教正統派から種々の圧迫を受けた。既成の神学的形而上学に対する彼の犀利な批判は、後の啓蒙思想家に多大の影響を与えた。また、彼がロックと並んで、近代的な〈思想の自由〉理念の熱烈な擁護者であったことも忘れてはならない。

(87) ジャック・アバディ（一六五四―一七二七）。新教徒の神学者。ナント勅令廃止直前にベルリンへ移り、亡命生活四十年ののちロンドン近郊で客死した。『キリスト教の真実性を論ず』（一六八四）、『主イエス・キリストの神性を論ず』（一六八九）などは、十七世紀末の代表的なキリスト教弁証論で、新教徒、カトリック教徒の区別なく広く読まれた。

(88) ピエール＝ダニエル・ユエ（一六三〇―一七二一）。アヴランシュの司教をつとめたカトリックの聖職者。その著『福音の論証』（一六七九）で、十七世紀末の代表的なキリスト教弁証論者とされる。哲学者としてはデカルト学派に反対し、哲学的懐疑とキリスト教信仰の結合を説いた遺稿『人間精神の無力にかんする哲学論』（一七二三）を残した。注(35)参照。

(89) この論理は、アウグスティヌスの『アカデミカ駁論』中に引用されているキケロ『アカデミカ』の一断片からくる。

(90) もちろん信仰の真偽は理性によって判断されねばならないのだから、理性を放棄したら信仰もその基礎を失うということ。

(91) ギリシャの医神。アポロンとニンフ・コロニスの子。

(92) 一世紀のギリシャの哲学者。ピュタゴラスの弟子で、神秘学を研究し、かずかずの奇蹟を行なったといわれる。

(93) 正確な題は『テュレンヌ子爵伝』。著者はフランソワ・ラグネ師。これはブイヨン枢機卿の委嘱によって書かれたもので、一七〇六年に書きおえられたが、内容がお粗末だったため出版がのばされ、活字になったのは一七三八年だった。以後、いくつかの版がある。テュレンヌは十七世紀の名将。

(94) 神聖ローマ皇帝ハインリヒ七世（一二七五頃―一三一三）。この皇帝はイタリアのシエナの近くで、聖母昇天祭の日、ベルナルド・ポリツィアーノというドミニコ会士が聖体のパン（一説によるとぶどう酒）に入れた毒のため、毒殺されたといわれる。ただし、真偽は明らかでなく、この皇帝の息子であったボヘミア王ヨハンは、三十年後にドミニコ会士の無罪を宣言している。

(95) 聖体のパンとぶどう酒がキリストの体と血であるというキリスト教の教えがあることは、周知のとおり。

(96) もちろん象徴的な意味で、内容は〈信心家〉のこと。エジプトが宗教的迷信の発祥地だという考えからくる。

(97) ルカとあるのは誤りで、正しくは、「ヨハネによる福音書」十四・二十八の言葉。

(98) 正統的な三位一体説に異を唱えたものには、古くはアリウス派があるが、十六世紀以後にもソッツィーニ派、ネオ・アリウス派などがあり、十七、八世紀にも主としてイギリス、オランダで一定の影響力をもっていた。これらの派、ないしそれに近い立場の思想家としては、ニュートン、クラーク、プリーストリーなどがこの時代ではあげられる。

(99)「マタイによる福音書」十六・十八。

(100) エティエンヌ・タブロ・デザコール（一五四九―九〇）は〈ブルゴーニュのラブレー〉と言われる十六世紀の作家。その『雑言』（一五七二）、『筆のすさび』（一五八五）は、各種の洒落、地口、ごろ合わせなどに軽い道徳的教訓を盛ったもので、ディドロが愛好した本だった。

(101) もちろん、禁断の木の実をたべたイヴのこと。キリスト教によれば、出産時の苦しみはこの結果であるという。

(102)「マタイによる福音書」二十六・二十六、「マルコによる福音書」十四・二十二、「ルカによる福音書」二十二・十九。

(103) 二五〇年頃の人で、パリの初代司教。迫害により殉教した。この人物については、使徒パウロの手で改宗したアレオパゴスのディオニュシオスと同一人であるなど、かずかずの伝説が生まれている。本文中の首の話もそのひとつ。

(104) ルイ＝アルマン・ド・ロンダルス、ラオンタン男爵（一六六六―一七一五）。フランスの冒険家。長くカナダに滞在し、帰欧後はオランダ、ドイツ等を放浪した。『新北アメリカ紀行』（一七〇三）、『著者と、旅行経験をもつ良識ある未開人との奇妙な対話』（一七〇三）などいくつかの著書があり、とくに『……奇妙な対話』は、そこに登場するアメリカ・インディアンの口をかりて、私有財産制を含むフランスの政治社会制度やキリスト教を激烈に攻撃したもので、のちの啓蒙思想家、とくにルソーに一定の影響を与えた。ただし、本文中の言葉は、そのままの形ではラオンタンにはない。

(105) これはパスカルの根本思想である。

(106) 十七世紀の有名な社交婦人（一六二〇―一七〇五）。美貌と才気をうたわれ、いくたの貴族、文人を情人に持った。自由思想家として有名だが、本文中の言葉の出典は不明である。

(107) キリスト教では霊魂は不滅であり、肉体もいずれよみがえるものだから、死は一時的なものにすぎないというのである。

(108) ローマ皇帝で、ストア派の有名な哲学者（一二一―一八〇）。本文中の記述は、その『自省録』第六部第十三章にある。

(109) 有名な〈賭け〉の理論である。『パンセ』のブランシュヴィク版第三部第二三三章にある以下の文を参照。「君の幸福はいかん。神有りという表の方を取って、損得をはかってみよう。二つの場合を見積ってみよう。もし勝ったら、君はすべてを得るのだ。負けても、何も失いはしない。だから、躊躇せずに、神有りという方に賭けたまえ。」

(110) ギリシャ神話中の娘。白鳥の姿をとったゼウスと交わり、四人の子を生んだ。

(111) 前出のレダとゼウスの間に生まれた兄弟。航海の守護者とみなされ、いわゆる〈セント・エルモの火〉は彼らであるとされている。

(112)「使徒行伝」二・一―五の次の言葉を参照。「五旬節ノ日トナリ、彼ラ〔信徒たち〕ミナ一処ニ集イオリシニ、烈シキ風ノ吹キキタルゴトキ響、ニハカ天ヨリ起リテ、ソノ坐スル所ノ家ニ満チ、マタ火ノ如キモノ、舌ノヨウニ現レ、分レテ各人ノ上ニ止マル。彼ラミナ聖霊ニテ満サレ、御霊ノ宣ベシムルママニ異邦ノ言ニテ語リハジム。」

(113) シャルル・マリ・ド・ラ・コンダミーヌ（一七〇一―一七四）。フランスの数学者、探検旅行家。アフリカ、アジアの沿岸を旅行、さらにペルーを探検して、赤道下の子午線の長さを確定した。また引力や音速の研究、キナやゴムの紹介などもしたが、ここでは、天然痘の予防接種をめぐる当時の論争で彼が活躍したことを念頭に置いている。

(114) モルッカ諸島中の小島で、セレベス島の東にあり、昔から香料の産地として知られていた。同名の港がある。

盲人に関する手紙（補遺をふくむ）

(1) この婦人を当時のディドロの愛人ピュイジュー夫人とみる説と学識の深いプレモンヴァル夫人とみる説とがある。

(2) 著名の自然科学者（一六八三―一七五七）。寒暖計（烈氏）の発明者。ビュフォンや百科全書派に反感をもった。

(3) シモノーという人の娘。

(4) 眼科医ヒルマー。ガルニエ版校訂者ヴェルニエールによると、水晶体の最初の摘出は、一七四五年頃すでにジャク・ダヴィエルによって成功をみたのであるが、一七四九年（この論文発表の年）のディドロはその事実を知らなかったものとみられる。後注(32)参照。

(5) ロワレ州ピティヴィエ付近の小さな町。

(6) この図は、デカルトの『方法叙説、並びに屈折光学、気象学、力学、音学』の中の「屈折光学」からとられたものとみられる。校訂者ニクローズは、一六三七年のライデン版か、一七二四年のパリ版のいずれかとみているが、前記ヴェルニエールは人物の服装によって後者によったものとみている。

(7) 当時のパリの警視総監。

(8) ヴェルニエールによれば『人間機械論』の著者ラ・メトリをさすようである。

(9) ジョーゼフ・ラフソン。一七一二年頃死んだニュートンの弟子。『微分法の歴史』と『神の証明』の著者。次行の「幾何学化する」という表現は、十七世紀の英国では科学的述作のなかではごくふつうに用いられていたそうである。（ニクローズとヴェルニエールの注による。）

(10) ソンダーソン（一六八二―一七三九）。ヨークシャーのペニストン近傍に生まれた。生後一年足らずで痘瘡のため失明、二十五歳でケンブリッジで学び、後、生計のため数学とニュートンの物理学を教え、一七一一年にケンブリッジ大学教授となる。一七一九年ロイヤル・ソサイェティの会員。彼の触覚による数学の叙述はその著『代数学要綱』（一七四〇）の中にある由。主な著作は以上のほか、*The Method of Fluxions* 1756. *Monual of Elementary mathematical physics*, 1761.

(11)　ディドロは以下に六枚の図版を示すが、ソンダーソンの原著には二枚しかなかった。

(12)　ソンダーソンの『代数学要綱』の仏訳が、一七五六年にアムステルダムで刊行された。ディドロはこの書から以下の部分を書くのに示唆を受けた。ニクローズによると、ソンダーソンの生涯に関する事実と有名な盲人の実例さえも、すべてこの書に見出されるそうだが、死に臨めるソンダーソンのことばは、ディドロの筆になるものである。

(13)　彼の友人たちの編纂した *Memoirs of The life and Character of Dr Nicholas Saunderson* をさす。

(14)　彼の伝記によると、キケロ張りのラテン語の名文を書いた由。

(15)　喜劇『愛と偶然の戯れ』、小説『マリアンヌの生涯』で有名なマリヴォーのこと。

(16)　ヴェルニエールによれば、バークレーの絶対的観念論を奉ずる人びとをさし、ディドロは『懐疑論者の散歩』の中で彼らをエゴチストと呼んでいる。

(17)　バークレーの *Three Dialogues between Hylas and Philonoüs*, 1713 のこと。仏訳は一七五〇年に、G・ド・マルヴによって出版された。

(18)　コンディヤックのこと。本文にあるこの『人間の認識の起源に関する試論』（一七四六）は、彼の最初の作。彼の『体系論』（一七四九）では、まだバークレーの観念論について知らず、デカルト、マールブランシュ、ライプニッツ、スピノザなどを論駁している。

(19)　前記『体系論』の中で諸哲学者を批判したことをさす。

(20)　『代数学要綱』からの引用。すぐ次の事例も同様。

(21)　前注と同じく『代数学要綱』からの引用。

(22)　ここにあげられている有名な盲人は、みな前記『代数学要綱』からの引用。

(23)　古代エジプトのテーベの市民が尊崇した神。

(24)　修道院長。ソンダーソンの最後に立ち会った。ただし、その折、二人の間で神の存在に関する論議は行なわれなかった由で、ソンダーソンのことばはもちろんディドロの創作。

(25)　英国の神学者、哲学者（一六七五—一七二九）。その著『神の存在および属性の証明』（一七〇五、リコチエによる仏訳一七二一）は、時間と空間の観念によって神を証明しようとするもの。ルソーにもヴォルテールにもよく引用された。

(26)　このあたりの源初の生物や怪物についてのディドロの着想は、ニクローズによると、シャフツベリーの *The Moralists* からの示唆ともとれるが、ヴェルニエールによると、誰でも読んでいたルクレティウスの『物性論』にもとづくというのが自然だろうという。

(27) インクリフ氏（William Inchlif）。架空の人物。ディドロが次にあげているインクリフの著と称する書物も、一七四七年にダブリンで発行されたこともけっしてない由。ロンドンのロイヤル・ソサイエティはディドロが以上においてその会員の一人たるソンダーソンに虚偽の不敬な言辞の責任を負わせたものとして、長くディドロを憎んだといわれる。

(28) ヴェルニエールによると、ソンダーソンの結婚、家族のことは事実をふくんではいるが、臨終に際して家族に別れを告げる場面、ディドロの好んだ画家グルーズの画題にも似た場面は、もちろんディドロの創作である。

(29) フォントネルの文章に引かれた、セネカに由来する比喩。

(30) イギリスの哲学者、天文学者、政治学者（一六五八―九八）。ロックの友人。著書『新しい光学』（一六九二）『人体の解剖』（一七一三）。ロックに対する質問状を出し、ロックはそれを『人間知性論』中に引用した。ディドロはピエール・コストによる『人間知性論』の仏訳（一七〇〇）を引用したもの。

(31) コンディヤックはモリヌーの出した問題について、「心理学の特殊問題を明らかにすることよりもロックやバークレーに反対して、知覚の水準においては、いかなる判断も存しないことを証明し、精神にいかなる神秘な活動力をも認めないことを心がけている。」（ヴェルニエール）

(32) イギリスの有名な外科医（一六八八―一七五二）。生まれながらの十四歳の盲人少年の白内障の手術をした。彼の実験については、早くからフランスに知られていたが、とくに、ヴォルテールが『ニュートン哲学要綱』（一七三八）の中でこれを花々しく紹介して一層有名になった。その後、ディドロのほか、ラ・メトリ、ビュフォンもこれにふれた。

(33) 正しくは、第一部の終りのところ。

(34) このところ、前掲の『体系論』（第五章）より正確な引用。

(35) モンテーニュを祖述したモラリスト（一五四一―一六〇三）。主著『知恵について』。

(36) フランスの数学者（一七一三―一七六五）。十九歳で科学アカデミーに迎えられた天才。

(37) モンテーニュが銅牌に刻ませた文句。セクストゥス・エンピリクスのラテン語の格言「私は断定をさしひかえる。」

(38) この補遺は、『盲人に関する手紙』よりはるかおくれて、ディドロ六十九歳のとき（一七八二年）に書かれたもので、彼の最晩年の作の一つ。

(39) ディドロの友人、有名なパステル画家モーリス・カンタン・ド・ラ・トゥール（一七〇四―八八）のこと。ラ・トゥールは一七八二年頃精神に変調を示し、自分の作品の肖像画を筆を加えて台なしにした。

(40) 白内障の手術を最初に行なった眼科医（一六九六―一七六二）。一七四五年に成功した。

(41) 啓蒙思想家の一人、モラリスト、批評家（一七二三―九九）。マルモンテルの『回想録』の中に、本文中にあるこの場面についてふれた文は全然ない。

(42) ディドロの恋人で、ディドロの美しい書簡集によって有名なソフィー・ヴォランの姪（ヴォラン嬢の長姉の子）。その長姉は輸入業者ヴァレ・ド・サリニャックに嫁したが、サリニャックが七年戦争で破産し失踪したためブラシー夫人を名乗った。三人の子どもがあり、長女が、ここでディドロが語っている中将の息子に当る文学者エチエヌ・ド・ラ・ファルグ（一七二八―一七九五）に嫁し、末娘がメラニー・ド・サリニャック（一七四四年生まれ）。メラニーの例は、五四ページにあるような「不人情な盲人」の否定になっている。また、五八ページにあるような「想像しない盲人」の否定にもなっている。

(43) マリ＝シャルロット・ヴォラン（一七二四―一七六八）のこと。通称ユラニー。

(44) 正確にはメラニーのきょうだいは姉のラ・ファルグ夫人と兄のヴァレ・ド・フェイヨールだけであった。

(45) 父のサリニャックの破産、二百万フランの債務。

(46) ヴェルニエールによると、教科書用のもの、『数学初等講義』（一七四一）と『幾何および物理学の基礎講義』（一七四六）らしい。

(47) 当時有名なパリの印刷業者。

(48) 一六七二年創刊の週刊新聞。宮廷のニュース、短詩、挿話等を報道するためのもの。初めは《メルキュール・ガラン》と題し、一七二四年以後《メルキュール・ド・フランス》となった。いくたびか断絶しながら一八二〇年までつづいた。十八世紀には半官半民的となり、その寄稿者には、トマ・コルネイユ、レーナル、マルモンテル、ラ・アルプ、シャンフォール、ヴォルテールが数えられた。大革命直前は出版者パンクークの手中にあった。

(49) パリ高等法院長（一六八五―一七七〇）。名流デュ・デファン夫人の親友。引用の書の正確な題名は『フランス史の新しい年代的提要』（*Nouvel abrégé chronologique de l'histoire de France*, Paris, Prault, 1744）

(50) パリの小唄作家、劇作家（一七〇九―八三）。わざと意味をぼかしたり、わかりにくくした自作の歌謡曲を歌ったという。

(51) ルヴェルシ、カドリーユともに十八世紀に流行したトランプ遊びの名。

（訳者付記）

この訳の底本としては、主としてヴェルニエール版を用い、ニクローズ版を参照し、図版の解釈には、以上の版のほか、クリュブ・フランセ・デュ・リーヴルの全集版第二巻の注をも参考にした。なお、この注の作製にあたって、主としてテクスト・フランセの編者ロバート・ニクローズの注と、ガルニエ版の編者ヴェルニエールの注とを参照した。

（訳注31への追補）

モリヌーはフランスから帰化したイギリス人の家系に属し、正しくは（英語読みでは）モリニュークス。この名は本文と解説にたびたび出てくるので、ここでお断りしておく。

自然の解釈に関する思索

（1）第六編とあるのは第四編の誤り。

（2）イギリスの天文学者（一六九二―一七六二）。金星の直径を測定し、地軸の章動を発見。「光行差」現象（天体から発した光の速度と地球の運動とによって、その天体が実際の地位から少しずれて見えること）を発見し、地球の太陽の周囲旋回運動を初めて満足に証明したのは彼である。

（3）フランスの天文学者（一七一五―一七九九）。『月と太陽と恒星の観測』（一七五一）の著者。

（4）数学者として有名なバーゼルの一家。ジャン一世（一六六七―一七四八）、ダニエル（一七〇〇―八二）、ジャン二世（一七一〇―九〇）。

（5）レオナルド・オイレル（一七〇七―一七八三）。スイスの数学者。解析学、力学で幾多の貴重な発見をしたほか、天文学にも幾多の貢献をした。

（6）ピエール＝ルイ・モロー・ド・モーペルテュイ（一六九八―一七五九）。フランスの数学者。フレデリック大王に迎えられてプロシャの科学アカデミー院長となった。

（7）『盲人に関する手紙』の注（36）参照。

（8）アレクシス・フォンテーヌ・デ・ベルタン（一七〇五―七一）。フランスの数学者で積分の創始者。

（9）ジャン・ルロン・ダランベール（一七一七―八三）。タンサン夫人の私生児。幼にして数学に天才を示し、二十二歳ですでに全欧にその名を知られた。一七四一年科学アカデミーに入り、『風力論』『力学通論』『液体論』等の力学上の著作もした。一七五四年アカデミー・フランセーズに迎えられ、一七七二年その常任書記となった。ディドロとともに『百科全書』を監修。

（10）ジョセフ＝ルイ・ラ・グランジュ（一七三六―一八一三）。フランス系の両親からイタリアのトリノで生まれた。十八歳でオイラーの出した難問を解き、十九歳でトリノの理工科学校の教授になった天才で、一七六六年フレデリック大王によってベルリンの科学アカデミーの院長に迎えられたが、大王の死とともにフランスに来て、革命後は高等師範学校、理工科大学校の教授となり、上院議員となった。ラ・グランジュの名前は一七五三年版、一七五四年版にはなく、それ以後の版で付け加えられた。

（11）ギリシャ神話の怪力の神ヘラクレスは世界各地を回ったが、地中海の西端ジブラルタル海峡の両側に二本の円柱を建てたという。この伝説から、ヘラクレスの円柱はヘラクレスさえもそれから先には行かなかったところの世界の涯という意味に用いられる。

（12）球体の円壔にたいする関係を決定した幾何学者というのはアルキメデスのことであるが、その結論を十分に理解しえたかどうか確信がもてなかった哲学者というのはフェルマのことらしい。

(13)　ピエール・フェルマ（一六〇一―六五）。フランスの数学者。デカルト、パスカル、メルセンヌ、トリチェリ、ホイヘンスなどの当時の碩学と文通し、幾多の数学的発見をした。デカルトとともに解析幾何学を、パスカルとともに確率論を開拓した。

(14)　ギリシャの幾何学者（前二八七頃―二一二）。有名なアルキメデスの原理の発見者で、自分の考案した機械で敵の船を吊し上げ、それを巌上に落して破壊したり、反射鏡で都市を焼いたりしたと伝えられる。彼は万力を活用し、「余に一つの支持点を与えよ、しからば余は世界を持ち上げるであろう」と言ったという。

(15)　聖書によればチグリス、ユーフラテス両河の間にあり、ノアの方船の子供たちが、バベルの塔の建つまでそこにいたという。

(16)　コストのこと。一七二四年に出したモンテーニュの版の注に自己の見解をたくさん加えた。

(17)　バウマンは本書の断片第五〇に引用されている序論のためにモーペルテュイが用いた変名であった。この論文は『自然の解釈』の発表後『有機体の形成に関する試論』なる題名のもとに、出版者（アベ・トリュブレ）の序文をつけてフランス語で出版――ベルリン〔パリ〕一七五四年、十二折判――された。それは翻訳として出版されたが、グリムが注意しているように、「本当の書き下し」である。しかしそれは不幸にしてフレロン（『百科全書』やヴォルテールの敵、『ラモーの甥』を参照）とディドロとが同列に取り扱われている「きわめてつまらぬ序文によって歪められた」ものである。一七六八（一七五六）年リヨン発行のモーペルテュイの『著作集』では、この論文はドルバックの本と同じように『自然の体系』という題を持っているが、ドルバックの本と混同してはいけない。「原型動物」という思想は胎生期にあった当時の進化論に共通した考え方であるが、ビュフォンはそれを種の枠内で考え、モーペルテュイは動物の多様化の説明にこの考え方を導入しているにすぎない。ディドロはさらに大胆に、これによって動物のすべての区分を説明しようとしている。

(18)　この考え方はギリシャのガレーノス以来あるもので、デカルト、モーペルテュイにも見出される。ラ・メトリはより慎重で、女性の精液は生殖に必要不可欠のものでないのではないかとの見解を示している。

(19)　トランプレーによって一七四〇年発見、研究された。『角形の腕を持った淡水腔腸動物の一種に関する研究』（ライデン、一七四四）を見よ。

(20)　一七四〇年ジュネーヴのシャルル・ボネの研究『アリマキ〔アブラムシ〕の単位生殖に関する覚え書』がレオミュールによって科学アカデミーに紹介され、一七四五年にレオミュールが出した『昆虫学』に記載されている。アリマキのこの奇妙な生殖の事実にはじめて気づいたのはレーウェンフクである。これは今日単為生殖と呼ばれている。なおハラーの『生理学』を参照せよ。この本の「生殖」にかんする部分は一七七四年に仏訳された。

(21) 周知のようにニュートンがその大発見をした人である。

(22) 「ライスを自分のものにせよ……」——これはキレナイ派のアリスティポスの言である。ライスはギリシャの遊妓で、アリスティポスは彼女の熱心な讃美者であったが、それを非難する人にたいして、ライスが彼を占有せぬかぎりは、哲学者たることをやめないでライスを自分のものにすることができると答えたという。したがってこの言葉は、日本語の「酒を飲んでも酒に飲まれるな」に相当する。

(23) この寓話はアイソポスにあり、ラ・フォンテーヌが『寓話』に取入れている。

(24) ソクラテスは自己の内に神託を聞く習慣を持ち、それを魔神(ダイモニオン)と名づけた。

(25) または鬼胎。胎児がなんらかの障害によって死に、それが流産によって体外に排出されないで子宮内にとどまっている場合(とくに子宮外妊娠の場合)、あるいは葡萄状の肉塊となり、あるいはミイラ化し、あるいは石灰沈着によって石化したりする。これを鬼胎というのであるが、一番多いのは葡萄状鬼胎で、鬼胎といえば普通これを指す。

(26) ビュフォンをさす。

(27) 以上は大体ビュフォンの仮説である。

(28) このカッコに入れた〔35〕と〔37〕とは一七五四年版では省略されたものであるが、「人民古典文庫」版に従って参考のため掲げた。

(29) この断片は一七五三年版にはなく、一七五四年版でつけ加えられたもの。

(30) この断片は一七五三年版にもあるが、一七五四年版で大きく書き改められている。

(31) このことに関しては、この『思索』の最後にあるディドロの注意を参照せよ。

(32) フランスのヨンヌ県にある有名な鐘乳洞。

(33) この断片は一七五四年版でつけ加えられた。

(34) 微分学の発見においてニュートンとライプニッツといずれが先であったかという論争が当時盛んであった。

(35) ドイツの医師で化学者(一六六〇—一七三四)。ハレ大学の医学部長をし、プロシャ王の侍医となった。彼はアニミズムを唱え、またその燃素説《フロジストン》はラヴォワジェが燃焼は酸化であることを立証するまで一世を支配した。彼の『化学の基礎理論』はマシーによって、「塩」や「硫黄」にかんする論文はドルバックによって、十八世紀にフランス語に訳されている。

(36) ディドロはここで、一七五二年にダリバールによって仏訳されたフランクリンの『電気にかんする実験と観察』をさしている。ディドロは、『追加実験と電気に関する観察』(ロンドン、一七五三)も英語で読んでいたかも知れない。

(37) 「方法」という言葉は、十七・八世紀の生物学において、

「分類の原理」の意に使われていた。したがって方法論者というのは、そういう分類ばかりしている生物学者のことである。

(38) この言葉に対して『百科全書』は「正しく推論し、討議する術」という定義を与えている。

(39) リンネのこと。ディドロが言及している言葉は『スエーデン動物系』（一七四六）の序文にある。

(40) ベルリン・アカデミーの院長をしていたモーペルテュイのこと。彼は一七五一年にバウマンの仮名を用いて『普遍的自然体系の形而上学的序説』を出版した。この著作はあるドイツ人博士によってエルランゲン大学に提出された学位論文であるという形を装っていた。その翻訳――むしろフランス語の原文――は一七五四年に『有機体形成にかんする試論』の名で刊行された。ディドロはラテン語の原文しか持たず著者の誰であるかを知らないふりを装っているが、ディドロが本書を執筆していた頃、モーペルテュイはフランスに滞在し、一七五三年五月から八月まではパリに、一七五四年五月まではサン＝マロにいたから、会って意見を交換したことがあったかも知れない。

(41) フィリップ・ブーシェによって創刊され、一七二八年から一八〇三年までつづいたジャンセニスト系の新聞。モンテスキューの『法の精神』が出たとき、著者を理神論者として攻撃した。

(42) アベ・ド・リニャックが一七五一年に出した反ビュフォンの冊子。

(43) シャルル・ピノー・デュクロ（一七〇四―七二）。フランスのモラリストで史家。『風俗論』『十八世紀風俗史に関する論稿』『ルイ十四世・十五世時代秘史』が代表的著作である。一七四七年アカデミーに入り、一七五五年その終身書記となった。思想的にはヴォルテール、モンテスキューなどに近い。

(44) マリー・ドーバントン（一七一六―一八〇〇）。フランスの自然科学者。最初医学を専攻したが、ついで博物学を研究、ビュフォンの『博物誌』の協力者となった。一七七八年コレージュ・ド・フランスの教授となり、一七九五年高等師範学校でも講義をした。彼は『百科全書』にも協力した。

(45) これはダランベールの筆になるものである。

(46) ヴォルテールの著。

(47) 「原因について」と題する二節は一七五四年版で書き加えられたもの。

(48) 合理神学に同じ。ダランベールは「自然神学は神の認識に関して、理性の生む知識以外のものを持たない」といっている。

(49) ヒッポクラテスとならび称せられるギリシャの医学者（一三一―二〇〇頃）。

(50) ヘルマン・ブールハーフェ（一六六八―一七三八）。オランダの名医。ライデン大学教授。化学、植物学の領域で幾多の業績を残した。彼の名は当時全欧にひびき、中国の一学者が「欧州、ボルハーヴ殿」で手紙を書いて、それで届いたという逸話がある。

(51) アルベール・ド・ハラー（一七〇八―七七）。スイスの詩人で医学者。最初詩才を示したが、ついで医学を研究し、さらに博物学に研究を拡げた。ライデンでブールハーフェに学んだ後、生地ベルヌに帰り、医業に従ったが、一七三五年ゲッチンゲン大学が開設されるや、招かれて解剖学、外科学、植物学の教授となり、十七年間同地に留まった。彼の『生理学要綱』は一七五七―一七六六年にローザンヌで出たが、その第一巻の三年前の一七五四年にディドロがその頃フランスではまだよく知られていなかったこの学者のことを知っているのは奇妙である。彼は一七五一年にゲッチンゲンで出た『生理学初歩』を知っていたのかも知れない。

(52) エクジュペール＝ジョセフ・ベルタン（一七一二―八一）、パリ大学医学部長。ディドロがここで言及しているベルタンの説はその後の研究で否定されているようである。

(53) これはビュフォンの仮説。彼は有機体の成長は新しい分子が営養によって取り込まれることによって起こると考えた。しかし種の各器官はそれぞれ「鋳型」を持っているので、取り込まれた分子は一定の形の器官しか造らない。ディドロはここで暗にビュフォンを反駁している。

(54) この断片は第三六の断片の補遺と見なすべきもので、一七五三年版にはない。

基本原理入門

(1) 解説参照。

(2) 人がキリスト教徒になるには洗礼を受けねばならない。その際、受洗者（代子）が、神にたいしておこなう約束の保証人となり、かつ受洗者がその約束を守るように責任をもつのが代父（受洗者が男子の場合）、または代母（受洗者が女子の場合）である。「代父」というのは、「紹介者」、あるいは「身許保証人」を意味するものと理解されたい。

(3) 「最高存在がつくりだしえた、またはつくりだすべきであったもの」というのは「自然」の意。

(4) 『エミール』（一七六二）はルソー、『精神論』（一七五八）はエルヴェシウス、『哲学辞典』（一七六四）はヴォルテールの著作。いうまでもなく上記三人は、十八世紀フランスの哲学者たちを、いわば代表する存在である。

(5) 行為の清廉のゆえに有名なギリシャの政治家（前五二〇以前―四六六頃）。彼は、ソクラテスとともに、人間の実践的世界における徳のシンボルとして、ディドロの他の著作中にも登場する。

(6) 前七世紀後半に生まれ、七十七歳で没したと伝えられるペルシャの宗教家。善神アフラ・マズダと悪神アハリマンとが戦い、後者が敗れて暗黒のなかに追いやられるという教義をのべた。

（7）『旧約聖書』の「創世記」中の人物で、アダムの直系第十代の族長。義人であったため、神の命令を受けて、方船を作り、家族や動物とともにこれに乗りこみ、大洪水による滅亡からまぬがれた。

（8）『旧約聖書』の伝えるユダヤの大立法者。イスラエル民族の出エジプトと、荒野の遍歴を指導した。シナイ山で神から十戒を受けたと伝えられる。

（9）当時スカンジナヴィア北方、すなわち現在のノルウェー、スエーデン、フィンランド、ソ連の地域に住んで、トナカイの狩猟で生活していた民族。

（10）アメリカ・インディアンの一部族。この時代には、彼らはオハイオ河口を中心として、現在のアメリカのニュー・ヨーク州に相当する地域にひろく生存していた。

（11）ギリシャの歴史家（前四八四頃―四二五頃）。ペルシャ帝国内の各地、南イタリア、シリアなどをひろく旅行した。ペルシャ、ギリシャの対立、抗争を骨組みとし、これに旅行中自ら集めた、世界各地の歴史、地誌にかんする厖大な知識を豊富に織りこんだ『歴史』を書いた。彼は、自己の見聞を主体とし、各地の伝承をそのまま『歴史』に採録している。ディドロが、本文中で言及しているのは、ヘロドトスに認められる、この史料批判精神の欠如である。

（12）ローマの歴史家（前五九――後一七）。四十余年を費して、一四二巻（現存するのは三十五巻）の『ローマ建国史』を書いた。ローマ国初から前九年までの歴史をのべたこの書は、その流麗な文体のゆえに、黄金時代のラテン文学の傑作と評価されている。しかし、ヘロドトスの場合と同じく、著者の史料批判精神は非常に低い。

（13）イギリスの古典主義の詩人（一六八八―一七四四）。生来、虚弱、せむしで、学校教育は受けていない。独学で古典を読み、幼少時から詩作を試みた。十六歳の時の作と称せられるウェルギリウス風の詩集『牧歌』（一七〇九）にはじまり、韻文詩論『批評論』（一七一一）、叙事詩『髪の毛ぬすみ』（一七一二）、諷刺詩『愚物列伝』（一七二八―四二）、哲学的教訓詩『人間論』（一七三二―三四）などの作品、およびホメロスの『イーリアス』の翻訳（一七一五―二〇）と『オデュッセイア』の翻訳（一七二五―二六）がある。これらの著作中、とくに『人間論』は、ヴォルテールの『哲学書簡』（一七三四）第二十二信によってフランスに紹介され、哲学者たちに影響を与えた。『人間論』のなかで、ポープは、宇宙における悪の存在にもかかわらず、究極的には善が宇宙全体を導いていくものであることを歌っている。

（14）人間の祖アダムが、イヴとともに禁断の木の実を食べ、その結果楽園の喪失と人類の堕落を招いた、とする『旧約聖書』（「創世紀」）の記述にたいする否定。

（15）ドイツの哲学者、数学者、物理学者（一六四六―一七一六）。主著としては、『形而上学論考』（一六八六）、『人間悟性新論』（一七〇四）、『神義論』（一七一〇）、『単子論』（一七一四執筆、一八四〇刊）がある。彼の壮大な規模をもつ体系は、普遍的秩序、連続律、対応、適合、和合、併起などを根本原理としている。彼によれば、この宇宙は無限個の単子の集合体であり、その全体が統一をもっているのは、神が単子創造の際にたてた予定調和による。神によって制作されたこの宇宙は、全体として神の完全性をもち、たとえ悪が個別的には存在していても、それは善を一層明瞭にするために、悪が必要とされるからにすぎない。したがって、神の義は、現実の悪の存在によって、いささかもそこなわれるものではない、という。

(16) カトリックの教理「全質変化」transsubstantiation をさす。すなわち、神人イエス・キリストが、パンの実質を彼のからだに完全に変化させ（また葡萄酒の実質を彼の血に完全に変化させ）、この聖体はただパン（および葡萄酒）の偶有性をとどめるだけで、そのなかには実際に、キリストのからだ（および血）が存在している、と主張する説をいう。

(17) 「神」をさす。

(18) マダガスカル人は、アフリカ大陸の住民と異なり、マラヤ系に属する。マダガスカル島は、一五〇〇年、ポルトガル人ディエゴ・ディアシュによって発見され、フランスは、十七、十八世紀に、島の東岸に基地をもっていた。

(19) 神がモーゼに命じて作らせたという七つの枝（左に三本の枝、右に三本の枝、中央に一本の枝）をもつ金の燭台のこと（『旧約聖書』、「出エジプト記」第二十五章、三十一―三十七節）。

(20) これは、長く迫害されていたキリスト教が、四世紀頃からローマ帝国の国教として古代世界において現実的権威をもち始めて以来、さまざまな誤解、偏見のつみかさねとして成立してきたキリスト教的反ユダヤ主義の「神話」の当然の帰結である。この反ユダヤ主義の主張は、次の二点に集約される。第一、ユダヤ人は集団としてキリストの死に責任がある。第二、ユダヤ人は、祖国なき民として、全世界に散らばってさまようべき運命にあり(Diaspora)、それはキリストを殺害した罰である。この「神話」がごく最近までヨーロッパ世界にはびこっていたことは周知の事実である。いうまでもなく、この二つの主張は、歴史的事実に反している。第一、キリスト殺害を命じた裁判は、ローマ帝国の官憲が行なったものである。密告者ユダを含めて、この裁判を支持したのはひとにぎりのユダヤ人にすぎない。キリストの周囲のユダヤ人の大部分は、キリストが絶命するまで彼の味方であった。それ以外のユダヤ民族は、エルサレムの外にいてこの事件を知らなかった。したがって、ユダヤ民族が集団としてキリストの死に責任がある、という主張は誤りである。第二、ユダヤ民族が、全世界に散らばっていくようになったのは、キリストより数世紀前からのことである。したがって、この事実は、キリストの死と関係をもたない。

(21) イスラエル王国第二代の王（前一一〇頃―九七二）。『旧約聖書』中もっとも多彩な人物の一人で、「主の心にかなう人」とよばれた。

(22) フランソワ・ド・サリニャック・ド・ラ・モット＝フェヌロン（一六五一―一七一五）。フランスの聖職者、思想家、文学者。ルイ十四世の孫で世嗣のブルゴーニュ公の教育者に任ぜられた（一六八九）。同公の教材として執筆した『テレマクの冒険』は有名である。しかしこの作の、政治批判も含めた寓意が、ルイ十四世の忌諱にふれ、他方静寂主義擁護の立場からボシュエと論争し、教皇インノケンティウス十二世の譴責をうけた。そのため国王の寵を失い、カンブレの大司教に任ぜられることになり、同地に引退、そこで歿した。

(23) 原文ラテン語〈nunc et semper.〉

(24) 原文ラテン語〈fiat lux.〉『旧約聖書』によれば、神が天地創造のはじめ、最初に発した言葉（「創世記」第一章、三節）。

(25) トロヤの実在は長く疑問視され、たんなる伝説的存在と考えられていた。一八七〇年シュリーマンが、ダーダネルス海峡に近いヒッサリクの丘に伝説のトロヤを求めて発掘を試み、ついにその遺跡の発見に成功した。

(26) キリストの死の当日、昼の十二時から絶命の時刻の三時まで地上の全面が暗くなった、という「マタイ」、「マルコ」、「ルカ」三福音書の記述をさす。

(27) ヨシュアがイスラエル人の前で、主にむかって「日よ、ギベオンの上にとどまれ、月よ、アヤロンの谷にやすらえ」と叫んだのにこたえて、日が天の中空に約一日（半日というのは誤り）とどまったという『旧約聖書』、「ヨシュア記」第十章、一二―一三節の記述をさす。

(28) バルカン半島南部、サロニカ湾に面する平野を中心とするマケドニアの住民。現在はスラブ系が多数だが、古くは原住民ペラスゴイと、ドーリア人、イリリス人、トラキア人などの侵入民族が混血したものであった。

(29) 七世紀にアラブ人に敗北したペルシャ人の子孫。彼らはこの敗北後も祖国（ヤッド地方とケルマン地方）にとどまって、ゾロアスター教を信奉し続けている。現在約三万人が残っている。

(30) インド四姓の第三階級ヴァイシア（農業、商業に従事する平民）に属するバラモン教徒。彼らは、主としてアラビアと東部アフリカとの交易に従事している。

(31) モーゼが、当時エジプトにあって圧制のもとに苦しんでいたイスラエル人を救出し、紅海を渡って逃がれさった時の奇跡をさす。『旧約聖書』によれば、エジプト軍に追われたモーゼの一行が紅海までたどりついた時、神が海を退かせて、あたりを陸に変えたので、彼らは紅海のまんなかを進むことができた。彼らが海を渡り終えると、神は再び海を元の状態にもどしたので、そのあとを追ってきたエジプト軍の戦車や騎兵はすべておぼれ死んだ、という（『旧約聖書』、「出エジプト記」第十五章）。

(32) ローマ・カトリック教会の信徒。「英語で神に祈る人」とは、イギリス国教会の信徒、すなわちプロテスタントを、また

「アラブ語で神に祈る人」とは、イスラム教徒を、それぞれさしている。

(33)　アフリカの原始遊牧民。ドイツの旅行家コルベンの『ホッテントット国の旅行記』(一七一三)、『喜望峰旅行記』(一七一九—仏訳一七四一)や、アベ・プレヴォー監修の『旅行の一般的歴史』(一七四六—七〇)などにおける記述を通して、当時のヨーロッパではホッテントットの存在が注目されるようになった。

(34)　フランスの国王(一五五一—八九)。宗教的内乱の最中に即位。嗣子がなかったので、カトリック同盟の首領アンリ・ド・ギーズと新教徒の首領アンリ・ド・ナヴァール(のちのアンリ四世)の二人が王位をねらい、いわゆる三アンリの戦いが生じ、国内は無政府状態を呈した。この間、アンリ三世は、ギーズ公アンリの横暴を憎んで彼を暗殺させたが、彼自身もついで修道士クレマンの手によって暗殺され、ここに十四世紀以来のヴァロワ王朝がたえた。そこで王位は当然、ヴァロワ家のマルグリットと結婚していたブルボン家のアンリ四世(一五五三—一六一〇)にわたることになった。彼は元来はカトリックであったが、母方の影響によってユグノー派に接近し、ついにその中心人物になる。しかし、カトリック派は彼の王位を認めず、戦争が続いたが、国内の抗争を中止するため、再びカトリックに改宗。一五九四年シャルトルで戴冠式をあげてパリにのりこんだ。一五九八年にナントの勅令を発布して国民に信仰の自由を保障し、国内を統一した。一六一〇年狂信的カトリック僧ラヴァヤックによって刺殺された。

(35)　ジューゼ一世(一七一四—七七)のこと。国王に在位の期間は一七五〇—七七。一七五八年に彼にたいして暗殺が試みられ、負傷する。宰相ポンバル侯爵はこの事件の責任が、大貴族とジェズイットにあるとして、彼らを追及し、一七五九年ジェズイットを王国から追放した。

(36)　聖バルテルミーの祝日の新教徒大虐殺は、一五七二年八月二十三日の夜、カトリーヌ・ド・メディシスとギーズ公一派の使嗾によって起こった。アンリ・ド・ナヴァール(のちのアンリ四世)と国王シャルル九世の妹マルグリットとの結婚式の翌日のことである。この時、新教派の指導者たちの大部分が殺害された。事件の直接的結果として、第五次宗教戦争がはじまった。

(37)　エチエンヌ・フランソワ・ド・ショワズール公爵(一七一九—八五)は、一七五八年から一七七〇年の間、ルイ十五世の外務大臣(事実上総理)をつとめた。七年戦争の惨禍からフランスを立ち直らせるのに功労があった。ディドロたち百科全書派と親交のあった彼は、本文にもあるように、一七六四年、イエズス会を解散させた。

ダランベールの夢

ダランベールとディドロとの対話

（1） 彫刻院会員、サン＝ロックの寺にあるモーペルテュイ（父親の方）の記念碑の作者。この記念碑についてグリムはこう言った。「この記念碑はモーペルテュイの父に与えた不朽の名を決してユエ氏に与えぬであろう。」〔アセザ版編注〕

（2） ファルコーネが己の名を後世に伝えんとする欲望について、ディドロとの間に往復した、当時問題の書簡の中において弁護した意見に対する当てこすりである。〔編者注〕このファルコーネとディドロとの論争往復書簡は第4巻に抜粋を訳出の予定。

（3） ダランベールの母親〔編者注〕。この前に「ヨーロッパ最大の幾何学者の一人」と言っているのはむろんダランベールのことである。事実ダランベールはタンサン夫人の私生児であり、父親は検察官デトゥシュであると、もっぱら噂されていた。捨子され、拾われてディドロが次に言っているようにジャン・ル・ロンと名付けられた。

（4） むろんダランベールのことをさしている。

（5） 春分及び秋分の日（彼岸）において昼夜は十二時間ずつとなるが、年々その時間が少しずつ移動するためその日は年により変る。その時間の移動を天文学上歳差と言う。ダランベールはこの歳差の問題を解決した。

（6） 『自然の解釈に関する思索』断片五八の問題2、を見よ。〔編者注〕そこには生物進化論が萌芽的な形で提出されており、『ダランベールの夢』ではさらにこれを補っている。（本巻一五九—一六〇頁）。

（7） 「楽器が覚えないだろうか、自分で繰り返さないだろうか……」（ヴェルニエール版）

（8） むろんデカルトが動物を機械に過ぎないと言ったことを指している。

（9） 「その住居と等質のものだったのか、それとも異質のものだったのか？　同質とすれば……」（ヴェルニエール版）

（10） 『懐疑論者の散歩』の中で、川を水晶だと思い、山を水蒸気だと思いちがいする哲学者。彼は原則として次の事実を主張した。非物質的な精神は直接に物質的な事物を認識することができず、ただこれらの事物の観念を認識するのみである。ここから彼は、世界はわれわれの精神の外部に存在するものではない、と結論した。バークレー（一六三五—一七五三）は、いうまでもなく、感覚論的観念論、客観的唯心論をロックに反対して主張したイギリスの哲学者。『懐疑論者の散歩』（*La promenade du Sceptique*）は一七四七年にディドロの書いたもの。別名を「並木道」（*Les Allées*）と言い、並木道で話す人々の対話に託していろいろの哲学者や学説を諷したもので、汎神論的な傾向が強く出ていると言われている。

（11） ギリシャ神話の英雄、トロヤ戦争の勇士の一人、大力無双であったが、頭は少し鈍く、アキレウスの鎧をユリスと争って敗れ、狂乱のあげく犯した失敗を恥じて自殺した。

（12） 同じくトロヤ包囲の一方の大将。

（13） ビュリダンは十四世紀の哲学者、有名な唯名論者で、オッカムの弟子である。二つの等しい枯草の束の間に立つ驢馬は餓死しなければならぬであろう。両側から等しい強さで引かれるから、という説をなしたと伝えられているが、実はこの話は彼の著書の中にはなく、アリストテレスおよびダンテの中に似た例があるとのことである。

(14) 『旧約聖書』、「創世紀」第三章第十九節にある、アダムがエデンを追われる時、神がアダムに向って言った言葉から出たもので、聖灰祭(四旬祭の第一日)の日に信者の額に灰を塗りつけながら司祭の唱える文句。

ダランベールの夢

(1) ボルドゥは『脈搏の研究』の著者である。血行の強弱の度から判断し得る診断に関しては、当時まであまり大した注意が払われていなかったのであるが、これに対しこの書物は、当時の人に非常な注意をもってこの診断に従わせるようにし向けた名著である。〔編者注〕

(2) 「大きな蜂の巣」(ヴェルニエール版)

(3) 「あなたに」(ヴェルニエール版)

(4) 「ちゃんとここにあるだろ。」(ヴェルニエール版)

(5) 珊瑚虫、いそぎんちゃくのごとき腔腸動物で、芽を出して繁殖し、その芽が母体と全く同じものができるのであるが、その芽のことをポリープという。

(6) エレーヌとジュディトという双生児。ビュフォンの著作『人間の自然誌』『畸形について』を見よ。〔編者注〕ビュフォンは言うまでもなく十八世紀フランスの有名な博物学者、文学者。

(7) ヴォルテールがニーダムのことをこう呼んだのである。けだし彼ニーダムは自分の顕微鏡に信頼し、今日のパンスペルミストの巧みな説明を知らず、溶いて醗酵させた小麦粉の中に蛆虫が湧いているのを見て、無邪気にも蛆虫が小麦粉から生まれたものであると思いこみ、空気中にみちているらしい蛆虫の卵から生まれるものとは気づかなかったのである。『奇蹟に関する諸疑問』書簡第十七、を見よ。〔編者注〕『奇蹟に関する諸疑問』はくわしくは *Questions sur les miracles a M. le Pr Cl...... par un professeur* といい、一七六五年ジュネーヴ発行のヴォルテールの著書である。

(8) ルクレティウスの『物性論』*De rerum natura.* 第五篇を見よ。ディドロを読む際にはしばしばこの先祖のことを考える必要がある。〔編者注〕

(9) フォントネルが天体の死滅について『世界多数論』(一六八六)の中で用いている比喩。

(10) ラマルクも『動物哲学』(一八〇〇)においてこれ以外のことは言っていない。彼はこの思想をビュフォンからかりたといわれているが、ビュフォンは晩年ことのついでに話しているに過ぎない。ほんとうに初めて唱道したものはマイエ、ロビネおよびディドロである。ボルドゥは、パラドックスが多いと非難され

ているが、精神自存論者《アニミスト》であるにもかかわらず、いくらもこの説を採用する芸当ができたのである。〔編者注〕

（11）ブロカ教授はパリ人の頭蓋骨を基とし、プリチャード氏は、イギリス人の頭蓋骨を基として、次の事実を主張した。現代人の脳の容積は、同じ素性の昔の人の脳の容積を著しく凌いでいる。ブロカ氏は、知能の座である後頭部に増大が行なわれていることを証明した。〔編者注〕

（12）われわれはすでに『聾唖者に関する手紙』においてカステル師にお目にかかった。そこでは彼の発明した楽器、（色彩翼琴）Clavecin oculaire が、扇の連続からできているものとして現わされている。がこの楽器はついに実現されなかったので、ディドロはここで一番適当だと思われる形を与えているのであり、彼はこれを『百科辞典』中の「翼琴」の項に示している。色彩が一枚のリボンの上に現われる仕組みになっているのである。四分の一音ごとに新しい色の出てくるその連続があの一連の連続を作っているのであり、そこにはダランベールの言っているように「明確に区別されるものは一つもない。」〔編者注〕

（13）ピュタゴラス派の哲学者、数学者、軍人、政治家（前四四〇―三六〇）。

（14）モリエールの喜劇『町人貴族』の主人公ジュルダンが修辞学の家庭教師から散文と韻文の区別を学び、日常話している言葉が散文だと聞かされて、感心していう台詞。

（15）ovaire（子宮）というつもりなのである。〔編者注〕

（16）ユリシスは漂流中このキクロプスのいる島に漂着し、危く頭から噛られるところであった。額の真中に眼が一つある巨人である。

（17）ビュフォンは、このキクロプスに関して、それは娘であったが、一七六六年度の《メルキュール》誌を参照せよ、と言っている。同年十月十二日に生まれ、ピエロン嬢がそのマスクを取った。〔編者注〕

（18）こうした器官の異常位置の実例はかなりありふれたものになっている。ビュフォンはメリ、ウインスロー、リオラン等によっていくつかの例を伝えている。われわれはディドロの知り得た例だけをあげているのである。今日でも他にいろいろ実例が認められている。〔同〕

（19）これがすなわち今日隔世遺伝と呼ばれているものである。〔同〕

（20）外科担当のルイ十五世の侍医頭（一六七八―一七四七）。ケネーと協力して、外科学アカデミーを設立した人。以下観察は『外科学会備忘録』第一にのっている。〔同〕

（21）エンケラドスはジュピテルに反抗したテイタン人のうちいちばん有名な巨人。エトナ山の下へ埋められ、この巨人の吐く息が煙となって空へ上っているという。ピグミーはギリシャ神話の小人族。アンフィトリーテ Amphitrite は海の神ネプテューンの妻で、語源的に「地球を取り抱える女」を意味する。

（22）フランスの天文学者、地理学者（一七〇一―一七四）。

(23) ゼウス(ジュピテル)の化けていた白鳥とレダの間に生まれた双生児。後にトロヤ戦争のもとになったヘレネーはこの双児の妹であるが、或る時シシュースとリソスに連れ出されたのを直ちにこの兄弟が救い出した。彼らはアルゴーナウテスの遠征に加わり、それに勝ったが、その後恨みを買ってカストールが暗殺された。ポルクス(ポリュデウケス)が仇を討ったが、敵の投げた石に当って斃れた。ゼウスは彼を伴って天上に昇ったが、彼はカストールが死んでいる間は天上で不死となることを肯じなかったので、ゼウスは両人を一日おきに神々と人間の間においた。

(24) 一七六三年以来、同誌は政府の命によりアルノーとシュアールの両人に委任されている。〔編者注〕

(25) この仮定は誤っている。二つの肉体の連接にかかわらず、両方の脳は独立しており、この条件における生命は一個の人間の諸能力の倍加ではなく、むしろ運悪くくっついて生まれた二人の人間にあってこれらの能力の行使の妨げとなるものである。

(26) ボルドゥが非常な手腕と良心とをもって行使した自分の家業に対して懐疑論を吐くのは怪しからぬという批評があった。〔編者注〕

(27) こういう結果は失語症の場合にしばしば起こる。

(28) この言葉は確かに当っていた。この架空の会話の時から間もなく、一七七二年、レスピナス嬢はモラ侯に向って例の情熱にみちた、「紙をやくばかり」の手紙を書いている。〔編者注〕

(29) 『哲学断想』第五十一を見よ〔同〕。そこでディドロは、アウグスティヌス『神の国』第十四篇二十四章から引用を試みている。

(30) これはシャトーブリアンが火の框と呼んでいる刑罰である。アタラを見よ。〔編者注〕『アタラ』はアメリカ・インディアンのことを題材にした小説。岩波文庫版『アタラ・ルネ』四〇頁参照。「火の框」という言葉は同書二五頁「あなたは私が火に投げこまれるのをご覧になるでしょう。」という個所に相当する原文で使われている。

(31) ディドロ自身のこと。

(32) フランスの科学者(一七〇九―八二)。自動人間を作ったことで有名。

(33) ヴェルニエール教授は Plus de justice(もはや正邪の判断もなく)を採用、ヴァリアントとして justesse(正確さ)、instinct(本能)をあげている。ただし、十数行前の「一般的現象」云々のところで、「理性、判断力……本能」と記されていることは考慮に値しよう。

(34) 『逆説俳優について』を参照。

(35) 「甘美的感覚に……」(ヴェルニエール版)

(36) 「憎んだり、非難したり、賛成したり、否定したり、泣いたり、行ったり……」(ヴエルニエール版)

(37) 「大きな本!」(ヴェルニエール版)

(38) 「……すぎません。すべての抽象科学は記号の組み合わせにすぎません。記号を……」(ヴェルニエール版)

(39) 宗教戦争を収拾したフランス歴代諸王中の随一の名君（一五五三—一六一〇）。ヴェルニエール教授は、ディディエ版の注及びガルニエ版の注で、「名君の再来」として話題になっているのは、一七六五年に死んでいる王太子のことではなく、新しい王太子ルイ（後のルイ十六世）のことであるとしている。なお、ガルニエ版の注では、ネージョンの原稿にはボルドゥの答えがないことに注目、ポミエ教授が、ルイ十五世の死後、ディドロのロシア、オランダ旅行からの帰還後に、『ダランベールの夢』に書き加えが行なわれた証拠の一つとしている説（《フランス文学史雑誌》一九五二年一—三月号）を紹介している。

対話のつづき

(40) ヴォラン嬢の見てはならなかったのはまさしくこのつけ加えられた部分である。〔編者注〕これはヴォラン嬢に宛てた手紙の文句を指している。

(41) 有名なギリシャの犬儒派の哲学者（前四一三—三二三）。

(42) ホラティウス『詩法』三四三行にある文句。「有用と快感を併せた者は、すべての投票を集めたと言い得る」の意。

(43) 色情狂。〔編者注〕

(44) （眼をおおいながら）がヴェルニエール版では加わっている。

(45) ルイ十五世の公式側室（一七四八—九八）。同夫人は大臣ショワズールとたえず衝突、大臣は一七七〇年末罷免された。

(46) 『ニコラ氏の哲学』の中でレティフ・ド・ラ・ブルトンヌは、あらゆる種類の実験がポツダムにおいてフリートリッヒ二世の手で行なわれたと称している。これはおそらく偽りであろう。今日において、かような異種のかけ合いは後段に引用されている兎と牝鶏の場合と同様、いくらレオーミュールのようなほんとの学者が保証していても、不可能であるといえよう。ハラーはこの点に関して次のようにいっている。「予はド・レオーミュール氏の友情にいたく敬意を表するものではあるが、氏のいっている如き、兎と、牝鶏の真実の交尾が行なわれたとは、信じることができない。」『生理学講義』（「生殖の部」）仏訳一七七四年、第一巻、三四七頁。〔編者注〕当時、動物の雑種を作る試みが、モーペルテュイ、ボネ等によってなされていた。

(47) 聖職者で、政治家、文学者（一六六一—一七四二）。『反ルクレティウス』という唯物論を反駁した書物がある。

（訳者付記）

ヴェルニエール教授校訂の『ダランベールの夢』と『元帥夫人との対話』（ディディエ版）は新村猛氏によるすぐれた訳業が岩波文庫から出ている。訳者の旧稿はアセザ版によったものである。アセザ版の読み方や同版編者の注の邦訳を残すことはかえって意義があるとも考えられたので、旧稿に多少の改変を加えたのみで、ヴェルニエール教授の読み方（ガルニエ版）とのちがいは注で示すことにした。相違は相当たくさんあるが、その多くは、日本語の訳文に大きな変化をもたらす種類のものではないので、省き、重要なもののみにとどめた。

物質と運動に関する哲学的諸原理

(1) 酸化物のこと。

(2) ドニ・パパン(フランスの物理学者、一六四七—一七一四)がロンドンに亡命中、一六八二年に発明した器具で、今日の圧力釜のごときもの。

(3) 一七〇七年にパパンによって造られ、ついでニューコメン、ワットによって完成された蒸気機関のことを当時はこう呼んだ。

(4) 近代化学はこうした見解を否定した。ディドロはラヴォワジエ以前の人間である。

ブーガンヴィール旅行記補遺

(1) ルイ・アントワーヌ・ド・ブーガンヴィール(一七二九—一八一四)は、最初、数学者で弁護士だった。一七五三年、ピカルディー大隊の軍医となる。次いでロンドン駐剳大使館事務官となった彼は、外交官を辞めて、モンカルム(フランスの将軍、カナダにおける対英軍戦ではなばなしい武勲をあげた)について、カナダに行き、この地で大佐に昇進、武威をあらわした。一七六三年の平和(七年戦争終結のパリ条約締結)ののち、海軍に勤務し、マルイース(フォークランド)諸島に植民地を創めて許可を得た、この植民地は、三年後、フランス政府がスペイン人に売ることになるものである。ブーガンヴィールの名を不朽ならしめたあの大遠征は、一七六六年から一七六九年にわたるものだった。この遠征で彼は、大洋州の大部分の諸島、なかんずくタヒチ島を踏査することができたのである。一七七一年に刊行されたその見聞記『世界一周旅行記』は、大成功をおさめた。ディドロは、この本の書評をしているが、その書評をわざわざここに再録する必要はないと思う。ブーガンヴィールの物語が現在まったく忘れ去られてしまわないというのも、ディドロの『補遺』のおかげなのである。ブーガンヴィールは、次いで、アメリカ独立戦争中に武勲をたて、一七九〇年には、ブレストで海軍軍管区司令官となったが、やがてその職を辞し、フランス学士院に入り、経度学会にはいった。ナポレオン一世は、彼を上院議員に任命、伯爵を授けた。

『補遺』は、ブーガンヴィールの『旅行記』の刊行の一年あとに書かれた。刊行されたのは、一七九六年である。ディドロは、その手写本を回覧するだけで満足していたからである。タヒチの風習によって、ディドロが示唆された考えというのは、モンテーニュの自然主義的哲学、それに本来善良な人間の——文明がそれを堕落させてしまったのだが——アナルシックな反社会的な理論に結びつくものである。この考えは、ジャン＝ジャック・ルソーのディジョンのアカデミーへの論文『学問芸術論』の主題となっているものである。

（2）ディドロの短篇小説『われわれの特殊な行為に関する世論の首尾一貫性のないことについて』（この題名はネージョンの命名で、もとは、ただ『ド・ラ・カルリエール夫人』というだけの題名だったので、今日ではむしろこの題名で通っている）では気象の話から始めているが、ふたりの友はド・ラ・カルリエール夫人の物語を終ったあと、その対話は「ほら日が暮れて、ぼくが君にいったとおり、多数の星のお供を連れてやってくるよ……」で終っている。本篇の書き出しのこの対話は、それにつづくという形式で書かれているようである。少なくとも以上のことはこの二作が同じ時代の執筆であることを示している。

（3）シナールは、この箇所は、当時ポルトガル領だったリオ・デ・ジャネイロの副王アクーナ伯爵の虐待にたいする諷刺だとしているが、ポール・ヴェルニエール教授は、当時ポルトガルは、フランスの同盟国であったスペインと紛争中だったから、この箇所は、むしろ、そうした時におけるブーガンヴィールの困難さについての思い出を見るべきだとしている。

（4）このあたりは、ディドロはブーガンヴィールよりもむしろ、一七七〇年に刊行されたドン・ペルネッティの『マルイーヌ諸島旅行記』によっている。

（5）ランシエ島は、ポモトゥー群島中の、一七六八年三月二十二日にブーガンヴィールが発見した小さい島。この島の土人は、ながい槍をふりまわしておびやかすので、Lanciers（槍兵）と名づけられたという。

（6）「女司祭……」というこの考え方の資料を提供したのは、シナールも指摘しているように、モンテスキューの『法の精神』中の、「台湾における宗教は、女が三十五歳にならないうちに子供を生むことを許さない。この年齢以前の場合には、女司祭は、女を踏んで、流産させる」（同書第二十二篇第十六章）という叙述であろう。

（7）ブーガンヴィールは、パラグアイのジェズイット僧侶追放のときには、ブエノス・アイレスに滞在している。ディドロは、別の箇所で、この事件にたいするブーガンヴィールの観察・判断を立派な、公正なものと評価している。しかし、ブーガンヴィールは、ジェズイットの功罪については、判断に迷っていたのだが、ディドロは、ブーガンヴィールの観察の「罪」のほうに重点をおいて解釈しているように思われる。

（8）フランスの有名な科学者（一七〇一—七四）。一七三五年科学アカデミーの委嘱を受けてペルーに行き、赤道における経度一度の距離の実測をし、アマゾンを降って帰国。その旅行を利用して彼は天文学その他にも多くの業績を出している。

(9) パタゴニヤ人は、アルゼンチンのパタゴニヤ地方の原住民だが、現在ほとんど絶滅してしまったといわれている。非常な巨人だという報告があり、この巨人説は、マジェランの旅行記までさかのぼることができる。一七六四—六五年にわたって旅行したバイロン船長は、身長三メートル近くのものを見たと報告している。それで、この巨人説が、当時論争を巻き起こしていたのである。

(10) ブーガンヴィールがフランスに連れてきたこのタヒチ人は、一七六九年三月—七〇年三月の一年間、大いにパリ人士の好奇心の対象となった。国王ルイ十五世に拝謁させられたり、フランス風の服装をさせられたり、オペラ座の楽屋にもひんぱんに出入したとのことである。それでこのタヒチ人は、ダンサーのアンセル嬢に刺青(いれずみ)をしたがったという話も伝わっている。レスピナス嬢は、そのサロンにアオトゥルーを迎えたこともあるし、ショワズール公爵夫人は、アオトゥルーに王庭を散歩させたりしている。聾唖教育法の創始者のペレールは、言語実験にこのタヒチ人を用いた。

(11) ここにあるように、ブーガンヴィールは、三万五千フランという費用を負担して、タヒチ人を本国へむけて送還させた。船長マリオン・デュ・フレーヌは、アオトゥルーを「マスカラン号」に乗船させたが、マダガスカル碇泊中、哀れにもこのタヒチ人は、天然痘のために死亡した。

(12) この章の書き出しの老人の描写は、ディドロの創作ではなく、ブーガンヴィールの記述によっている。すなわち、ブーガンヴィールは、その『旅行記』の中で、「この尊敬すべき老人は、われわれの到着にも、ほとんど気づかないような様子をしていた。老人は、われわれの優しい言動に答えようともしないでひっこんで行った。恐怖の念も驚きも好奇心も示さないで、云々」と書いている。

(13) ブーガンヴィールの『旅行記』にも、「嫉妬という感情は、ここでは縁のない感情だ」といっている。

(14) この時、ブーガンヴィールがルイ十五世の名において、タヒチ島占領の宣言をしたのは事実である。この式典は一七六八年四月十二日に行なわれているが、その前年、一七六七年六月に、イギリス人ウェイリスが、タヒチ島をジョージ三世に献じてもいる。

(15) ブーガンヴィール一行の水先案内人のコンスタンタンは、その日記の中でタヒチ人について、「彼らが盗みをすることは、まぎれもないことだが、それ以外には、彼らには何の欠点もない」と書いているし、ブーガンヴィールも「地面に置いたもの、ポケットにあるものさえ、絶えず監視していなければならなかった。というのは、ヨーロッパにはこの国の人間ほど巧みな掏摸(すり)はいないから」とその『旅行記』の中でいっている。

(16) タヒチ島民の美しさについては、当時この島を訪れたものは、異口同音にこれを認めている。ブーガンヴィールは『旅行記』の中で、「私はこれ以上立派な体格のものに出会ったことがない。……島民たちの健康と力……」というようにいっているし、女の美しさについても、みな一様にこれを称讃している。

(17)　ブーガンヴィールのタヒチ島滞在中、三人の島民が一頭の豚を争って、一行の兵士によって銃剣で殺され、そのため殺された島民の仲間たちが山に逃げこむという事件があった。一行のうちの一志願兵は、その日記の中で「われわれは野蛮人のように振舞った。そして彼ら島民たちは穏やかな、人間的な、文明人のように振舞った」と記している。

(18)　このあたり、ディドロはブーガンヴィールの記述をそのまま使っている。すなわち『旅行記』の中には、「島民たちは、彼らに若い娘たちを提供した。……地面には木の葉や花を撒きちらし、楽人たちは笛の伴奏で歓喜の讃歌を歌った」と書かれている。なお、さらにその先でブーガンヴィールは「人の良いツータァは私にその女たちのうちのいちばん若い、かなり美しい女を提供してくれた」と告白している。

(19)　ディドロは、この物語を本当らしく見せるために「昔からスペイン語の使用が……」と言っているが、十六世紀の末ごろ、ポルトガル人が、タヒチを発見、島民と接触しているから、ここはむしろ、ポルトガル語とあるべきところだろう。

(20)　ジャンヌ・バレは、男に変装して、一行の博物学者のフィリベール・コメルソンの従者となって乗船した。タヒチ島で、コメルソンの植物採集について行ったとき、島民のひとりが彼女をさらって行こうとした。士官のブールナンが剣を手にして、彼女を奪い返した。ブーガンヴィールが彼女を尋問したとき、「バレは、両眼を涙でぬらして、自分は娘であると告白した。そして乗船のとき、その主人（コメルソン）のところへ男の服装で行って、主人を瞞したのだ」（『旅行記』）そうである。

(21)　ディドロは、『運命論者ジャック』の中で、「肉体をそなえた二つの存在が交わした最初の誓い、それは崩れて粉になってしまう巌の下であった。彼らは絶えず変化している大空を、自分たちが心変りをしないという証人にした。彼らのうちのすべて、彼らの周囲のすべてが、移り変って行った。しかも彼らは自分たちの心は、そうした変遷を超越しているものと信じていた……」といっている。

(22)　アンリ四世時代に政治的にも大いに活躍したレンヌの司教アルノー・ドッサ（一五三六―一六〇四）のことか？　彼は一五九九年に枢機卿になっているが、むろん僧侶なので、表むきは独身である。もっともそのことは彼に隠し妻のあったことを否定するものではないが、やや理解しにくい行文である。識者のご教示を請う。

(23)　「……オルーの言葉がつづく」のあとに本来は、次の「続船隊付司祭とタヒチの住民との会話」のオルーの最初の言葉「娘の妊娠が確かめられたときこそ……」（三〇六頁）とつづくのであるが、三〇三頁以下三〇五頁までのニュー・イングランドで起こったというこの独立的挿話は、あとから、おそらくは一七八〇年ごろ、ディドロ自身挿入したものなのである。あとからの挿入なので、均衡を破っている観がないわけではないし、オリジナルの原稿にはないので、一八七五年のアセザ編の全集でも、アンドレ・ビイー編のプレイヤッド版にも、この箇所は全然はいっていない。モージ編のドロス版では、欄外の注に、本文より細字でこの挿話がこの箇所にはいるものとして紹介されている。底本としたヴェルニエール編のガルニエ古典叢書版には、本文としてはいっているし、あとからにしろディドロ自身の挿入なので、底本としたガルニエ古典叢書版に従って訳出した。

(24)『両インド史』の初版は一七七〇年。正確には、『両インドにおけるヨーロッパ人の植民および商業の哲学的・政治的歴史』*Histoire philosophique et politique des établissements et du commerce des européens dans les deux Indes* といい、ヨーロッパ人の植民政策を暴露論難した本で、ディドロはそれに協力している。とくに一七八〇年の増補版には、彼の手が加わっている。ポール・ベーカーの挿話は同版に挿入された。『ブーガンヴィール旅行記補遺』へのディドロのこの挿話の挿入は、注(23)で述べたように、同じ頃、即ち一七八〇年頃と考えられるわけである。

(25) ブーガンヴィールは、黒いヴェールは喪のしるしにすぎないとしている。

(26) 法の効用性、法が道徳を定める直接の力であるというのは、ディドロの道徳にたいする終始変らぬ基本的な考えである。アンシクロペディーの「ギリシャ」の項目の中でも、「法の権威、法の脅威のない良心の声とは、そもそも何であるか?」(これはルソーを意識し、ルソーに反対した立言と思われる)といっているし、ファルコーネ宛の一七六八年九月六日の書簡でも、「風紀の改良は、良き立法によるものです。他のいかなる力も一時的なものにすぎません……」と書いている。ディドロは、法は一貫したものであって、相矛盾するものであってはならないと考えていた。なお法と習俗(道義)との関係については、彼の短篇『父親と子供たちとの対話』参照のこと。

(27) 一七七二年グリムの《文芸通信》に掲載された『女性について』とこの女性心理の解剖とが同じころに書かれたものであることに注意されたい。

(28) マルクス・アウレリウスはローマの哲人。ディドロはマルクス・アウレリウスのこの言葉を、『哲学断想追補』でも利用している。

(29) イクシオン、即ちイクソスは、聖書に出てくる島の名前。グリフォンはギリシャ神話に出てくる身体が獅子で鷲の翼を持っていたといわれる怪獣。

(30) ディドロは、『ある哲学者の紙挟みから落ちた断片』*Fragments èchappés du portefeuille d'un philosophe* の中でも、「野蛮人は、自己の自由に執着するものだ。網に捕えられた鳥は、籠の格子にぶつけて頭をうちくだく。野蛮人が森の奥を後にして、われわれの都会へやってくるのを見たことがない。しかし文明人が野生の生活にあこがれて、都会を去ったということは、珍しいことではない」といっている。

（31）　二年後の一七七八年の『エルヴェシウス〈人間論〉の反駁』で、ディドロは同じ論法をルソーにたいして用いる。即ち「文明人の平均寿命は、原始人の平均寿命を凌駕している。万事はこのことにつきる」と。しかし、本篇と同じころのおそらくはレーナル宛と思われる一七七二年の「断片」の中でも、ディドロは、「〔文明人と野蛮人〕双方に共通の尺度を用いる必要があろう。こういう尺度が一つある。それは寿命である。ぼくは、われわれの平均寿命が森の人間の平均寿命より長いか短いかを問うのである」といい、その後『原始人に関する小論』*Petit essai sur l'homme sauvage* の中で、次のように結論している。「原始人の平均寿命は文明人のそれよりも長いだろうか？　短かいだろうか？　短かくする原因が何であるにせよ、最も疲弊した生命というものは、最も惨めな、最も短かい生命である。しかるにぼくは、文明人の平均寿命は、原始人のそれより長いと信じている。」

（32）　ディドロは『断片』の中でもヴェネツィア及びヴェネツィアの法律の残虐性に触れて、「もしも貴族政治というものが最悪のものでないとすれば、ヴェネツィアの政府は最良のものであろう」といっている。

（33）　「堅琴に絃を付け加える」とは、詩に新しい調子を導入するという意味。メルクリウス（マーキュリー、ギリシャ名ヘルメス）は、堅琴を創めて作ったとされている。それで「メルクリウスの堅琴に絃を……」は、創始者の定めたことに改変を加える、というほどの意。

（34）　ディドロの短篇『これは物語ではない』の登場人物。

（35）　ガルディーユ――同右。

（36）　タニエ――同右。

（37）　マドモワゼル・ド・ラ・ショー――同右。

（38）　シュバリエ・ド・デローシュ――同右。

（39）　『われわれの特殊な行為に関する世論の首尾一貫性のないことについて』（ネージョンの命名、原題はただ『ラ・カルリエール夫人』）に登場する人物。前注の『これは物語ではない』と『ラ・カルリエール夫人』は、一七七二年九月二十五日脱稿、『ブーガンヴィール旅行記補遺』は、十月七日脱稿。前の二つの作品とこの『補遺』とは、執筆時期がそうなっているだけでなく、もっと深い関係にあることは、注（1）で述べたとおりである。

（40）　これは、短篇小説『ある父親と子供たちとの対話』の主題となっている。

女性について

（1）　トマ・アントワーヌ・レオナール（一七三二―八五）。フランスの哲学者。アカデミー・フランセーズの会員。『自然宗教の詩についての文学的・哲学的考察』によってデビュー。一連の頌《エロージュ》によって才能を認められ、五回にわたりアカデミーの賞を受けた。文学的・哲学的サロン、とりわけジョフラン夫人や、レスピナス嬢のサロンで支持され、アカデミー入りした。自由は人間の第一の権利であり、法律によってのみ制限されるべきものであると主張して、哲学者たちの賞讃を博した。また、『百科全書』を告発した、おなじアカデミー会員のセギエを、文学を中傷する裏切り者と非難した。トマは、多くの人びとの尊敬を集め、さまざまな恩典に浴していたが、それを他人に分ち与えたといわれている。

（2）『さまざまな時代における女性の性格、風儀、精神についての試論』（一七七二）のこと。

（3）ドイツの詩人（一七二四―一八〇三）。神学と文献学を学んだ後、詩作を志し、ドイツのミルトンたらんとして、三十年近くの歳月を費して、壮大な叙事詩『メシアス』*Der Messias* を書いた。『失楽園』に匹敵する傑作にしようという意図は達成されなかったが、彼はドイツ国民詩の創始者と言われている。ディドロのいう熾天使は、この『メシアス』の中で讃美される、熾天使エロアのこと。

（4）パルナソス山の麓にあった、アポロンを祭った神殿。アポロンは、ピュティア（巫女）の口を通じて、神託を垂れたといわれる。

（5）聖《サン》ジェロームのこと。ラテン名ヒエロニムス（三三一―四二〇）。二十歳で洗礼を受け、神学を学んだ後、中央アジアにおもむき、三年間砂漠で隠者の生活を送った。その後司祭に任ぜられ、ローマで女性の信者たちを指導した。三八五年にベツレヘムに永住した。ヘブライ語の原典にもとづく聖書のラテン語訳を完成した。教会史や聖書注解の厖大な仕事を残した。彼の書簡はその時代の活写である。熱狂的な性格と、しんらつな論法とによって知られている。

（6）鬼頭哲人訳『ラシーヌ戯曲全集』第二巻（白水社）による。ロクサーヌは、皇帝ムラート（サルタン・アミュラ）の寵姫で、バビロンに遠征中の皇帝の留守をあずかっている。皇帝は弟のバジャゼが王座をおびやかすのを恐れて、彼を幽閉していたが、それでもなお不安で、戦場から密書を送って、ロクサーヌにバジャゼを殺すように命じた。ところが、ロクサーヌは、バジャゼに恋心を抱いていたので、その命令を実行していない。一方、皇帝の冷遇を恨んでいる大臣アコマは、バジャゼを擁立して、皇帝にそむくことをひそかにたくらみ、ロクサーヌをたきつけている。ディドロが引用しているロクサーヌの言葉は、恋するバジャゼの生殺与奪の権を与えられていることを利用して、自分の恋を受け入れ、陰謀に参加するよう、バジャゼに迫っている場面のせりふである。

（7）フランスの劇作家、父クレビヨン（一六七四―一七六二）のこと。次に引用されているのは、アセザ版の注によると、『カティリナ』第二幕、第一場の中の削除された詩句である。『カティリナ』は、一七四八年に、コメディ・フランセーズで上演された悲劇で、カティリナの陰謀を取扱っている。

（8）ウラル山脈北部、北西シベリアの北極海沿岸地方に住むウラル系の部族。トナカイの遊牧と、狩猟・漁労を営んでいる。

（9）ここでディドロが語っているのは、サン＝メダール教会の墓地に集った、コンヴュルショネール（痙攣派）と呼ばれる、狂信的なジャンセニストの一団のことである。烈しい痙攣のうちに神がかりの状態になり、未来を予言したり、不治の病が突然治るという奇蹟を信じるところからこの名がある。女の信者のなかには、「救済《スクール》」という苦行に身を委ねる者があった。「救済者《スクリエ》」と名乗る男に、薪で体を叩かせたり、十字架にかけてもらうのである。ディドロがのべているように、彼女らはその苦痛の中でまったく平然たる態度を示したといわれる。

（10）デュドワイエ・ド・ガステル（一七三二―八九）。劇作家。グリムは《文芸通信》に、「一七五九年の聖ヨハネの日の奇蹟」を報告している。その中で、彼は「救助」と呼ばれる拷問のことを述べているが、それは「斧で打ち、剣で突き刺し、最後には、女の衣服に火をつける」ことであった。その場面の主人公は、フランソワーズという五十八歳の処女であるが、ディドロの引用する奇妙な告白を青年時代のデュドワイエにしたのは彼女ではない。（アセザ版の注による）

（11）スタール夫人が、メーヌ公爵夫人とともにバスチーユに投獄されたのは、フランス王位の継承をめぐるセラマール公爵の陰謀の際である。セラマール（一六五七―一七三三）は、スペインの外交官で、フェリーペ五世に仕え、一七一五年にフランスに派遣されたが、ルイ十四世の歿後、摂政の役目をフェリーペ五世に継がせようと陰謀をめぐらし、夫の左遷を恨んでいたメーヌ公爵夫人をその陰謀に巻きこんだ。セラマールの書簡が押えられて陰謀は挫折した。

スタール夫人（スタール・ド・ローネー男爵夫人、一六八四―一七五〇）は、デュ・メーヌ公爵夫人の腹心の侍女であり、デュ・メーヌ公爵（ルイ十四世の妾腹の子）のソーの社交界で才女として鳴らした。ソーの社交生活をえがいた、『回想録《メモワール》』の著者として知られ、女ラ・ブリュイエールの異名をとった。

デュ・メーヌ公爵夫人（一六七六―一七五三）は、コンデ大公アンリ・ジュールの三女。パリの南郊ソーの領地に社交界をつくった。

（12）ラ・ギュイヨン夫人（一六四八―一七一七）。神秘論者。自分を、一切の地上的なものから解放された、神の愛を実践するために神に召された者と信じ、神と直接合体することの法悦を説いた。彼女の言説は、スペインの司教モリノス（一六四〇―九六）のとなえた、静寂主義《キュイエティスム》に近いものであった。キュイエティスムとは、外的な行為を一切排除し、一切を放棄して、魂を神に合体させ、無行為のうちに神を愛することにキリスト教的自己完成を見出そうとする神秘論である。ギュイヨン夫人の説の当否をめぐって、ボシュエと、夫人の説を擁護するフェヌロンとのあいだに論争がおこなわれ、それは法王イノケンティウス十二世によって、フェヌロンの『聖者の箴言の解説』(一六九七)が非難される(一六九九年)まで続いた。ギュイヨン夫人自身、この間数度投獄されたが、一七〇二年、自由の身となり、ブロワに隠退した。

(13) スペインのカルメル教団の改革者(一五一五—八二)。カルメル教団の発展につくし、ローマ教会から博士の称号を与えられた。異常な病気、幻覚、法悦のうちに彼女の宗教生活は送られた。

(14) この事実を、ピエール・ベールも、『慧星に関する雑想』(一六八二)で引用しているが、ベールはこの話の舞台を、聖ルイ王時代(十三世紀)のダマスにおいている。〔アセザ版注〕

(15) 十八世紀に名医の名を博したシルヴァは、ボルドーで、多勢の美人に診察を求められた。彼女らは気うつと神経症を訴えるのであった。シルヴァは彼女達に答えた。「神経症ではありませんな。てんかんですぞ。」翌日になるとボルドーには、神経症の女は一人もいなくなった。〔アセザ版注〕

(16) オランダの医師ブラーヴは、焼ごてで病人をおどかして、流行性のヒステリーを治した。〔アセザ版注〕

(17) アセザによれば、『オリノコ河の博物誌、人文誌、地誌』。この書は、ディドロの初期の翻訳協力者の一人エードーによって一七五八年に訳されている。

(18) ヨハネ黙示録第十七章第五節参照。「それから、七つの鉢を持つ七人の御使の一人が来て、わたしに語って言った。『さあ来なさい。多くの水の上にすわっている大淫婦に対する裁きを見せよう。地の王たちはこの女と姦淫を行い、地に住む人びとはこの女の姦淫のぶどう酒に酔いしれている。』御使は、わたしを御霊に感じたまま、荒野へ連れて行った。わたしはそこでひとりの女が赤い獣に乗っているのを見た。その獣は神を汚《けが》すかずかずの名でおおわれ、またそれに七つの頭と十の角とがあった。この女は紫と赤の衣をまとい、金と宝石と真珠とで身を飾り、憎むべきものと自分の姦淫の汚れとで満ちている金の杯を手に持ち、その額には一つの名がしるされていた。それは奥義《ミステール》(=神秘)であって、『大いなるバビロン、淫婦どもと地の憎むべきものらとの母』というのであった。わたしは、この女が聖徒の血とイエスの証人の血に酔いしれているのを見た。」

(19) この教訓は、ディドロが実際に、自分の娘に与えていたものとおなじである。〔アセザ版注〕一七六八年十一月二十二日付のソフィー・ヴォラン宛の手紙のなかで、ディドロは次のように書いている。

「……私は折を見て娘に、女性にむかっていわれる甘い言葉の一切を注釈してやりました。それはこういう意味なんだよ、と私は娘にいいました。『お嬢さん、どうか私のために親切な気持になって、名誉をけがし、いっさいの地位を失い、社会から追われ、一生修道院にとじこもり、お父さまやお母さまを死ぬほど苦しめていただけませんか……。』」

(20) ジャン・フランソワ・マルモンテル(一七二三—九九)。

フランスの作家。ジェズイットの学校で教育を受け、ヴォルテールの庇護のもとに、パリで劇作や詩作の道に入った。彼は多くの悲劇を書いているが、文学サロンでとりわけもてはやされたのは、叙事詩と小説の中間をいく『道徳的コント』であった。『百科全書』の文学に関する項目は彼の筆になるものが多い。一七六三年にアカデミー・フランセーズの会員となり、その軽妙な才によって社交界でもてはやされた。革命の際には隠退して、興味ある『回想録《メモワール》』を書いている。

哲学者とある元帥夫人との対話

（1）　ヴェルニエール教授はすべてクリュデリをディドロに置き換え、序文で「クリュデリといい、シニョラ、コンタリニといってもこれがどうということはあるまい、ディドロとドゥ・ブロイ元帥の仮名だということがわかっている以上は」と述べている。

（2）　《秘密通信》（*Correspondance secrète*）に従って、ここでは抹殺部を生かすことにする。利害という理由を元帥夫人の考え方として悪く言うはずはない。彼女の議論はほとんどこの問題を中心に展開している。〔アセザ版編注〕

（3）　異本、「奪う」（《秘密通信》）〔同〕

（4）　「絶えず妨げて」（ヴェルニエール版）

（5）　異本、「もう六人あるのですがもう一人七番目の戸を叩いています。」（《秘密通信》）〔アセザ版編注〕

（6）　異本、「……この世では何物も濫用を却けることができないということを、」（同）〔同〕

（7）　『哲学的考察』参照、第一巻一七〇頁。〔アセザ版編注〕ここではディドロは妻や子どもに裏切られた男が、人類の間に憎悪と争闘を起こさせて、復讐するために、「神」を発明した話を記している。

（8）　サルペトリエール救護院のことをこう呼んでいた。これは仕方のない女どもを閉じ込めておく場所であった。ビセートルが男の浮浪人の監禁所だったのと同じことである。〔編者注〕

（9）　「賢く、」を省く。（ヴェルニエール版）

（10）　マタイ伝、第五章第二十八節。

（11）　「今度もはいと……」（ヴェルニエール版）

（12）　われわれは「与える」の代りに「かくす」の方を生かすメトラのヴェルシオンの方が正しいことは明らかである。Vanité はここでは虚栄心（オルグイユ）の意味ではなく、堅実さの欠除（むなしさ）の意味である。〔編者〕ヴェルニエール教授も「かくす」（dérober）と読んでいる。

（13）　ラ・コンダミーヌのペルー旅行に加わった人、太陽儀の発明者。

（14）　有名な中世の聖僧（一〇三五―一一〇一）。

（15）　フォキオンはアテネの将軍、雄弁家（前四〇〇―三一七）。

アリスティドスはギリシャの将軍で政治家(前五四〇頃―四六八)。トラヤヌス、マルクス・アウレリウスは、いずれも有名なローマの皇帝。

(16) ロマ書、第二章第十二節、等。

(17) マタイ伝、第十一章第二十一節。

(18) いずれも昔のフェニキアの町、前者は後者の町のものが植民したものである。

(19) この話はディドロの気に入りのもので、『君はどう思う』という彼のコントの材料にもなっている。これは一時、ルソーの書いたものと間違われ、ルソーの著作の中に「ディドロ式のもの」という折紙をつけられてまぎれ込んでいたことがある。〔編者注抄〕

(20) 《秘密通信》により生かす。〔編者注〕ヴェルニエール版もこの通り、したがって〔 〕印はない。

(21) この最後の行は《秘密通信》では次のようになっている。

「唐人の寝言じゃありませんか？

――まあそうですな。

――とにかく、一番の近道は老人がいるものとして振舞うことですわ……たとえ信じないとしても。

――信じている時には、老人の慈悲を余り当にしないことですな。サン・ニコラよ、いつまでも泳ぐがよい、だが当てにしてはならぬぞ、ですよ。

――それが一番確かですわ……ときに、」〔編者注〕

(22) 「あまり当てにしない……」(ヴェルニエール版)

(23) 異本、「いまが最期という時に達したら。」(《秘密通信》)〔編者注〕

解説

小場瀬 卓三

まえがき

ディドロの全集、著作集、選集にはつぎのものがある。

Œuvres de Monsieur Diderot, éd. par J.-A. Naigeon. 15 vol., 1798.（ネージョン版・略号N版）

Œuvres complètes de Diderot, éd. par J.-L.-J. Brière. 20 vol. et un suppl., 1821-23.（ブリエール版・略号Br版）

Œuvres complètes de Diderot, éd. par Assezat et Tourneux. 20 vol., 1875-77.（アセザ＝トゥルヌー版・略号AT版）

Œuvres de Diderot, éd. par A. Billy. (Bibliothèque de la Pléiade), éd revue et augmentée, 1951.（プレイアッド版・略号P版）

Œuvres complètes de Diderot, éd. chronologique, introductions de Roger Lewinter, 15 vol., Paris, Club Français du Livre, 1969-73.（ルヴァンテール版・略号L版）

Diderots philosophschen Schriften. 2 Bde., Berlin, Aufbau-Verlag, 1961.

Diderot, *Selected philosophical Writings*, ed. by John Lough. Cambridge University Press, 1953.

さらに一九七五年六月頃から左記の版が刊行されているようであるが、これはまだ現品未着で、私は見ておらず、完結には五、六年を要するであろう。

Œuvres complètes de Diderot, première éd. scientifique, publ. sous la responsabilité de Herbert Dieckmann, Jean Fabre et Jacques Proust avec Jean. Varloot. 33 vol., Paris, Hermand. (ディークマン版・略号D版)

〈ガルニエ古典叢書〉Classiques Garnier (略号G版) はつぎのものを収めている。

Œuvres philosophiques, éd. par P. Vernière, 1956.

Œuvres esthétiques, éd. par P. Vernière, 1959.

Œuvres romanesques, éd. par H. Bénac, 1951.

Œuvres politiques, éd. par P. Vernière, 1963.

Mémoires pour Catherine II, éd. par P. Vernière, 1966.

〈人民文庫〉les Classiques du Peuple (略号CP版) は「選集」*Textes choisis* としてつぎのものを収めている。

Tome I : *Pensées philosophiques. Lettre sur les Aveugles. Suite de l'Apologie de l'abbé de Prades*, éd. par J. Varloot, 1952.

Tome II : *De l'interprétation de la nature. La pensée de Diderot dans l'Encyclopédie*, éd. par J. Varloot, 1962.

Tome III : *Le Rêve de d'Alembert*, éd. par J. Varloot.

Tome IV : *Les Salons* (textes choisis), éd. par R. Desné, 1955.

Tome V : *Essais sur la Peinture. Pensées détachées*, éd. par R. Desné, 1955.

Tome VI : *Textes politiques*, éd. par Yves Benot, 1960.

Tome VII : *Sur la liberté de la presse*, éd. par J. Proust, 1964.

ディドロの『全集』としては、いまのところルヴァンテール版が最良の版であるが、刊行中のD版が出ればもっとも信用のおける版となるであろう。しかしこれはまだ刊行中なので、現在のところは以上の諸版や、各作品について出ている校訂版のうち、最良と思われるテキストを各作品ごとに選んで翻訳の底本とするほかはない。しかしものによっては系列の異なる手稿をもとにした、優劣をつけがたい校訂版が二つ以上ある場合もある。いずれにしても、どの版を翻訳の底本としたかはそれぞれ明示してある。

ディドロの書簡はむろん『全集』に入っているわけだが、つぎの諸版がある。

Lettres à Sophie Volland, éd. par A. Babelon, 3 vol., Paris, Gallimard, 1930.（略号ＬＳ・Ｂ版）

Correspondance inédite, éd. par A. Babelon, 2 vol., Paris, Gallimard, 1931.（略号ＣＩ・Ｂ版）

Diderot et Falconet, *Le Pour et le Contre : correspondance polémique sur le respect de la postérité, Pline et les anciens auteurs qui ont parlé de peinture et de sculpture*, éd. par Yves Benot, Paris, Editeurs Français Réunis, 1958.（略号ＤＦ・Ｂ版）

『全集』及び右の諸版に入っている手紙全部を、宛名別ではなく、年代順に並べた左記の版が刊行され、大変便利になった。

Correspondance, éd. par G. Roth, tomes I-XVI. Paris, Ed. de Minuit, 1955-70.（略号ＣＲ版）

手紙を引用する場合には原則としてこの版に拠った。

著作、書簡、いずれの場合も、この解説及び訳注のなかではそれぞれの略号で示してある。

個々の作品について参考すべき研究は各作品の解説のあとに掲出したが、ディドロに関する全般的な研究書の主要なものをここに挙げておく。

Annales historiques de la Révolution française. nº 173 (juillet-septembre 1963:250e anniversaire de la naissance de Diderot.)

Cahier de l'Association Internationale des Etudes Françaises. nº 13 (Congrès de l'Association, 25-27 juillet 1960), Paris, Belles-Lettres, 1961.

Diderot, numéro spécial de *l'Europe*. janv.-févr. 1963.

Denis Diderot : Festkolloquim am 4. und 5. Oktober 1963. (Wissenschaftliche Zeitschrift der Humboldt Universität zu Berlin, Gesellschafts und sprachwissenschaftliche Reihe, XIII, 1964.)

AVEZAC-LAVIGNE, C., *Diderot et la société du Baron d'Holbach.* Paris, Leroux, 1875.

BENOT, Yves, *De l'athéisme à l'anticolonialisme.* Paris, Maspero, 1970.

BILLY, André, *Diderot.* Paris, Ed. de France, 1932.

COLLIGNON, A., *Diderot, sa vie, ses œuvres, sa correspondance.* Paris, Alcan, 1895.

CROCKER, Lester G., *Diderot's Chaotic Order : Approch to Synthetisis.* New Jersey (U.S.A.), Princeton University Press, 1974.

CROCKER, Lester G., *A Life of Denis Diderot.* Michigan State College Press, 1954.

CRU, R. Loyalty, *Diderot as a Disciple of English Thought.* Reprint ed., N.Y., Ams Press, 1966.

DÉDÉYAN, Charles, *L'Angleterre dans la pensée de Diderot.* (Les Cours de Sorbonne.) Paris, Centre de documentation universitaire, 1958.

DIECKMANN, Herbert, *Inventaire du Fonds Vandeul et inédits de Diderot.* Genève, Droz, 1951.

DIECKMANN, Herbert, *Cinq leçons sur Diderot.* Genève, Droz, 1959.

DUCROS, Louis, *Diderot, l'homme et l'écrivain.* Paris, Perrin, 1894.

GILLOT, Hubert, *Denis Diderot, l'homme, ses idées philosophiques, esthétiques, littéraires.* Paris, Courville, 1937.

GORNY, Léon, *Diderot, un grand Européen.* Paris, Grasset, 1971.

HERMAND, Pierre, *Les Idées morales de Diderot*. Paris, Presses Universitaires de France, 1923.

HUBERT, René, *La Morale de Diderot*. (Revue du XVIIIe Siècle, tome III:1914, no 4 et tome III:1916, no 1.)

LEDIEU, Paul, *Diderot et Sophie Volland*. Paris, Publications du Centre, 1925.

LEFEBVRE, Henri, *Diderot*. Paris, Hier et Aujourd'hui, 1949.

LEUTRAT, Jean-Louis, *Diderot*. (Classique du XXe siècle.), Paris, Ed. universtaires., 1967.)

LUPPOL, I. K., *Diderot*. Paris, Ed. Sociale Internationale, 1936.

LUXEMBOURG, Lilo K., *Francis Bacon and Diderot*. N. Y., Humanities Press, 1967.

MARCEL, Chanoine, *La Jeunesse de Diderot*. Paris, Mercure de France, 1919.

MARCEL, Chanoine, *La Mort de Diderot d'apres des documents inédits*. Paris, Champion, 1925.

MAY, Georges, *Quatre Visages de Denis Diderot*. Paris, Boivin, 1951.

MAYER, Jean, *Diderot, homme de science*. Rennes, Imprimerie Bretonne, 1959.

MILLER, Arnold, *The Annexation of a* Philosophe *: Diderot in Soviet Criticism, 1917-1960*. (Diderot Studies XV.) 1971.

MORLEY, John, *Diderot and the Encyclopedists*. 2 vol., London, Macmillan, 1914.

MORNET, Daniel, *Diderot, l'homme et l'œuvre*. Paris, Boivin, 1941.

MORTIER, Roland, *Diderot au carrefour de la poésie et de la philosophie*. (Revue des Sciences humaines, oct.-déc. 1963.)

MORTIER, Roland, *Diderot en Allemagne (1750-1850)*. Paris, P. U. F., 1954.

NAIGEON, Jacques-André, *Mémoires historiques et philosophiques sur la vie et les ouvrages de Denis Diderot*. Genève, Slatkine Reprints, 1970. (original ed. 1821.)

NAVILLE, Pierre, *D'Holbach et la philosophie scientifique au XVIIIe siècle*. Paris, Gallimard, 1967.

NEDERGAARD, Leif, *Notes sur certains ouvrages de Diderot : sources, dates, paralleles.* Copenhague, Gyldendal, 1950.

O'GORMAN, Donald, *Diderot the Satirist.* Toronto, University of Toronto Press, 1971.

POMEAU, René, *Diderot, sa vie, son œuvre avec un exposé de sa philosophie.* Paris, P. U. F., 1967.

POMMIER, Jean, *Diderot avant Vincennes.* Paris, Boivin, 1939.

PROUST, Jacques, *Diderot et l'Encyclopédie.* Paris, Colin, 1962.

REINACH, Joseph, *Diderot.* Paris, Hachette, 1894.

ROSENKRANZ, Karl, *Diderot's Leben und Werke*, 2 Bde., Leipzig, Brockhaus, 1866.

SCHWART, Jérome, *Diderot and Montaigne : the "Essais" and the Shaping of Diderot's Humanism.* Genève, Droz, 1966.

SCHERER, Edmond, *Diderot : étude.* Paris, Calmann-Lévy, 1880.

SEZNEC, Jean, *Essai sur Diderot et l'antiquité.* Oxford, Clraendon Press, 1957.

SCHÉRER, Jacques, *Le Cardinal et l'Orang-outang : essai sur les inversions et les distances dans la pensée de Diderot.* Paris, SEDES, 1972.

SMILEY, Joseph Royall, *Diderot's Relations with Grimm.* Urbana, Illinois University Press, 1950.

STRUGNELL, *Diderot's Politics.* Hague, Nijhof, 1973.

THOMAS, Jean, *L'Humanisme de Diderot.* Paris, Belles-Lettres, 2e éd., 1938.

TOURNEUX, Maurice, *Diderot et Catherine II.* Paris, Calmann-Lévy, 1899.

TOURNEUX, M., *Les manuscrits de Diderot conservés en Russie.* Genève, Slatkine Reprints, 1967.

TROUSSON, Raymond, *Socrate devant Voltaire, Diderot et Rousseau.* Paris, Minard, 1967.

VENTURI, Franco, *Jeunesse de Diderot (de 1713 à 1753).* Paris, Skira, 1939.

VERNIÈRE, Paul, *Diderot, ses manuscrits et ses copies*. Paris, Klincksieck, 1967.

WILSON, Arthur M., *Diderot*. N. Y., Oxford Univ. Press, 1972.

WINTER, Ursula, *Der Materialismus bei Diderot*. Genève, Droz, 1972.

鳥井博郎『ディドロ――フランス啓蒙思想への一研究』国土社、昭和二十三年。

本田喜代治「ディドロと『アンシクロペディ』」「ディドロにおける神と自然」(『近代フランス社会思想の成立』日本評論社、昭和二十四年、本田喜代治フランス社会思想研究第一巻『フランス革命と社会思想』法政大学出版局、へ収録)。

小場瀬卓三『ディドロ研究(上)(中)』白水社、一九六一、七二年。

松平斉光『フランス啓蒙思想の研究』有斐閣、昭和三十五年。

ディドロだけに関係したものではないが、彼に関する論文が頻繁に掲載される論集や定期刊行物に左記のものがある。

Diderot Studies, edited by Otis F. Fellows, N. L. Torrey, etc., Vol. I-XVII, Syracyse University Press et Gevève, Droz, 1949-73.

Dix-huitième Siècle. revue annuelle publ. par la Société française d'Etudes du XVIIIe siècle. I-VII, 1969-75.

Studies on Voltaire and the Eighteenth Century, ed. by Theodor Besterman. Genève, Institut et Musée Voltaire, Vol. I-CI, 1955-1973.

ディドロに関係した論文が多く入っている記念論文集には以下のものがある。

Beiträge zur französischen Aufklärung und zur spanischen Literatur : Festschrift für Werner Krauss zum 70. Geburtstag, herausgegeben von Werner Bahner. Berlin, Akademie-Verlag, 1971.

Essays on Diderot and the Enlightenment in honor of Otis Fellows. ed. by Papas. Genève, Droz, 1974.

Approches des Lumières : Mélanges offert au Prof. Jean Fabre. Paris, Klincksieck. 1974.

Eighteenth Century Studies presented to A. M. Wilson. ed. by Peter Gay, Hanover, New Hampshire, U. S. A., 1972.

一　ディドロの出発点

糊口をしのぐために引受けたスタニヤン Temple Stanyan の『ギリシャ史』*Histoire de la Grèce*, 1743 やジェームス Robert James の『医学辞典』の翻訳 *Dictionnaire de médecine*, 1744-48 を別とすれば（Br版はそれらのものも収録しているが）、ディドロの最初の著作は『真価と美徳に関する試論』*Essai sur le mérite et la vertue*, 1745 であり、AT版もその他の版もそこから始めている。しかし実をいえば、この『真価と美徳に関する試論』も翻訳であって、イギリスのシャフツベリー卿 Lord Shaftesbury（1671-1713）の『美徳または真価探求』*Inquiry concerning Virtue or Merit*, 1699（決定版一七一一年）を自由訳したものにほかならない。翻訳にもかかわらず、これをディドロの処女作とするのは、それが自由訳であって、原著に対してディドロがある程度距離を置いていること、『ギリシャ史』や『医学辞典』とは違って、彼が献身するようになる哲学の本の翻案であって、いわゆる〝バイト〟ではないということ、そして最後に、これがもっとも重要なことであるが、ディドロが所々に注解をつけて、そのなかで自己の見解を展開していることによるものである。

イギリスの思想は十八世紀以来、ホッブス Hobbes やロック Locke を初めとし、トーランド Toland コリンズ Collins などに至るまでフランスに紹介されているが、そうした思想家のなかでとくにシャフツベリーを選んだのは、気質的に彼の思想がディドロにもっともぴったりとしていたせいだと思われる。シャフツベリーはディドロに大きな影響を与え、彼が理神論を乗り越えて無神論者になってしまった後になっても、シャフツベリーの影響はディドロのなかに痕跡をとどめており、それは彼の最後の著作『クラウディウス帝とネロ帝の治世に関する試論』*Essai sur les règnes de Claude et de Néron*（初版一七七八年、改訂版一七八一年）に至るまで消えない。

十七世紀の後半から十八世紀の初頭にかけて、イギリスには数多くの理神論哲学者が輩出したが、そのなかでシャフツベリーは道徳に重点を置き、人間の情念 enthusiasm=passions を重視している点に特色があり、ディドロが彼に魅せられたのもまさにその点であった。

「宗教なしには美徳はなく、美徳なしには幸福もまたありえない。」（L版第一巻一七頁――「弟に」と題する序文から）

これがシャフツベリーの結論でもあれば、ディドロの考えでもあった。（この定言《テーゼ》の後半はディドロが生涯守り抜く思想である。）

他方フランスでは、十七世紀の末以来、ピエール・ベール Pierre Bayle が、現実にあるキリスト教（教会のキリスト教）なるものは道徳の基礎になっていないし、またなりうるものではないことを、かずかずの史上の事実にもとづいて立証していた。彼は歴代の法王や枢機卿や司教のなかには淫蕩無頼の徒がいたし、イエスの聖地を取り返すという高貴な目的で行なわれた十字軍が、実際は略奪、虐殺、凌辱、その他の目をそむけさせるような残虐行為の連続であった等の事実を、古い文書のなかから掘り起してきて、現実に教会の宗教は道徳の基底になっていない以上、道徳と宗教とは切り離して考えるべきものであり、信仰のないものでも十分に有徳な人間でありうるというテーゼを出していた。

「宗教なしには美徳はない」というシャフツベリーの定言を受け容れるとすれば、ベールがすでに叙上のような事実を明らかにしている以上、教会の宗教、教会やその神学者のいう神ではなしに、真に道徳の基礎になりうるような、別個の、真正な〈神〉や信仰を考えるほかはない。それに答えること、少なくともそのような〈神〉を探求することが、ディドロの次の著作『哲学断想』（一七四六年）の主題であった。

二　『哲学断想』

この著作こそ、言葉の真の意味におけるディドロの最初の著作[1]であるが、これが前述のシャフツベリーの翻案を延長した線の上で書かれたものであることは、今日いろいろな学者の研究によって実証的に明らかにされている。フランコ・ヴェンツリ Franco Venturi ロバート・ニクローズ Robert Niklaus は、より限定的に、『断想』は『試論』の「翻訳にディドロがつけた個人的な注を延長したもの」であるとの見解をとっているが、まさにそのような性質の本である。

ディドロの娘ヴァンドゥル夫人 Madame de Vandeul は父親の生涯及び著作に関する『覚え書』*Mémoires pour servir à l'histoire de la vie et des ouvrages de Diderot*（AT版・L版とも第1巻に所収）のなかで、ディドロはこの『断想』を「聖金曜日から復活祭の日曜日まで」の間に書きあげたと誌している。そうすると、この本はたった三日間で書かれたということにならざるをえないが、ディドロがいくら〈即興的な〉作家だといっても、これがわずか三日間で出来上る著述でないことは論ずるまでもなく明白なことであって、まだ生まれていなかったヴァンドゥル夫人は、あとで家庭内の語り草になった伝説をここに書き留めているにすぎない。それは三日間で〈清書された〉とか、あるいはシャフツベリーを訳したり読んだりした機会に（というのはシャフツベリーには『美徳と真価探求』のほかにも『情念に関する手紙』*Letter concerning Enthusiasm*, 1707『モラリスト』*The Moralists*, 1709『人間の性格、風俗、世論、時代』*Characteristics of Men, Manners, Opinions, Times*, 1711, 3 vol. といった著作があるから）取っておいたメモを〈整理した〉というふうに解すべきであろう。

それはいずれにしろ、ディドロはこれをしょっちゅう金をせびりにくる情人のピュイジュー夫人 Madame de Puisieux にくれてやる金を稼ぐために本屋に渡し、本屋（Laurent Durand）は当時のこうした危険視される本の場合に使われた常套手段に従って、著者の名も本屋の名前も刷り込まずに、出版地はオランダのハーグと偽って、その年のうちに出版した。ジャンセニストの牙城であったパリの高等法院は翌一七四六年七月七日の判決で、ジャンセニストが奇蹟扱いにしているサン・メダール墓地 Saint-Médard の痙攣派の事件を嘲笑しているこの本を「焚書」の処分に付したが、それは単に形だけの話で、むしろ宣伝[2]に役立つくらいが落ちであったであろう。『哲学断想』がかなりの反響を呼び起こしたことは、これに対する各種の反論が出ていることによってのみならず、この本自体が版を重ね、ニクローズが探し出したディドロ生前の版だけでも一四種類にのぼっていることによって動かしがたい。

といって、この成功は『哲学断想』が他の思想家を抜きん出るばかりの革新的な思想を表明した著作であることを証明するものではない。確かにディドロが当時の他の思想家よりも断然進んでいるような点もある。しかし全体としてみれば、この本は当時の合法・非合法の宗教批判の冊子を超えるほど革新的な思想を現わしているわけではない。ちょうどマラソン競争の走り初めには、決勝点で第一着を占める走者も、他の走者に伍して駆けているように、ディドロも数ある批判的思想家の一人として、それに伍して駆けているにすぎないといえる。それでは、どうしてこの本がそんなに大きな反響を呼び起こしたのか？　それはその表現形式の斬新さ、その文学的魅力によるものと考えてよいだろう。

ディドロの作家的資質はこの最初の著作においてはやくもそのひらめきを見せている。ごらんのとおり、これはアフォリスムの形をとっているが、甲論乙駁の態をなしており、のちに彼がお得意とする〈対話〉に発展して行く萌芽がすでにここに見られる。これはアフォリスムであって、思いつくままに書きつけたメモの形を取っていて、一見そこにはなんの秩序、論理もないように見える。不注意な読者ならば、これを即興的な筆のすさびとして受取るであろう。しかしその底にはやはりちゃんと計算された論理がある。ニクローズはその〈設計図《プラン》〉をつぎのように解明している。

情念の権利の回復（一―五）、宗教的のぼせあがりや、禁欲主義や、無神論以上に〈神〉に害悪を及ぼす迷信の有害な効果（六―一二）、無神論者は、たとえパスカル Pascal のように傑出した頭脳であろうと、迷信家によっては反駁されえないこと、むしろ実験物理学（＝自然学《フィジック》＝自然科学）の成果をふまえた理神論によって、より容易に反駁されうること（一三―一九）、神は考える存在があるということ及び自然の調和によって証明されること（二〇）、無神論者は偶然というルクレティウス Lucretius の論拠に立脚していること（二一）、無神論者は三種類に分れること（二二）、しかし理神論は無神論や懐疑論にまさっていること（二三）、そうはいっても懐疑は必要であること（二四―四〇）、のぼせあがったものだけが一切の批判的精神が忌む奇蹟を信じていること（四一―四二、四六―五三）、キリスト教は他のすべての宗教と同様、国家に危険を及ぼすことなく自己の地位を固めたものではないこと、ユリアヌス Julianus 帝の態度と叡知（四三）、聖書批判とその神聖な性格に対する疑い（四四―四五、六〇）、批判的理性への賛辞（五四―五七、六一）、カトリック的信仰告白（五八）。最後の部分において著者は自然宗教を推賞し、これをもって本書の結論としている。

この分析でもわかるように、この本は教会のキリスト教（啓示宗教）や無神論に対して理神論を主張しようとしたもの、というよりは、道徳の基礎になりうるような真正な〈神〉を、ああでもない、こうでもないと探求し、その結果一応、理性をもった人間と自然の調和によって立証されるところの理神論的な神に落ちつかざるをえないという結論を出そうとしたものであって、断片第五八に見られるカトリック的信仰告白のごときは、教会にとって危険なこうした思想をカモフラージュするための隠れミノにすぎない。

これが一七四六年という時期においてディドロが立っていた思想的立場であるが、このような思想は、教会にとってはその基礎をゆるがす危険思想であったとしても、その時代としてはそれほど目新しいものでもなんでもない。ヴォルテールがすでに『哲学書簡』*Lettres philosophiques*, 1734 で広めている思想だともいえる。ただそれが真正なる〈神〉の探求という、左右にゆれ動き、手さぐりする形で示されたので、〈迷える羊〉にはより説得的に感じられ、類書にくらべてより大きな反響を生んだと考えられるのである。そして今日ディドロを考える場合にも、私は重要視しなければならないのは、理神論という結論ではなしに、その求道的精神ではないかと思う。「真理への第一歩は懐疑である」(断想第三一)というのがディドロの生涯かわることのない標語であったが、彼のこういった精神はすでにこの第一作に明白に現われており(彼は断想第二九で「ひとは私に真理を探求することを求めるべきであって、それを発見することを求めるべきではない」と言っている)、そしてこの点において、彼はイギリスの経験論哲学者よりもベールの、デカルトの、とくにモンテーニュ Montaigne の遺鉢を受け継いでいるのである。

『哲学断想』に現われたディドロの理神論的思想が、当時としてはそれほど目新しいものでもなんでもなかったことはすでに述べたとおりであるが、とはいえ、同時代の理神論的思想に比べて、ディドロらしい特色、のちに彼がこうした理神論を乗り超えて唯物論者になって行く芽がここにないではない。ディドロは当時の自然科学の成果を取って、それをもって〈神〉を根拠づけようとしており、その点はヴォルテールがニュートンの物理学をもって彼の理神論を根拠づけようとしたのと同じだといえなくはないが、彼はニュートンよりもむしろ生物学に関心を示し、それを論拠にしようとしている。そしてこの生物学は当時発酵状態にあり、新たな発見が相継いでいたばかりではなく、次第に「生物は変る」という進化論的な思想を生み出してくるのである。ディドロがこの本を書いた頃、ビュフォン Buffon はせっせと彼の『博物誌』*Histoire naturelle* を書いていたのであり、一七四八年にその第一巻が市場に現われるのである。そしてこの著作において進化論的な思想――ニュートンのように天体は永遠不変の軌道を回周していると考えるのでもなく、またリンネ Linne

のように生物は神の創造されたままに不変であると考えるのではなく、万物は長い時間のうちには変って行くのだという思想がはっきりとした姿をとって現われるのである。ディドロはすでに『美徳と真価に関する試論』の注のなかで、こうした考え方への傾きを見せているのであるが、こうした思想をば、彼が関心を見せている生物学の発展が推進して行くのである。同じ自然科学とはいいながら、ニュートン的物理学を論拠にとったヴォルテールと、生物学を論拠にしたディドロの思想とが次第に分岐してくるのは、ほかの理由もあるが、思想的にはそこに根源があるのである。

もう一つ、この『断想』において、ディドロが示している興味ある思想は、断片二一に現われている、物体(物質)と運動とは不可分であるという考え方である。周知のようにニュートンは運動への〈最初の衝撃〉は神によって物体に与えられたものであり、しかる後には物体は慣性によって永遠に運動をつづけているのだと考えた。ヴォルテールもまた同じように考えている。古来の唯物論者のなかにも、そのように考えた人がないではないが、ディドロはそのように運動を物質そのものが具有する、物質本来の性質ではなく、外から物質に与えられるものと考えることは、結局神への途を開くものであるということを鋭く嗅ぎつけている。この点についてヴォルテールは自分の所有する二冊の『断想』の余白に反論を書き込むことになるが、[3] その後ディドロはどんどんその思想を推進して行き、それが『物質と運動に関する哲学的原理』(一七七〇年)にもっとも鮮明な形をとって現われることは、読者諸君が親しく本巻の訳文で見られる通りであり、その後の物理学の全発展が、ヴォルテールではなく、ディドロの方に軍配を上げたことはここに叙説するまでもなかろう。

『哲学断想』の「追補」の部分は、一七七〇年にディドロの弟子のネージョンが『哲学論集』*Recueil philosophique* の第二巻に「宗教に関する断想」*Pensées sur la religion* なる題名で収めたのが世に出た一番最初であるが、ディドロは一七六二年十一月十一日付で愛人ソフィー・ヴォラン Sophie Volland 嬢に送った手紙のなかで、「貴女は早晩『哲学断想』への例の追補をお持ちになるでしょう」[4] と書いているので、大部分の研究者は、執筆はその頃と推定している。N版にはディドロ自身の筆になるつぎのような簡単な序文がついていた。

「『各種の神学者の物語に対するさまざまの反論』*Objections diverses contre les récits de différents théologiens* と題するきわめて珍しい小さな著作が私の手に入った。それを刈込み、少しばかり熱を加えて書き直せば、それは『哲学断想』には格好の続篇となるであろう。問題の著作の著者のもっともすぐれた思想の若干を以下にお目にかける。」

アセザはこの序文を省略してしまったが、一九二七年ヨハンソン J. V. Johansson がレニングラードの国立図書館にある原稿にこの序文を再発見した。[5] しかし序文が名をあげている『各種の神学者の物語に対するさまざまの反論』なる冊子が見つからない以上、これはディドロの韜晦かも知れないという疑いが残ったが、一九三八年ヴェンツリがついにこの無名氏の冊子をレニングラードの国立図書館に発見し、それとディドロの『追補』とを比較対照した結果、『追補』の断片の四〇以上がこの冊子を書き直したものであり、一五の断片がオリジナルな文章であることを明らかにした。[6]

以上のように、『追補』は一七六二年に書かれたというのが今日一般に受け容れられている通説であるが、私はなお疑問は残ると思っている。『追補』は『哲学断想』より確かに激烈な宗教批判であるには違いないが、ディドロはとっくの昔に無神論者、唯物論者になってしまっているのに、どうして一七六二年になお理神論を越えないこんな断片を書き、それを一七七〇年に印刷刊行させたか、これは一つの謎である。『各種の神学者の……』には出版年代はないが、ヴェンツリは『哲学断想』より後、一七五〇年以前の本であろうと考証している。とすると、ディドロはこの冊子が出た直後に（しかし『盲人に関する手紙』よりも前に）『追補』を書いたと考えることも可能である。この私の仮説は一見一七六二年のヴォラン嬢あての手紙とは矛盾するようだが、この手紙は旧稿の出版を予告したものであって、必ずしもこの頃にディドロが『追補』を執筆していることを告げたものと解しなくてもよいように思われる。

翻訳の底本としては左記のものを使用してもらった。

Pensées philosophiques. Edition critique avec introd., notes et bibliographie par Robert Niklaus. (Textes littéraires français). Genève, Droz, 1950.

これには『追補』は含まれていないので、この方はG版所収のものが底本となっている。

ニクローズ版は一七四六年の初版を底本とした批評版である。『哲学断想』はレニングラードの国立図書館（ディドロの死後エカテリーナ二世の手に帰した彼の蔵書、手稿の一部は現在ここにある）にもヴァンドゥル文庫 Fonds Vandeul（娘ヴァンドゥル夫人の手に帰した原稿及び写稿、現在パリの国立図書館にある）にも、ディドロの自筆原稿も写稿もない。おそらく身の危険を慮って、出版後まもなく原稿を破棄してしまったものであろう。そしてディドロはその後唯物論者になってしまったので、この初期の理神論的思想を表明した著作にほとんど関心を示さなかったもののごとく、各種の版は出たが、それを親しく校閲して手を加えることをまるでしていない。したがって批評版の底本は一七四六年の初版ということにならざるをえないのである。

『追補』はレニングラードの国立図書館にも、ヴァンドゥル文庫にも写稿が残っており、G版はそれらによっている。

『哲学断想』(『追補』をも含めて)に触れた研究書、論文にはつぎのものがある。

BELAVAL, Yvon, *Sur l'Addition aux* Penssées philosophiques. (Essays on Diderot and the Enlightenment in honor of Otis Fellows.)

CHOUILLET, Jacques, *Le Personnage du sceptique dans las premières œuvres de Diderot* (*1745-1747*). (Dix-huitième Siècle, nº 1, 1969.)

ETIEMBLE, René, *Structure et sens des* Pensées Philosophiques. (Romanische Forschungen, Nr. 74, 1962.)

VENTURI, Franco, *Addition aux Pensées philosophiques*. (Revue d'histoire littéraire de la France, janv.-mars 1938, p. 23-42.)

〃 *Jeunesse de Diderot*. Paris, Skira, 1939.

POMMIER, Jean, *Diderot avant Vincennes*. Paris. Boivin, 1939.

LEGROS, René P., *Diderot et Shafetesbury*. (Modern Language Review, 1924, p. 188-199.)

VARTANIAN, A., *From Deist to Atheist*. (Diderot Studies, vol. I, Syracuse Univ. Press, 1949, p. 46-63.)

MOSSET, Albert, *L'Etrange histoire des convulsionnairs de Saint-Médard*, Paris, Ed. de Minuit, 1953.

ROGER, Jacques, *Le Deisme du jeune Diderot*. (Europäische Aufklärung, a. a. O. S.)

VERCRUYSSE, Jéroom, *Recherches bibliographiques sur les* Pensées philosophiques *de Diderot*. (Dix-huitième Siècle, nº 4, 1972.)

（1） 参考書にあげた Legros 及び Venturi の研究参照。
（2） その当時出た反論についてはニクローズ版巻末の書誌（五八―六一頁）を参照されたい。ニクローズは十冊をあげている。
（3） N. L. Torrey, *Voltaire's Reaction to Diderot*. (Publications of the Modern Language Association of America, Vol. L, 1935, p. 1107-1143.)
（4） CR版第四巻二二〇頁。
（5） Johansson, J. Viktor, *Etudes sur Denis Diderot*, 1927, Göteborg, Wettergren & Kerbers, p. 73.
（6） 前出参考書中のヴェンツリの論文参照。

三 『盲人に関する手紙』

『哲学断想』を発表した翌年、一七四七年にディドロは『懐疑論者の散歩』*Promenade du sceptique ou les Allées* を刊行する。これまた〈神〉を探求した求道的著作であるが、前作の一応の結論が理神論であったとすれば、本書の結論は懐疑思想となっている。これは庭のなかに三つの小径、〈茨の小径〉〈マロニエの小径〉〈花の小径〉があり、そこでそれぞれ信仰家の群と、哲学者の群と、のらくらものの社交人の群とが散歩しながら話し合ったことを記録したという寓話風の形態をとった哲学論である。これが三つの小径に分れていることは、著者がもはや信仰家《デヴォ》やリベルタン（信仰否定を口実に放蕩無頼の生活を営む社交界の連中）の言辞は哲学的には取り上げる必要のないことを示したものであろう。したがってこの著作でいちばん肝要な部分は〈マロニエの小径〉を散策する哲学者の会話なのであるが、ここはピュロニアン（古代のピュロンの懐疑論を奉じるもの）、バークレー主義者、瀆神論的無神論者、哲学的無神論者、スピノザ主義者が登場している。そして主人公がいちばん耳を傾けているのは哲学的無神論者であるけれども、ディドロはまだそれを全面的には受容しておらず、理神論に多分の執着を残している。

このことは彼が同じ年に『自然宗教の充足性』*De la suffisance de la religion naturelle* を発表し、自然のなかに神が啓示した法則を唯一の規範としていることによっても明らかである。

こうしたディドロが、はっきりと無神論に踏み切るのは、一七四九年に無署名で、発行所、発行地も刷り込まずに刊行した『盲人に関する手紙』である。著作の動機となったのは、レオミュール Réaurmur が生来の盲人に手術をして視力を回復してやったという事件であった。ディドロは盲人が初めて見る世界にどんな反応を示すかに非常な関心を示し、その最初の包帯除去に立ち会いたいと望んだが、彼の願いは達せられなかった。しかしディドロはドイツの一医師の手術で視力を回復した農民を訪れて、各種の質問を試みることができたし、手術を受けない盲人にもいろいろと経験をきいた。さらに彼は、ケンブリッジ大学で物理・数学を講じ、数年前になくなった盲人教授ソンダーソン Saunderson に関する各種の情報を集め、それらに哲学的考察を加えて出来上ったのが本書である。

本書は章分けはないが、大体三つの部分に分れている。第一は生まれながらの盲人の心理を取り扱った部分で、これは主として彼が接したピュイゾー Puiseaux の盲の農民の娘の体験を基礎としており、ここで彼は視力をもたない人間において観念がどのようにして形成されるか、その観念は目の見える人間のそれとどのように違っているか、さらに進んでは盲人の道徳観念が普通の人といかに相違しているかを追求している。彼はソンダーソンが考えた、手で触れるサインを使って、代数学や幾何学をものにすることが盲人にとってもどのように可能であるかを説明している。

第二部はソンダーソンの名をかりてディドロ自身が自己の無神論的・唯物論的見解を展開している部分で、本書のもっとも興味ある部分である。第三部はウィリアム・モリヌー William Molyneux (1658-98) によって提起され、ロックやヴォルテールやコンディヤック Condillac によって取り上げられ、論じられた問題、すなわち生来の盲人は視力が回復した場合、同じ大きさの正立方体と球体とを区別することができるかという問題を論究している。この問題に対してロックは友人モリヌーに同調して、盲人は立方体と球体とを区別できないとしているのであるが（『人間悟性論』*Essay concerning human understanding* 第二部第九章第八節）、バークレーも『視覚新論』*New Theory of Vision* で、同じ結論に到達している。一七二八年、眼科医のチーゼルデン Cheselden は生来の盲人に手術を施した経験にもとづき、『哲学論稿』*Philosophical Transactions* のなかでロックの見解を裏書きしている。ヴォルテールは『ニュートン哲学要綱』*Eléments de la philosophie de Newton*, 1745 のなかで、これらの諸説を紹介し、ロックの見解に加担しているのであるが、コンディヤックはラ・メトリ La Mettrie の『霊魂論』*Traité de l'âme*, 1745 に示唆されて、『人間の認識の起源に関する試論』*Essai sur l'origine des connaissances humaines*, 1746 でロックに反対し、知覚の段階においてはいかなる判断もまだ存在しないとの立場から、モリヌーの問題の与件を批判し、チーゼルデンの見解は先入見に捕われたものであると主張した。このモリヌーの提出した問題が十八世紀の哲学者、とくに感覚論をとる哲学者の多くの関心を惹いたのは、感覚から判断への推移、つまり認識論のアキレス腱に当る問題に直接触れるものだったからである。

ロックやバークレーやヴォルテールやコンディヤックがこの問題をまったく哲学上の問題として抽象的に取り扱い、自説に都合のいいように盲人の感覚を論じているのに対し、ディドロはこの問題を実験心理学的に取り扱い、正しい知覚を持つためには眼というわれわれの感覚器官自体が、訓練される必要があるのだという結論を出している。そして脳髄自体も訓練されなければならないものだという前提に立って、正しい判断、すなわち真正の認識は、感覚だけによって得られるものではなく、各種の感覚器官を統合する理性の働きによって得られるものだという立場を推し出している。こうして彼はヴォルテールやコンディヤックの感覚論を乗り越えて唯物論へと進むのである。『盲人に関する手紙』が出た時、ヴォルテールがそれを反論する手紙をディドロに書き、ディドロがヴォルテールの反教会的、反絶対主義的立場を尊重しながらも、哲学的には一歩も譲ることなく、反駁の返書をしたためているのは、右のような事情によるのであり、その意味で『盲人に関する手紙』は、十八世紀のフランス思想の大きな転回点をなした著作だと言わなければならない。

これはひとりモリヌーの問題だけではなく、ディドロが盲人の問題にきわめて実証的に接近していることにわれわれは注目せざるをえない。彼の立場は思弁的ではなく、実験心理学的である。（むろん当時は実験心理学といった学問はなかったし、今日の実験心理学の方法から見れば、ディドロのやり方はきわめて初歩的なものであるが、方法論的に見て後の実験心理学に発展するような方向で彼は盲人の問題を処理している。）ディドロのこうしたやり方はすでに『哲学断想』で打ち出されているのであるが、そうした方法が全面的に適用され、そして成果をあげているのがこの『盲人に関する手紙』である。本書でディドロが明らかにしているように、盲人は目明きとは異なった心理を持っており、目明きの眼で盲人に接したのでは、その心理、ものの考え方は捕捉できない。彼はすぐれた心理分析家（フロイト的意味ではないが）として盲人に接し、いろいろと貴重な経験談を訊き出している。盲人でありながら、モンテーニュ研究に偉大な成果をあげた碩学ピエール・ヴィレー Pierre Villey が、多くの感激と感謝の念をこめて本書について語っているのもゆえなしとしない。またヘレン・ケラー Helen Keller は本書を知らなかったようであるが、彼女が自伝で述べていることと、ディドロがここで述べていることとがほぼ一致するということは、彼の方法の正しさと、心理観察家としての彼の俊敏さとを証明している。

といってもそのことは、ディドロがここで書いていることが全部そのまま正しいという意味ではない。彼以後二百年の間に盲人の教育は多くの経験を積み重ねたし、心理学は長足の進歩を遂げた。したがって今日の眼から見れば、誤った観測や解釈のあることは当然すぎるくらい当然のことだが、それらは多く部分的なことであって、全体としてみれば彼の観察なり解釈なりが正しいことは、ヴィレーが強調している通りであり、盲人教育を可能にした点字の起源を遡れば、本書に到達せざるをえないことは、なんぴとも異議なく認められるところであろう。

哲学的見地から見てもっとも興味ある部分は、ソンダーソンを取り扱った第二部であるが、一時数学に熱中していたディドロはソンダーソンの『代数学要綱』*Elements of Algebra*, 1740 を読んだか、あるいは少なくともヴォルテールなり、王立図書館のアベ・サリエ abbé Sallier なりを通して知っていたに相違ない。というのはディドロが本書で詳述しているソンダーソンの計算方法は『代数学要綱』に友人がつけたソンダーソンの伝記、性格を述べた文章に拠ったものであることが、ヴェンツリの研究で明らかになっているからである。しかしインクリフ Wm. Inchlif なる人物が書きとめているというソンダーソンと牧師ホームズ Holmes との対話は完全にディドロの創作であって、インクリフなる人物も、かかる対話の聞き書きも存在しない。それはダランベールの〈夢〉が完全にディドロの創作であるのと同じ程度において彼の創作である。しかし創作なるがゆえにそれは著者の思想をもっとも十全な形で力強く現わしており、彼の創作になる「ソンダーソンは史上のソンダーソンとはまた格別の雄大さをもっている。」（ニクローズ）作中のソンダーソンは、パスカル的な雄弁をもって無神論を説いており、情念を重要視するシャフツベリーの弟子として、ディドロは熱情的にその自然哲学と神の否定を語っている。

『哲学断想』において自然のなかに見出される調和をもって神の証明としたディドロは、ここではまったく立場を逆転させ、自然は完全な調和を保っているものではなく、そこには盲人のような畸型の存在が明らかに存在しており、われわれが自然のなかに見出す秩序は渾沌の中から永い時間的経過のうちに生成したものであり、それはまた長い時の経過のうちには崩れ去って、別の秩序に移行するものであり、それはいわば「一瞬の秩序」にすぎないと考えている。

これをもって進化論的な思想と見るのは早計であろう。それはせいぜい変移説 transformisme としか呼べないものであるが、こうした考え方と、ビュフォンの生物は環をなして相互につながっているという見方とが結びつく時、進化論的な思考が生まれて来ざるをえず、ディドロは『自然の解釈』『ダランベールの夢』『生理学要綱』において逐次そうした思想を展開して行くのである。その意味で『盲人に関する手紙』は彼の思想の真の出発点になった作品と見なければならない。

ディドロは本書をモンテーニュ流の懐疑論で締めくくっているが、それは性急な断定を避けただけのことであって、彼はこの著作で大体無神論、唯物論に到達していると見てよいであろう。〈神〉の最後の拠り所であった「自然の驚異」が崩れ去ったあとでは、もはや神にはいかなる存立の余地もない。事物の認識は単に感覚器官によって行なわれるものではなく、もろもろの感覚器官を通して入ってくる感覚的印象の総合によってなされ、経験によって確かめられるものであることが明らかになった以上、バークレーの観念論（バークレーは事物は感覚を結合したもの、したがってまったく主観的なものにすぎないと主張する）は否定されざるをえない。事物の認識が目あきにおいても、盲人においても一致するのは（両者にとって円は円であり、正方形は正方形である）、認識が客観的に存在する事物のわれわれの脳裡への反映にほかならないからであって、真理は客観的なものであり、それが真理であるか否かは実験（経験）によって確かめられる。これは完全に唯物論的認識論であって、ディドロは本書でその地点に到達したと考えなければならない。このことはディドロがヴォルテールの批評に答えた手紙にきわめてはっきりと表明されているところであって、疑いをはさむ余地がない。

『盲人に関する手紙』の『補遺』は、一七八二年にマイスター Meister の編集していた《文芸通信》Correspondance littéraire に発表されたもので、ディドロは他の若干の盲人の経験、とくに彼の愛人ソフィー・ヴォランの姪で、一七六六年に二十二歳でなくなったメラニー・ド・サリニャック Mélanie de Salignac 嬢の経験を語っている。これらの盲人の経験は『盲人に関する手紙』に述べられている所見をさらに根拠づけたり、部分的に修正したりするものであるが、ディドロはこれらの経験に哲学的考察は加えていない。それは彼自身も言っているように、老年の加筆によって青春時代の著作を損う気にならなかったからに相違ないが、そのことは同時に、三十余年前に書いた『手紙』の見解を、彼自身否定したり、大幅に修正したりする必要を認めていないことを裏書している。

『哲学断想』発表の頃から、教区の僧侶の密告によって当局からうろん臭い奴と見られていたディドロは、『盲人に関する手紙』の刊行後まもなく、一七四九年七月二十三日、逮捕されて、三ヵ月ばかりヴァンセンヌ Vincemnes の城塞監獄に監禁された。

オーストリア王位継承戦（一七四三—四八年）に敗北したフランスにおいて、世論は急進化し、国王の専制政治に対する批判の波は高揚していたので、進歩的思想家の大量検挙が行なわれたのであって、つかまったのはディドロ一人ではなかったのであるが、『盲人に関する手紙』の著者がまさに危険思想の持ち主と見られる根拠は十分にあったわけである。取調べに当った警視総監ベリエ Berryer に請願書を出し、他方『百科全書』の出版企画を進めていた書店主が運動したこともあって、十一月三日に釈放された。

『盲人に関する手紙』については、著者の自筆原稿も、写稿も発見されていない。自筆原稿は逮捕の時押収されたのであろう。印刷になったものから写稿を作る必要はないから、写稿も存在しないのは当然である。したがって初版をもととして、他の版を参照しつつ批評版を造るほかに方法はない。翻訳の底本となったG版とつぎの版は、いずれもそのような方法によって作られたものである。

Lettre sur les Aveugles. Edition critique par Robert Niklaus. (Textes littéraires français), Genève, Droz, 1951.

『補遺』の方は、レニングラードの国立図書館にも、ヴァンドゥル文庫にも写稿が存在しているので、G版はそれを参照している。

『盲人に関する手紙』については、『哲学断想』の時にあげた Venturi, Pommier, Vartanian, Wilson の著書のほかに、つぎのような研究がある。

VILLEY, Pierre, *A propos de la Lettre sur les aveugles* (Revue du XVIIIe siècle, oct. -déc. 1913, p. 410-433.)

〃　*Le Monde des aveugles, essai de psychologie.* Paris, Flammarion, 1914.

〃　*L'Aveugle dans le monde des voyants, essai de sociologie.* Paris, Flammarion, 1927.

WARTOFSKY, Max, *Diderot and the Development of Materialist Monism.* (Diderot Studies, vol. II, Syracuse Univ. Press, 1952, p. 279-329.)

ROGER, Jacques, *Diderot et Buffon en 1749.* (Diderot Studies, vol. IV, 1963, p. 221-236.)

四　『自然の解釈に関する思索』

ヴァンセンヌから釈放されたディドロは『百科全書』*Encyclopédie ou Dictionnaire raisonné des sciences, des arts et des métiers* の仕事に専心し、同書のために〈政治権力〉Autorité politique〈美〉Beau などの項目を執筆する。『百科全書』の第一巻が出た一七五一年に、彼は『聾唖者に関する手紙』*Lettre sur les sourds et muets* を書くが、これはバトゥ神父 père Batteux を反駁した言語論で、哲学よりもむしろ美学に関係深い著述である。

『百科全書』が世に現われると、反動陣営の攻撃はこれに集中し、一七五二年には、『百科全書』の神学に関する項目を執筆したアベ・ド・プラード abbé de Prades が、一旦授与と決った学位を取消されるという事件がもち上った。この事件で主な役割を演じたのはオーセール Auxerre の司教で、プラードは彼に対して『弁明』*Apologie* を書いた。この『弁明』は二部から成っているが、ディドロは『百科全書』の監修者の立場から、プラードの『弁明』だけでは不十分だとして、その第三部を執筆、それはプラードの『弁明』よりも先に出版された。それが『アベ・ド・プラードの弁明続篇』*Suite* de l'Apologie de M. l'abbé de Prades, 1752 である。この本は理神論の立場から書かれているが、それは著者が『盲人に関する手紙』の無神論から後退したことを示すものではなく、プラードの『弁明』の第三部をなしているので、第一部・第二部と同じ立場から弁護論を展開する必要があったこと、また『百科全書』の合法性を守るためには、こうした表だった論争においてせいぜい出しうる立場は理神論であったという戦術的考慮によるものと考えるのが妥当であろう。

一七五三年ディドロは『自然の解釈について』De l'interprétation de la nature という自然哲学に関する論文を出版、翌年それを加筆訂正した『自然の解釈に関する思索』Pensées sur l'interprétation de la nature を刊行する。

一七五一年に第一巻を出した『百科全書』は五二年に第二巻を、五三年には第三巻を出した。『百科全書』は当時の進歩勢力を結集したもので、その執筆陣のなかには単なる合理主義者、感覚論者から唯物論者まで、ブルボン王朝の絶対主義とその御用思想に批判的なあらゆる種類の思想家が含まれており、したがってそれは厳密な思想的統一を持ったグループではなかった。第一、その監修者であり、『序説』Discours préliminaire の執筆者であるダランベール d'Alembert自身感覚論者で、唯物論者ではなかった。だから世界観の上でも、また方法の上でも、執筆された項目が多様で、いわば各人各説であることは初めから覚悟しての仕事であったけれども、それにしても可能なかぎりこれに統一を与える必要はあったであろう。とくに自然科学に関する項目についてはその必要が大きかった。というのは、自然科学はいくつかの分野に分れているにしても、その各分野が相互に連関を持ち、Aの分野とBの分野とCの分野とがまったく独自に存立しうるものではないからである。自然というものが一つである以上、これは当然のことである。数学者であり、力学者であったダランベールは当然ニュートン的な宇宙観に立っていたが、ディドロは当時急速に発展しつつあった生物学や化学により多くの関心を抱いていた。一七五三年という時限において、二人の監修者、ダランベールとディドロとの間に思想的対立があったと見るのはもとより性急な議論で、そのような証左は発見されていないが、ディドロが自分の考え方に近い線で『百科全書』の科学・技術に関する項目の執筆者を、できるならば統一したいと考えたとしても少しも不思議ではない。彼らに問題をなげかける形で、主として方法論上の問題を提起しようとしたのが、『百科全書』第三巻と時を同じくして出版された『自然の解釈について』である。

このなかで、ディドロは当時の自然科学界の最新の問題、例えばビュフォンが『博物誌』の「動物総論」Traité des animaux 第一〇章で論じた〈鬼胎〉の問題、アベ・ノレ abbé Nollet が論じた電気の問題（*Essai sur l'électricité des corps*, 1750 ; *Recueil de lettres sur l'électricité*, 1753）、フランクリン B. Franklin の実験と観察（*Expériences et observations*, trad. fr., 1752）、オイラー *Euler* が明らかにした剛体のなかにおける震動の問題（*De la force de percussion* dans les *Mémoires de l'Académie de Berlin*, 1746）等を論じているし、『百科全書』の〈動物〉Animal〈鋼鉄〉Acier〈化学〉Chimie〈磁針〉Aiguille aimantée などで取扱われた問題に接近している。

これらの問題でディドロが出した仮説を科学史のなかでどう位置づけるかは今後の研究課題であり、専門違いのことなので私にはまったく見当もつかないが、ディドロがここで開示している方法論上の問題は非常に興味がある。

この方法論の問題においては、フランシス・ベーコン Francis Bacon の影響が決定的であるというのがヴェンツリやヴェルニエールの見解であるが、それは『自然の解釈』に示された方法の実験主義的側面に重点を置いた解釈で、私はディドロは実験と思考との相互関係を十分に強調しており、一方だけを強調することは彼の思想を誤るものではないかと思っている。ディドロは当時の科学の最新の成果を取り入れつつ、次第に弁証法的な思考へと導かれつつあるのであって、ここで彼が展開している方法論は単なるベーコンの繰り返しではないと思う。これは私の単なる解釈にすぎないから、今後、ベーコンのみならず十七世紀から十八世紀にかけての自然科学者の方法と照し合わせて、十分研究してもらいたいと思っている。

ディドロが本書で述べている自然観で、もう一つ大きな役割を演じているのは、ベルリン科学アカデミーの院長をしていたモーペルテュイ Maupertuis である。彼は、一七五一年にバウマン Baumann なる匿名を使い、エルランゲン Erlangen 大学に提出したラテン語の学位論文『自然体系に関する形而上学的序論』*Dissertatio inauguralis metaphysica de universali naturæ systemate* を発表した。ディドロはこの本を直接著者から寄贈されたか、あるいは寄贈を受けたダランベールから借りて読んだものと思われる。モーペルテュイは一七五三年に帰国し、五月から八月までパリに滞在しているから、直接に話し合ったこともあったかも知れない。それはいずれにもせよ、モーペルテュイの上記の論文は彼の宇宙論を述べたもので、とくに有機体と生物学の当面の問題を論じている。

　モーペルテュイは哲学的には一種の折衷主義者であって、彼の思想のなかにはロックの感覚論、ニュートンの理神論、ライプニッツの形而上学、デカルトの自然哲学、マールブランシュの神学的カルテジアニスム、スピノザの汎神論、バークレーの観念論等さまざまのものが混在しており、これを一言で定義づけることはむずかしいが、彼が右の論文で述べている宇宙論を要約するとほぼ次のようになるであろう。世界には物質と精神とが存在しており、デカルトは延長と思惟をこの二つの実在のそれぞれの属性としたのであるが、モーペルテュイは物質と精神、延長と思惟とをたがいに相容れないものとは見ず、一つの存在は物質に帰せられている延長・不可侵性・可動性・惰性・引力といった特性と同時に、精神に帰せられている知覚・知能・欲望・嫌悪・記憶といった特性（一言でいえば「生命」）を併せそなえていると考える。物質をどんなに小さく分割しようとも、その最小単位自体が、そのような生命をそなえている。そう考えないかぎり、有機体は説明できないと彼は主張する。彼によれば、初源において物質の分子は流体（液体または火体の）で、自己の有する本能的な近親性によって容易に結集することができた。しかしそのようにして造られた生産物（無機物であれ、有機体であれ）は次第に「硬化」して固定化するとともに自由を失い、新しいものを生み出す力を失ってくる。生命を持った物質はその本能的な吸引力——近親性によって、かつ以前の結合の記憶や獲得された習慣に助けられて、自己に適合したものとだけ結合する。鉱物が結晶を形造り、動植物が同種のものとしか交配繁殖しないのはそのためである。こうしてモーペルテュイは、当時一般に受け容れられていた生物の前成説（胚種のなかには、一層小さな形でその生物が存在しているとの考え方）を否定して、同種のものが集まって次第に胚種なり胎児なりを形成するのだという後生説を唱えた。これによって遺伝も説明されるし、畸形や混血・雑種も「誤った結合」ということで説明されると彼は主張した。

　物質の分子が生命を有するというモーペルテュイの自然観が、ライプニッツの単子論（モナード論）の変容であることは見やすい理であるが、分子に運動のみならず知覚・記憶・好悪の情などを与えることにより、モーペルテュイは単子論を物活論《アニミスム》に変えている。ディドロが突くのはまさにその点である。物質（とくに有機体を構成している物質）が、自己と近親性を持ったものと結合して胎児が出来、またその胎児のうちで、手足を形成する物質はその物質同士で、頭脳を形成する物質はその物質同士で集まって手足や頭脳が形成されるというのが自然の一般原理であるとするならば、感覚・知性・欲望等をそなえた物質から成る自然全体、宇宙全体が一つの有機体、巨大な動物ということにならないか？ ディドロはモーペルテュイに向って問う。

「宇宙、または感性を持ち、思考力を持ったすべての分子の全集合体は、一つの全体を形成しているのか、そうでないのか……」（本書一五〇頁）

もししないのであれば、自然の中には無秩序が支配していることになり、「すべての存在を結びつけている鎖を断ち切ることによって哲学の根底を破壊することになる。」もしすべての分子が一つの全体を形成していると答えるならば、世界は「一個の大動物にも似た」ものとなり、宇宙霊魂といったわけのわからないものを想定せざるをえなくなり、それは〈神〉ということにならざるをえない。（事実モーペルテュイは神を否定しなかった。）

胚種のなかに無限に小さな形でその動物なり植物なりが含まれているのだという前成説（これは単なる増減によって自然を説明しようとする力学的・数学的見解である）を否定し、結合によって新世代が形成されるのだと説いたのはモーペルテュイの卓見であったが、彼は自然に見られる生命現象——人間の、動物の、昆虫の——を説明するに当って、人間から出発しつつ、人間が持っているのと同じ「生命現象」の多寡でもってそれを解明しようとした。人間の持つ記憶力、知能のもっと少ないものが動物であり、それのもっと少ないのが昆虫である等々。こうして彼は動物を形成する物質の最少単位である分子にまで、人間がもっているのと同じ生命の量の少ないものを想定せざるをえなくなったのであるが、この点において彼はまさに力学的・数学的自然観にとらわれていたといわなければならない。

これに対してディドロは、無機物と有機体との間には共通したあるものがあるけれども、同時にまたそこには両者を質的に区別するものがある、なければならないという立場をとる。こうして彼は無機物に生命を拒否し、それには「隠然の、死んだ感性」を認めることになる。

このようにしてディドロはモーペルテュイを批判的に摂取しながら、「感性をそなえた分子」（物質の最小単位）という彼の自然哲学の礎石を置くのである。『自然の解釈』においてはまだその礎石が置かれただけであって、その展開は『ダランベールの夢』を待たなければならない。

『自然の解釈』は必ずしも理解しやすい書物ではない。例によって「断想」の形をとり、体系的な叙述を避けているため、ごたごたとしているという印象をまぬがれがたい。どうもディドロは意識的にこういう分りにくい形式を選んだのではないかと思われるふしがある。彼がここで説こうとしている唯物論的な思想と方法は、当時の状勢においては正面からはっきりとした形で持ち出すことは危険であったので、わざとわかりにくい、混乱した形式を用いて韜晦したのではないだろうか？　しかしこの本は大体三つの部分に分けることができる。第一は自然探求の方法論を取り扱った第一から第三一までの断片であり、第二部は当時科学界でいろいろ論議の対象になっていた諸問題に対する彼なりの解釈を述べた第三二から第三八に至る断片であり、第三は再び方法の問題を取り上げつつ、科学者の態度やモラルを論じると同時に、実験技術上の問題を取り扱った第三九以下の断片である。そのなかにモーペルテュイ批判の形で、彼の自然哲学を述べた二つの長い断片（第五〇と第五一）が挿入されている。

翻訳に当ってはCP版所収のものを用い、傍らG版を参照した。前者は一七五四年版を基にしながら、レニングラードの国立図書館所蔵の一七五三年版（これはきわめて稀覯に属するらしい）を参照して、両版の異同を明らかにし、ディドロが改訂に当ってどのように手を加えているかを解明している。

『自然の解釈』については、すでに掲出のヴェンツリ、ウィルソンの著書、ワルトフスキーの論文のほかに、つぎの参考書や論文がある。

MAYER, Jean, *Diderot, homme de science*. Rennes, Imprimerie Bretonne, 1959.

GUYENOT, Emile, *L'Evolution de la pensée scientifique. Les sciences de la vie aux dix-septième et dix-huitième siècles. L'idée d'évolution.* (L'Evolution de l'Humanité.) Paris, A. Michel, 1941.

ROGER, Jacques, *Les Sciences de la vie dans la pensée française du XVIIIe siècle: la génération des animaux de Descartes à l'Encyclopédie*. Paris, A. Colin, 1963.

BRUNET, P., *Maupertuis, l'Œuvre et sa place dans la pensée scientifique et philosophique du XVIIIe siècle.*

Paris, Blanchard, 1929.

GREENWOOD, Thomas, *The Philosophy of Nature of Diderot.* (Revue de l'Université d'Ottawa, Juillet-sept. 1947.)

LEREL, Abraham, *Diderot's Naturphilosophie.* Wien, Basler Dissertation, 1950.

CALLOT, Emile, *Maupertuis, le savant et le philosophe : présentation et extraits.* Paris, M. Rivière, 1964.

VELLUS, Léon, *Maupertuis.* Paris, Hachette, 1969.

SCHUL, P. M., *Bacon.* Paris, Bordas, 1949.

VERNIÈRE, Paul, *Spinoza et la pensée française.* 2 vol., Paris, P. U. F., 1954.

BARBER, W. H., *Leibniz in France from Arnauld to Voltaire. A Study in french reaction to leibnizianism : 1670-1760.* Oxford, Clarendon Press, *1955.*

DIECKMANN, Herbert, *The first edition of Diderot's Pensées sur l'Interprétation de la Nature.* (Isis, vol. XLVI, 3 : 1955, p. 251-267.)

〃 *The influence of Francis Bacon on Diderot's Interprétation de la Nature.* (Romanic Review, vol. XXXIV, 4 : 1943, p. 303-330.)

KIERNAU, Colm, *Additional Reflextions on Diderot and Science.* (Diderot Studies, vol. XIV, 1971.)

LAIDLAW, J. Norman, *Diderot's Teratology.* (Diderot Studies, vol. IV, Genève, Droz, 1963, p. 105-129.)

EHRARD, Jean, *L'Idée de nature en France dans la première moitié du XVIIIe siècle.* 2 vol., S. E. V. P. E. N., 1963.

五　『基本原理入門』

『自然の解釈』のあと、ディドロはしばらく『百科全書』の仕事の余暇を演劇や展覧会批評や小説にあてることになる。一七五七年には試作の町民劇『私生児』*Le Fils naturel* が演劇を論じた三つの対話 *Entretiens sur le Fils naturel* といっしょに上梓されたし、翌年には戯曲『一家の父』*Père de famille* と『演劇論』*De la Poésie dramatique* とが一冊になって刊行された。一七五九年からはグリム Melchior Grimm の《文芸通信》Correspondance littéraire に隔年ごとに『サロン（展覧会批評）』が執筆され、一七六〇年には小説『修道尼』（一七八〇―八二年に《文芸通信》に掲載、初版一七九六年）が、翌年には『ラモーの甥』（初稿一七六一年、決定稿一七七四年、ゲーテの独訳一八〇五年、ブリエールによる最初のフランス語版一八二三年、モンヴァル G. Monval による決定版一八九一年）が書かれた。

一七五六年に対英七年戦争が始まり、戦局がフランスに非になるにつれて反動の嵐は募った。一七五八年には友人エルヴェシウス Helvétius の『精神論』*De l'Esprit* が焚書の処分を受け、著者は、王妃の大膳職という地位を失わねばならなかった。御用文士たちは百科全書派に対して中傷讒誣の冊子を雨と降らせた。『百科全書』の陣営にも混乱があった。第七巻（一七五七年）に載った〈ジュネーヴ〉の項目について「ジュネーヴの市民」ルソーが執筆者ダランベールに嚙みついた。（『演劇に関しダランベール氏に送る手紙』*Lettre à M. d'Alembert sur les spectacles*, 1758）この混乱と高まって行く反動的な風潮を見て、デュクロ Duclos やマルモンテル Marmontel を初めとし、執筆陣の大半が逃亡してしまった。監修者のダランベール自体が、こうしたいざこざと敵の中傷讒誣に堪えきれず、一七五九年に監修を辞してしまった。こうした形勢を見て、政府はついに『百科全書』の禁止に踏み切り、その出版免許は取消され、予約金の返還が命令された。

しかし、反動はそれに対する抵抗をも生まざるをえない。『百科全書』は政府の禁止にもかかわらず、出版業監督官マールゼルブ Malesherbes の暗黙の支持と、ジョフラン夫人 Madame Geoffrin の財政的援助を得て、非合法裡に国内で編集・印刷が続行された。当時すぐ日の目を見なかったにしろ、『修道尼』は明らかに宗教批判の意図をもって書かれている。一七六二年にはのちに革命のバイブルとなるルソーの『社会契約』*Contrat social* とジェズイット式の教育を全面的に否定した『エミール』*Emile* が出た。同年にはトゥルーズの新教徒ジャン・カラース Jean Calas が旧教に改宗した息子を殺したという嫌疑で車刑に処せられたが、それに対してヴォルテールが起ち上り、全ヨーロッパに檄を飛ばしてカラースの無辜を訴え、とうとう再審にまで持ち込むと同時に、信仰の自由を理論的に主張した『寛容論』*Traité sur la tolérance* を発表した。

一七六三年フランスはついに不名誉なパリ条約によって七年戦争に終止符を打たざるをえなくなる。これによってフランスの王制政府はカナダと、ミシシッピ左岸のアメリカの広大な植民地を失い、残っている植民地を確保するために壊滅した海軍再建に必要な金を何とか捻出しなければならない羽目に追い込まれ、部分的な宥和政策を取らざるをえなくなる。一七六二年事実上の総理大臣であったショワズール Choiseul が、ちょっとした会計上の不正事件を口実に、反動の牙城であったイエズス会に解散の命令を下したのも、そのことによってジャンセニストの多い高等法院の意を迎え、増税の法令を高等法院に登記してもらわんがための苦肉の策であった。（勅令で出る法令は、パリの高等法院が登記をして初めて法律として効力を発生する。）また彼がケネー Quesnay テュルゴー Turgot など、『百科全書』の協力者であった、いわゆる「エコノミスト」の説を部分的に採用して、穀物取引の自由化を試みたのも（その結果は旧体制に一層の混乱を持ち込むことになるのであるが）、彼の宥和政策の現われであった。こうした空気に助けられて、『百科全書』も一七六五年には合法性を獲得し、扉に「ローザンヌで印刷」と刷り込むだけで、公然と配本されるようになった。

このように見てくると、一七六三年という年が一つの大きな転回点であったことがわかる。この頃を境に、反動の精神的・物質的支柱であった教会（教会はフランス全土の十分の一にも当る大土地の所有者であった）と進歩陣営との抗争は一段と激化し、シルヴァン Sirven 事件（一七六四年）、ド・ラ・バール de La Barre 事件（一七六六年）などの宗教的迫害事件が相ついで起こるとともに、ヴォルテールの、教会を相手とする華々しい大闘争（『哲学辞典』*Dictionnaire philosophique*, 1764 一連のコントやパンフレット類）が展開されるのである。

一七六三年にディドロが執筆した『基本原理入門』という宗教批判も、以上述べたような大闘争の一環をなすものであるが、それは『修道尼』同様、当時は発表されず、これが活字になったのは、ネージョンが一七九八年に刊行した『ディドロ著作集』が初めてである。これらのものを当時発表しなかったのは、『百科全書』の非合法的続行を黙認する代りに、反動陣営を刺激するような言動に出ないようにしてもらいたいという、マールゼルブの忠告を守るためであったと推察される。公表に当ってネージョンはつぎのような意味の解説をつけている。

はなはだ迷信深い軍人のモン……氏という人がディドロに、ある神学者が「哲学者」を揶揄して書いた一篇の対話を読んで聞かせた。ディドロはそれに対して早速反駁の対話を書いた。それに対して神学者がさらに反駁の文章を草した。それはまじめに反論するほどのものではなかったが、沈黙を守ることは敵に悪用される恐れもあったので、ディドロは重ねて反論を書いた。完全に論破された敵は、他の攻撃手段に訴えるか、また別の機会をつかまえるほかはないと考えたのであろう、沈黙してしまった。

執筆の動機がネージョンの解説しているような事情であるため、ディドロの論文を訳しただけでは意味が捕捉しにくいので、神学者の論文も併せ訳出してもらったが、そのことによって論争家《ポレミスト》としてのディドロの面影の一端が出たのではないかと思っている。

ディドロのこの論文は、宗教批判なるものが今日ではすでに過去のものになっているせいか、あまりディドロ研究家の注目をひかず、フランスで刊行される普及版の各種のディドロ選集も大抵これを収めていない。しかし、この作品は彼の道徳論を見て行く場合、重要な発言を含んでいると考えて、あえてここに収めることにした次第である。彼には道徳を論じた単行の著書、論文はないが、道徳的関心は強く、処女作の『真価と美徳に関する試論』から最終作『クラウディウス帝とネロ帝の治世に関する試論』に至るまで哲学論文においても、文学作品や美術批判においても、彼はたえず道徳について発言している。彼がこの世に存在するすべてのものは、人間の精神的活動も含めて、原因と結果との必然的な連鎖によって結ばれていると考えていることは『ダランベールの夢』や『物質と運動に関する哲学的諸原理』などにはっきり現われている通りであるが、もしすべてが彼の主張するように因果律によって規制されているとするならば、人間に自由なるものはなく、人間は悪い行為についても、良い行為についてもなんら責任がないことになる。事実アンドレ・ビイを始めとして、ディドロを無道徳主義者《アモラリスト》と見る研究者は非常に多い。果してそうであろうか？　そう見るにしては彼の道徳に関する発言は余りにも多いし、また不正・不義に対して憤激し、善行に対しては涙を流さんばかりに感激している事例が多すぎる。彼は彼なりに道徳主義者だったのであり、彼流の道徳論を持っていたと考えた方が適切であろう。ではその道徳論はどういうものか? 彼は善悪を時と場所を超えた絶対的なものとは考えない。彼によれば、人間に有益であるもの bienfaisance が善と呼ばれ、それとは反対に害悪をもたらすもの malfaisance が悪と呼ばれている。ところが人間に利益(あるいは幸福)をもたらしたり、害悪をもたらしたりするところのものは、時代と場所によって変化する千差万別のものである。ある時代、ある場所において、あることを善、または悪として一般的に通用させるところのものは、その社会の習俗であり、法である。したがって彼によれば、それらが善悪の規準を造ることになる。しかしそれは絶対的なものではない。時とともに社会の生活条件は変る。それとともに当然善悪の規準も変らざるをえない。それをいち早く予見するのは「賢者」であるが、そのために「賢者」は既存の法を超えることによってしばしば迫害を受け、時には生命さえ失うことがある。

このような道徳観は、その相対主義によってキリスト教の絶対主義的倫理観と対立するばかりではなく、この地上に生きている人間の利害や幸福を基礎としている点で、情念を罪悪視し、彼岸での幸福を求めることを善とするキリスト教的倫理観と対立せざるをえない。ここに彼が世上に行なわれていた道徳観に対立して、新たな倫理観を確立すべく奮闘した理由がある。

ただディドロは人間の利害とか、幸福とか言っても、エルヴェシウスや、のちのベンサムのように、肉体的な快楽、それの多寡だけを問題にしなかったことは注意しておく必要がある。『ラモーの甥』にいちばんはっきり現われていることだが、彼によれば、肉体的快楽などというものは人間の幸福のなかで最も損耗しやすい部分であって、人間にとってもっと大切なのは「心の満足」、つまり精神的な愉悦であり、それに生きる人こそ真の「賢者」であると彼は考えている。

彼の道徳論は『ラモーの甥』『ある父親と子供たちとの対話』『運命論者ジャック』などの小説を解説する場合に触れたほうがもっと具体的に語れると思うので、いまはこの程度にしておくが、ただ彼が善と悪とは不可分なものであって、人間は悪をできるだけ少なくするように努力しなければならないけれども、この地上から悪をなくすることは不可能だと考えていることを注意しておきたい。これは彼だけでなく、ルソーなどにも見出される考え方であるが、絶対的な善(人間に幸福をもたらすもの)はなく、それには必ず悪(人間に不利をもたらすもの)がつきまとう。動物と大差のないような生活をしていた太古から見れば、人間の生活は確かに豊かになり、人間はそれだけ幸福になったといえる。と同時に、人間は太古の人類が持っていた長所を失ってしまった。近代人は原始人のようにすばやく駆けることはできないし、彼の眼は原始人のように鋭く、遠くまで見ることはできない。自由競争の資本主義は同業組合制度の封建制よりもはるかに多くのものを生産し、われわれは物質的に恵まれた生活を営むことができるようになった。これは確かに一つの進歩である。しかし自分の労働力を売る以外に生活をするすべのない労働者は同業組合制度時代の職人にくらべてはたして幸福であろうか？　中世の職人には少なくとももものを造る喜びがあった。流れ作業で一日中ネジをしめることだけをやっている近代労働者にはそんな喜びはない。

このように進歩と退歩とは裏腹の関係にあり、善と悪とは不可分である。したがって悪（人間に害悪をもたらすもの）は善をも生む母体となる。近代労働者の悲惨な、奴隷的な状態は資本主義覆滅の条件を造り出すし、病気の与える苦痛は医学の進歩を生む。このように善と悪とは不可分であり、相対的なものである。何か絶対的なものがあるとすれば、よりよき生活をこいねがう人間の願望だけであり、それに対する人間の努力だけである。

このような思想は、二十世紀の今日でも非常に示唆に富む考え方だといってよい。コンピューターは確かにいろんなことを正確に記憶しておいてくれるであろう。しかしコンピューターが発達したら、人間はものを覚えなくなり、人間の記憶力は永い間には退化するに違いない。これは楽観的な未来学者がとかく忘れがちな点である。原爆は恐しいが、われわれはその害悪を恒久平和をかち取る槓杆にしなければならないのである。

善悪の相対性と不可分性を主張したディドロが、いま述べたほどはっきりと弁証法的に思考をしたかどうかは疑問であるが、彼がそのような方向にむかって一所懸命に考えたことだけは否定できない。『基本原理入門』その他の彼の道徳に言及した著作がわれわれの興味をそそるのはまさにその点である。

翻訳の底本になったのはＡＴ版第二巻所収のものである。

この論文に関する特別の研究はないが、ディドロの道徳思想を論じたものにはつぎの書がある。

EERMAND, Pierre, *Les Idées morales de Diderot*. Paris, Presses Universitaires de France, 1923.

六　『ダランベールの夢』

『自然の解釈』のなかで、ディドロは生命の起源、生物の組織について十五の問題を提起したが、その問題は彼の仕事台にのったまま十五年の歳月が過ぎて行った。別に怠けていたわけではない。すでに見たように、一七五〇年代の後半から、彼は文学・芸術に取組んでいたし、『百科全書』が非合法状態に追い込まれてからは、大部分の協力者が逃げ出してしまったので、ほとんどすべての項目を彼とジョークール Jaucourt の二人で執筆し、校正しなければならなかった。それはまさにタイタンの仕事であった。この『百科全書』の仕事も、一七六三年の終り頃にはほとんど終着点に達し、一七六五年には『百科全書』は事実上の合法性を獲得した。ちょうどその頃、アルブレヒト・フォン・ハラー Albrecht von Haller が一七五七年以来ローザンヌで刊行を始めていた八巻の『人体生理学要綱』 *Elementa Physiologiæ corporis humani* 1757-1766 が完結した。ネージョンのいうところによれば、ディドロは「ペンを手にして、二度にわたってこの大《生理学》を読み、ラテン語やフランス語で抜き書きを作った。」『百科全書』の関係で、彼はアントワーヌ・プティ Antoine Petit ボルドゥ Bordeu トロンシャン Tronchin など数人の医師と識り合いになった。とくにボルドゥとは親交を結んだ。こうして、彼は若い時にジェームズの『医学辞典』を訳した際に得た医学的・生物学的知識を補うことができた。他方、すでに『自然の解釈』でも利用されているボネ Bonnet やニーダム Needham やトランブレー Tramblay やビュフォン等の業績から、一七六〇年代になると、かなりはっきりと進化論的な自然哲学を展開したボネの『自然の凝視』 *Contemplation de la nature*, 1764 『哲学的輪廻』 *Palingénésie philosophique*, 1768 ロビネ Robinet の『自然について』 *De la Nature*, 1766 『存在の諸形態の自然的段階に関する哲学的考察』 *Considérations philosophiques de la gradation naturelle des formes de l'être ou les essais de la nature qui apprend à faire l'homme*, 1768 のような著作が相ついで現われるような段階になった。

一七六九年の夏、ディドロはめずらしくパリに独り取り残される幸運に恵まれた。グリムは五月十八日パリを発ってドイッに帰省していたし、アベ・ガリアーニ abbé Galiani は滞仏十年の後ナポリに帰った。六月の終り以来、ソフィー・ヴォラン一家は取り入れ監督のためイール Isle の城にあり、ドルバック d'Holbach も七月半ばにはグランヴァル Grad-val の城に籠っていた。この夏は暑気が厳しく、ディドロ夫人も娘のアンジェリックをつれて、セーヌ河畔のセーヴル Sèvres に長期滞在した。こうしてディドロはタランヌ街の陋屋に独り残った。仕事はたくさんあった。グリムは《文芸通信》の編集を押しつけて行ったし、ドルバックは『自然の体系』*Système de la nature* の手入れをディドロに頼んだし、ガリアーニの残して行った『穀物取引に関する対話』*Dialogues sur le commerce des blés* も手を加えた上、出版しなければならなかった。『百科全書』の図版の仕事もあった。しかし、とにかくディドロは知友から妨害されずに仕事に専心できる機会に恵まれたのである。娘のアンジェリックが発した魂の物質性に関する質問をきっかけに、ディドロはかねてから脳裡を去来していた自然哲学に形を与えることを考えた。

彼が『自然の解釈』以来、自然哲学に関する著作の筆を取らなかったとしても、それは彼が自然について思索することをやめたことを意味するものではなかった。『百科全書』の監修者として、自然科学上の新しい発見や所説に無関心でいるわけに行かなかったこともあって、彼はたえず学界の新しい事実を追っていた。追うばかりでなしに考えた。それらの事情はこの時期の彼の手紙や、『百科全書』に彼が書いた項目や、それどころか『サロン』のなかにさえ追うことができる。例えば一七六五年十月十日付で、彼はデュクロに、クシメネス Ximénès との討論を報告しながら、こう書いている。

「感性は物質の普遍的特性だ。無機体にあっては死んだ特性であり……、無機体が生きた動物的実体と同化することによって、同じ無機体の中で活動的な特性となる……。動物は感性がそれまでの死んだ状態から活動的な状態になるところの実験場だ。」（ＣＲ版第五巻一四一頁）

『百科全書』第十五巻のスピノザ主義の項目では、ルクレチウスの卵の孵化の思想を持ち込んで、「漸次的な熱という唯一の道具によって死んだ物体が感じ、生きた存在状態に移行する云々」と書いているし、『一七六七年のサロン』のなかには、感官と神経と脳との関係をクモとその巣とに例えている。

『ダランベールの夢』三部作が執筆されたのは一七六九年の八月から十一月にかけてであることは、ソフィー・ヴォラン嬢あての手紙や、グリムあての手紙などによって確実に証明される。ディドロはこの作品の出来栄えにかなり満足していた模様で、八月三十一日付でソフィー・ヴォランにあてた手紙につぎのような文言が読まれる。

「それは最大限に突飛であると同時にもっとも深遠な哲学に属するものです。私の思想を夢みる男の口に載せたことには若干の巧みさがあります。入場権を得させるためには、叡知に狂気の様子を装わせなければならない場合がしばしばあります。私は人たちが〈まあお聞きなさい、これは大変賢明な事柄です〉と言うよりは、〈こいつは思ったほどバカげてはいないよ〉といってくれるほうが好きなんです。」（CR版第九巻一二六―一二七頁）

この大胆な著作は、厳重な秘密のもとに隠されていたようである。むろんグリムには見せた。そしてグリムは筆写生をしてコピーを作らせたようである。ディドロがこのようなものを書いたことをダランベールやレスピナス嬢に洩したのは、ヴェルニエールによれば、ディドロの友人であり、ドルバックのサロンの常連でもあると同時に、レスピナスともきわめて親密な間柄であったシュアール Suard である。ところが、レスピナス嬢はこの〈対話〉で彼女が担わされている役割を見て大変怒った。婦人として聞くに堪えないようなことを医師ボルドゥと会話することになっているから（とくに『対話の続き』において）、彼女の羞恥心と自尊心が傷つけられたとしても不思議はないが、怒った彼女はディドロにこの著作の破棄を求めた。ダランベールも立場上彼女に加担せざるをえなかった。ダランベールとの友情を失うか、会心の作を焼くか、二者択一の前に立たされたディドロは困ったが、彼は後者を取る決意をし、原稿は破棄された模様である。アセザの調査によって、ディドロの死後レニングラードに送られた原稿類の第三十一巻は間違って『生理学要綱』とタイトルが打ってあるが、そこに含まれているのは『ダランベールの夢』三部作で、それにディドロの献辞がついていて、その中に三つの〈対話〉の顚末が述べられ、友情のため「それらは破棄された」とはっきり書いてあることが明らかになっているからである。その後トゥルヌーが原稿破棄についてレスピナスがシュアールに送った手紙も発見しているので、このことはほとんど疑いを容れる余地はない。

一七七三年、ディドロがロシアからの帰りにかなり長期間（約半年）オランダに滞在し、レー Rey 書店と全集の刊行を話し合ったことはよく知られているが、『ダランベールの夢』は会心の作であっただけに、それをなくしてしまったことは残念でならなかった。フランスに帰ってからディドロは友人の勧めもあって、記憶をたよりに、また『生理学要綱』のノートを使って、失われた著作を再建しようと試みたが、むろんこのような試みが成功するわけはなかった。

一七七六年にレスピナス嬢が死んだ。彼女の遺言執行人となったダランベールは、彼女がモラ侯爵 marquis de Mora と交わした恋文を発見し、彼女の〈不実〉に打ちのめされた。こうして『ダランベールの夢』は、もしその原稿が存在するならば、それの発表を妨げる最大の障害が取り除かれた。そこでグリムが先年作らせて、秘匿していたコピーを持ち出したらしい。一七七三年以来、事実上グリムに代って《文芸通信》の編集をやっていたマイスターはこれを《文芸通信》に載せる機会を狙っていた。一七八一年、グリムがドイツに行って留守の時を利用して、マイスターはディドロにその提案をした。しかし大胆きわまる著作なので、《文芸通信》の予約者全部に配布するのではなく、十五、六部だけを心配のない予約者に配るという計画である。こうして『ダランベールの夢』三部作は一七八二年八月から十一月にかけて、一部の予約者に配布された。この機会に最後の手入れがなされ、マイスターの忠告によって事実の上での間違いなどが訂正された。

一七八四年、ディドロ自身が死んで、その原稿類はコピーを取った上、ロシアに送られた。その中にはむろん『ダランベールの夢』の原稿もあった。

革命後、ディドロの著作集を刊行したネージョンは『ダランベールの夢』の写稿を持たなかった。彼は著者の娘ヴァンドゥル夫人に原稿の引渡しを求めたが、容れられなかった。こうして彼は『ディドロ著作集』においては、かつて彼が原稿を見せてもらった時に取っておいた抜き書きをもとに、その概要を述べることでお茶を濁さざるをえなかった。

他方、ロシアに行った原稿はどうなったか？　エカテリーナはカトリシスムに改宗し、ディドロの著作を刊行することを禁じたし、その後継者も宗教的な理由から、女帝の意志を忠実に守り、エルミタージュ宮にあるディドロの原稿は門外不出のままであった。フランス人でロシアに帰化したジュディ・デュグール A. Jeudy Dugour は最初ハリコフで教授をしていたが、のちにペテルスブルクの学長になった。そこで、彼はロシアの高官をうまくたぶらかして、一八二九年にディドロの原稿の一部をコピーさせた。こうして『逆説俳優について』、ソフィー・ヴォランン嬢あての手紙とファルコーネあての手紙の一部分、旅行記、それと『ダランベールの夢』が日の目を見ることになった。これらの著作は、一八三〇—三一年にポーラン Paulin 書店から『死に際して著者からグリムに託された原稿によるディドロの未刊の記録、書簡、並びに著作』*Mémoires, Correspondance et Ouvrages inédits de Diderot publiés d'après les manuscrits confiés en mourant par l'auteur à Grimm* なる題名で刊行された。これが『ダランベールの夢』が活字になった最初である。AT版もP版もすべてのポーラン書店版によっている。その後、パリの国立図書館が、《文芸通信》の編集者が筆写で配布した原稿と関連ありとおぼしき十八世紀の写稿を手に入れ、さらにヴァンドゥル文庫の存在も明らかになったので、同文庫に保存されていた写稿をもとにヴェルニエールが一九五一年に校訂版を刊行した。(Société des textes français modernes 版) それをさらに修正したものが、同教授編のG版に収まっている。他方、ジャン・ヴァルローがレニングラードにある未刊の写稿をもとにしてCP版第三巻に、『ダランベールの夢』を刊行した。ヴェルニエールは、ロシアに送られたディドロの原稿、写稿の類はヴァンドゥル文庫のそれよりも劣るものであり、かつマイスターが秘かに《文芸通信》の予約者に配った手書きの『ダランベールの夢』は、ディドロが生前に目を通したもののコピーであるとの理由から、パリ国立図書館蔵のコピーを高く評価しているが、ヴァルローはヴェルニエールにはこの写稿への過信があると批判している。いずれの主張が正当であるかは、主として句読点やスタイルに関する問題であるだけに、われわれ外国人にはなかなか判定しがたい問題であるから、拠るべき版として両者を挙げるにとどめる。

一つの哲学を述べるに当って、対話という形式を使う手法はプラトン以来のもので、けっして目新しいものではない。十八世紀においてもフォントネル Fontenelle やヴォルテールがこの形式を使っている。ディドロは初期の頃からこの形式を愛用した。しかし『懐疑論者の散歩』と『ダランベールの夢』との間には、同じ対話形式ながら、はっきりとした性格上の相違がある。前者においては、対話者はギリシャ風の名前をつけられた架空の人物であって、そのことが『懐疑論者の散歩』にアレゴリー的な風貌を与えている。ディドロは『懐疑論者の散歩』と同じように、新しい著作をやはりギリシャ的な装いのもとに書くことを一応は考慮したらしい。そのことはヴォラン嬢あての手紙(一七六九年八月三十一日付）のなかで「もし私が内容の豊かさを調子の高尚さの犠牲にするつもりだったら、デモクリトスとヒッポクラテスとレウキッポスが私の登場人物となっていたでしょう」（CR版第九巻一二六頁）と書いていることで窺い知ることができる。しかし、寓話的な対話に彼の考えている内容を盛ることは不可能なことであった。一七四八年の時限とは違って、ディドロは最新の〈実験哲学〉の諸発見に基いて自己の哲学を創造しつつあった。デモクリトスやヒッポクラテスにトランブレーやニーダムやハラーの研究成果を喋らせるわけにゆかないことはいうまでもないことである。対話者はどうしても同時代人でなければならなかった。しかし、それはどうしてダランベールであり、ボルドゥであり、レスピナス嬢でなければならなかったのか？　どうしてディドロの相手が、例えばドルバック、あるいはグリム、あるいはダミラヴィル Damiravilleであってはいけなかったのか？　あるいは『逆説俳優について』や『ブーガンヴィール旅行記補遺』のようにAとBとの対話の形を取りえなかったのか？　ここに『ダランベールの夢』が持つもう一つの問題（ヴェルニエールはそれには少しも触れてはいない）がある。

ダランベールは『百科全書』の監修者の地位から降りてしまったが、もちろん敵側に廻ったわけではなかった。ディドロと彼との間には友情は保持されていた。ところが、ダランベールは彼が『百科全書』に書いた「序説」でもわかるように、ロック＝ヴォルテール流の感覚論者であり、彼自身力学者であったせいもあって、ニュートンの影響をつよく受けていた。彼は科学アカデミーの会員であり、アカデミー・フランセーズの会員でもあった。いわば当時のフランスの学界、社交界の大立物である。このような人物をヴォルテール流の感覚論から引き離し、唯物論に獲得することには思想的に、政治的に大きな意味があった。これがディドロがダランベールとの対話という形式を選んだ理由であると思われる。ボルドゥは両者の親しい友であり、レスピナス嬢はダランベールと内縁関係にあった女性であって、ダランベールとの関係で登場して来た人物である。

この〈対話〉がダランベール説得の意味を持っていたことは、第一部の劈頭から、ディドロとダランベールとが等しく関心を持っているが、同時に二人を分けている哲学上の問題が提起されていることからも容易に想像されるところであるが、ヴァルローは彼の版につけた解説の中で、ダランベールの書簡や著述を駆使して、一七六五年前後から一七七〇年前後に至るダランベールの思想的足跡を辿りながら、この『ダランベールの夢』とそれに前後するディドロとの対談が彼の思想に及ぼした影響を詳細に追究している。ダランベールは最後まで懐疑論的態度を捨てきれなかったけれども、「神すなわち自然すなわち物質」というスピノザ主義をほぼ受容した模様である。ディドロの努力はむだではなかったといえよう。

ディドロは、この三部作で彼の自然哲学を全面的に展開している。それはけっして体系的な著作ではなく、論理の飛躍があったり、議論のあと戻りがあったりで、体系的に整理された哲学論を好む人は、これを文学者のファンタジー、筆のすさびとしか見ない傾きがあるが、これを十八世紀の思想状況、科学の状態のもとにおいて見るとき、われわれをこれを十八世紀の唯物論が到達しえた頂点と考えないわけにはゆかない。

ディドロがここで「恥しがりやの唯物論」ともいうべきロック＝ヴォルテール流の感覚論をはるかに凌駕して、人間の思考器官の物質性を説き明かし、神の存立する余地をあますところなく奪ってしまっていることはいうまでもないが、他方、彼はボネやロビネやモーペルテュイなどの科学者の著作になお残っている神学思想の残滓をきれいに一掃している。

ディドロがここで述べている〈科学的見解〉が一から十まで正しいというのではない。十八世紀において生物学は著しく躍進したとはいえ、研究手段の不完全さに大きく制約されて、自己の提起した問題を解決できなかった。フォン・ベーア von Baer が哺乳類の卵子を発見したのが一八二七年、シュライデン Schleiden とシュヴァン Schwann とが先人の業績を綜合して細胞の理論を一応完成したのが一八三九年頃だとすれば、ディドロの生物学説の中に曖昧な点や混乱があるのは避けがたいところであろう。ディドロがこの中で企図したことは、新しい科学上の学説を述べることではなかった。彼はまた古代・近代の唯物論者の理論を祖述したり、それらをもとに、書斎のなか、頭のなかで新しい唯物論的体系を構築するといったタイプの哲学者ではなかった。この点で、彼は十七世紀の唯物論者（例えばガッサンディ Gassendi）とははっきり異なる。彼は科学の最新の成果を踏まえて、それに哲学的考察を加え、そこから時代に即応した新しい唯物論を創造しようとしたのであった。哲学者としての彼の偉大さ、われわれが彼から学ぶべき点がそこにある。

それだけに、彼の唯物論は当時の自然科学、とくに生物学の未発展の状態と緊密に結ばれており、今日の眼から見ると、彼の唯物論は奇妙なものに映る。事実ヴェルニエール教授などは彼の唯物論を「バロック（奇体な）」と形容している。

とりわけ多くの混乱を生んでいるのは彼の「感性」の理論であって、これがため、彼はしばしば物活論《アニミスム》、活力論《ヴィタリスム》に与するものとされたりしている。しかし虚心担懐に『ダランベールの夢』を読めばわかる通り、彼は物活論者のように、物質を超越して、物質を動かしている精神的な力を認めているわけでもなく、活力論者のように、物質にも霊魂にも帰属しない超越的原理を認めているわけでもない。彼はあくまで唯物論者として、人間の精神的活動を物質そのものから解明しようとしているのである。そしてもし「死んだ物質」(無機物)にも「生きた物質」(有機体)にも共通する何らかの普遍的原理を認めないならば、われわれはデカルト流の二元論に陥るか、「死んだ物質」から「生きた物質」への移行に、何らかの形で神を持って来ざるをえないであろう。この両者に共通する原理に彼は「感性」という名称を与えたのであるが、二十世紀のわれわれならばそれを化学的エネルギーとか電気的エネルギーと呼ぶかも知れない。それも所詮相対的な呼称であって、二十一世紀の自然科学はきっともっと別の呼称をもってくるに違いない。それは自然科学の発展状況にかかわることで、哲学的見地からするならば、無機物にも有機体にも共通したある原理を措定せざるをえないとしたディドロの立場は正しいといわなければならない。この「感性」と名づけられた普遍的原理の実体を科学が明らかにしえないことにディドロは焦燥を感じると同時に、哲学者としてその不十分さを謙虚に認めなければならないと考えていたもののごとく、『エルヴェシウス〈人間論〉の反駁』にはつぎの文句が読まれる。

「物質の普遍的な感性は一つの仮定にすぎない。この仮定はその力のすべてを、そう仮定すればさまざまの困難が脱却できるということから引き出しているのであって、これはよき哲学としては不十分である。」(L版『全集』第十一巻四九二頁)

ディドロがとくに困難を感じたと思われる点は、「死んだ感性」から「生きた感性」への移行がどのようにして行なわれるかということである。このような移行が現実に存在することは、われわれの肉体や植物が無機物を有機物に転化していることからも否定しえないが(ディドロはダランベールに対してずばりと「それは君が食事をするたびに行なわれているじゃないか」と答えている)、当時の自然科学はこの転化の機序を明らかにすることができなかった。こうしてディドロはしょうことなしに古代の唯物論に従って「熱」をもって来ているが、彼もこれで説明しきれるものとは思っていなかったであろう。彼がこの著作を書いてから二百年たった今日、自然科学はようやくその解明のいとぐちに辿りついたように思われる。ヴィールスはそれを結晶として取り出すことができるという限りでは無機物だが、それが細胞に取りつくと増殖という生命現象を呈するようになる。この転化の機序に現在生物学者が取組み、ほとんどその門口まで来ていることはみなさんもご存知の通りである。

だから、彼の理論のなかには当時の自然科学の未発展状態からくる多くの混乱や誤謬はあるにしても、哲学的には彼の見解はあくまでも正しいと評価すべきであり、二百年後の今日に至って、彼の考え方は科学的にも裏付けられつつあるというふうに評価すべきであろう。

『ダランベールの夢』は哲学論であると同時にきわめて文学的な作品であって、ここで彼が述べているクラヴサンの比喩などはよく詩人の夢を刺激している。文学的に見れば、これはきわめてリアリスティックな手法で仕上げられた作品で、ディドロは対話の進行する部屋の調度品に至るまで気を配っているだけではなく、登場人物の性格もほぼ現実の人物のそれを尊重している。ダランベールはディドロ、あるいはボルドゥに同調しながらも、最後まで懐疑論者らしい気質を失わないし、ボルドゥはいかにも社交的で、いささかガラン（女性に慇懃）な医師として描かれている。彼がしきりにダランベールの脈を気にするのは、彼が診断における脈搏の重要性を説き、それについても著述をしている人物だからである。彼ははやっている医者らしく、往診を気にしてはいるが、議論好きで、そのために結局往診をすっぽかしてしまう。ダランベールとボルドゥに比べるとレスピナスの面影は薄い感じだが、これはディドロが彼女をよく知らなかったためらしい。彼女はここでは思いやりのある女性、才女という域をあまり出ていない。ただ一カ所、ボルドゥが彼女に向って、「恋をする時には大いに恋をし、頑強だというわけですな」という所（本書二四四頁）があり、一七七二年頃からモラ侯爵に熱烈な恋文を書くようになる彼女をディドロは予感しているとの解釈があるが、これは後年手を加えた時に挿入した文言と見る方が当っているようである。

しかし、何よりもこの著述を一個の生彩ある文学作品たらしめているのは、生気溌剌たる会話である。そのために哲学的論理が若干犠牲にされた感じがなくはないが、ディドロはそれよりも自分たちを熱中させている問題をめぐる討論の躍動する生気を伝えることを重要視しているように思われる。真理そのもの（それは見つかったところで相対的なものにすぎないから）よりも、それを探求しようとする熱意のなかにこそ、真の人間の尊さがあるというディドロのヒューマニズムの立場からすれば当然の帰結であろうが、この一篇によってわれわれは、ドルバックやエルヴェシウスのサロンにおける議論、あるいはソフィー・ヴォラン嬢の別荘における会話がどんなものであったかを窺い知る思いがする。

訳者が底本としたのはＡＴ版であるが、Ｇ版に収められたヴェルニエールの校訂版との異同は注に示してある。参考書としてはすでに名前をあげたヴェルニエールとヴァルローの二つの批評版の解説は欠かせない。そのほか前節までに掲出した Mayer, Guyénot, Roger の研究が重要である。テキストの考証に関するディークマン、ポミエ Pommier 教授の論文もあるが、わずらわしいので省略しよう。この作品はディドロの哲学的主著とも見るべき著作であるので、彼の思想を論じたものでこれに触れない研究はないが、モノグラフィーや参考書にはつぎのようなものがある。

WARTOFSKY, Max, *Diderot and the Development of Materialist Monism.* (Diderot Studies, vol. II, Syracuse Univ. Press, 1952, p. 279-329.)

BELAVAL, Yvon, *Les Protagonistes du* Rêve de d'Alembert. (Diderot Studies, vol. III, Genève, Droz, 1961, p. 27-53.)

LAIDLAW, G. Norman, *Diderot's Teratology.* (Diderot Studies, vol. IV, 1963, p. 105-129.)

VARTANIAN, Aram, *Diderot and the Phenomenology of the Dream.* (Diderot Studies, vol. VIII, 1966, p. 217-253.)

HILL, Emita, *Materialism and Monster in* Le Rêve de d'Alembert. (Diderot Studies, vol. X, 1968, p. 67-94.)

DIECKMANN, Herbert, *Théophile Bordeu und Diderots Rêve de d'Alembert.* (Romanische Forschungen, Erlangen, 1938, p. 55-122.)

ROSTAND, Jean, *Diderot et la biologie,* (L'Encyclopédie et les progrès des sciences et des techniques, publ. par le Centre Internationle de Synthèse.) Paris, P. U. F., 1952. p. 150-162.

POMMIER, Jean, *La copie Naigeon du* Rêve de d'Alembert *est retrouvée.* (Revue d'Histoire littéraire de la France, 1952, nº 1.)

VARLOOT, Jean, *La Copie Naigeon : prolégomènes philosophiques* au Rêve de d'Alembert. (Essays on Diderot and the Enlightenment in honor of Otis Fellow.)

PROUST, Jacques, *Variations sur le thème de* l'Entretien avec d'Alembert. (Revue des Sciences humaines, oct.-déc. 1963.)

VARLOOT, Jean, *Diderots Philosophie im* Rêve de d'Alembert. *Materialismus in Aktion.* (Sinn und Form, Nr. 14, 2 : 1962.)

VARLOOT, Jean, *Projet "antique" du* Rêve de d'Almbert, *légendes antiques et matérialisme au XVIIIe siècle.* (Beiträge zur romanischen Philologie, Nr. 11, 1963.)

DANIEL, Georges, *Autour du* Rêve de d'Alembert : *réflextions sur l'esthétique de Diderot.* (Diderot Studies, vol. XII, 1969.)

DIECKMANN, Herbert, *Die künstlerische Form des* Rêve de d'Alembert. Köln und Opladen, 1966.

DIECKMANN, Herbert, *J.-A. Naigeon's Analysis of Diderot's* Rêve de d'Alembert. (Modern Language Notes, LIII, 1938.)

EHRARD, Jean, *L'Idée de nature en France dans la première moitié du XVIIIe siècle.* 2 vol., S.E.V.P.E.N., 1963.

七　『物質と運動に関する哲学的諸原理』

この論文は、ネージョンが編集した『方法的百科全書』*Encyclopédie méthodique*, 1791 で初めて活字になったもので、その際ネージョンがつけた解説によれば、ある人が一七七〇年に発表した論文に対する反駁として執筆されたものである。『ダランベールの夢』が生物学の学徒ディドロを示しているのに対し、この小論は化学の学徒としてのディドロを示している。シュタール Stahl の燃素《フロジストン》説をフランスに紹介したドルバックは彼の親友で、またドルバックのサロンの常連にはルー Roux ダルセ d'Arcet などの化学者がいた。ディドロはこのサロンを通じて化学知識を仕入れるばかりではなく、ルゥエル Rouelle に就いて化学を勉強している。それらの知識をもとにして、彼はここで『自然の解釈』の終りの方で出した問題に答えている。

当時、生物学は襁褓《むつき》の中にあったが、化学はそれよりもさらに未発達で、ラヴォワジエ Lavoisier が燃焼は酸化であることを立証したのは一七七七年であるから、化学は胎児の状態にあったといえる。だからここでも、われわれはディドロがいっていることが科学的に正しいかどうかよりも、彼が化学を通して出した哲学的命題が正しいかどうかを問題としなければならない。

デカルトは、運動を物質に本有的な性質とは見なかった。これまた自然科学の中で天文学と力学しか発展していなかった十七世紀の状態においてはやむをえなかったことだといえるが、彼は物質を何らかの拡がりを持った物体と考え、その物体を動かす力は外から加わるものという、力学的発想で物質と運動との関係を考えたのである。しかし、このような立場に立てば、終局的には〈最初の衝撃〉を与える神を認めざるをえないことはすでに述べた通りであり、したがって、この問題がその後のデカルト学説の発展において中心的課題の一つにならざるをえなかったのは当然といえる。すでにライプニッツやジャン・メリエ Jean Meslier がデカルトの見方に反対しているが、十八世紀の唯物論者もこれに反対する立場をとった。これに対してヴォルテールなどの感覚論者はニュートンの影響下に、デカルトと同じような見解を保持したからして、この問題は十八世紀の進歩的〈哲学者《フィロゾーフ》〉の間でも論争の中心問題とならざるをえなかった。一七七〇年にディドロが反駁の対象とした論文が誰の書いた、何という論文であるかはまだ明らかになっていないが、この問題が十八世紀の思想界において占めていた重要性から考えるなら、ディドロがこれと正面から取組んだ意図は十分に理解できる。

ディドロのこの論文は、物質と運動との関係についてばかりではなく、物質はすべて同質のものであるか、それとも異質のものであるかという、運動と関係のある問題、古代以来論議されて来た問題に対する彼の見解をも提示している。彼はすでに『自然の解釈』で物質の異質性をつよく主張しているが(断片第五八)、この小論でその問題をさらに深めている。

物質はすべて同質の、単一の原子《アトム》(物質の最小単位)から成るという考え方は、そのように考えると「統一」が考えやすいので魅力的であるが、近代科学の全発展過程は、つねにこの物質の単一性を否定してきた。分子を構成する単一の原子が想定されたが、原子は一つではないことがわかったし、さらにその原子は核とそれを取りまく電子で構成されているというふうに単純化されたが、その原子核を構成する素粒子も、最初は単一のものかと思われたものの、やがていくつもの素粒子があることがわかった。したがって同一のもののつみかさねの数量的な相違によって、異質の物質ができるという考え方は、今後も維持されず、われわれは哲学的には物質の異質性という立場をとらざるをえないであろう。同質的なものの間には運動はありえず、物質と運動とを不可分の一体と見るかぎり、物質も異質の構成要素から成るものと見なければ首尾一貫しない。

この小論で、もう一つわれわれの関心を惹く点は、ディドロがここで物質の普遍的なエネルギーという観念を出し、潜在的エネルギーと力学的なエネルギーとを区別している点である。力学的な哲学を乗り越えようとすれば当然のことといえるが、十八世紀の唯物論者で、運動の観念をここまで拡大して考えたのは恐らく彼一人であって、きわめて独創的なことだといえる。ヘルムホルツ Helmholtz がエネルギー恒存の法則を立てたのは一八五〇年だが、ディドロはこうした考え方に途を開いたともいえよう。

この論文に現われたディドロの思想に影響を与えたものとしてドルバックやルゥエルの名をあげたが、イギリスのディドロ研究家は、この論文にはトーランド Toland の『セレナへの手紙』*Letters to Serena* の影響が大きいことを両者の行文の比較によって証明している。それがつぎの論文である。

CROCKER, Lester G., *Toland et le matérialisme de Diderot.* (Revue d'histoire littéraire de la France, juillet-sept., 1953, p. 289-295.)

KEMPF, Roger, *Zeit und Bewegung bei Diderot.* (Die Neuren Sprachen, Nr. 11 : 1962.)

翻訳の底本にしたのはG版である。

八　『ブーガンヴィール旅行記補遺』

ブーガンヴィール Louis-Antoine de Bougainville がブードゥズ号 la Boudeuse で世界一周の探険旅行をしたのは一七六六―六九年で、一七七一年の初頭にそのルポルタージュ『世界一周旅行記』*Voyage autour du monde* が出版された。彼はタヒチ島からアオトゥルー Aotourou という土人をパリに連れて来て、国王や大臣にも面接させたりしていたので、彼の『旅行記』はセンセーションを捲き起こした。とくにそのタヒチに関する叙述はパリの上流社会の頽廃した生活のアンチテーゼとして関心をそそった。「自然に帰れ」と叫んだルソーはもとよりであるが、当時進歩的思想家たちは一様に自然は善いものと信じていたからして、自然に近い生活をしている未開社会の人間はみな幸福な生活をしている善人だと信じていた。(こういった「善良な未開人」という思想は、ヴォルテールのコント『自然児』*l'Ingenu* を初めとする多くの小説に現われており、それに関する特別の研究[1]もある。)こうして、イロコイ人 les Iroquois やヒューロン人 les Hurons につづいて、タヒチ人が「善き未開人」として社交界に話題を提供することになった。

このように、パリの社交界で問題になっている本について、グリムの《文芸通信》が黙しているわけに行かないのは当然で、恐らくグリムはディドロに書評を依頼したのではないかと思われる。実際それは書かれた。(それはＡＴ版第二巻、Ｌ版第九巻に収められている。)しかしどういうわけだか、グリムはこれを《文芸通信》に載せなかった。

この書評においても、それの発展である『ブーガンヴィール旅行記補遺』においても、ディドロはエキゾティスムよりも性愛の自由の問題にはるかに大きな関心を寄せている。当時齢《よわい》すでに六十になんなんとしていたディドロが、性の解放の問題に大きな関心を唆られたのはなぜであろうか？ ド・モー夫人 Mme de Maux に対する気違いじみた恋慕の情、娘の結婚（一七七二年）といったものをその理由としてあげることができよう。この頃ディドロは『これは物語ではない』*Ceci n'est pas un conte* と『ラ・カルリエール夫人』*Madame de la Carlieère* という二つの短篇小説を書いているが、この二つの短篇も性愛の自由と無関係のものではない。また一七七二年の《文芸通信》に載った『女性について』は、トマの『女性論』*Dissertation sur les femmes*（正確には *Essai sur le caractère, les mœurs et l'esprit des femmes dans les différents siècles*, 1772）の書評ではあるが、ディドロは積極的に彼の女性論を展開し、性愛の自由を主張している。

一七七二年の秋、ディドロはグリムに《文芸通信》が載せなかった書評の返却を求め、それを『ブーガンヴィール旅行記補遺』の形に書き改めた。

余りにも大胆な性愛の自由を主張したこの論文（これを論文と呼ぶべきか、小説と呼ぶべきか問題はあろう）はむろんグリムの採用するところとならなかった。この初稿は今日失われて、ないが、それに拠ったとおぼしき写稿がヴァンドゥル文庫にある（Dieckmann, *Inventaire du Fonds Vandeul et inédits de Diderot*, p. 144 参照）。それにはディドロ自身の訂正加筆があるが、それを一七七三年一月にネージョンがコピーしたものがもう一つヴァンドゥル文庫にある（同上書一四六頁参照）。他方、ディドロの死後レニングラードに送られた原稿類のなかにあった『補遺』は、それを含んでいる第十七巻がいつの間にか行方不明になっていたため、アセザもトゥルヌーもそれを見ることができなかったが、一九二七年ヨハンソンがそれを発見した（Viktor Johansson, *Etudes sur Diderot*, 1927, p. 84-94 参照）。

『補遺』は一七九六年アベ・ド・ヴォーセル abbé Bourlet de Vauxcelles によって彼の編集した *Opuscules philosophiques et littéraires de Diderot* のなかで初めて活字にされた。彼はレスピナス嬢のサロンの常連の一人であるが、(2) 大革命後反動陣営に移行したとみえ、序文のなかで、「ディドロがショーメット Chaumette やエベール Hébert の類に、神と政府当局と僧侶という人類の三大教師を罵ることを教えた」から、サン・キュロットみたいな極悪無道な奴が出て来たのだと毒づいているそうである。それはともかく、一七九八年にネージョンが出した『ディドロ著作集』から、B版、AT版等を経て、ビイのP版に至るまで、すべての版はこの一七九六年のヴォーセル版をもとにしたものである。一九二七年、ヨハンソンがレニングラード写稿を発見、それは従来の版に見られるような四章ではなく、五章から成り立ち、晩年の加筆（とくにポリー・ベーカーの挿話）があることを明らかにしたので、一九三五年シナール Gilbert Chinard がこの写稿をもとにする批評版を出した。この加筆は、ベーカーの挿話が、ディドロが協力したアベ・レーナル abbé Raynal の『両インド史』*Histoie philosophique et politique des établissements et du commerce des européens dans les deux Indes* の一七七四年、一七八〇年の改訂版（初版は一七七一年）にもあるところから、一七八〇—八一年にディドロが最後にいろんな原稿に手を加えた際のものと見られている。

さてこの『補遺』に現われたディドロの思想、とくにその性的自由の礼讃については、所説紛々で統一した解釈がない。ディドロは一方では戯曲『一家の父』や『サロン』（とくにグルーズをほめた一七六三年頃のもの）では家庭道徳を熱烈に弁護しており、『補遺』に現われた道徳観との間には明らかに矛盾がある。ディドロはもともとそのように矛盾だらけの男であり、それこそが彼の本質であるというのがモルネの解釈であるが（Daniel Mornet, *Diderot, l'homme et l'œuvre*, Boivin, Paris, 1941）、このような解釈に倦きたりないものは、一見矛盾した二つの道徳観の間に共通の分母を見出さねばならない。

この共通の分母を私はキリスト教とそれに基礎を置く既成の道徳に対する批判のなかに見出せるのではないかと思っている。『一家の父』やグルーズ論や『ラモーの甥』の〈私〉のなかに現われたディドロを一部の研究家は「コンフォルミスト（迎合主義者）」と見るのであるが、そうしたものに含まれている道徳思想も十八世紀という次元においてみれば、けっして既成の道徳観に合致したものということはできない。既成の道徳はキリスト教と身分制度に基礎を置いたものであって、その主要な徳目は「魂の救い」と「名誉（体面）」であった。コルネイユの時代にはまだ偉容を保っていたこうした封建的・貴族的道徳は十八世紀にはすっかり風化し、そのボロ屑は貴族生活の頽廃を蔽うよすがにさえもならなくなっていた。そうした道徳に対してディドロなどの進歩的思想家が対立させたのは夫婦愛、親子の愛、市民的誠実、職業の自由等を内容とするブルジョア的な家庭道徳、市民道徳であった。この市民道徳が大革命の過程を経て支配的な道徳となったがために、ディドロの道徳的主張がコンフォルミストに見えるようになったのであって、それを十八世紀の社会状況のなかにおいてみれば、それはやはり封建的・貴族的道徳と激しく対立するものであった。

『ブーガンヴィール旅行記補遺』その他に現われたもう一つの道徳観についていうならば、それは激しい宗教批判、キリスト教の否定に根をおろしている。キリスト教は人間の情念を罪悪視し、それを克服して清浄な生活を送ることのうちに霊の救い、来世における永遠の幸福を得る道を見出していた。かかる道徳の理想像は禁欲的な修道僧であった。それに対して十八世紀の哲学者たちは、現世における幸福、自然から授かった肉体的快楽の追求という原理を対立させた。彼らはラブレー Rabelais の伝統に従って、自然が人間に付与したすべての能力の充足を主張したのであった。

ディドロはすでに小説『修道尼』のなかで僧院の禁欲生活を激しく非難し、そのような生活は人間をアブノーマルにすることを説いたのであったが、『補遺』『女性について』等ではさらに一歩を進めて、性の解放をつよく訴えた。彼はブーガンヴィールの報告するタヒチの原始人の生活のなかに、かねて抱懐する性道徳に合致するものを見、それに飛びついて、キリスト教的禁欲生活の不合理を突くと同時に、自己の夢を語ったのであった。

それでは『一家の父』その他に現われた市民道徳と『補遺』その他に現われた自然主義的道徳観との間に矛盾はないであろうか？　明らかに矛盾——その後の歴史的過程のなかで一層はっきりしてきた矛盾が存在する。何となれば、夫婦・親子といったもので形成される家庭なるものは完全な性的自由に対してはやはり一つの障害として現われざるをえないからである。彼がエンゲルスに一世紀も先立って、一夫一婦制などというものは私有財産制の生んだ偽善的なものにすぎないことを看破したのは慧眼というべきではあるが、それでは生まれてくる子供は社会が全面的に責任を負い、それを生んだ男女の重荷にならないようにしたならば、それで問題は解決するであろうか？　コロンタイ女史の『赤い恋』に現われた、そのような楽観論に与するにしては、われわれはあまりにも経験を積みすぎた。国家がいくら責任を持ち、申し分のない託児所や保育所や幼稚園を造ったにしても、なおかつ子供が十全に育つためには親の愛情というものが必要であることを、ソヴィエト社会六〇年の経験はわれわれに教えた。こうしてソヴィエトでも最初はまったく自由であった離婚に制限が設けられるようになったことは、読者もよくご存知の通りである。人類がこうした矛盾にどのように対処して行くかは今後の問題であるが、とにかく性的自由と家庭との間にはこうした矛盾が存在することは否定しきれない。とすれば問題は、十八世紀においてこのような矛盾はどの程度大きかったか、またディドロはそれをどの程度はっきりと意識していたかということであろう。

十八世紀の社会においても、性的自由は厳然たる事実として存在していた。結婚は地位や身分や財産といった社会的要因を考慮に入れて行うけれども（便宜婚）、それは対社会的な衣裳であって、夫は夫で、妻は妻で別個に好きな人を情人として持つ、しかしお互いに見て見ぬ振りをする、というのが当時の上流社会の一般的風潮であった。だから夫婦が愛し合うなんてことはブルジョア的な習慣で、貴族のすべきことではないとさえ考えられていた。しかしこうしたやり方が一夫一婦制と性的自由との間に存在する矛盾のまったく偽善的な解決法でしかないことは明らかであって、それに対してディドロ、ルソーなどの思想家は、夫婦愛、愛情にもとづく結婚と家庭生活というものをつよく主張したのであった。しかしその愛情なるものが一生続き、平和な家庭が一生維持される場合はよいとして、そうでない場合がたくさんあるのが現実であるとすれば、夫婦愛、家庭愛ということだけでは問題の解決にならないことは明らかであった。楽観的なルソーは、一生愛しうる異性を選び取ることは可能であると考えているように見えるが、ディドロは現実主義者であって、そんなことは不可能だ、万物は永遠の変化のうちにあり、人間も変るものだから、一生変らぬ愛なんてものはありえないと考えている。事実彼は父親のつよい反対を押しきって恋愛結婚したが、妻アネットに対する愛情は数年しかつづかず、それ以後二、三の情人を持っている。だから彼は家庭愛と性的自由との間に存在する矛盾は、いやでも意識せざるをえない立場にあったといえる。では彼はこの矛盾に対してどんな解決法を見出したであろうか？　恐らくそれを見出せぬまま一生を送ったように思われる。ただ若干の指標は彼の作品のなかに見られなくはない。

ディドロはなるほど『補遺』のなかで、一度結婚したら一生別れることを許さない一夫一婦制を否定し、性的自由を礼讃しているには違いないが、彼は、今日はAという女と寝たかと思うと、明日はBという女と寝るといった、衝動のままに動く性的自由を主張しようとしているのでない。そのことは彼がタヒチにおける夫婦関係といえども、少なくとも月経から月経までの間、あるいは妊娠から出産までの間は持続するとしていることでも、また月経中の女性、もはや妊娠能力のない女性が、性的快楽を追求して男性といっしょに寝ることを不道徳として却けていることからも明白である。今日はAと、明日はBとといった性交は、彼に言わせれば性的自由ではなく、放縦と呼ぶべきものであり、そのような性的アナーキズムを彼は排斥する。口腹の贅を求めて暴飲暴食すれば胃腸を害し、結局食べるべきものも食べられなくなり、命さえも損うように、性的放縦は水腫病を結果し（『ラモーの甥』éd. Fabre, p. 70-71を見よ）、結局自然が与えたものを十全に享受できなくなる。自然はおのれを悪用し、乱用するものを罰するものであって、十分によく自然を知り、自然を尊重しなければならないというのが彼の根本的な考え方である。だから『補遺』のなかでも彼は「単なる肉体的欲求に縮減された恋愛の情念」（傍点引用者）という言い方を何度も繰り返し、そのような情念はタヒチでは「わが国におけるようなんな無秩序も生むことはなかった」と強調するのである。

つまり彼の主張する自由はあくまでも節制をもった性的自由であって、このように考えてくるならば、彼の主張する性の解放と家庭道徳との間に見出される矛盾は見かけほど大きなものでないといわなければならず、彼はそれを叡知をもって十分に処理しうるものと考えていたかも知れない。しかしそれで矛盾が解消したことにならないことは、彼自身誰よりもよく知っていたところであろう。何となれば彼は未開の「自然状態」から離れて、「文明状態」に入りこんだ人間は、恋愛の情念を「単なる肉体的欲求に縮減」できないと考えているからである。「文明状態」に入るとともに人間は肉体的欲求に根ざす恋愛の情念に、他のさまざまの肉体的・精神的欲求を持ち込んだ。顔かたちの美しさとか、肌の白さとか、緑なす黒髪（または金髪）とか、肢体の美しさとかいった、半ば肉体的で半ば精神的な欲求ばかりではない。性格や趣味の合致とか、才気とか、明敏さとか、そのほか数え立てたらきりがないほどたくさんの欲求をそこへアマルガメートさせた。それは人間の動物から人類《ホモ・サピエンス》への進歩であると同時に、不幸でもあったのであり、ディドロがここでタヒチの生活に対して示している共感は、人類が「単なる肉体的欲求」の充足で満足しえた「幸福なる原始状態」に対するノスタルジーであると解すべきであろう。ディドロは、人間はそうした「失われた楽園」に帰る方法も知らないし、また帰れるものとも思っていない。こうして牧歌的なタヒチの社会は、彼にとっては所詮手に入れるすべもないユートピアとして、波濤の彼方に揺曳するに止まったのである。そして彼自身これは一つの夢物語にすぎないことをよく自覚していたであろう。というのは『百科全書』に現われた社会人類学や未開民族に関する項目（それは彼自身の手になるものもあり、そうでないものもあるが）を見ると、彼はイロコイ人やヒューロン人やペルー人の生活について、空想小説を書いた人たちのように幻想を抱いていないし、とくに『補遺』が書かれた頃出版されたレーナルの『両インド史』の改訂版に協力するようになってからは、ヨーロッパ人の植民政策の実態を知るとともに、植民化された未開人の生活についても眼を開かれたからである。だからこそ彼は『エルヴェシウス反駁』のなかにつぎのように書いたのである。

「原始状態は文明状態より果たして好ましいか？　私はそれを否定する。〔文明状態において〕より多くの罪のあることを私に証明してみせただけでは不十分だ。さらに幸福も少ないことを証明する必要がある。」（AT版第二巻二八七頁、L版第十一巻四七七頁）

『補遺』が一場の夢物語、フィクションにすぎないことを百も承知でいながら、なおかつ彼がこれを書いて性的自由のために熱弁を揮わずにはいられなかったのはなぜであろうか？　ド・モー夫人に対する老いらくの恋ということもあろうが、より大きな理由はやはり当時の道徳、政治の基盤であったキリスト教に対する批判ということであろう。彼がオルーの話相手を船隊付司祭にしたのはそれがためであり、「宗教が……、私の身分が……」といって、オルーの提供する娘としとねを共にすることを拒みながら、結局自然の欲求に負けてしまうこの司祭は、モリエールのソジー Sosie（『アンフィトリヨン』*Amphitryon* の下僕）にそっくりで、作者の皮肉は痛烈きわまるものといわねばならない。彼が僧職者に対してかくも辛辣無慈悲に振舞ったのは、一七七〇年に、ずっと仲違いしていた弟――ラングルの司教会員で、狂信的な僧職者である――と和解すべく帰省したが、和解どころではなかったことが直接の動機としてあげられるかも知れない。

最後に、この作品の形式について一言しておこう。AとBとの対話が全体の枠を形造り、そのなかに、BがAにブーガンヴィールの『旅行記』の補遺を読んで聞かせるという形で「老人の告別の辞」が入り、それが終ってAとBとの対話に戻るが、再び補遺の形で船隊付司祭とオルーの対話が入る。それが終ってAとBとが討論をする。こうして全体は四楽章の形式になっているが、船隊付司祭とオルーとの対話の最後の所に、欄外への書き込みといった形でポリー・ベーカーの挿話が加えられているのだが、これはタヒチの話ではないから、独立した章と見れば全体は五章となる。このベーカーの挿話は性的自由という主題と関係はあるが、タヒチとは無関係なので、全体のなかで不協和音を奏でており、このあとからの書き加えはない方がよいとの意見もある。（例えばディークマンなどはその見解であり、私も芸術的には確かにその通りだと思う。）第一章のAとBの対話、第二章の老人の告別の辞に含まれている内容はディドロが一七七一年に《文芸通信》に書いた書評で述べたところを展開したものであって、形が変っただけといってもよい。第三章の、船隊付司祭とオルーとの対話の部分は、ディドロ自身一七七二年十月七日付でグリムに送った手紙のなかで性格づけているように、タヒチの「コント」である。そしてディドロは他の作品の場合にしばしば見られるように、こういうフィクションの部分においてきわめてラディカルに、ずばりと問題を提起しておいて、それに続く現実的な対話のなかで、やや距離をおいて、客観的に討論している。こうしてAとBとの対話はコントに対して一種の注釈といった格好になっている。これはある命題に対して賛成するものと反対するものとの甲論乙駁の形で真理を探求しようとする彼の基本的な思考方法の生んだ形式であろうが、芸術的にも成功し、この作品は最後まで読ませるおもしろいものとなっている。

この後半の部分が物語作家としてのディドロの才能を伝えているとすれば、第二章を形成する老人の長口説は、古典主義的作家としての彼の半面を示している。その雄弁はコルネイユないしボシュエ Bossuet を彷彿せしめるものがあり、きわめてドラマティックな雄弁だといわなければならない。

『ブーガンヴィール旅行記補遺』についてはシナールとディークマンが自分の校訂した批評版に詳細な解説を書いており、大いに参考になるが、そのほかに挙げるべき関係研究書にはつぎのようなものがある。

HERMAND, Pierre, *Les Idées morales de Diderot*. Paris, P. U. F., 1923.

BOUGAINVILLE, *Voyage autour du monde*, suivi du *Supplément*, de Diderot. Présentation par Michel Hérubel. Paris, Union générale d'Editions, 1966.

MARTIN-ALLANIC, Jean-Etienne, *Bougainville, navigateur et les découvertes de son temps*. 2 vol., Paris, P. U. F., 1964.

EHRARD, Jean, *L'Idée de nature en France dans la première moitié du XVIIIe siècle.* 2 vol., S. E. V. P. E. N., 1963.
BENREKÄSSE, G., *Dit et non dit idéologique : à propos du* Supplément au Voyage de Bougainville. (Dix-huitième Siècle, 5:1973.)
HINTERHÄUSER, Hans, *Utopie und Wirklichkeit im* Supplément au Voyage de Bougainville. Heidelberg, 1956.
TILQUIN, Charles, *Théorie de la nature de la morale d'après* le Supplément au Voyage de Bougainville. (Cahiers Haut-Marnais, nº 4, 1963.)

（1）GONNARD, A., *La Légende du bon sauvage : contribution à l'étude des origines du socialisme.* Paris, Editions Politiques, Economiques et Sociales, 1946.

（2）ショーメットは恐怖政治の頃の検事総長として、たくさんの貴族を断頭台に送った。エベールは大革命当時のもっとも激烈な新聞《ペール・デュ・シェーヌ》Père Duchesne に拠った政治家で、ジャコバン党の左派。

九　『女性について』

すでに前節に誌したように、この小論は一七七二年に出版されたトマの『女性論』の書評として執筆され、同年の《文芸通信》に載ったものであるが、ディドロは書評などはそっちのけにして、自分の女性論を展開している。短い論文だが、鋭い観察眼を具えたモラリストとしての彼の面目躍如たるものがある。内容については『補遺』の解説に述べたことに付加する必要はないと思う。

本書については特別の批評版もないので、翻訳の底本にはＡＴ版を使った。

一〇　『哲学者とある元帥夫人との対話』

この対話が書かれたのは、一七七四年、ロシアから帰りにオランダに滞在していた時である。ディドロはこれをまっさきにエカテリーナ二世に見せたようである。これが最初に活字になったのは、一七七七年にアムステルダムで印刷された、イタリアの詩人トマッソ・クルデリ Tommaso Crudeli の遺作なりと称する『フランス語及びイタリア語で書かれた哲学随想』*Pensées philosophiques en français et en italien* という本のなかにおいてであるが、それよりも前に写稿で配本されていたメトラ Métra の《秘密通信》Correspondance secrète の一七七六年七月二十三日号に載せられたようである。前者においては『哲学随想』をクルデリの遺作とした関係上、対話者はクルデリと、ヴェネツィアの貴族パオリーナ・コンタリーニ Paolina Contarini 夫人となっているが、後者ではディドロと某元帥夫人となっている。メトラはこれに説明をつけて、「このきわめて皮肉な小冊子はディドロ氏がさる美しい夫人に贈るために紙挾みから取り出したものである。その夫人が私にコピーを作ることを許してくれたのだ」と書いているが、メトラはむろんディドロから原稿を借りて写しを作ったに相違ない。このメトラの写稿なるものは誤字などの多い、はなはだよくない写稿だが、ヴォーセル版（一七九六年）、N版を経てAT版（P版はそれを踏襲）に至るまで、アムステルダム版をメトラの写稿とつき合わせてテキストを作っているので、対話者はクルデリと元帥夫人となっている。今日ではヴァンドゥル文庫とレニングラードにもっとよい写稿が発見されたので、G版、L版等はそれをもとにしている。

ディドロの対話の相手である「某元帥夫人」が、真実はドゥ・ブロイ公爵夫人 Duchesse de Broglie であることは、すでにヴォーセルやネージョンが明らかにしている。一七七〇年の末に老蒐集家のクローザ・ド・チエール Crozat de Thiers が死んだが、クローザの娘を娶ったドゥ・ブロイ公爵はその遺産相続人の一人であった。ディドロはエカテリーナ二世からいろんな美術品の蒐集を依頼されていたので、クローザの相続人たちとそのコレクションの譲渡を交渉した。この交渉は一年に及んだが、成功して、その一五八点のコレクションを四六万リーヴルで買う契約が一七七二年一月に署名された。(M. Tourneux, *Diderot et Catherine II*, 1899, p. 52) この交渉の過程でディドロは何度か公爵や公爵夫人に会って話しこんだに違いない。この対話はそうした会談の一つから生れたものである。が、それは発想であって、作品にはディドロがロシアでエカテリーナと交わした会話などもとり込まれていることが今日では明らかになっている。

この対話は小品ではあるが、『基本原理入門』や『ブーガンヴィール旅行記補遺』などと並んで、ディドロの道徳観を窺う上で重要な作品であることは一読して誰の目にも明らかである。ここで彼は、無神論者は破廉恥漢であるという当時の道徳的通念にまっこうから反対し、宗教がなくとも道徳は可能であることを主張している。それでは彼はその非宗教的な道徳の基盤を何に求めているかといえば、彼はそれを人間の自然と、個人の利害を一般の利害に奉仕させる社会的羈絆のなかに見出している。人間の自然も何万年といった長い尺度で計れば変るものであろうが、そう簡単に変るものではないから、それを一応不変の因子と見てもよい。これに反し社会的羈絆の方は風土的条件、歴史的条件によって多様であるから、ディドロの説く道徳はそのなかに不変な要素を含む相対的なものということになるであろう。

ディドロがここで説いているような道徳は必ずしも彼独自の倫理であるとはいえない。これと類似の思想はエルヴェシウスにも、ヴォルテールにも見出される。何か彼に独自なものがあるとすれば、『基本原理入門』の場合にも触れたように、善と悪とは不可分なものだという考え方であろう。

翻訳の底本となったのはAT版であるが、G版(ヴェルニエール校訂)との異同は注に示してある。本論の成立、テキストの考証等について参考とすべきものに左の研究書がある。

TOURNEUX, Maurice, *Diderot et Catherine II*. Paris, Calmann-Lévy, 1898.
HERMAND, Pierre, *Les Idées morales de Diderot*. Paris, P. U. F., 1923.
JOHANSSON, *Etudes sur Diderot*. Göteborg, 1927.

ディドロ著作集／第1巻
哲　学 I

一九七六年三月三〇日　初　版第一刷発行
二〇一三年五月一六日　新装版第一刷発行

監修者　小場瀬卓三／平岡昇
発行所　財団法人 法政大学出版局
〒102-0071 東京都千代田区富士見 2-17-1
電話 03（5214）5540　振替 00160-6-95814
印刷　三和印刷
製本　誠製本

Printed in Japan

ISBN978-4-588-12010-7

ディドロ著作集／全4巻

第1巻
哲　学Ⅰ

哲学断想／盲人に関する手紙／自然の解釈に関する思索／基本原理入門／ダランベールの夢／物質と運動に関する哲学的諸原理／ブーガンヴィール旅行記補遺／女性について／哲学者とある元帥夫人との対話
五八〇〇円

第2巻
哲　学Ⅱ

百科全書より（アグヌス・スキティクス／折衷主義／百科全書／ホッブズ哲学／人間／マールブランシュ哲学／マニ教／哲学者／ピュロン哲学／スピノザ哲学）エルヴェシウス『人間論』の反駁／生理学要綱
五八〇〇円

第3巻
政治・経済

百科全書より（政治的権威／自然法／権力／勢力／主権者／アルジャン／農業／技芸）／君主の政治原理／出版業についての歴史的・政治的書簡／ガリアニ師讃／エルヴェシウス反駁／エカテリーナ二世との対談
四〇〇〇円

第4巻
美学・美術
付・研究論集

美の起源と本性に関する哲学的探求／リチャードソン頌／テレンティウス頌／ディドロとファルコネの往復書簡／絵画論断章／シュピッツァー、ディークマン、ファーブル、スタロバンスキー、プルーストによる論考
（予定）

表示価格は税抜きです

法政大学出版局